................Xinbian Xinlixue

高等师范院校教材

新编心理学

（修订本）

主　编　陈录生　马剑侠
副主编　刘岸英　沈义良

XINBIAN XINLIXUE

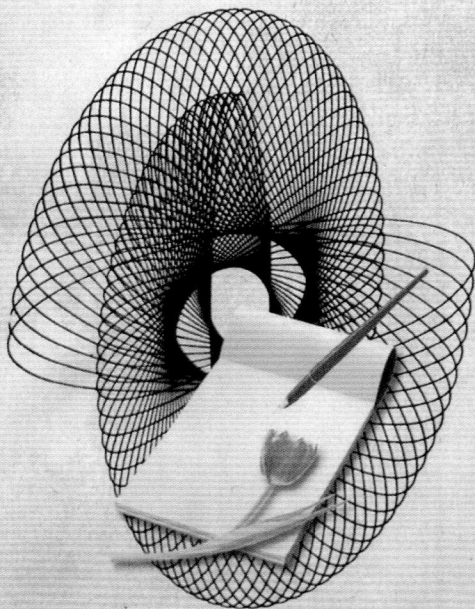

北京师范大学出版集团
BEIJING NORMAL UNIVERSITY PUBLISHING GROUP
北京师范大学出版社

图书在版编目(CIP)数据

新编心理学（修订本）／陈录生等主编.—北京：北京师范大学出版社，2002.8（2017.12 重印）
ISBN 978-7-303-04121-3

Ⅰ．新… Ⅱ．陈… Ⅲ．心理学 Ⅳ．B84

中国版本图书馆 CIP 数据核字(95)第 13342 号

出版发行：北京师范大学出版社 www.bnup.com
北京新街口外大街 19 号
邮政编码：100875
印　　刷：北京京师印务有限公司
经　　销：全国新华书店
开　　本：890 mm × 1280 mm　1/16
印　　张：12.375
字　　数：386 千字
版　　次：2002 年 8 月第 2 版
印　　次：2017 年 12 月第 21 次印刷
定　　价：29.00 元

责任编辑：胡春木　周雪梅　　装帧设计：李葆芬
责任校对：李　菡　　　　　　　责任印制：马　洁

修订版前言

心理学是高等师范院校学生的一门教育理论公共必修课，也是教育学科的理论基础。高师学生学好这门课，不仅有助于学习其他教育理论和教师职业技能课程，而且有助于了解未来的教育对象，以便按照其心理特点和规律进行教育、教学，不断提高教育、教学质量和教育科学研究水平。为此，我们根据原国家教委师范专业"突出师范性，加强教育理论学习，注重教育实践和教师职业技能等环节训练"的要求，曾于1995年组织部分高等师范院校有经验的教师编写了《新编心理学》一书，作为高师学生的心理学教材。该书由北京师范大学出版社出版后，由于其特色鲜明，内容较新，受到了许多高校同行的认可，不少高校都将该书作为学生的心理学教材或主要参考书。该书共印刷10次，发行量近10万册，在国内产生了一定的影响。

但是，在我国素质教育进一步推进的形势下，随着心理科学的迅速发展，新的研究成果不断出现，该教材的部分内容已经不能很好地适应当前的教育和教学，不能更有效地促进高师学生能力的培养和素质的全面提高。因此，本书编委会在对全书内容进行认真分析、研究的基础上，按照出版社的要求进行了修订。

在《新编心理学》的修订过程中，我们首先注意把国内外一些新的研究成果充实到各章中，同时删去一些不必要的内容，努力实现教材的先进性。其次，按照教材的系统性和教师职业的需要，调整了部分章节的内容。如把"注意"从第六章调到第三章，以显示出注意在人的心理过程中的"门户"和"过滤器"作用。再如，把心理测验的内容分配到有关章节中，增加了"教师心理"一章，以使心理学的内容更切合教育实际。再次，统筹安排发展心理学的材料，增加了青年初期学生心理的内容，使该书成为本、专科学生都能使用的高等师范院校心理学教材。

修订后的《新编心理学》具有以下几个特点：

一、保持普通心理学的基本体系 诚然，在高师心理学教材应该采用什么体系的问题上，存在着不同的意见和争论。但我们认为，心理学对于高师学生来说，是一门入门学科，不适当讲解普通心理学的基本概念、基本理论和基本规律，学生就难于深入学习和理解与教育、教学相关的分支心理学的内容。因此，本教材仍然保持普通心理学的基本体系，但根据师范教育的实际和学生学习的需要对其内容进行了适当的压缩和调整。

二、充实了心理学史的内容 心理学是一门古老而又年轻的科学，心理学理论的形成是前人长期研究的结果，心理学的发展也必须在继承已有研究成果的基础上进行。因此，本教材适当充实了中外心理学史的内容，以使学生进一步了解心理学，更好地学习和研究心理学。

三、重视与教育、教学有关的应用心理学内容 高等师范院校的培养目标是合格的中学教师，而合格中学教师不仅要了解教师的角色心理，而且要理解和掌握中学生心理发展的特点和规律、品德形成的特点和规律、知识学习和技能培养的特点和规律、学校和班级群体的心理特点和规律以及心理健康知识。因此，我们不仅把上述内容渗透到普通心理学的有关章节中，而且为发展心理、品德心理、学习心理、学校社会心理、心理健康和教师心理设立专章，使高师心理学的内容与教育、教学实践紧密结合。

四、调整了阅读材料 心理学是一门迅速发展的科学，其理论和实践方面的研究成果不断出现，但由于高师心理学的课时有限，仅靠教师课堂讲授不能满足所有学生的要求。为了解决这一矛盾，我们在每章内容之后安排了有关的阅读材料，本次修订又作了一些调整，以使学生扩充知识面，进一步理解和掌握教材内容。教师也可以根据教学实际适当讲授。

五、每章最后附有综合练习 综合练习题目形式多样，可以使学生巩固知识和培养分析问题、解决问题的能力。

参加本教材修订编写工作的同志有：陈录生（前言、第一章）、刘岸英（第二、四、九章）、张松（第三章）、闫江涛（第五章）、马剑侠

（第六、十四章）、沈义良（第七、八、十章）、李国庆（第十一、十三章）、张丽萍（第十二、十六章）、马锦华（第十五章）、周海谦（第十七章）。本书由陈录生、马剑侠担任主编，刘岸英、沈义良为副主编。

　　本书在编写、修订、统稿、定稿和出版过程中，得到了作者所在单位，特别是主编单位和北京师范大学出版社的大力支持；一些同行专家提出了中肯而具体的指导性意见；此外，本书还参考了许多专家、学者以及同行的著作、教材和研究成果。在此，一并表示衷心的感谢！

　　由于作者水平所限，本书肯定还会存在许多缺点和不足，敬请专家和同行批评、指正。

编　者
2002 年 8 月

目　　录

第一章 心理学概论

当人们初次接触心理学时，往往会产生某种神秘莫测之感。事实上，心理学是一门与日常生活和社会各个领域密切相关的系统学科，具有很强的理论性和广泛的实用性。本章开宗明义，将要阐述心理学研究的对象和任务、心理学发展的历史、心理学研究的方法等内容，为深入学习心理学理论奠定良好的基础。

第一节　心理学的对象和任务

一、什么是心理学

一个正常的人，不管是在清醒状态，还是处于睡梦之中，不管是从事社会实践，还是自发的本能活动，都会产生这样或那样的心理现象。应该说，心理现象是人们最熟悉、体验最多的现象，也是人类特别关心并不断加以探讨和解释的现象之一。

心理现象又是自然界最纷繁复杂和奇特多变的现象，恩格斯曾称之为"地球上最美的花朵"[①]。自古以来，人类为了认识它的本质，发现它的规律，经历了一个漫长而又曲折的过程。

"心理学"（psychology）一词，最早是由希腊语中的"灵魂"（psykhe）和"学问"（logos）两个词构成的，意思是"灵魂之学"。"灵魂"是指人的精神或心理活动，人类很早就试图对它做出解释和说明，这些解释和说明形成了最初的心理学思想。以后，古希腊哲学家对人的灵魂问题进行了比较系统的研究，认为灵魂是寄居在人的身体之中的一种实体，它支配着人的行为，并有自己的活动规律。随着实践活动的深入和科学的发展，人们自然不满意"灵魂说"关于心理现

---

① 恩格斯：《自然辩证法》，人民出版社 1971 年版，第 166 页。

象的解释,而力求对心理现象的本质做出科学的说明。19 世纪以后,由于物理、化学和生物学的发展,许多学者开始应用实验的方法来研究人的心理活动的特点和规律,使人类对心理现象的认识上升了一个新台阶。由于世界各国心理学家的共同努力,人们在对心理现象的研究方面积累了大量的资料,提供了许多理论,使心理学的研究脱离了主观思辩的方式,而逐步成为一门内容丰富、体系完整的学科。今天,心理学的许多理论,不仅能够指导人们正确地进行生活、工作和学习,而且成为教育人、培养人、管理人、使用人以及进行人才选拔的科学依据,心理学这门古老而又年轻的科学已经显示出其强大的力量。未来学家早在 20 世纪 70 年代就预言,21 世纪是教育的世纪,而心理学则是带头科学。

可见,心理学是在研究人的心理现象的过程中逐步形成、发展和成熟起来的。心理学是一门研究人的心理现象及其发生、发展规律的科学。它的发展,既离不开现代生理学和生物学,也离不开辩证唯物主义哲学和其他社会科学。

二、心理学研究的对象

任何一门科学都有它的研究对象,心理学也是这样,有着自己特定的研究对象。心理学的研究对象是人的心理现象。

心理现象丰富多彩,绚丽多姿,表现形式多种多样,但一般可以把它分为心理过程和个性心理两大类。

（一）心理过程

心理过程是指人脑对客观事物不同方面及其相互关系的反映过程。它是心理现象的动态形式,包括认识过程、情感过程和意志过程。

认识过程是人的最基本的心理过程,是人从感性认识到理性认识发展的过程,包括感觉、知觉、记忆、思维和想象等过程。我们看到一种颜色,听到一种声音,尝到一种味道,闻到一种气味,摸到事物表面的光滑程度或温度等,都是属于最简单的认识过程——感觉。在感觉的基础上,我们能够辨认出这是盛开的牡丹花,那是歌唱的百灵鸟;这是鲜红的苹果,那是崭新的书桌等,就是知觉。感觉和知觉往往紧密地联系在一起,不能截然分开,可以统称为感知觉。感知过的事物能够以经验的形式在头脑中留下痕迹，以后在一定条件下还可以再认或回忆起它的形象和特征，例如，游览了杭州西湖，其美丽的景色会在大脑中留下深刻的印象；读了李白的《望庐山瀑布》后，遇到一定的情境，又自然地吟诵出来，这种人脑对过去经历的事物的反映，叫做记忆。人不仅能直接地感知事物的表面特征，还能间接地、概括地反映事物的内在的、本质的特征。例如，医生根据病人的脉博、体温、舌苔等的变化，可以推断其体内的疾患；教师根据学生的表情和言行，可以了解其内心世界，这些都是思维。人在头脑中不仅能够再现过去事物的形象，而且还能在此基础上创造新事物的形象。例如，文学艺术家塑造典型形象，我们在头脑中对未来生活和工作情景的构划等，这类心理活动的过程叫做想象。

　　感觉、知觉、记忆、思维和想象都是属于人的认识过程。

　　人对客观事物的认识，并不是呆板的、冷漠的，而总是对它表现出鲜明的态度体验，渗透着一种感情色彩。例如，我们对祖国名山大川的赞美，对侵略者的愤恨，对本职工作的热爱，为取得的成绩而喜悦等，这些在认识基础上产生的喜、怒、哀、乐等态度体验，心理学上称之为情感过程。

　　人不仅能认识客观事物，并对它产生一定的情感体验，而且还能够自觉地改造客观世界。为了认识和改造世界，人总是主动地确定目标，制定计划，并树立信心，坚持不懈地去战胜困难和挫折，以达到预期的目的，这种心理活动的过程叫做意志过程。人凭借意志的力量，支持、保护自己所喜欢的事物，反对、摒弃自己所厌恶的事物，积极主动地创造人类的物质文明和精神文明。所以，意志是人的意识能动性的集中表现。

　　认识、情感和意志过程是相互联系、相互制约的统一整体。一般说来，认识过程是情感、意志过程的基础。没有认识，人的情感既不能产生，也不能发展，"知之深，爱之切"，就是这个道理。同样，只有在认识和情感的基础上，人才能自觉地进行意志行动。反过来，情感、意志过程又能巩固和深化人的认识过程。一个对教育事业有深厚感情，并有坚强意志力的教师，必然会认真了解学生的心理特点，深刻认识教育和教学规律，从而出色地完成教育和教学任务。

（二）个性心理

心理过程是人的心理的共性，但在每一个人身上体现时，由于社会生活环境、教育、先天条件等因素的影响，又会表现出特殊性、差异性，并逐步形成人的心理的个性。个性也叫人格，是一个人在活动中所表现出来的比较稳定的带有倾向性的各种心理特征的总和，它是人的心理现象的静态形式。个性心理包括三个方面：个性倾向性、个性心理特征和自我意识。

个性倾向性包括需要、动机、兴趣、理想、信念、世界观等，它是人的个性心理结构中最活跃的因素。在个性倾向性的成分中，需要是基础，对其他成分起调节、支配作用；信念、世界观居最高层次，决定着一个人总的思想倾向。总之，个性倾向性作为个性的潜在力量，使人的个性心理表现出一定的社会倾向性。在阶级社会中还表现出阶级性。

个性心理特征包括能力、气质和性格，这是人的个性心理的具体表现。个性心理特征体现着人的心理的鲜明的差异性。例如，有的人记得快、记得牢，有的人则记得慢、忘得快；有的人长于绘画，有的人有音乐才能，这些都是能力方面的差异。有的人外向、有的人内向；有的人性情暴躁，有的人则安静沉着，这是气质方面的差异。有的人踏实勤恳，有的人敷衍懒惰；有的人自私虚伪，有的人大方诚挚，这是性格方面的差异。"人心不同，各如其面"，就是指人的个性心理特征方面存在的差异。

自我意识是个体对自己的态度和认识，它是个性心理的调控结构，体现着一个人的成熟度，决定着人的个性心理的发展水平。自我意识包括自我认识、自我体验、自我评价、自我监督、自我调控、自我教育、自尊心等成分，是一个多维度、多层次的心理系统。

个性心理的三个方面互相依存，互相制约，协调发展。正是在这三种因素的相互作用下，才构成一个以个性倾向性为方向，以个性心理特征为表现，以自我意识为调控的有机的个性心理的整体。

心理过程与个性心理的联系非常紧密。首先，心理过程在每个人身上表现时，总具有个人的特点。也就是说，个性心理是通过心理过程形成的。其次，个性心理要通过人的心理过程表现出来，并制约着心理过程的发展。正是因为心理过程和个性心理相互融会，相互制约，才形成一个人完整的心理面貌。

需要指出，还有一种心理现象叫做注意，它不属于某一种独立的心理过程，而是伴随各种心理过程而存在的特殊的心理特性。

总之，心理学研究的对象是心理现象。心理现象包括心理过程和个性心理两大方面，其具体结构参见下列图式：

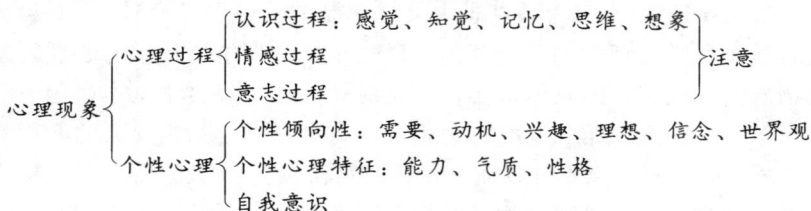

三、心理学的任务和意义

（一）心理学的任务

心理学研究的对象是心理现象，而认识心理的本质和揭示各种心理现象发生、发展的规律，则是心理学的主要任务。具体来讲，心理学的任务有以下几个方面：

1. 研究心理和脑的关系。即要弄清脑的结构和机能，探明客观事物是如何引起脑的活动而产生心理现象的。

2. 研究心理现象和客观现实的关系。即要科学地说明心理是客观现实的反映，不仅要研究心理对客观现实的依存性，而且也要分析主观状态对心理的影响作用。

3. 揭示心理过程的基本规律。即要研究认识过程、情感过程和意志过程的一般规律，并阐明应该如何在实践中应用这些规律。

4. 揭示个性心理的特点和形成规律。即要弄清人的个性心理的结构，揭示个性差异形成的原因和个性品质培养的科学方法。

5. 探讨心理过程和个性心理的关系。不仅要研究心理过程和个性心理之间的关系，而且要研究它们自己内部各因素之间的关系，为提高人们的心理素质和培养健全的人格提供科学的依据。

6. 探讨心理与实践活动的关系。实践活动是心理产生的基础，反过来，心理又对实践活动具有指导和调节作用。因此，探讨二者的关系，不仅有利于阐明心理产生的机制，而且有利于人类调适自己的行为，提高实践活动的效率。

（二）心理学的理论意义

心理学是一门基础理论学科，它的重要的理论意义有以下几个方面：

1. 心理学的研究为马克思主义哲学提供了科学的论据。马克思主义哲学是科学心理学的理论基础，反过来，心理学所揭示的心理现象对物质的依赖关系的具体事实，又是对马克思主义哲学基本命题——物质第一性、意识第二性的有力论证。科学心理学指出：人的心理不是物质，但它永远离不开物质（客观现实和人脑）。人的心理是在物质的基础上产生，又是随着物质的发展而发展的。因此，列宁把心理学列为"构成认识论和辩证法的知识领域"① 的重要学科之一。

2. 心理学理论有助于克服和批判各种唯心主义思想。由于心理学对人的心理、意识及各种精神现象做出了科学的解释，进一步确立了人们的辩证唯物主义世界观，因而有助于破除迷信、纠正偏见、清除精神污染和批判形形色色的唯心主义思想。正如列宁同志所指出的："心理学所提供的一些原理已使人们不得不拒绝主观主义而接受唯物主义。"②

3. 心理学研究有助于邻近学科的发展。有些学科如政治学、教育学、文学、美学、法学、语言学、管理学、社会学等，它们也从不同的侧面研究人的心理问题，因此，心理学的大量研究成果，对这些邻近学科的研究和发展，都具有积极的意义。

（三）心理学的实践意义

心理学不仅是一门理论学科，而且是一门应用学科。今天，它的

① 《列宁全集》第38卷，人民出版社1959年版，第399页。
② 《列宁全集》第1卷，人民出版社1955年版，第396页。

理论和研究成果已经被广泛地应用于实践活动的各个领域，因而具有多方面的实践意义。

1. 心理学对指导人的实践活动，提高生产劳动效率有重要意义。现代心理学所揭示的人的心理活动的许多规律，已经在生产劳动中发挥了巨大的作用。例如，心理学家发现，在一定条件下，红光可以使人在黑暗中的微光视觉能力提高2～3倍。根据这一规律，可以采取相应的措施去提高战斗机驾驶员夜间飞行的视觉敏锐度和作战能力，也可以通过改善照明系统去提高某些夜班工人的感受性和劳动效率。

2. 心理学有助于做好管理和思想政治工作。把心理学理论应用于管理过程已经成为当今世界的一种趋势。管理心理学中的需要层次论、期望理论、目标激励理论、公平理论、双因素理论，都对职工积极性的调动具有很强的指导作用。思想政治工作首先应该在了解人的心理特点的基础上进行。在此基础上，还要遵循一系列的心理学原则，如立足于感化的原则、坚持正面教育的原则、保护自尊心的原则等。这些都说明，学习和研究心理学，有助于做好人的思想政治工作。

3. 心理学有助于人的身心健康和提高医疗效果。人的心理状态、精神因素同人的疾病和健康关系密切。心理因素是许多疾病发生的直接或间接原因，良好的心理状态，又可以达到治病强身的目的，掌握心理学的有关知识，有助于人的身心健康。对于医务人员来讲，积极运用心理学的某些理论对病人进行治疗，可以提高医疗效果。正因为如此，现代医学已经从"生理模式"向"社会——心理——生理模式"转化。

4. 心理学对提高教育和教学质量具有更重要的意义。教育是在教师的引导下使学生掌握知识技能、发展智力、形成道德品质的过程。而学生要掌握知识技能，发展智力、形成品德，都必须通过感知、记忆、思维、想象、注意、情感、意志等心理过程才可能实现。心理学研究学生感知、记忆、思维、注意等心理活动的规律，研究情感、意志的特点和培养规律，研究个性、品德形成的规律，这些对教师确定教育、教学的原则和内容，选择教育、教学的方法和形式都是必不可少的。心理学知识是素质教育的理论基础。教师只有掌握学生心理活动的规律，才能富有成效地对学生进行教育和教学，才能提高教育和教学质量，出色地完成培养人的任务。这已被中外教育的历史经验所证明。因此，师范院校的学生和各级各类学校的教师，都应该学习和掌握心理学。

第二节　心理科学的发展

一、心理学发展的历史

（一）心理学的形成和发展

德国心理学家艾宾浩斯（1850～1909 年）曾经说过："心理学有一个悠久的历史，但只有一个短暂的现在。"虽然作为科学的心理学诞生较晚，但它的历史却源远流长，早在生产力不发达的古代，人类就把注意力投向了自身，开始描述和研究人的心理现象。

古希腊哲学家亚里士多德（公元前 384～前 322 年）的《灵魂论》一书，是人类文明史上有关心理现象研究的专著。在这部著作中，他把人的灵魂看作是生活的动力和生命的原理，是身体存在的形式。认为灵魂支配身体活动，有自己的活动规律。他还对感觉进行了研究，并提出类似、对比、接近等记忆的原理。法国二元论哲学家笛卡尔（1596～1650 年）是哲学心理学思想的创始人。他认为人的身体是由物质实体构成的，而灵魂是由精神实体构成的，身体和灵魂这两个实体互相使用，互为因果，这就是所谓的"心身交感论"。他还首先用"反射"的概念来解释人的心理的部分活动，为发展科学心理学做出了巨大贡献。此外，笛卡尔还专门写了《情绪论》一书，对情绪的本质、种类和机制作了研究。贝克莱（1685～1753 年）和休谟（1711～1776 年）可以视为 18 世纪欧洲联想主义心理学思想的主要代表。贝克莱的《视觉新论》和休谟的《人性论》，虽然属于哲学著作，但对以后的心理学的发展具有很大的影响作用。

从亚里士多德起，在长达十几个世纪的时期内，心理现象大多是由哲学家作为哲学问题加以研究的，心理学一直处于哲学的怀抱之中。1825 年，德国哲学心理学家赫尔巴特（1776～1841 年）《作为科学的心理学》的巨作问世，第一次庄严宣布心理学是科学。同时，他还主张将心理学与哲学、生理学区别开来。1876 年，英国心理学家 A·培因（1818～1903 年）创办了世界上第一份心理学杂志《心理》，为发表心理学研究的成果，提供了一个专门场所。培因是心理学史上的一个承前启后的人物，在他之前的所有心理问题，都是以思辩的方式论述的，所以称之为"思辩心理学"。

19 世纪生理学和物理学的发展，为科学心理学的诞生准备了必要条件。德国感官生理学家韦伯（1795～1878 年）首先确立了感觉的差别阈限定律。稍后，费希纳（1801～1887 年）发展了韦伯的研究，运用心理物理法确定了外界物理刺激和心理现象之间的函数关系。他们的研究方法成为科学心理学研究的楷模。心理学从哲学中真正分离出来而成为一门独立的科学，主要由德国生理心理学家冯特（1832～1920年）完成。1879 年，冯特在德国的莱比锡大学创立了世界上第一个心理实验室，用实验的手段来研究心理现象，这被公认为是心理科学独立的标志。冯特反对用哲学思辩的方式探讨心理现象，坚持用观察、实验以及数理统计等自然科学的方法去揭示心理过程的规律，因而取得了丰硕的研究成果，并培养了一批来自世界各地的学生。冯特一生的著作很多，其中《生理心理学原理》一书被誉为"心理学独立的宣言书"，是心理学史上第一部有系统体系的心理学专著。冯特是科学心理学的奠基人，也是心理学史上第一位专业心理学家。

科学心理学诞生之后，在 19 世纪末至 20 世纪初期，由于人们对心理学研究的对象和方法的看法不同，加之各种哲学思潮的影响，心理学领域出现了许多学派（见"阅读材料"），它们研究的重点不同，观点各异，争论不休。直到 20 世纪 30 年代以后，各个学派之间才开始形成了相互学习、取长补短、兼收并蓄、积极发展的局面。20 世纪 50 年代以来，认知心理学和人本主义心理学迅速发展，成为当代心理科学发展的新趋势。

随着科学技术的发展，在社会实践活动需要的推动下，心理学通过不断改进和完善原有的研究方法和技术，其基础理论研究进一步深入，应用性研究蓬勃发展。据统计，现代心理学已经有 100 多个分支，形成了庞大的心理科学体系。今天，心理学的许多研究成果，不仅应用于教育、医疗、工程技术、航空航天等领域，而且渗透到仿生学、人类学、控制论、人工智能、系统工程等许多尖端科学技术部门，愈来愈显示出科学心理学的价值和强大的生命力。在美国，心理学会成为仅次于物理学会的全国第二大学会，心理学被视为科学的七大部类之一①。

　　（二）心理学在中国的发展

　　美国心理学家加德那·莫菲说过："世界心理学的第一故乡是中国。"这是一个颇为客观和公正的评价。中国许多心理学思想和观点确实有着悠久的历史。例如孔子（公元前551～前479年）的教育心理学思想和部分先秦思想家关于人性问题的理解，比亚里士多德的"灵魂论"还要早。中国古代哲学中，很早就有关于身心关系的论述。荀况（公元前298～前238年）认为："形具而神生，好、恶、喜、怒、哀、乐臧（藏）焉。"② 王充（27～99年）也认为"精神依倚形体"③。范缜（460～515年）则进一步指出："形存则神存，形谢则神灭。"④ 对于知觉产生的原因，明末清初的王夫之（1619～1692年）说："形也、神也、物也，三相遇而知觉乃发。"⑤ 总之，他们都认为先有物质的身体而后有心理现象，物质和心理密不可分，心理活动是身体的一种机能。这是一种唯物主义的心理思想。

　　关于心理与脑的关系，中国古代也有比较正确的认识。在《黄帝内经·素问》中就已经断言："诸髓者，皆属于脑。"明代医学家李时珍（1518～1593年）提出"脑为元神之府"的论断，认为脑是神经活动的中枢，它聚集着人的精神。清代著名医生王清任（1768～1831年）根据对大脑的临床研究和尸体解剖，于1830年完成《医林改错》一书，其中明确指出："灵机、记忆，不在心而在脑。"他的"脑髓

---

　　① 美国把科学分为七大部类：物理化学科学、数学科学、环境科学、技术科学、生命科学、社会经济科学和心理科学。

　　② 《荀子·天论》。

　　③ 《论衡·论死》。

　　④ 《神灭论》。

　　⑤ 《尚书引义》。

说"比俄国谢切诺夫（1829～1905 年）的"反射说"还要早 30 多年，这是中国古代对心理科学基础理论的又一重要贡献。

心理学作为一门独立的科学在中国的发展，是从 19 世纪末和 20 世纪初开始的。鸦片战争以后，西方心理学思想开始传入中国。1889 年颜永京（1838～1898 年）翻译出版了美国海文的《心灵学》，1907 年王国维（1887～1927 年）翻译出版了丹麦霍普夫丁的《心理学概论》。1917 年陈大齐（1886～1983 年）在北京大学建立了中国第一个心理实验室，并于次年编写出版了中国第一本心理学教科书——《心理学大纲》。1920 年南京大学设立中国第一个心理学系，1921 年中国成立了心理学会。此后，心理学的专业人员、研究机构和出版物都有很大发展，研究的内容也比较广泛，并在教育心理、医学心理、神经心理、心理测量等方面取得较多的研究成果。

1949 年新中国成立后，心理学科学得到进一步发展。1951 年中国科学院设立心理研究室，以后又扩建为心理研究所；在北京大学建立了心理学专业；在全国师范院校开设心理学课程。心理学工作者认真学习马列主义和巴甫洛夫学说，希望借鉴苏联心理学，改造原有的心理学，建立新的理论体系。同时，他们联系实际开展了一些心理学研究，并在教育心理、生理心理、工程心理等方面，取得了一定成绩。

但是，由于种种原因，新中国心理学的发展经历了一段艰难曲折的路程。1958 年的"批判心理学资产阶级方向"的运动，错误地把心理学打成"伪科学"，严重影响了中国心理科学的发展。到了"文化大革命"，心理学又遭受更大的摧残。这期间中国心理学会被迫停止活动，心理学的教学和科研机构被撤销，心理学刊物和书籍停止出版发行，心理学的课程停止开设，心理学工作者被迫改行或被下放劳动改造，中国的心理科学陷于停滞不前的状态。

1976 年粉碎"四人帮"，特别是党的十一届三中全会以后，中国的心理学才迎来了真正的春天。这期间，中国科学院心理研究所重新建立，全国高校的心理学教研室得到恢复，并在北京大学、北京师范大学、华东师范大学和杭州大学新建了心理学系，《心理学报》、《心理科学通讯》、《外国心理学》、《心理学探新》、《大众心理学》等全国性的杂志相继问世，大量的心理学教材、专著和译著得以出版发行，心理学基本理论和应用研究都获得丰硕的成果。各行各业许多干部和群众不仅能够认真学习心理学理论，而且更注意应用心理学的理论进行管理、培养个性、治疗疾病和提高工作效率。现在，不仅在师范院校开设心理学课程、设立心理学系或专业，而且在一些综合性大学也开设了心理学课程，并设立了心理学系或专业。学习、研究和运用心理学的热潮正在国内形成，中国的心理科学进入了蓬勃发展的时期。

二、心理学的体系和结构

（一）心理学在现代科学体系中的地位

构成现代科学体系有三块基石，这就是自然科学、社会科学和哲学。心理学研究的对象是心理现象，而心理现象是由具体的人产生的。人既是一个自然实体，又是一个社会的实体。因此，人的心理既要服从于生物、物理等自然规律，又要受到政治、经济、文化、教育、群体等社会规律的制约。此外，人还是一个思维的存在物，必然受制于思维活动的规律。这就说明心理学

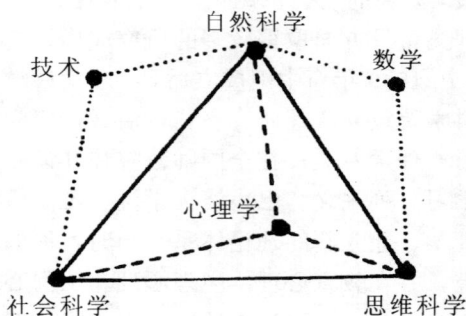

图 1-1　心理学在科学体系中的地位

与自然科学、社会科学、哲学的认识论都有十分密切的关系。前苏联著名科学分类学家凯达洛夫在 20 世纪 50 年代提出"科学的三角形"理论，他认为，如果用一个等边三角形来比喻整个科学体系的话，那么，自然科学、社会科学和思维科学（包括逻辑学和哲学）就是等边三角形的三个角，而心理学则处于三角形的中心，它紧紧与三种科学相联系。（见图 1-1）

心理学在整个科学体系中的地位，也可以从研究过程中得到体现。在分析心理现象的生理基础时，必然涉及生物学、生理学等方面的内容；在分析人的心理的社会基础时，必然探讨政治、经济、教育等学

科的内容。而这两方面内容都同思维科学交叉在一起。

科学体系的三角形理论表明，现代心理学处于一系列科学的结合点上，它既属于自然科学，又属于社会科学，是一门涉及多种学科内容的边缘学科。

需要指出，心理学虽然与其他学科联系紧密，但丝毫没有削弱它的独立性。心理学在与其他科学共同发展中，仍然有自己明确的研究对象、研究任务和研究方法，保持着自己完整的科学体系。

（二）心理学的结构体系

心理学从哲学中分离出来成为一门独立科学之后，理论研究取得长足的进展，应用也十分广泛。今天，在普通心理学这个主干的基础上，已经派生出许许多多的分支，形成一个分支繁茂的心理科学结构体系。

普通心理学研究正常人心理活动的一般规律和心理学的基本原理，它既对各个分支心理学的研究成果进行概括，又是各个分支心理学的理论基础。心理学的分支可以概括为四个方面。

1. 研究人的心理过程和个性心理的分支。它主要包括感知心理学、记忆心理学、思维心理学、言语心理学、情感心理学、意志心理学、人格心理学等。如人格心理学是研究人的个性心理及其形成、发展规律的科学。它侧重研究人的心理的差异性、人的内部心理的稳定性和个性心理的整体性，具体研究人的需要、动机、兴趣、能力、气质和性格等个性心理的特点和规律。

2. 研究不同主体心理活动规律的分支。它主要包括发展心理学、变态心理学、病理心理学、罪犯心理学、教师心理学等。比如发展心理学有广义和狭义之分。广义的发展心理学以整个种系和个体心理的发展为研究对象，重点研究人类心理的发展规律。分为动物心理学、民族心理学和年龄心理学。狭义的发展心理学以人的个体形成、出生、成熟到衰老过程中的心理发展规律为研究对象，分为儿童心理学、青年心理学、老年心理学等。

3. 研究不同社会实践领域中人的心理规律的分支。它主要包括教育心理学、社会心理学、军事心理学、司法心理学、工程心理学、医学心理学、管理心理学等。如教育心理学是研究教育和教学过程中师生心理活动及其规律的科学，它具体研究学生在掌握知识、形成技能、发展智力、培养品德过程中的心理学问题，揭示师生关系、学生集体、学生个体、教师威信等内外心理因素对教育和教学的影响作用。它又可以分为教学心理学、学习心理学、品德心理学等。

4. 研究心理学的方法和技术的分支。它主要包括实验心理学、心理测量学、咨询心理学、心理统计学、心理治疗学、心理卫生学等。如实验心理学就是把现代自然科学中的研究方法，特别是实验方法运用到心理学中的一门科学。主要研究心理实验的原理、原则、方法、技术和资料处理等内容。实验心理学作为一种研究方法已有很大发展，许多复杂心理现象的研究都采用实验心理学的理论和方法，并取得了明显的效果。

心理学分支的迅速发展标志着心理学结构体系的逐步形成。随着人类社会实践活动领域的不断扩大，心理学研究的课题越来越广泛，心理科学的结构体系必将更加完善。

第三节　心理学的方法论

人的心理现象是世界上最复杂和最难被认识的现象之一。因此，如果没有正确的指导思想和科学的方法论，就很难使心理学的研究达到科学的地步，取得较大的成效。恩格斯指出："要精确地描绘宇宙、宇宙的发展和人类的发展，以及这种发展在人们头脑中的反映，就只有用辩证的方法……。"[①] 心理学只有坚持辩证唯物主义的方法论，才能发现并掌握人的心理发生和发展的规律。

一、心理学研究的基本原则

根据辩证唯物主义的哲学观点，心理学研究必须遵循以下基本原则：

（一）客观性原则

---

① 《马克思恩格斯选集》第3卷，人民出版社1972年版，第62页。

客观性原则要求必须以实事求是的态度对任何心理现象按照它们的本来面目加以考察，必须在人的生活和活动中客观地进行心理学研究。诚然，各门科学的研究都必须遵循客观性原则，但是，由于心理学研究的是人的心理现象，是人的主观世界，更应该反对主观臆想和揣测，强调坚持客观性原则。

心理现象就其映象来讲是一种主观存在，但它是由一定的客观现实引起，并总是通过人的实践活动，以语言、表情和行为等方式表现出来。因此，研究人的心理现象，必须根据其产生、发展的客观条件和外部表现，如实测验作用于被试的刺激强度和反应的客观指标，才能真正揭示心理现象发展的规律。

（二）系统性原则

系统性原则要求在对人的心理现象进行研究时，必须考虑各种内、外部因素之间相互联系和制约的作用，注意把某一心理现象放在多层次、多因素的系统之中进行分析。人的心理现象是一个极其复杂的动态系统，它与外部刺激、活动内容、客观环境以及其他各种心理现象之间，都有紧密的联系。其中任何一种因素的变化，都可能引起人的心理的变化。因此，对于人的心理现象，必须进行全面的、系统的分析和考察，而决不能把它看作孤立的东西进行简单的研究。

（三）发展性原则

发展性原则要求在对人的心理现象进行研究时，坚持发展的观点。唯物辩证法指出，世界上任何事物都处在运动和发展变化之中。心理现象也是这样，总是在不断地变化发展着。就个体的某一心理来看，其在不同年龄阶段的表现方式和水平就有所不同；一种心理品质形成之后，随着环境和实践活动的改变，也会有一定的发展。遵循发展性原则，既有利于预测人的心理发展的前景和方向，也有利于做好当前的教育工作。因此，把心理现象置于发展过程中研究，防止和反对静止、凝固地看待心理现象，也是心理学研究的一个重要原则。

（四）理论联系实际的原则

理论联系实际的原则要求心理学的研究和设计过程必须有科学理论指导，提出的研究课题必须对社会实践活动和人类发展有积极意义。

要进行心理学研究,必须掌握马克思主义哲学和心理学的一般原理,了解与课题有关的研究成果,以把握研究的科学性和避免不必要的重复劳动。同时,各种理论又必须"为我所用",要结合我国和人类生活的实际去检验它们,并通过自己的研究实践去发展它们,以建立具有中国特色的心理科学体系。

二、心理学研究的方法

在心理学研究的基本原则指导下,心理学的具体研究方法可以有多种。现介绍几种主要方法:

(一)观察法

观察法是在日常生活条件下,通过对被试的外部表现及发生条件有目的地观察来了解其心理活动特点和规律的方法。观察法是人类认识世界的基本方法,也是心理学研究的主要方法之一。它虽然在日常生活条件下进行,但有科学理论的指导,因此具有较高的计划性和科学性。

人的各种活动都是在人的心理的支配、调节下进行的,因此,通过对人的言行、表情等外部表现的观察,可以了解人的心理活动特点。观察法按照时间划分,可以分为长期观察法和定期观察法。长期观察法是在比较长的时间内进行有计划、有系统的观察方法。例如,教师可以在一学期或几年之内对某学生的课内课外、校内校外、学习、生活、劳动等各种表现进行系统的观察,从而了解其个性心理的特点。定期观察法是按一定时间间隔持续进行观察的方法。如每周观察两次,过一段时间后对观察积累的材料进行分析整理,以便发现被试的心理特点和规律。如果按照内容划分,可以分为全面观察法和单项观察法。全面观察法是在一定时间内对被试的多种心理现象同时观察的方法。如对学生进行个性鉴定,就可以采用这种方法。单项观察法是在一定时间内只对被试的某种心理现象进行观察的方法。如对学生上课时的注意特点进行观察,就属于此类方法。

观察法可以应用于多种心理现象的研究,尤其适用于教师了解、研究学生的心理特点和规律。观察法是在日常生活条件下使用的,因而简便易行,所得的材料也比较真实。但由于它不能严格控制条件,不易对观察的材料做出比较精确的量化分析和判断，这也是观察法的局限性。

（二）实验法

实验法是有目的地控制或创设一定条件，以引起被试某种心理现象，从而研究其规律的方法。实验法可以分为实验室实验法和自然实验法两种。

1. 实验室实验法。实验室实验法是在实验室内借助于专门的仪器设备，严格控制实验条件，以研究人的心理现象及其规律的方法。在设备完善的现代化心理实验室中，呈现刺激和记录被试的反应都采用精密的仪器，实行自动控制，使实验的效果更好。例如，研究一个人快速反应能力，就可以使用实验室实验法。在实验室中对被试提供声音或光刺激，并要求被试在听到声音或看到闪光后立即按电钮，用仪器记录下来被试从刺激出现到做出反应的时间，通过对数据的分析即可达到研究的目的。再如，要研究一个人在太空或海底操作时的感知、记忆、思维、情感、意志和个性的变化规律，就可以在实验室中通过模拟上述的自然环境和工作环境进行。

实验室实验法适用于对心理过程及其生理机制的研究，也可以用来研究人的能力、气质等个性心理。实验室实验法可以使心理现象在控制的条件下重复出现，为研究工作提供了很大方便。但是，由于实验室实验法是在人为的特定条件下进行的，因而实验的结果同日常生活条件下的心理现象往往存在一定的差距。对于它的这种局限性，我们在分析研究时，应特别注意。

2. 自然实验法。自然实验法是在日常生活条件下，适当控制或创设一定条件，并结合经常性的业务活动去研究人的心理现象及其规律的方法。自然实验法兼有观察法和实验室实验法的优点，因为它既是在自然环境下进行的，研究的结果比较真实；又是在创设的一定条件下进行的，研究过程的主动性较强，结果比较精确，结论可以重复验证。

自然实验法不仅可以用来研究人的各种心理过程，而且可以用来研究人的个性心理，是教师在教育和教学过程中研究学生心理的常用方法。如要研究学生集中复习和分散复习的效果，教师可在条件相同的平行班中采用此法进行对比实验。让甲、乙、丙三个班都用 6 个小时复习同一内容，但要提出不同的要求：甲班一次用完 6 个小时；乙班每天用两个小时，3 天用完；丙班每天用 1 个小时，6 天用完。最后测验三个班的复习效果，分析复习时间的不同安排对复习效果的影响。结果发现分散复习的效果优于集中复习的效果。

　　自然实验法已经应用于许多实践活动领域的心理学研究，除了教育心理外，工程心理、工业心理、经济心理、管理心理等也都使用这种方法进行研究，并取得了可喜的研究成果。为了确保研究质量，使用自然实验法要有明确的研究课题，对研究的途径、步骤要有一定计划。并应逐步分析各种制约条件，做出详细记录，仔细比较不同条件的不同结果；对得出的结论还必须反复验证。

　　（三）心理学研究的其他方法

　　除了观察法和实验法这两种主要方法外，心理学的研究方法还有以下几种：

　　1. 谈话法。谈话法是研究者根据一定的目的通过与被试交谈去了解其心理特点的方法。运用谈话法，研究者首先要确定谈话的目的，拟好谈话的提纲；其次，要取得被试的信任。保证谈话在自然气氛中进行；再次，提出的问题要简单明白，易于回答。谈话法简便易行，但得出的结论有时带有主观片面成分。

　　2. 问卷法。问卷法是研究者通过被试对所拟定问题的回答，来研究其心理活动特点和规律的方法。

　　问卷法要求研究者提出的问题应该清晰、易懂，不能模棱两可，也不应有暗示；要求被试回答问题实事求是，严肃认真，表述正确。问卷法不仅可以研究个体心理，也可以研究群体心理；不仅可以当场进行，也可以通过邮寄的方式进行。问卷法能够比较迅速地获得大量资料，便于定量分析。但不便对被试的态度进行控制，获得的材料不够详尽。

　　3. 测验法。测验法也叫心理测验，它是研究者利用一定的测验量表来测定人的智力和心理特征等个性差异的方法，包括智力测验、人格测验、能力倾向测验、气质类型测验等。测验量表是通过大量实验而确定的能够反映人的心理发展水平的题目和作业。对测验结果与常模（参照指标）进行比较，即可测出被试的心理发展水平。心理测验的编制和实施都有明确规定和标准化程序，必须严格遵守，否则，就会影响测验的结果，甚至使心理测验失败。

4. 个案法。个案法是研究者对一个或几个被试在较长的时间内进行追踪研究，借以发现其心理的发展、变化规律的方法。个案法是对人的心理纵向地、连续地进行研究的一种方法，尤其适用于超常儿童、犯罪青少年等具有特殊情况的个体的心理研究。这种方法易于了解心理发展的趋势，也可以研究人的个性差异。但应用此法时，设计要周密合理，研究要持之以恒。

5. 活动产品分析法。活动产品分析法是研究者通过对人的作业、作品、日记、手工制作、生产成品等的分析，去了解其心理活动特点和规律的方法。活动产品分析法可以了解人的能力水平和认知结构，也可以揭示人对事物的态度和某些个性品质。比如，学生的作文、日记、图画以及手工劳动成品等，都表现着每个学生不同的心理特点，有时作业本封面的干净整齐程度和年级、姓名的写法，也有助于分析、了解学生的能力、性格。但是，人的活动产品和人的心理活动之间的关系并不是简单的一一对应关系，因此，活动产品分析法应该与其他方法结合使用，以便相互印证，得出科学的结论。

6. 教育经验总结法。教育经验总结法是研究者有目的地整理总结教育实践中那些行之有效的经验，并从中提炼出所包含的心理活动规律的方法。这种方法多应用于教育心理、发展心理的研究，研究者可以从教育实践之中总结出学生掌握知识、技能、形成道德品质、群体人际交往以及良好集体形成等方面的规律。应用这种方法进行研究，不仅可以丰富和发展心理科学本身，而且可以推动教育和教学改革工作。但是，此法要求研究人员有坚实的心理科学理论基础和比较丰富的教育、教学工作经验，否则，就不能从教育经验中发现心理活动的特点和规律。

总之，心理学研究的方法很多，每一种方法都有其优点，也有一定的局限性。因此在研究一个心理学课题时，不应该只使用一种方法，而应该以一种方法为主，其他方法配合使用。这样它们才能取长补短，相得益彰，真正揭示人的心理活动的规律。

阅读材料：

西方近代心理学派别

一、构造主义心理学

这是心理学成为一门独立科学以后的第一个心理学派别，主要代表人是 W. 冯特和他的学生 E.B. 铁钦纳。这个学派 19 世纪产生于德国，以后在美国得到发展，20 世纪 30 年代以后渐趋衰落。构造主义认为，心理学的研究对象是意识经验，主张心理学应该采用实验内省法研究意识经验的内容或构造，也就是对心理复合体进行元素分析，找出意识的组成部分及它们如何结合成各种复杂心理过程的规律。他们强调心理学是一门纯科学，其基本任务是理解正常成年人的一般心理规律。但不重视心理学的应用，不关心个性心理、教育心理、儿童心理等心理学领域及其他不能通过内省法研究的个体行为问题。

构造主义学派为心理学提供了一些符合实际的实验资料，其研究成果已经成为现代心理学的组成部分。但由于它确定的研究对象和范围过于狭窄，又把内省法作为心理学的主要研究方法，因而遭到许多心理学家的反对。

二、机能主义心理学

机能主义心理学派有广义和狭义之分。广义的包括西欧的机能主义和作为美国心理学总倾向的机能主义。西欧的机能主义以奥地利心理学家 F. 布伦塔诺为主要代表；作为美国心理学总倾向的机能主义以哈佛大学的 W. 詹姆士为主要代表，同时还包括哥伦比亚大学的 J.M. 卡特尔等人。他们都反对冯特的构造主义把意识分为元素，主张心理学要研究心理或意识机能，重视心理学的应用，不同意心理学是一门纯科学，要求扩大心理学的研究领域，而不局限正常成人的心理。狭义的机能主义心理学是指美国的芝加哥学派，它是在反对构造主义过程中于 19 世纪末和 20 世纪初逐步形成的。这个学派的主要代表人物是芝加哥大学的 J. 杜威、J.R. 安吉尔和 H.A. 卡尔。他们受达尔文进化论和詹姆士心理学思想的影响，主张心理学的研究对象是具有适应性的心理活动，强调意识在人类的需要和环境之间起重要的中介作用，反对把意识分析为元素，主张意识是一个连续的整体。芝加哥学派是与构造主义学派相对立的一个自觉的心理学派别。

机能主义心理学使心理学的研究从单纯主观方面扩大到心理的客观方面，因此，推动了个性心理学、心理测验、学习心理学、知觉心理学等的发展。

三、行为主义和新行为主义心理学

行为主义是 20 世纪初美国心理学家 J.B. 华生创立的一个心理学的重要流派，也称为早期行为主义心理学。行为主义的产生受 C.L. 摩尔根动物行为的研究和巴甫洛夫条件反射研究的影响。这一学派不同意对人的心理和意识进行内省研究，认为心理学是行为的科学，而不是意识的科学，心理学研究的目的应该是寻求预测和控制行为的途径。他们认为，心理科学应当研究"客观观察所能获得的并对所有人都是清楚的东西"，也就是人的行为。华生还主张心理学应对环境与人和动物的行为之间的关系进行研究，并提出了"刺激——反应"（S—R）的行为主义公式。

行为主义主张客观的研究方向，有助于心理学摆脱主观思辩的性质，更多地从实验研究中得出结论。但他们无视行为产生的内部过程，反对研究意识，使心理学只研究行为而不研究心理现象，引起不少人的非难和反对。因此在 20 世纪 30 年代以后行为主义内部出现了一批改造和发展早期行为主义的人物，他们提出各种新的理论体系，成为新行为主义学派。

新行为主义学派的主要代表人物是 E.C. 托尔曼、C.L. 赫尔和 B.E. 斯金纳。新行为主义认为，有机体不是单纯地对刺激做出反应，它的行为总是趋向或避开一个目标。在动物和人的目的行为之间，必须有一个"中介"因素，这就是个体的认知。也就是说，在"刺激——反应"（S—R）过程中，加进了一个中介变量（O），使行为主义的模式变为"S—O—R"。新行为主义者强调客观的实验操作，这种理论结构和实验方法，随着科学技术的发展将会变得更精确和专业化。

四、格式塔心理学

"格式塔"是德文"Gestalt"的音译，意思为"完形"、"结构"、"整体"等，所以格式塔心理学也叫完形心理学。这个学派 1912 年创立于德国，成为西方现代心理学的主要流派之一。它的主要代表人物是 M. 韦特海默、W. 苛勒和 K. 考夫卡。他们主张心理现象最基本的特征是在意识经验中所显现出的结构性（即"格式塔"）或整体性。他们反对构造心理学的元素主义，也反对行为主义的"刺激——反应"公式，认为整体不等于部分之和，意识不等于感觉、感情等元素的总和，行为也不等于反射弧的集合，思维也不是观念的简单联结。

格式塔心理学派的理论直接受物理学中"场"理论的影响，认为脑也是具有"场"的特性的物理系统，因而强调从整体上对心理现象进行研究。这种整体的观点对后来心理学的发展起到了积极的推动作用。

五、策动心理学

策动心理学也是西方现代心理学的派别之一，其代表人物是英国心理学家 W. 麦独孤。由于麦独孤强调行为的目的性，因而曾自称为"目的心理学"。1930 年后改称为策动心理学。麦独孤认为行为的特征是追求一定的目的，行为的这种目的性是人的行为的动力或内驱力，而这种动力或内驱力产生的原因在于人的本能。他说："本能是人类所有一切活动的推动者。"

本能是策动心理学的核心内容。麦独孤认为，本能不是单个的、成串的机械反射，而是一种原始的冲动倾向和完整的心理过程，它包括感觉受纳方面、意志行为方面以及介于这二者之间的情绪方面。他特别重视本能与情绪的联系，把情绪视为本能的核心。认为如果几种情绪以一事物为对象并结合起来成为体系，就可以形成情操。情操是情绪的最高、最集中的表现，往往在人的行动中起极大的作用。

策动心理学强调行为的目的性和情绪对行为的作用，都是正确的，但认为动物的行为也有目的性，这就难免陷入唯心主义的泥坑。

六、精神分析与新精神分析心理学

精神分析学派的创始人是奥地利精神病医师、心理学家 S. 弗洛伊德。这一学派的理论在 20 世纪 20 年代广为流传，颇具影响。

弗洛伊德认为人的心理可以分为两部分：意识和潜意识。潜意识不能为本人所意识，它包括原始的盲目冲动、各种本能以及出生后被压抑的动机和欲望。他强调潜意识的重要性，认为性本能是人的心理的基本动力，是摆布个人命运和决定社会发展的永恒力量。他把人格分为本我、自我和超我三部分，其中本我与生俱来，包括着先天本能和原始欲望；自我由本我分出，处在本我和外部世界之间，对本我进行控制和调节；超我是"道德化了的自我"，包括良心和理想两部分，主要职能是指导自我去限制本我的冲动。三者通常处于平衡状态，平衡被破坏，则导致精神病。

精神分析学派获得了某些重要的心理病理的规律，但是他们的一些主要理论遭到许多人的反对。20 世纪 30 年代中期，以 H.S. 沙利文、K. 霍妮和 E. 弗罗姆为代表的一批心理学家反对弗洛伊德的本能说、泛性论和人格结构论，强调文化背景和社会因素对精神病产生和人格发展的影响，在美国形成了精神分析社会文化学派，即新精神分析学派。

新精神分析学派仍然保留着弗洛伊德学说中的一些基本观点，尽管在他们的理论中有不同的概念名称，但归根结底，仍然是潜意识的驱力和先天潜能在起主要作用。

七、认知心理学

认知心理学起始于 20 世纪 50 年代中期，60 年代之后迅速发展。1967 年美国心理学家 U. 奈瑟《认知心理学》一书的出版，标志着这一学派理论的成熟。广义的认知心理学还应该包括 J. 皮亚杰的发生认识论，他把人的认识的发展看成是一种建构的过程，并仔细研究了这一过程发展的阶段。狭义的认知心理学是指用信息加工的观点和术语解释人的认知过程的科学，因此也叫信息加工心理学。这一学派反对行为主义的理论，认为不一定必须搞清心理活动的生理基础后，才能研究心理现象。他们把人看成计算机式的信息加工系统，认为人脑的工作原则与计算机的工作原则相同，因而可以在计算机和人脑之间进行类比。他们强调人的已有知识结构对行为和当前认知活动的决定作用，并力求通过计算机模拟等方式发现人们获取和利用知识的机制，达到探究人类认知活动规律的目的。

认知心理学在反对行为主义心理学的运动中产生和发展起来，并在具体研究中取得了许多成果，推动了西方心理科学的发展，丰富了心理学的内容。其中一些研究和人工智能的研究结合在一起，具有重大的实用价值。但他们把人的心理看成计算机的信息加工系统加以研究，在心理学界依然存在争议。

八、人本主义心理学

人本主义心理学是 20 世纪 60 年代在美国出现、70 年代以后对欧洲和亚洲影响较大的心理学思潮。其主要代表人物有 A. H. 马斯洛、C. R. 罗杰斯和 G. W. 奥尔波特等。

人本主义心理学家既反对精神分析学派把意识经验还原为心理的基本驱力，也反对行为主义把意识看作行为的副现象，认为人不是"较大的白鼠"或"较缓慢的计算机"。他们相信，人的本质是善良的，人有自由意识，有自我实现的需要和巨大的心理潜能，只要有适当的环境和教育，他们就会完善自己，发挥创造潜能，达到某些积极的社会目的。他们主张心理学应该研究能自我实现的、有创造潜能的"健康人"的心理特点和规律，而不应该只关心异常心理。在这一学派看来，正是人的需要、动机、欲望、情感、价值观念等心理的内部过程和主观经验，才形成人与人之间的心理差异。

人本主义心理学对精神分析和行为主义心理学的某些批评（如反对把人的心理兽化和计算机化等），是有积极意义的。但他们对人的一些研究停留在关于人性的抽象议论上，因而不能完全揭示人的心理的本质规律。

综合练习：

一、概念解释

1. 心理学　　　　2. 心理过程

3. 观察法　　　　4. 实验法

二、填空

1. 人的心理现象丰富多彩，但一般可以把它分为_____和_____两大类。心理过程包括_____、_____和_____三个方面。

2. 人的认识过程是由_____、_____、_____、_____和_____组成的。

3. _____年，德国心理学家_____在莱比锡大学建立世界第一个心理实验室，标志着心理学成为一门独立的科学。

三、选择

1. 普通心理学是研究_____的科学。

A. 所有心理现象及其规律；

B. 个性心理及其规律；

C. 正常人心理活动规律及心理学基本原理；

D. 心理过程及其规律。

2. _____创办了世界上第一份心理学杂志，是心理学史上一个承前启后的人物。

A. 费希纳　　　B. 赫尔巴特　　　C. 韦伯　　　D. 培因

3. _____的《医林改错》提出的脑髓说比谢切诺夫的反射说还要早 30 多年。

A. 王充　　　B. 王清任　　　C. 李时珍　　　D. 陈大齐

四、判断

1. 心理现象是异常复杂的，因而也是神秘莫测的。　　　　　　（　　）

2. 用观察法研究人的心理现象，实质上就是通过视觉系统去探讨心理活动的规律。　　　　　　　　　　　　　　　　　　　　　　　　　　（　　）

3. 心理现象的各个方面并不是孤立的，而是彼此相互联系的。　　（　　）

4. 心理学与自然科学、社会科学和哲学等紧密联系，因此是一门涉及多种学科的边缘学科。　　　　　　　　　　　　　　　　　　　　　　　（　　）

五、问答

1. 心理学研究的理论意义是什么？现代心理学有哪些分支？

2. 心理学研究的方法有哪些？应该遵循哪些原则？

3. 师范生学习心理学的重要意义是什么？

第二章 科学的心理观

第一节 两种心理观的论争

人的学习、工作、发明、创造都是在心理支配下进行的，知觉、思维、兴趣、性格等都是人们熟悉且经常体验到的心理现象。但是，这些心理现象究竟是怎样产生和发展的？心理的实质是什么？对于这些复杂的问题，自古以来许多思想家都在探索其奥秘，提出了各种各样的见解和观点，并进行了长期的论争。

一、唯心主义的心理观

唯心主义者认为心理现象是与身体无关的"心"的活动，是"宇宙精神"的表现，是不依赖于物质而存在的灵魂活动的结果，即心理是第一性的，物质是第二性的。在古代，人们曾经猜想人的感知、思维以及做梦等心理现象都是灵魂的活动，认为心理是灵魂寄附在肉体器官内的表现。人一入睡，灵魂可外出游荡，人就做梦；一旦灵魂永远离去，人就死亡。灵魂是可以离开肉体而不灭的无形实体，是世界的本源。这种把心理现象看成是脱离物质的、虚无缥缈的灵魂活动的观点，就是唯心主义的心理观。古希腊哲学家柏拉图（公元前427～前347年）的主张就是这种观点的代表。他认为，灵魂在进入人体之前就跟一种神秘的"观念世界"相接触，人的智慧是灵魂在"理念世界"所看到的东西的回忆。英国的大主教贝克莱（1684～1753年）宣称，"存在就是被感知"；我国明代思想家王阳明（1472～1528年）说："天下无心外之物"；德国哲学家黑格尔（1770～1831年）认为人的思维和理性认识都是宇宙精神发展到一定阶段的表现。这些人的观点也都是属于唯心主义的心理观。在他们看来，只有被感知的事物才是存在的，事物存在于思维之中。这种认识是和科学心理学研究的成果不相容的。

二、唯物主义的心理观

与唯心主义心理观相反的是唯物主义的心理观。在古代，就有不少人认为心理现象是由肉体器官或物质元素生发出来的，并认为心理是身体的一种机能，是物质的属性。我国古代哲学家荀况、范缜等都持这种看法，他们的朴素唯物主义的观点在当时具有进步作用。但是，这些朴素唯物主义者常把心理同心脏或内脏等特殊部位联系起来，认为心理是在心脏或其他内脏器官中产生的，其理解是不正确的。

机械唯物主义认为，人的心理是客观事物作用于人的感觉和神经系统而产生的，有什么样的客观刺激就能产生什么样的反应。如法国的机械唯物主义拉美特利（1709～1751年）说："人不过是一架巨大的、极其精细的钟表"。一些庸俗的唯物主义者，如德国的毕希纳（1824～1899年）、福格特（1817～1895年）等人则错误地认为人脑分泌思想，正如肝脏分泌胆汁一样，把心理比作机器的功能。这些观点是错误的。朴素唯物主义和机械唯物主义都承认物质是第一性的，心理是第二性的。可是由于他们离开社会存在和社会实践去理解心理的产生与发展，忽视了人的主观能动性，忽视人的社会本质，因此，旧唯物主义者都不能完全正确地阐明心理现象的本质，只有在辩证唯物主义产生以后，才对心理的实质做出了科学的解释。

辩证唯物主义认为，人的心理是人脑对客观现实主观能动的反映。对这一心理实质可以从三个方面来理解，即心理是人脑的机能；心理是客观现实的反映；心理是在实践活动中产生发展的。

第二节　心理是脑的机能

一、脑是心理活动的器官

产生心理活动的器官究竟是什么？人们并不是一开始就十分清楚的。历史上，相当长一个时期，人们曾经认为心脏是产生心理活动的器官。西方有人认为心脏产生心理如同胆囊分泌胆汁；同样，汉语中也保留着这种错误认识的痕迹：与精神活动有关的字大都带有"心"字部首；成语"胸有成竹"、"眉头一皱，计上心来"等等都反映了这种认识的痕迹；至今我们思考问题时还常说："用心想一想"。

随着时代的进步，经验的积累，尤其是近代科学的发展，人们才逐渐认识到产生心理活动的器官是脑，而心脏与心理活动并无特别直接的关系。我国清代医生王清任早在 1830 年就指出脑与心理的关系。30 年后，俄国生理学家谢切诺夫在其著作《脑的反射》一书中，把脑的全部活动解释为对事物的"反射"。以后，著名生理学家巴甫洛夫提出的高级神经活动学说，进一步科学地揭示了心理活动的脑机制。

其实，常识也告诉人们脑是心理活动的器官。人们在睡眠或酒精中毒状态下，心脏活动与清醒时并无多大差别，但精神状态、心理活动却与清醒时大不一样。

临床又发现，精神病人的心理活动与正常人相比，差别很大，而他们的心脏机能却与正常人相同；一个心脏机能正常的人，如果大脑受到损伤，心理活动就会部分或全部丧失，比如"植物人"就是这样。

物种进化的历史和个体发育的进程，也表明心理活动与神经系统尤其是大脑有着直接的关系。动物的心理发展水平是与其神经系统的发展水平相适应的。从单细胞动物到人类，神经系统的进化从无到有，从简单到复杂，心理发展的水平也从低级到高级。单细胞动物没有神经系统，因而只能对生存具有直接意义的事物产生有限的感应。无脊椎动物开始出现了神经系统，但由于没有脑，所以不能对刺激物的属性进行分析，其心理也只能停留在极其原始、简单的感觉阶段。脊椎动物的神经系统进一步发达，原始的脑开始形成，爬行动物又有了大脑皮层，这就具备了心理活动的最高调节机构，因而就有了稳定的知觉。灵长类动物的大脑接近人脑的水平，所以对事物有了原始的概括能力，能进行简单的思维。到了人类，大脑结构更加复杂，其机能高度完善，所以人类成了地球上最聪明的主宰者。就人类个体的发育而言，心理水平的发展也是与脑的发育紧密相联的。婴幼儿的大脑虽然在形态、结构上与成人差不多，但由于重量轻，细胞分支少等原因，其心理活动要比成人简单得多。

以上事实和越来越多的研究表明，脑是心理活动的器官，人类一切心理活动的产生和发展都依存于大脑这块物质。正如恩格斯所说：

"我们的意识和思维，不论看起来是多么超感觉的，它总是物质的、肉体的器官即人脑的产物。"① 列宁也下过同样的结论："心理的东西、意识等等是物质的最高产物，是叫做人脑的这样一块特别复杂的物质的机能。"② 人脑和神经系统是物质发展到高度完善的产物，它的构造和功能是很复杂的。

二、人的神经系统及其功能

人的神经系统是由无数个神经元构成的，神经系统的最高部位是大脑皮层。

（一）神经元及突触传递

神经元又叫神经细胞，是神经系统的基本结构和功能单位。神经元的大小、形状和类型是复杂多样的，但每个神经元的结构都是共同的，即由胞体和突起两部分构成。由胞体发出的突起有树突和轴突两种。树突一般较短，分枝较多，能接受刺激，并把冲动传向胞体。每个神经元只有一个轴突，而且较长，其外围包有一层髓鞘，以保护轴突并防止冲动的扩散。其末端的分枝叫神经末梢。轴突就是神经纤维，许多神经纤维聚集成束，构成分布于全身的神经，能将冲动从胞体传出。（见图 2-1）

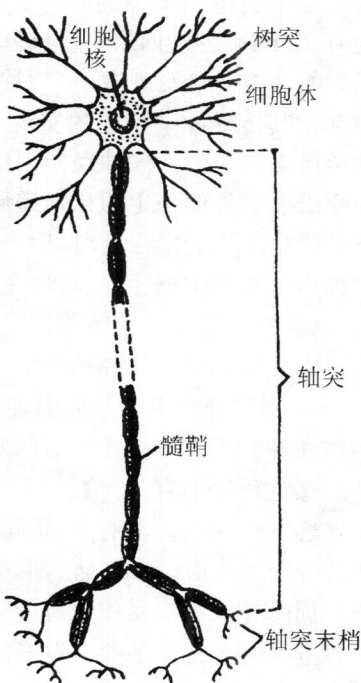

图 2-1　神经元的构造

每个神经元在结构上是独立的。一个神经元的末梢与另一个神经元的胞体或树突相接触，接触的部位叫突触。突触由突触前膜、突触后膜和突触间隙构成。（见图 2-2）突触前膜即前一个神经元末梢膨大

① 《马克思恩格斯选集》第 4 卷，人民出版社 1972 年版，第 223 页。
② 《列宁全集》第 14 卷，人民出版社 1957 年版，第 238 页。

部分的底端，内有许多含化学递质的小
泡。突触后膜即后一个神经元含有分子
受体的部位。突触间隙即前后膜之间宽
约 200 埃的部位。神经元之间的突触联
系密如蛛网，遍布全身。据研究，人的大
脑皮层中的每一个神经元的突触联系大
约有 3 万个，神经网络系统极其复杂。神
经元的功能是接受刺激、产生冲动、传导
冲动。其传导冲动功能的实现是依靠突

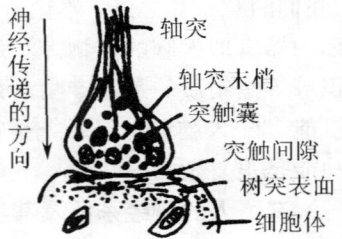

图 2-2　突触模式

触传递来完成的。当神经冲动沿着轴突传到末端时，前膜内的小泡便
会穿破前膜释放一定的化学递质而通过间隙，作用于后膜的分子受体，
当其能量达到一定程度时，后一个神经元便会产生同样的神经冲动，依
次传递，直至中枢。

（二）神经系统及其功能

由神经元构成的神经系统可分为周围神经系统和中枢神经系统。

1. 周围神经系统　周围神经系统由 12 对脑神经、31 对脊神经和
植物性神经组成。脑神经由脑发出，主要分布于头、面部，与头、面
部的感觉和运动有关。脊神经由脊髓两侧发出，分布于躯体和四肢，与
躯体感觉和四肢运动有关。植物性神经又分交感神经和副交感神经，广
泛地分布于内脏、心血管和腺体，调控内脏、心血管和腺体的活动。

周围神经系统是中枢神经系统联系感受器和效应器的纽带，它使
脑和脊髓与全身其他器官联系在一起，起着传入和传出神经冲动的作
用。

2. 中枢神经系统　中枢神经系统是人体的最高"司令部"，有低级
中枢和高级中枢之分。

（1）低级中枢　低级中枢包括脊髓、脑干、间脑和小脑四部分。它
们的部位如图。（见图 2-3）

脊髓是中枢神经系统的最低部位，呈索状，位于脊椎管内。它的
基本功能是传导冲动和控制躯体与内脏简单的本能反射，如膝跳、排
泄等。

脑干由延脑、桥脑和中脑组
成。它既是大脑、小脑联系脊髓的
通道，又是许多内脏器官活动和
视、听定向活动的中枢部位。呼
吸、心跳、吞咽、呕吐、喷嚏以及
视听觉探究反射都受脑干的调
控，这一部位受到损害，生命将受
到威胁，故而脑干有"活命中枢"
之称。

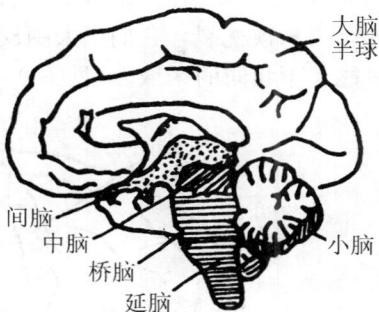

图 2-3　脑中枢的位置

间脑由丘脑和下丘脑组成，
被大脑所覆盖。它是大脑皮层下
的感觉中枢，是除嗅觉神经冲动外，一切感觉神经冲动的转换站，所
以是大脑皮层产生兴奋的最直接的来源。下丘脑是植物性神经系统的
较高级中枢，又是情绪反应的较高级协调单位。

小脑位于大脑的后下方，脑干的背侧面，由两半球组成。其主要
功能是协调随意动作、调节肌肉活动、保持躯体平衡。

此外，在脑干中央和丘脑底部这一广大区域，神经纤维纵横交织，
并有许多神经细胞散在其中，称做网状结构。它的功能十分特殊，既
可以下行调节躯体感觉和运动以及内脏活动，又可以上行激活皮层神
经元，以使大脑皮层处于觉醒状态，并使之保持警戒水平。这一区域
受到损伤的人或动物，就会陷入昏睡状态。

（2）高级中枢　中枢神经系统的高级部位是大脑，其中最高级的
部位是大脑皮层。

人的大脑由对称的左右两半球构成，状如合拳，左右半球由胼胝
体连结。其深部为大量的神经纤维和脑浆。成人脑重平均约为 1 400
克，占整个神经系统重量的 98%，是身体重量的 1/50。

覆盖于整个大脑表面的一层叫大脑皮层，是人类心理最直接、最
高级的物质基础。皮层的表面积约为 2 200 平方厘米，厚度平均为 2.5
毫米。大脑皮层是神经元最集中的地方，约有 140 亿个神经元分六层
规律地排列着。大脑皮层的表面有许多皱褶，凸起的部分叫回，约有

1/3，凹陷的部分叫沟或裂，约有 2/3。比较重要的沟裂有中央沟、大脑外侧裂和顶枕裂，它们把大脑皮层分为额叶、顶叶、枕叶和颞叶四个机能各不相同的区域。（见图 2-4）

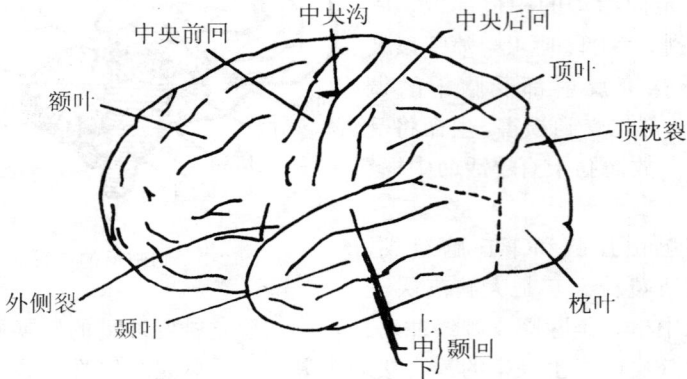

图 2-4　大脑半球的分叶（外侧面）

　　额叶是在进化过程中形成最晚的部分，然而却是最发达的部分，约占皮层表面积的 29％。额叶的中央前回是躯体运动的中枢，同时参与行为的动机、计划以及个性表现等高级意识活动。顶叶的中央后回是躯体的感觉中枢。枕叶主管视觉。颞叶则主管听觉和嗅觉。此外，在劳动过程中，人类出现了语言，大脑皮层相应地出现了言语运动中枢、言语听觉中枢和言语视觉中枢。大脑皮层特定的神经中枢专司一定的生理和心理活动的现象，叫机能定位。（见图 2-5）

　　但是，大脑皮层的机能定位并不是绝对的，只是相对而言的。各机能定位区只是实现某种功能的核心部分，其他区域在实现某种功能时也起一定作用，彼此并不孤立，它们之间有一定的代偿作用。同时，某一区域的功能受到损伤时，也会影响到其他区域的功能。大脑皮层上有明显机能定位的区域只是一小部分，大部分区域并没有明显的机能定位。苏联生理心理学家鲁利亚把大脑皮层机能定位区域连同无明显定位的区域划作三个机能联合区。认为人的心理活动的进行，尤其是较复杂的心理活动产生，总是三个机能联合区协同活动的结果。

　　尽管整个大脑皮层对心理活动具有整体整合的功能，但左右两个

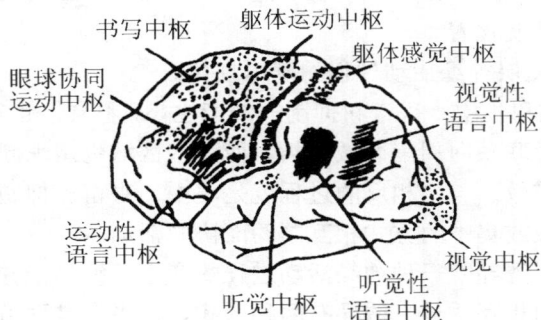

图 2-5　皮层机能定位图

半球在功能上的分工还是比较明显的。美国加利福尼亚理工学院的罗杰·斯佩里经过实验研究指出，左半球支配着理解力，说、写、计算等都由左半球调节。右半球支配着想象力，音乐、绘画、知觉空间等都由右半球分管。

　　总之，作为心理活动器官的大脑，结构是高度完善的，功能是十分精细的，它的重量虽然仅占体重的 2%，却需要占有全身供氧量的 20%，供血量的 16%。假如大脑供血中断半分钟，脑细胞的活力就受到明显的影响，持续到 5 分钟，脑细胞就会死亡。要使心理活动正常进行，首先就必须保持一个健康的大脑。

三、脑的机能

（一）大脑皮层神经活动的基本过程和规律

1. 大脑皮层神经活动的基本过程　　全部反射活动都是兴奋和抑制两种神经过程规律性活动的结果。兴奋过程和抑制过程是大脑皮层神经活动的基本过程。

　　兴奋过程是引起或加强有机体的某些反应的过程。它所带来的是细胞能量的消耗。抑制过程是压抑或减弱有机体的某种活动，它表现为相对静止状态。它所带来的是细胞能量的恢复。兴奋和抑制是对立的，又是统一的，二者相互依存，相互作用。比如，肢体屈伸时，支配肌肉屈伸的中枢神经细胞一部分兴奋，另一部分抑制，才能使肌肉的屈伸相互颉颃。兴奋和抑制在一定条件下可以相互转化，并按照一定的规律运动变化着。

2．大脑皮层神经活动过程的基本规律。

（1）扩散和集中　兴奋和抑制一经产生，都不会停止在原发点上，而是通过突触联系向周围区域传播，使这些区域也出现同样的神经活动，这就是扩散。与之相反的过程就是集中。兴奋和抑制过程，总是不断地以扩散或集中的方式相互制约而协同活动。

（2）相互诱导　一种神经活动过程的产生导致另一种神经活动过程的增强，叫相互诱导。诱导有两种形式，由兴奋过程引起抑制过程的增强叫负诱导。如"发愤忘食，乐以忘忧"。由抑制过程引起兴奋过程的增强叫正诱导。如环境越静，思考时注意力就越集中。

扩散和集中与相互诱导在神经活动中是相反相成、交替进行的，它们相互依存、相互制约，既显示了大脑皮层神经活动的复杂性，又保证了皮层神经活动的和谐与统一。

（二）大脑的机能

脑的机能即脑产生心理活动的基本方式。依照谢切诺夫的观点，人的一切心理活动，就其产生方式来说，都是反射。

1．反射与反射弧　反射是有机体借助神经系统对刺激所做的规律性反应。如食物入口时的唾液分泌，蚊虫叮咬时的举手拍打，伤心悲痛时的痛哭流涕，路见不平时的见义勇为等等都是反射。反射是人和动物适应环境的基本方式。

实现反射活动的神经通路叫反射弧。反射弧由感受器、传入神经、神经中枢、传出神经和效应器组成。（见图2-6）其中的任何一个环节中断，反射活动都不能发生。反射的具体程序是，感受器接受一定的刺激之后产生神经冲动，冲动沿传入神经到达神经中枢，通过中枢的分析与综合，再由传出神经传向效应器，从而发生相应的反应。

近期研究表明，反射弧并不是单向的神经通路，其终末环节并不意味着终止。效应器的活动会作为新的刺激产生神经冲动，再传向神经中枢，中枢对效应活动的质量予以"评价"，这一返回传递过程称为反馈。正是反馈的作用，才使得人们对刺激的反应更完整，更精确。由

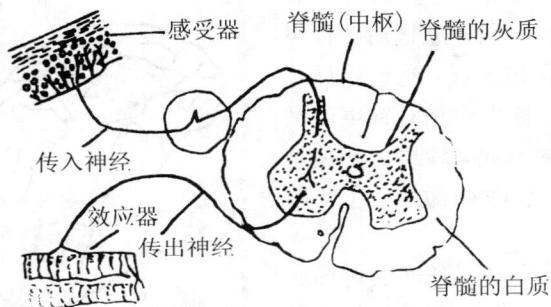

图 2-6　反射弧的模式图

于反射活动通常不是简单的刺激→反应，所以不少学者提出了"反射环"或"反射圈"的概念。

2. 反射的种类　反射分作两种：无条件反射和条件反射。

（1）无条件反射。无条件反射是人和动物通过遗传而来的本能反射。包括食物反射、定向反射、防御反射和性反射。无条件反射对人和动物具有维持生命、延续种族的重要意义，对于低等动物的意义更大。但是，由于无条件反射的神经通路是固定的，因而凭借无条件反射，有机体仅能对固定的刺激产生固定的反射。这种刻板的、被动的反射难以保证有机体对复杂多变的环境的适应。因而，在长期的适应过程中，有机体就形成了更高一级的反射，即条件反射。

（2）条件反射。条件反射是人和动物在后天活动中，经过学习获得的反射。如挨过棒打的狗，看见举棒就逃跑；"一朝被蛇咬，十年怕井绳"等，都是条件反射的表现。

条件反射的形成以无条件反射为基础，依赖于大脑皮层神经活动的基本规律，其形成的标志是大脑皮层暂时神经联系的建立。最早对条件反射进行研究的是巴甫洛夫。他以狗作为实验对象，通常情况下，引起狗产生分泌唾液反射的是食物（无条件刺激物），而铃声并不具备使狗分泌唾液的条件，所以铃声是无关刺激物。但在实验中，每次让狗进食的同时或稍前都给以铃声刺激。这样，狗的大脑皮层上就同时出现了两个兴奋点。由于每次重复、扩散的结果，就会使两点之间联系起来，也就是建立了暂时神经联系。暂时神经联系建立之后，铃声即使不伴随食物出现，狗也照样分泌唾液。这便标志着狗对铃声刺激的条件反射的形成，铃声由无关刺激物变成了条件刺激物。（见图2-7）

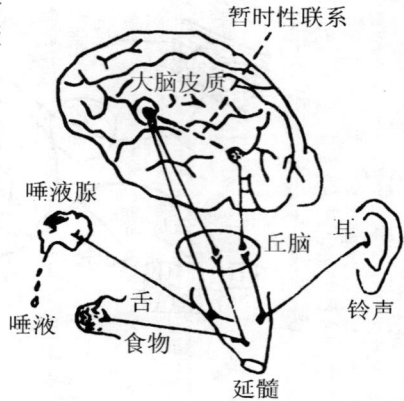

巴甫洛夫认为，条件反射形成的关键在于"强化"，即无条件刺激物与无关刺激物在时间上的重合。强化次数越多，形成的条件反射就越巩固。由于条件反射的神经通路是暂时的，所以，条件反射形成之后，如果不给以强化，就会逐步消退。

图 2-7　条件反射形成示意图

巴甫洛夫称条件反射为对信号的反射。因为在一定条件下，无关刺激物成了无条件刺激物的信号。有机体对这一信号的理解，是心理现象。但其神经机制是暂时神经联系的建立，又是生理现象。

巴甫洛夫提出的条件反射被称为"经典性条件反射"。

继巴甫洛夫之后，美国心理学家斯金纳通过对白鼠的研究，又提出了"操作性条件反射"的概念。他在"斯金纳箱"（见图2-8）中放一只白鼠，并不主动投食。箱内有食盘和连着食物容器的杠杆，饥饿的白鼠在箱内盲目地跑跳，偶然的机会，它压住了杠杆，于是就有食物落进食盘。经过这样多次盲目的揿压之后，白鼠终于理解了有食物吃是对

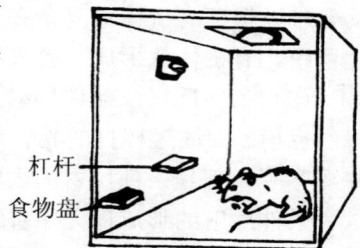

图 2-8　斯金纳箱

它揿压杠杆的奖赏，于是便学会了主动操作以获取食物。由于白鼠理解了操作杠杆可以获得食物，所以这种条件反射叫做操作性条件反射。

操作性条件反射与经典性条件反射的形成机制没有本质区别，都

是以强化为基本条件。但在形成的方式上有所区别。经典性条件反射是："刺激→反应"的过程，操作性条件反射则是"反应→刺激"的过程。另外，经典性条件反射的形成比较被动，而操作性条件反射的形成则是在有机体主动活动的条件下形成的。因而，操作性条件反射在人类的活动中存在更广泛，意义也更大。

3. 两种信号系统 条件反射实际上是一种信号活动，因而条件反射系统又称为信号系统。所谓信号，就是能使人或动物产生条件反射的刺激物及其属性。根据刺激物的性质，巴甫洛夫把纷繁多样的信号分作两种，相应地也有两种信号系统。

现实中，具体事物的形、色、声、味等属性是无条件刺激物直接的信号，称为第一信号。词和语言能够代表具体事物及其属性构成条件刺激物，是信号的信号，称为第二信号。由具体事物作为条件刺激物引起的条件反射系统称为第一信号系统，如吃过酸梅的人看见酸梅就流口水。由词和语言作为条件刺激物引起的条件反射系统叫第二信号系统，如吃过酸梅的人听到或看到"酸梅"一词也会流口水。

两种信号系统既有明显的区别，又有内在的联系。第一信号系统是人和动物共有的，第二信号系统是人类特有的。由于第一信号系统的刺激物只限于具体事物，因此动物的条件反射是具体形象的。第二信号系统的刺激物已经脱离了个别的、具体的事物，因而，人类的条件反射与动物有着质的区别，带有很强的概括性和抽象性。第一信号系统以无条件刺激物为基础，第二信号系统则以条件刺激物为基础。所以，动物的条件反射只能是单级的，而人的条件反射则是多级的。可以这样说，第一信号系统是动物行为的最高调节系统，第二信号系统是人类行为的最高调节系统。

两种信号系统的联系又是十分密切的。第一信号系统是第二信号系统形成的基础，第二信号系统既揭示第一信号系统的意义，又支配调节着第一信号系统，从而保证着人类对第一信号进行反射的选择性、目的性。人类的一切正常活动都是在第二信号系统调节下，两种信号系统协同进行的。

第三节　心理是客观现实的反映

脑是心理活动的器官，心理是脑的机能。但大脑不能凭空和单独产生心理活动，只有在客观现实作用于人脑时，心理活动才可能产生。心理按其内容来说乃是人脑对客观现实的反映。

一、心理是一种反映

反映是物质的普遍属性。世界上的一切物质都是在运动中相互联系、相互作用的。事物之间相互作用留下痕迹的过程就是反映。

反映的形式和内容因物质的形态不同而各异。无机物的反映是以简单的相互作用而完成的，如铁受潮而生锈，天下雨地皮湿。在有机物的反映中，植物以枝叶的趋阳、根系的趋水与环境保持平衡；低等生物以感应的形式对环境的作用给以反映，如变形虫能向可食的物体趋动；动物常常根据气味、声音、鸣叫、动作等觅食、求偶、招呼同类或确定安全还是危险等，以适应环境，保证生存。这些都是反映。

人的心理从最简单的感知觉，到复杂的思维、想象、乃至个性，不论多么离奇，都是人脑这块特别复杂的物质，或者与具体事物，或者与抽象的事物相互作用的结果，是地球上迄今为止最高水平的反映形式。

二、客观现实是心理活动的源泉

人的心理是一种高级的反映形式。按照列宁的观点，没有被反映者，个体即便具备了人脑，也不能产生心理反映。人的全部心理所反映的都是客观现实。

客观现实是指存在于主体意识以外的一切事物，包括自然环境和社会生活两大方面。人所处的自然环境和社会生活都是人的心理的源泉和内容。

自然环境包括日月星辰、山川河流、花草树木、飞禽走兽等天然自然，还包括经人加工的人造自然，如工厂、学校、车辆、铁路、工具等。这些是人的心理活动的重要源泉，它们作用于人的感官时，才可能在人脑中产生相应的映象。正如人对苹果的认识，总是因为现实存在着和存在过苹果，才会在头脑中产生苹果的映象。有时，人的头脑中也会出现一些现实中并不存在的事物的映象，如离奇的梦境和神话，似乎远离了现实，但构成这些映象的素材却存在于现实之中，只不过是经过头脑的加工组合而已。就连表面看来在现实中找不到任何对应物的情感、态度等，也都反映着人的某种需要与客观事物之间的关系，实际上是人脑对客观现实的一种更复杂、更特殊的反映形式。

社会生活主要指人们的社会存在，即人所处的社会制度和人的各种社会关系，也包括人们的言语交往、人际关系、文化交流、生产劳动、学习活动等方面。这是人类生存的社会空间，是人的心理活动最重要的源泉，它在产生人的心理方面起着决定性的作用。人是一切社会关系的总和。每个人都生活在一定的社会制度、社会文化、社会风尚以及各种社会关系之中。一旦脱离了人类社会，其心理的发展就无从谈起。世界上曾经发现多例自幼与野兽生活在一起的人类后代，他们的心理活动与野兽无异，没有人的心理和行为。"狼孩"卡玛拉就是其中的一例（详见"阅读材料"）

卡玛拉失去了社会生活条件，失去了参加劳动和言语交往的机会，从而也就失去了获得人类知识经验的可能性。因此，尽管她是人生的孩子，具备产生人的心理的大脑，但却没有正常人的心理。

不仅幼儿脱离人的社会生活不能形成人的心理，即使是成年人，长期脱离人类社会也会导致已经发展起来的心理水平下降。比如，1945年被日寇掳去日本做苦工的我国山东农民刘连仁，由于不堪忍受虏侍之苦，只身逃往北海道深山，过了十三年的野人生活。1958年人们发现并遣送回国时，几乎不会说话，听不懂别人的语言，完全没有正常人的心理特点。

可见，社会生活条件乃是人的心理活动的最重要的源泉。没有人的社会生活环境，没有对人类经验的学习，即便有正常的人脑，也不会有正常人的心理。

三、心理是客观现实的主观映象

人的心理按其内容来说是客观的，是人脑对客观现实的反映，但按其形式来说，又具有主观性，是存在于主体之中并且依赖于主体的现象。

客观现实作用于人脑，经过神经系统的分析综合，在头脑中形成各种各样的映象。这种映象以观念的形式存在于人脑中。虽然作为观念形式的形象与其所反映的客观现实是一致的，但它们却是不同质的两种现象。被反映者是物质现象，反映者是以观念形式存在的精神现象。例如，楼房是物质现象，而人脑中产生的楼房的映象却是主观映象。物质的楼房是可以住人的，头脑里的楼房映象是观念的东西，是不能住人的。所以，心理不是客观物质本身，而是物质的派生物，是客观世界的主观映象。

人的心理活动是在具有主观世界的人的头脑中进行的，是主体对客体近似的反映，不可能与客观世界的原型一模一样。由于作为主体的人，在年龄特征、生活经历、知识经验、态度需要、世界观等方面都存在着千差万别，这些主观世界的差异必然影响个体对当前事物的每一反映，就造成了人对客观现实反映的主观性，出现所谓"仁者见仁，智者见智"的现象。同时，在反映的选择性、准确性、全面性和深刻性等方面，也会有所不同，并形成对客观事物反映上的个别差异。因此，不同的人，主观状态不同，对同样的客观现象，反映也往往各不相同。例如，对某一位教师讲的同一堂课，全班同学往往反映不一。即使同一个人，在不同环境和身心状态下，对同一事物的反映也不尽相同。由此看来，人的主观状态不同，对待事物的反映也不同，人的心理是对客观现实的主观反映。

四、人的心理是在实践活动中发生和发展的

客观现实是人类心理活动的物质内容，但客观现实不会自发地决定人的反映。人在现实中总是积极地活动着、实践着，只有客观现实作为人的实践活动的条件和对象时，对人的心理活动才有意义。人的心理在实践活动中发生和发展，并从不成熟走向成熟，从低级发展到高级。新生儿只有从遗传获得的本能行为，逐渐地在与成人的交往中学会了说话，在游戏活动中学会了交友，在学习活动中学会了书写，高年级的学习发展了抽象思维，个体社会化的活动过程形成了个性。成人的实践活动由于领域不同，所以心理发展方向就带有明显的职业特色，比如画家善于记忆具体形象，其形象思维的能力发展突出；数学家的抽象逻辑思维水平又是常人所不及的。农民谈起种田头头是道，而公子王孙却"五谷不分"。人的心理之所以在实践活动中发生和发展，是因为实践活动是客观事物与主观反映联系的纽带。客观事物的发展总是不断地向个体提出发展的要求，而个体的主观反映要想和客观事物相适应，就必须通过不断地积极活动来实现。

人的心理不仅在实践活动中发生和发展，而且还要受到实践活动的检验。人的认识是否正确，只有经过实践活动的检验才能站住脚。人的心理总是从实践中来，到实践中去，并引起进一步的反映。正如毛泽东在《实践论》中所说："判定认识或理论之是否真理，不是依主观上觉得如何而定，而是以客观上社会实践的结果如何而定。真理的标准只能是社会实践。"①

实践活动促进了人类心理的产生和发展，人的心理发展水平又影响着实践活动的质量，同时又使人们在现实生活中确定着实践的方向。可见，人的心理对实践活动又有明显的反作用。

阅读材料：

裂　脑　人

1981年，美国科学家斯佩里博士因多年来在裂脑人的研究上获得了开拓性结果而荣获诺贝尔奖金。

研究对象是一个在第二次世界大战中脑部负伤的四十八岁退役的老兵。他因脑伤而患了癫痫病，医生不得已给他做了裂脑手术——把连续大脑两半球的信息通道——胼胝体切除。结果，约翰的癫痫病消失了，但从此行为却有了新的变化。他好像是受着两个脑袋的指挥，例如，吃饭的时候，他一只手把碗推开去，另一只手却把碗拉过来，来回地反复这样做；有一天早上起床穿衣，他一手把裤子往上提，一手却往下扯，直至把裤子扯成两半。斯佩里博士知道这种奇怪的表现后，就对其进行了系统的研究。

博士设计了许多实验。博士把一张女人照片的左半部和一张小孩照片的右半部拼接在一起，使女人照片在约翰的左半视野，小孩照片在右半视野，然后让老

---

① 《毛泽东选集》合订本，人民出版社1968年版，第261页。

兵指出看到了什么，他指着年轻女人的照片，口中却说："一个小孩。"在另一次实验中，斯佩里对病人的左半球（右半视野）发出一个问号（?），对右半球发出一个美元符号（$）。当要求老兵写出看到了什么时，他画了一个美元符号。当问他看到什么时，他回答说："一个问号"。

斯佩里的研究成果是引人注目和令人鼓舞的。他以无可辩驳的事实，十分成功地揭示了大脑两半球的秘密，有力地修正了过去一百多年盛行的左半球是优势半球，右半球则是从属的、劣势的半球的观点。事实上，左半球是对各种感觉信息在最高级水平上进行整合，以形成抽象的概念，它具有抽象逻辑思维、言语表达、数学运算等功能，是理性认识的优势半球。右半球主要是通过感觉信息的整合以形成知觉和空间位置的具体形象，具有音乐的、绘画的、几何图形、空间位置等的辨别能力，是感性认识的优势半球。以音乐为例，左半球负责旋律，右半球负责节奏。右半球几乎没有计算能力，只能计算 20 以内的加法，在这一点上，它不如左半球。可是，在空间定向、理解音乐、情绪的表达和识别图表上，左半球却相形见绌。左右两个半球作为两个不同类型的信息加工系统，它们又是互相配合的，这种配合是通过两半球中间的胼胝体进行的。胼胝体由两亿条神经纤维组成，每秒钟可以传递 40 亿个神经冲动，这种高频、高速的神经冲动传导，保证了左右半球在功能上的高度协调和统一。一旦将胼胝体切断，两半球的信息就无法沟通了。信息不通，行动也不能相互配合了。一个半球得到的感觉信息，另一半球就接收不到。左半球得到的信息，裂脑人能用语言表达出来，可是右半球得到的信息，他却说不出是什么，因为右半球接受的信息不能再传到左半球，而右半球又是没有言语功能的。

除此以外，左右两半球还有功能代偿作用，即一个大脑半球损伤或因病变切除后，它所担负的功能可以逐渐地被另一个半球担负起来。国内及国外的许多例子可以说明这一点。例如，1966 年昆明医学院为一个 16 岁的癫痫病患者切除了右半球，至今患者不仅生活正常，还当上仓库保管员。不过功能代偿作用的机制是什么，人们至今还未完全搞清楚。

野生儿种种

1920 年，在印度的米德纳波尔小城东北部，牧师辛格博士在随猎人捕狼时，发现了一种奇怪的动物：形状像人，跟在狼后，四肢爬行的两只"小狼"。辛格夫妇为了弄清到底是什么动物，就请一些人到狼经常出没的山洞里，把大狼赶跑。结果，两个大狼在猛烈的反抗后跑掉了，另一个大狼却出于恋子的本能，无论如何不肯离开狼窝，猎人们不得不打死了它。人们进入洞穴，发现这两个"小狼"原来是两个小女孩。大的约七八岁，被取名为卡玛拉；小的只有两岁，取名为阿玛拉，这就是有名的印度狼孩。

辛格夫妇把她们带到孤儿院，对她们进行教养和研究。一连几周，这两个小女孩仍保持着狼的行为，白天睡觉，夜晚嗥叫不止，爬着走路，用手抓取盆中的食物，吃生肉，裸体，给她们穿上的衣服，被她们恼怒地撕烂。几个月后，阿玛拉死去。为此，卡玛拉几天不吃东西。但后来，卡玛拉则似乎显示了习惯新生活的迹象，并逐渐对其他孩子发生了兴趣。模仿他们的举动和游戏。从1924年起，她开始能讲一些话，学会了直立行走。又经过一番耐心的教育，卡玛拉掌握了一套勉强可以听懂的简单词汇，能够办一些简单的事情，如到鸡棚里去取鸡蛋，上村上去买些东西等。当大家正为其能脱离野兽的黑暗世界而高兴的时候，她却不幸在一次疾病中死去。这是1929年，约十七岁的卡玛拉仅仅学会了四十五个单词，会说一些简单的话，智力相当于四岁儿童的水平。

据统计，现在全世界已发现野生儿四十余例。仅美国人类学家津格在他的一篇重要的文章中，就列举了三十五个有科学记载的野生儿的情况，他把野生儿分为三种：

第一类，是刚出生不久，即被失去幼仔的动物叼去喂大的野生儿。如在立陶宛发现的熊孩、上述的"印度狼孩"，还有在猪、牛、豹中生活的野孩。

第二类是很小的时候，因种种原因被人遗弃，或迷入荒原和森林，靠自己的力量生存下来的野生儿。其中最著名的是1799年在法国南部阿威龙地区发现的一个约十一二岁赤身裸体的野生儿。

第三类是被人野蛮地残忍地关闭起来，在极端恶劣困难的环境中与人类社会隔离而勉强生存下来的野生儿。如巴登大公国的卡巴斯·豪瑟，出生后就被争夺王位的宫廷阴谋家当作人质扣押起来。开始，由一个性格抑郁的女人收养，三四岁后被关进了一间黑暗、狭窄的地下室，每天由一个男人给他送面包和水，偶尔教他说几句话。十七年后，由于他继承王位已不可能，从而丧失了人质的意义，才被释放出来。这时他仅能说六个词和几句简单的拉丁语，目光呆滞，表情与智力都像一个婴儿。中国明朝的朱文圭也是这样，他一直被关押五十年，放出来时如同白痴，牛马不辨。

科学家通过对野生儿的研究，发现他们的共同特征是：不会说话，感觉异常，情感贫乏，运动机能异常，没有人类吃食的习惯，智力迟钝落后。这充分说明，大脑虽是产生心理的器官，但社会生活环境才是形成人的心理的决定因素，脱离了人类社会生活，特别是幼年脱离了人类社会生活，就难于形成人的心理，即使让他们回到人类社会重受教育，他们获得人的意识的进程也较受正常教育的人缓慢得多，困难得多。

　　　　　　——选自董安君等编著《大众心理趣探》，河南教育出版社1987年版

综合练习：

一、概念解释

1. 反射　2. 条件反射　3. 第一信号系统　4. 第二信号系统　5. 反映

二、填空

1. _____是心理的器官，心理是_____的机能。

2. 神经元与神经元相接触的部位叫_____；神经元传导功能的实现是靠_____来完成的。

3. 大脑皮层的分叶是_____、_____、_____、_____。

4. 大脑皮层神经活动的基本过程是_____和_____，其基本规律表现为_____、_____。

5. 反射有两种形式，即_____和_____。

6. _____是完成反射活动的神经装置。

三、判断

1. 大脑是产生心理活动的物质基础，因而大脑可以单独产生心理活动。

　　　　　　　　　　　　　　　　　　　　　　　　　　　　　（　　）

2. 大脑皮层的机能定位区是各负其责，互不相干的。　　　（　　）

3. 感受器就是感觉器官。　　　　　　　　　　　　　　　（　　）

4. 条件反射既是生理现象，又是心理现象。　　　　　　　（　　）

5. 大脑活动的基本方式是反射。　　　　　　　　　　　　（　　）

四、选择

1. 最早对条件反射进行研究的是_____。

A. 谢切诺夫　B. 巴甫洛夫　C. 斯金纳

2. "谈虎色变"与"谈梅生津"都是_____的表现形式。

A. 无条件反射　B. 第一信号系统　C. 第二信号系统

五、问答

1. 为什么说脑是心理的器官？

2. 两种信号系统的关系怎样？

3. 如何理解心理与实践活动的关系？

4. 为什么说心理是客观现实的主观映象？

第三章　注意与组织教学

第一节　注意概述

一、什么是注意

注意是人的心理活动对一定事物的指向和集中。

人们要想有效地进行活动，就必须把心理活动指向和集中于活动对象。教师要想上好课，就必须排除一切干扰，专心致志于讲课活动。学生要想学好功课，则必须克服分心，聚精会神于学习内容。这种"专心致志"、"聚精会神"的现象就是指注意的状态。

指向性和集中性是注意的基本特点。

注意的指向性是指人以一定的客观事物作为心理活动的对象。人的心理活动不是同时指向一切对象，而是有选择地指向特定的对象。有人曾应用双耳分听术给被试的两耳同时呈现不同的刺激，并规定某一只耳朵为追随耳，要求被试事后复述追随耳所呈现的刺激。实验证明，被试可以很好地复述对追随耳所呈现的刺激的内容，而对非追随耳呈现的刺激，最多只能报告出是男声或女声，其他的内容一概报告不出来。这个实验说明，人的心理活动在一定的时间内总是指向一定的对象而离开其他的对象的。可见，注意的指向性所表明的是人的心理活动所反映的对象和范围。

注意的集中性是指人的心理活动在特定的对象上保持并深入下去。人的心理活动不仅有选择地指向特定对象，而且可以使注意在这个对象上保持相当长的时间。正是由于注意集中于某一特定对象，才使这一对象得到鲜明而清晰的反映，而其他事物处于"注意的边缘"，对其反映比较模糊，或者根本得不到反映，产生"视而不见，听而不闻"的现象。可见，注意的集中性所表明的是人的心理活动所反映的程度。

注意的指向性和集中性是紧密联系不可分割的，它是同一注意状态的两个方面。当人的心理活动指向于某一对象时，同时也就集中于这一对象。没有指向性，也就没有集中性，而指向性又是通过集中性表现出来的。可见，指向性是集中性的前提和基础，集中性是指向性的体现和发展。

注意是一切心理过程的开端，并始终伴随着心理过程而存在，是保证心理过程顺利进行的必要条件。在认识过程中，当人注意什么的时候，总是同时也在感知着什么，回忆着什么，或者思考着什么，想象着什么。在情感体验和意志行动中，如果没有注意，人的情感就无从表现，也不会有采取行动和克服困难的意志力量。人的一切心理活动都离不开注意。注意不是独立的心理过程，而是永远伴随心理过程的心理特性。

二、注意的功能

注意在人的心理活动和行为中占据很重要的位置，对人类具有十分重要的意义。它能保证人们及时地集中自己的心理活动，正确地反映事物。我国古代教育家荀子曾说过："君子壹教，弟子壹学，亟成。"① 意思是说教师专一地教，学生专一地学，很快就能成功。这说明心理活动效率的提高，总是在有注意参加的情况下实现的。俄国教育家乌申斯基指出：注意是心灵的惟一门户，意识中的一切，必然都要经过它才能进来。教育实践已经证明，只有打开注意这道"门户"，知识的阳光才能透进心灵，智力才能得到发展。

注意之所以在人的心理活动中起着这么重大的作用，是由它的本质特征决定的。从注意的指向性和集中性可以看出，注意具有三种功能：选择功能、保持功能、调节和监督功能。

（一）选择功能

注意使心理活动有选择地指向符合自己所需要或与当前的活动相一致的事物，而避开或排除那些无关事物的影响，使心理活动具有一

① 《荀子·大略》。

定的方向性。也就是说，注意具有把与心理活动指向事物有关的信息检索出来，并与各种无关的信息加以区别，从而使心理活动按照人的需要和愿望进行集中或者转移的功能。正是由于注意的选择功能，才使人类能够正确地反映客观事物。否则，千变万化的外界事物，不加选择地进入我们的意识，或者我们头脑中原有的表象，全部同时呈现出来，那么我们的心理活动将是一片混乱，任何活动都不可能顺利地进行了。

（二）保持功能

注意能使心理活动稳定在选择的对象上，直至活动达到目的为止。例如，外科大夫为了抢救病人的生命，可连续数小时站在手术台前，集中精力做手术，根本感受不到疲劳与饥饿，但病人得救后，大夫会立刻意识到已经疲倦到极点，甚至不能再支撑自己的身体，必须马上卧床休息。这是注意的保持功能在起作用。

（三）调节和监督功能

注意能使人及时觉察事物的变化，并调节自己的心理和行动以适应这种变化。例如，汽车司机随时注意交通情况，根据实际的变化，随时改变行车的速度和方向，以保持行车安全。注意的监督作用表现为能随时发现自己行动的错误，并对自己的心理、行为及时进行调整，对错误及时纠正。

三、注意的生理机制与外部表现

（一）注意的生理机制

注意的生理机制相当复杂，它是中枢神经系统不同层次活动的结果。

1. 从注意的产生来看，注意是有机体的一种定向反射。

每当新异刺激出现时，人便产生一种相应的运动，将感受器朝向新异刺激的方向，以便更好地感知该刺激，这种反射就叫"定向反射"。定向反射是一种无条件反射。

2. 根据巴甫洛夫高级神经活动学说的解释，注意的主要生理机制是高级神经过程的相互诱导。

人在注意某一对象时，大脑皮层相应区域就会产生一个优势兴奋中心。它是大脑皮层对当前刺激进行分析和综合的核心，这里具有适度的兴奋性，旧的暂时神经联系容易恢复，新的暂时神经联系容易形成，因而能充分揭露出刺激物的意义和作用，对客观事物产生清晰而完善的反映，这就是注意。当大脑皮层一定区域产生一个优势兴奋中心时，由于负诱导，大脑皮层的其他区域则处于相对抑制状态。负诱导越强，注意就越集中。因此，当人的注意集中于某一事物时，对于其他事物就会"视而不见，听而不闻"。优势兴奋中心不是永远固定在皮层的一个区域，而是不断地转移的。优势兴奋中心的转移，就引起注意方向的转移。它是注意转移的生理机制。

3. 注意与大脑额叶、网状结构和边缘系统有密切关系。

（1）大脑皮层额叶前部与注意有密切关系

心理学家 A. P. 鲁利亚和霍姆斯卡班的研究表明：大脑额叶大部分损伤的患者对语言提示、定向反射几乎不能恢复，皮层觉醒水平不能提高；额叶严重受伤的人，注意不能集中，高度分心。

（2）脑干网状结构与注意

脑干网状结构的主要功能就在于激活和维持大脑皮层的觉醒状态，使注意等心理现象的发生成为可能，所以注意和网状结构有密切关系。网状结构受到损伤，不仅信息不能传递，而且有机体会陷入长期昏迷状态。

（3）边缘系统与注意

边缘系统有选择功能。边缘系统中有一种特殊类型的神经元，它不是特定的感觉神经元，而是专司注意的神经元（新事物控测器）和定势细胞（期待细胞），专门对新异刺激或与期待不一致的刺激发生反映。

（二）注意的外部表现

人在注意时，常常伴随着一些特有的生理变化和表情动作，这种外部表现往往在不同的心理活动中以不同的形式表现出来。注意发生时，最明显的外部表现，主要有以下几种情况：

1. 适应性运动出现

当注意某一事物时，人们首先调整感官，适应其需要。如注意看一物体时，把视线集中在该物体上，举目凝视；注意听一声音时，把耳朵转向声音的方向，侧耳倾听；注意思考某一问题时，常常眼睛呆视，紧皱双眉，凝视沉思。这些举目凝视、侧耳倾听、凝神沉思等都是注意的适应性运动。

2. 无关动作停止

无关动作的停止是紧张注意的一种特征。当人注意紧张时，外部动作常常表现为静止状态，一切多余动作都会停止下来。比如学生听课听得入神时，会昂起头一动不动地望着老师。

3. 呼吸变得轻微而缓慢

人在集中注意时，呼吸会变得格外轻微和缓慢。呼与吸的时间比例也会发生显著的变化，吸短而呼长。当十分紧张注意时，甚至会出现呼吸暂时停止，即所谓"屏息现象"。这是紧张注意的又一个特征。

此外，人在注意时，面部表情也发生变化，特别是口型和眼睛的形态会随着注意对象和心理过程的不同而改变。当人在紧张注意时，还会出现心跳加快、牙关紧闭、紧握拳头等现象。

一般来说，注意的外部表现和注意的真实情况是相一致的。但也有注意的外部表现和内心状态不相符合的情况，即所谓貌似注意实际不注意或貌似不注意实际注意的现象。因此，在判断一个人的注意时，还必须进行多方面的观察和了解。

教师掌握了注意的外部表现情况，可以帮助自己了解学生在课堂上的注意状态，判断他们是否注意听课。有经验的教师，会从学生的姿态、面部表情，特别是眼神中判断他们是否注意。一般说，姿势端正、面部表情严肃、目光注视老师的学生是集中注意的表现；而懒洋洋的状态、东张西望的眼神、或表情凝滞、呆若木鸡，常常是不注意的表现。对注意的外部表现与注意的实际情况不一致的现象，教师只要细心观察，认真分析，就能对学生是否注意及其注意什么，做出正确的判断。

第二节　注意的种类

根据注意时有无目的性和意志努力程度的不同，可以把注意分为无意注意、有意注意和有意后注意。

一、无意注意

（一）无意注意的概念

无意注意是一种事先没有预定目的，也不需要做出任何意志努力自然发生的注意。由于它不受人的意识调节和支配，所以无意注意又叫做不随意注意。无意注意从其发生的方式来说是一种定向反射，它往往是由周围环境发生变化而引起的，表现为在一定刺激物的影响下，人不由自主地把感觉器官朝向刺激物。例如，正在上课时突然有人走进教室，大家就会不由自主地把目光集中在进来的这个人身上。无意注意是一种初级的、被动的注意。这种注意一般都能导致探索行为的出现，有利于人们正确地认识周围环境，但也容易使人分心。

（二）引起无意注意的原因

引起无意注意的原因很多，概括起来有两个方面：一是客观刺激物本身的特点；二是人的主观状态。

1. 客观刺激物的特点　客观刺激物本身的特点是产生无意注意的主要原因。具体表现在：

（1）刺激物的强度　一般来说，强烈的刺激物容易引起无意注意。如巨响、艳色、奇香、强光都容易引起人的无意注意。不仅刺激物的绝对强度可以引起无意注意，就是其相对强度也可以引起无意注意。在强烈噪音的背景下，即使大声说话也不会引起人的注意，而在万籁俱寂的夜晚，我们可以听到许多白天不注意的声音，如钟表的嘀嗒声，窗外的风声及小虫的鸣叫声等等。

（2）刺激物的新异性　刺激物的新异性是指刺激物在内容和形式上具有不同寻常的特性。一般地说，新颖奇特的事物容易引起注意，而司空见惯的事物则不易引起人们的注意。如学校来了一位新教师，或者老师穿了一套新衣服，都会引起学生的注意。如果司空见惯的事物以不同寻常的形式出现时也会引起别人的无意注意。如一个平时穿着朴素的女生，一反常态，穿着打扮变得时髦也会引起同学的注意。

（3）刺激物之间的对比关系　刺激物之间在形状、颜色、大小、强弱方面的对比越明显，越易引起无意注意。例如，"万绿丛中一点红"、"鹤立鸡群"都容易引起人的无意注意。

（4）刺激物的运动变化　刺激物突然出现与停止，减弱与增强，空间位置变化和运动等都易引起无意注意。例如，一亮一灭的霓红灯，一闪一闪的救护车标志灯，就很容易引起人们的无意注意。

2. 人的主观状态　由于人的主观心理状态不同，因而人们面对同样的一些外界刺激物，就可能出现有的人注意到了，而有的人则尚未注意到。其主观原因有以下几个方面。

（1）人的需要、兴趣和态度　凡是能满足人的需要，符合人的兴趣，与个人情感有关的事物，都能引起注意。例如，一杯饮料，容易引起口渴的人的注意；一幅音乐会的广告，容易引起音乐爱好者的注意；一个学生在思想上的微小变化，容易引起关心学生的班主任的注意。

（2）人的已有知识经验　凡是和已有经验相联系又能增进新知识的事物，容易引起注意。十分陌生的事物不容易引起人的注意。例如，一盘有趣的象棋残局，就容易为象棋爱好者所注意，而不会被那些对棋术一窍不通的人所注意。

（3）人对事物的期待　凡是人们期待的事物，容易引起注意。例如，我国古典章回小说常用"欲知后事如何，且听下回分解"作每回的结束语，目的就在于使读者产生一种期待，吸引他们一回一回地读下去。

（4）人的精神状态　身体健康与精神饱满与否，在很大程度上影响着一个人的无意注意。一般说，心情愉快，精神饱满时，容易对事物进行集中而持久的注意；而在心情烦闷，身体不适，精神过度疲劳时，无意注意范围较窄，许多平时感兴趣的事情也不能引起注意。

二、有意注意

(一) 有意注意的概念

有意注意是自觉而有预定目的，必要时还需做一定意志努力的注意。由于它是受人的意识调节和支配的，所以，有意注意又叫随意注意。例如，学生听到上课铃响，立刻走进教室，努力把自己的心理活动从课外游戏内容转向并集中于教师所讲授的课程内容上。这种注意就是有意注意。

有意注意是一种主动地服从于一定活动任务的注意，它受人的意识的自觉调节和支配。它的指向和集中，不是决定于某些刺激物的特点而是服从于人们已经确定的活动目的和任务。它的保持，还需要人做出一定的意志努力，避开环境中各种刺激物的吸引。因而也有人称它为意志的注意。

有意注意是在人的生活实践中发展起来的。人们在日常生活、工作和劳动中，有时需要在不利的环境中坚持学习，阅读某些难懂而又不感兴趣的书籍或从事紧张的劳动，这些都要求我们作一定的意志努力，迫使自己把注意集中到这些活动上来。这种意志努力是由第二信号系统来控制和调节的，有了第二信号系统参加，我们便可以通过语词，按照规定的任务，组织心理活动，使之更加自觉地指向和集中于一定事物。所以，有意注意是人类所特有的一种注意形式。

(二) 引起和保持有意注意的条件

1. 明确的活动目的和任务　有意注意是有预定目的的注意。因而对于活动的目的、任务的重大意义认识得越清楚，理解得越深刻，则完成任务的愿望就越强烈，与完成任务有关的一切事物也就越能引起人们的注意。

2. 合理地组织活动　在明确活动目的和任务的前提下，对活动还要进行有计划地、全面地组织，使所做的一切服从于当前任务。这样才能保证最清晰地反映那些与任务有关的对象，使有意注意得以顺利进行。

为了使注意集中于要完成的任务上，首先，要安排好工作环境，把工作中要用的物品准备齐全，尽量减少环境中的干扰因素，以便能在工作时全神贯注。其次，应把工作程序安排妥当，明确规定各阶段应完成的具体任务，避免盲目乱抓，主次不分。再次，要根据任务要求，经常提醒自己集中注意，维持有意注意。

3. **稳定的间接兴趣**　直接兴趣是引起无意注意的主要原因，而间接兴趣则是保持有意注意的重要支柱。间接兴趣是对活动的目的与结果所产生的兴趣。这种兴趣几乎存在于自觉进行的每一件工作之中。间接兴趣越强烈，越稳定，有意注意就越集中，越持久。例如，有人开始学外语时记单词、背课文，感到单调乏味，没有兴趣。但由于逐渐认识到学外语的重大意义，便对外语学习产生了间接兴趣，从而在学习中能保持高度的有意注意。

4. **坚强的意志力**　有意注意的产生和保护，有时是在没有干扰的情况下进行，有时是在有干扰的情况下进行，对注意的干扰，可能是外界的刺激物，也可能是机体的某些状态，或者是一些消极的思想和情绪等等，这就需要人们做出一定的意志努力去排除干扰，但当干扰较大，又不具备排除干扰的条件时，就需要用意志力把注意保持在要完成的任务上。在某些情况下，排除内部干扰比排除外部干扰，更需要意志上的努力。总之，只有用坚强的意志力，才能克服对注意的干扰，变分心为专心，使有意注意持续下去。

三、有意后注意

有意后注意是有自觉目的，但不需要做更大意志努力的注意。

人们在从事一项新的活动之初，由于对活动本身不了解又缺乏经验，往往不感兴趣，这时需要一定的意志努力才能把自己的注意保持在这项活动上。经过一段时间后，对它产生了兴趣，就可以不太需要意志努力而保持自己的注意，这就是有意后注意。例如，有人在初学外语时，对于记单词、语法、读音规则等单调乏味的活动并不感兴趣，只是为了某种目的才不得不集中注意去学习，这时的注意就是有意注意。后来，通过意志努力，逐步掌握了一定的技能技巧，发现学外语并不是一件苦事，而是一件趣事、乐事，渐渐地对学外语本身发生了兴趣，于是就可以不再需要多大的意志努力而轻松自如地集中注意学外语了，这时的注意就是有意后注意。

　　可见，有意后注意是在有意注意的基础上产生的，它兼有无意注意和有意注意的优点，它既是有自觉目的的（这点与有意注意相同），又是不太需要意志努力的（这点与无意注意相似），因此，它是一种更为高级的注意形态，是人类从事创造性活动的必要条件。

四、无意注意、有意注意和有意后注意之间的关系

　　三种注意的形态虽然在产生条件和发展过程等方面有明显的区别，但在人们的生活实践活动中却是有着密切联系的。它们之间的关系主要表现在以下两个方面：

　　首先，三种注意在人的生活实践活动中都是不可缺少的。三种注意各有其自身的特点和作用，完成任何一项活动都必须有三种注意共同参加。单凭无意注意去学习和工作，虽然不需作意志努力，不易疲劳，但缺乏目的性和计划性，一遇干扰或困难就会分心，难以完成任务；单凭有意注意去学习和工作，虽然能进行系统的学习，获得完整的科学知识体系，提高工作效率和质量，但长时间的意志努力，很容易疲劳，最终不能圆满地完成工作和学习任务；有意后注意虽然兼有无意注意和有意注意的优点，依靠它能很好地完成活动任务，但脱离无意注意和有意注意也难以真正形成有意后注意。因此，三者是相互依存和相互制约，共存于人们的实践活动之中。

　　其次，注意在一定条件下是可以相互转化的。实践证明，有的人最初由于直接兴趣而从事某种活动，后来通过活动逐渐认识到它的重要意义，就自觉地、有目的地去从事这种活动，在遇到困难时能以坚强的意志去克服困难，把注意维持在这种活动上，这就是无意注意向有意注意的转化。前已述及，有意注意也可以转化为有意后注意。

第三节　注意的品质

一、注意的范围

　　注意的范围也称注意的广度，是指在同一有限时间内所能注意到对象的数量。

　　注意的范围本质上就是知觉的范围。各种注意的范围可以通过测量来确定。例如，用速示器测定，在 1/10 秒时间内，成人一般能注意到 4～6 个彼此不相联系的外文字母，或者 8～9 个黑色圆点。

注意范围的大小受多种因素制约，这些因素主要包括以下几方面：

（一）知觉对象的特点

注意对象越相似，越集中，排列越有规律，越能构成相互联系的整体，注意的范围就越大。哈密顿（Hamilton）曾做过这样的实验，他在地上撒了一把石弹子，发现被试很不容易立刻看到六个以上，或者最多不过看到七个石弹子。但是，如果把石弹子两个、三个或者五个一堆，能掌握的堆数与单个的数目一样多，因为人会把一堆看作一个单位。人们还研究表明，颜色相同的字母要比颜色不同的字母的注意范围要大些；对排列成一行的字母要比分散在各个角落上的字母的注意数目要多些；对大小相同的字母，要比对大小不同的字母注意的数量要大得多；对组成词的字母所注意的范围，要比对孤立的字母所能注意的范围大得多。

（二）知觉者的知识经验

知觉者的知识经验越丰富，就越善于把所感知的对象组成一个整体来感知，因而注意的范围就越大。如文化水平高的人，阅读书籍时，对文字注意的范围要比文化低的人大得多。

（三）知觉者的活动任务

知觉任务越简单，注意的范围就越大；知觉任务越复杂，则注意的范围就越小。例如，只要求注意外文字母多少，注意的范围就大；如果还要求看出字母书写上的错误，注意的范围就小。

注意范围的扩大，可提高学习和工作效率。在学习中，注意范围大，阅读速度就快，所谓"一目十行"就是指在同样的时间内输入大脑更多的信息。因而，训练扩大学生的注意范围，是使他们较多、较快地获得知识的必要条件。教育和教学工作，也要求教师有较大的注意范围。它能使教师及时地、更多地获得学生对教育、教学工作反馈信息，密切师生之间的情感，有利于改进教学工作，提高质量。

二、注意的稳定性

注意的稳定性又叫注意的持久性，是指人的心理活动持久地保持

在一定事物或活动上的特性。注意集中的
持续时间愈长，注意的稳定性愈长。据观
察，不同年龄学生在课堂上能够维持高度
集中注意的时间是不同的，小学生可维持
20～25 分钟，中学生可维持 30 分钟。

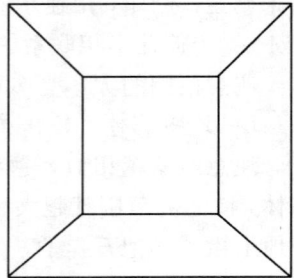

图 3-1　注意的起伏

研究表明，人的注意是不能长时间地
保持固定不变的，经常是在间歇地加强或
减弱。比如，在知觉"双关图"（见图 3-
1）时，通过注视可以看出，小的方形时而
凸起，位于大方形之前；时而陷下，大方形
凸到前面，在不长的时间内两个方形的相互位置跳跃式地变换着。有
人测量过这种变换的平均速度，大约是每分钟 15～20 次。我们把这种
周期性的变化，称为注意的起伏。

由此可见，所谓注意的稳定性并不是说人的注意总是长时间指向
同一的、不变的对象，而是说活动的总方向始终不变，至于所接触的
对象以及行动的本身是可以变化的。例如，学生作文时，可以翻看字
典、查阅有关资料，推敲字句等，但这些活动都服从于写好作文这一
总任务，因此仍然表现了注意的稳定性。

在学校的各项活动中，学生的注意能否长久保持稳定，与以下因
素有关。

（一）注意对象的特点

内容丰富、复杂多变，且在一定范围内运动着的注意对象，注意
就易稳定和持久；反之，内容贫乏、单调而静止的对象，注意就不易
稳定。

（二）对活动的态度

一个人对所从事活动的目的和任务有明确的认识，对意义理解得
深刻，又有浓厚的兴趣和高度的责任心，就会对活动持积极的态度，则
注意就能持久稳定。

（三）个体本身的特点

注意的稳定性是一个人神经过程强度的标志。一个意志坚强，善

于控制自己又能同各种干扰作斗争的人，注意就比较稳定。一个身体健康、精力充沛、心情愉快的人，注意就能持久。一个人处于头痛、失眠或过度疲劳等不正常状态时，就不易保持长久而集中的注意。

同注意稳定性相反的状态是注意的分散，也叫分心。注意的分散是指注意离开了当前应当完成的任务而被无关的事物所吸引。如果一个人经常发生注意分散的现象，就不能更好地获得客观事物的清晰而完整的映象。所以，我们必须和注意的分散现象作斗争。

三、注意的分配

注意的分配是指人在同一时间内把注意指向两种或两种以上的对象和活动上的特性。

实践表明，注意的分配是可能的，而且在实际生活中处处要求人们的注意能很好地分配。例如，教师上课时边讲课、边板书、边观察学生的反映；学生听课时边听、边记、边思考、边注视老师。这都需要很好地分配注意力。

注意的集中与分配是有矛盾的，但在一定条件下是可以统一的。注意顺利地分配的条件是：

（一）人对活动的熟练程度

在同时进行的两种或两种以上的活动中，必须有一种以上是熟练的，即自动化了的，而其中只有一种是不熟练的。这样才不会顾此失彼，才有可能把大部分注意力集中在比较生疏的活动上，而把小部分注意力分配到熟练的活动上。

（二）同时进行的几种活动之间的关系

如果同时进行的几种活动联系紧密，且通过训练已形成了反应系统，则注意的分配就比较容易。例如，汽车驾驶员手脚形成一定的动作系统，已不需要特别努力，就可以把注意分配到其他与驾驶有关的事情上。如果几种活动彼此间毫无联系，则注意分配就很困难了。

（三）分配注意的技巧

同时进行的几项活动的动作，如能巧妙地迅速更替进行，那么注意的分配就可顺利进行。例如，弹奏钢琴时，眼睛要在曲谱、音键和手指之间迅速来回地移动，如果经过练习掌握注意分配技巧后，便可以加快弹奏速度，应付自如了。

四、注意的转移

注意的转移是根据新的需要，及时主动地把注意从一个对象转移到另一个对象上去的特性。

注意的转移与注意的分散有本质的区别。注意的转移是一种有目的、自觉的活动，它使一种活动合理地被另一种活动所代替，是一个人注意的灵活性的表现。注意的分散是由于受到无关刺激的干扰，使自己的注意离开了需要稳定注意的对象，而不自觉地转移到对完成工作有不良影响的无关活动上。

注意的转移有一个过程。我们常说的"万事开头难"，指的就是注意还没有完全从别的活动转移到新的活动上来的一种表现。注意的转移的难易程度和速度受以下几个条件的制约：

（一）原来的活动吸引注意的强度

如果原来的活动是引人入胜的，有极大的吸引力，那么注意就难以转移；反之，注意就容易转移。

（二）引起注意转移的新事物的特点

如果引起注意转移的新事物的意义更重要，要符合人的需要和兴趣，那么，注意的转移就会迅速；反之，就不能顺利地实现转移。

（三）人的神经过程的灵活性

神经过程灵活性大的人，就能在必要的情况下顺利地把自己的注意从这一事物转向另一事物；神经过程灵活性较差的人，就不能很好地实现注意的转移。

注意的转移对学生来说也是相当重要的。因为学生每天要上几门不同的课程，还有自习和各种活动。这就要求有迅速、灵活的转移注意的能力，否则就会影响学生的学习效率。

第四节　注意规律在教学中的应用

注意是学生进行学习的必要前提，也是教师顺利进行教学的重要条件。因此，教师在教学过程中只有根据注意的规律，组织好学生的注意，才能使教学收到良好的效果。

一、无意注意的规律在教学中的应用

无意注意是由刺激物本身的特点和人的主体状态所引起的。刺激物的特点和人的主体状态既可以引起学生学习上注意的分散，也可以借助它顺利地进行教学。为此，教师在教学过程中应当尽量避免那些分散学生注意的因素，紧紧地把握住那些吸引学生注意的因素。

1. 教学内容新颖丰富

教学内容应力求新颖、丰富。心理学的研究表明，注意维持在单调贫乏的内容上的时间是短暂的，而新颖、丰富的内容却能保持相当长久的注意。教师讲课内容必须使学生有新鲜感。缺乏新颖感的内容，学生会感到索然无味，不能引起注意。但是，新的内容必须与学生的已有知识经验挂起钩来，才能为学生理解，才能引起学生注意。心理学的研究表明，最能引起注意的是那些既使人感到熟悉，又有些陌生的内容。

2. 教学方法与形式多样，富于变化

（1）教师在教学中要采用多样化的教学方法

心理学的研究证实：长时间的单调刺激，使大脑皮层产生抑制，使人易于疲劳，难以使注意稳定。在教学中，教师既要讲，也要让学生读、写、练。这样，才符合无意注意的"变化律"，且能引起和保持学生的注意。

（2）教学语言准确、生动，抑扬顿挫

注意的规律表明，那些符合人的需要和兴趣的事物，容易引起人的无意注意。因此，教师讲课的语言要准确、简洁、生动、形象、富有吸引力，使学生产生兴趣，以引起学生的无意注意。要竭力防止抽象、呆板、含糊不清的语言和累赘冗长的语句的出现。教师讲课的声调要抑扬顿挫，快慢适度，并伴以适当变化的面部和身段表情。这是因为变化的刺激容易引起学生的注意，能增强语言表达的效果。教师的语言要富有感情，要以情动情，引起学生感情上的共鸣，从而引起和保持稳定的、集中的注意。

（3）现代化教学手段

教师在教学中，要多采用录音、录像、电影等现代化的直观教学工具，以生动形象的内容，引起学生的无意注意。心理学的研究表明，上述教学手段所给予学生的刺激因符合变化、新异、强烈的特点，能引起学生的无意注意。

（4）规范化的板书

教师的板书条理清楚，重点突出，容易引起学生注意，也有助于学生的理解和记忆。在板书时，教师要特别重视对象之间细微差别的比较，要巧妙地运用彩色粉笔加大对象和背景的差别，引起学生的注意。

3．善于组织学生注意，妥善处理偶发事件

教师要善于控制学生注意。例如，教师不宜在上课前宣布容易引起学生情绪急剧波动的事情，因为这样做容易使学生把注意力集中在这些事物上，引起消极的情绪波动，影响对新课的注意。

教师上课既要维护好正常的教学秩序，也要妥善处理一些分散学生注意的偶发事件。例如，偶然碰到课堂秩序混乱时，如果教师立刻停止讲课，把视线指向有关学生。这种突然发生的变化就能引起学生的无意注意，使学生有所意识，从而使课堂秩序得以恢复。又如，有时偶然碰到个别学生在上课时故意捣乱或闹纠纷，分散了其他学生的注意。在一般的情况下，教师不宜把课停下来立即处理，更不要对学生发脾气，以免把事情闹僵，而应该设法使他们安静下来，等下课后再作处理。教师当场作"热处理"，往往会造成工作上的被动和引起更多学生注意力的分散。

4．形成优良的教学环境，防止学生分心

教室周围的环境要安静，最好与操场、马路、音乐教室及其他能分散学生注意的事物离得远一些。

教室内的布置要简朴，不要过多的装饰与张贴，以免引起学生注意的分散。

要保持教室内空气清新，光线充足。空气不好，光线暗淡，常使学生感到头晕、心烦，视觉疲劳，这些足以影响学生注意的稳定。

课桌的高矮，要适合学生身体的高度，防止由于坐姿不适影响学生注意的稳定和身体的健康。

　　教师要妥善地安排学生的座次，特别是要妥善安排那些视力、听力上有缺陷及平时课堂纪律差的学生的座次，防止由于安排不当而影响学生注意的稳定。

二、有意注意的规律在教学中的应用

　　学习是有目的、有计划的紧张、艰苦而持久性的活动。学生要搞好学习，不能只凭兴趣，必须根据教学目的努力学习那些自己不感兴趣但又必须学习的知识。教师在教学中要遵循有意注意的规律去组织学生的学习。

　　1. 帮助学生树立明确的学习目的

　　注意的规律表明，个体注意的目的、任务愈清楚，学习意志就越坚强，就愈能引起有意注意，就愈能在学习中排除各种困难和干扰，有意注意就愈集中。教师在教学中要尽可能使学生明确每一学科、每一章节的重要意义，以激发学生的有意注意。一位教师在给学生讲"相似三角形"时先说了几句导言：学了这一节，不上树可以测得树高，不过河可以测量出河宽。这样的言语使学生的注意为教学目的所吸引。又如，一位教师在给学生讲化学"溶液"一节时指出：溶液的知识是有广泛用途的，如配制农药，配得正确，可使农田大面积丰收；配制错了，将使农作物大面积减产。这使学生感到学习这项知识关系重大，听讲时注意就更集中。

　　2. 对学生学习的要求要严格而适当

　　教师在教学中对学生学习的要求，如对课前预习、课堂纪律、课后作业、实际操作的要求，既要严格也要适当；应是学生力所能及的，但又不是轻而易举的。要求太高，使学生失去信心；要求太低，则学生会不重视。这些都不利于学生注意的集中。教师传授知识时应使学生相信：通过一定的努力能够学会和掌握。这样，学生就会坚定信心，排除干扰，克服困难，加强意志努力。

　　3. 创设问题情境，引导学生积极地思考

　　引导学生积极思考的最有效手段是教师在教学中善于创设"问题情境"，提出启发性的问题，从而引导学生积极地思考问题。例如，一个教师在讲"圆周率"时，用纸板剪下无数大小不等的圆，先让学生自己去一一测量，然后再让学生用各圆周长除以各直径长，使学生发现它们的商都是 3.14……在此情况下再提出启发性的问题，让学生积极地思考。

教师的提问要面向全体学生，引起全班学生的注意。要先提出问题让大家思考，然后再点名回答，点名后还要向全班同学提出新的任务。比如说：大家注意听某某同学的回答，看哪些地方讲得好，哪些地方需要补充和纠正。这样，个别同学在回答时，全班同学也将持续集中的注意。

4. 组织学生实际操作

实际操作离不开有意注意，实际操作越复杂，对有意注意的要求也越高。为此，教师在教学过程中，要有计划地加强这一方面的活动。如加强课堂实验、课堂练习，要求学生记笔记、作摘要、编提纲等。这样将会增强和保持学生的有意注意。

5. 利用间接兴趣

要把学习外语、数学、电脑等课程与我国现代化建设、国际交往与知识经济时代的要求联系起来，使学生产生间接兴趣，以引起学生的有意注意。

三、两种注意交替规律在教学中的应用

在我们的工作和学习中，无意注意和有意注意是经常转化交替的。这两种注意的相互交替，使注意能长时间地保持集中。

教学中，学生完全依靠有意注意来学习，大脑皮层长时间地处于兴奋状态，容易产生疲劳和注意的涣散，学生难以长时间地坚持学习。但学生也不能单凭无意注意来学习，因为任何学科的内容不可能都是有趣和吸引人的，不是轻而易举就能掌握的，必须通过有意注意来协调活动，才能完成学习任务。因此，在教学过程中，教师要善于引导学生两种注意有节奏地交替轮换。就一堂课来说，上课之初，学生的注意还停留在上一堂课或课间活动的有趣对象上，需要通过组织教学来引起学生对上这堂课的有意注意；接着让学生对新课题、新内容发生兴趣，产生无意注意；随后，要根据由近及远、由浅入深、由具体

到抽象的原则进行教学，让学生掌握教材的重点难点，使学生由无意注意转入有意注意；在紧张的有意注意之后，又要通过教学方式的改变、直观教学和有趣的谈话来引起无意注意。这样，既能使学生保持长时间稳定的注意，又能减少学生学习时的疲劳，增强学习的效果。

阅读材料：

课堂上学生分心的表现与控制

一、学生分心的表现与原因

分心也就是注意的分散，它是指心理活动离开了当前应当完成的任务而被无关事物所吸引。分心是与注意稳定性相反的心理特性。

一般来说，小学高年级学生和中学生在良好教育的影响下，随着心理水平的不断提高和完善，已经能够自主地调节和控制自己的注意，把自己的注意集中在应当注意的事物或活动上，从而自觉地、独立地完成自己的学习任务。但是，在教学过程中也有一些学生经常地或偶尔地不能集中注意进行学习而出现分心的现象。常见的分心有以下几种表现：

1. 注意的紧张度降低。主要表现为对事物或活动不能做出清晰的反映，对老师提出的问题听而不闻或不知所措，或答非所问。

2. 注意缺乏灵活性。不能根据需要及时地进行注意转移，大脑中有时会出现一片空白。

3. 注意的稳定性差。不能把注意长时间地指向和集中于当前必须注意的对象，心理活动处于频繁动摇的状态，注意不断地从一个事物转移到另一个事物或其他不相干的事物上。

引起学生分心的原因很多，属于客观方面的原因，除了前面谈到的无关刺激物的干扰、单调刺激的长期作用外，还有教法不当、学习环境不佳、师生关系紧张等。主观方面的原因有：没有明确的学习目的、对学习缺乏兴趣和信心、不理解学习内容、身体和情绪不佳、有思想问题没有及时得到解决、注意品质差等。

二、分心的避免与控制

针对引起学生分心的原因，避免分心应从主客观两个方面着手：从客观上，首先要采取各种措施消除不利于学生学习的环境和气氛，创造良好的学习环境；其次，教师的教学要富有科学性和艺术性，足以吸引学生的注意，把学习变成学生乐而为之的事。从主观上，要通过各种教育和教学途径，让学生明确学习的目的和意义，产生学习的需要和责任感，用坚强的意志与内外干扰作斗争，形成良好的注意品质。

分心是可以控制的，教师应根据实际情况，采取适当的方法，及时地把分心学生的注意力引导到学习活动中来。其具体方法有：

1. 超前控制。根据学生的外部表现，对可能分心的学生作预先分析，并进行教育或特殊安排。

2. 信号控制。教师在教学过程中通过语言、表情、适当停顿、接近等暗示性信号提醒分心的学生。

3. 提问控制。针对个别分心的学生提问，或向全班同学提问，可以使分心的学生把注意迅速转移到学习活动中来，并起到稳定全班同学注意的作用。

4. 表扬（批评）控制。表扬专心听讲的学生，给分心的学生树立榜样；批评个别严重分心的学生，使其他分心的学生接受教训。

注意的理论

以信息加工为观点的认知心理学对注意的实质和特征问题做了许多研究。在由感知系统、记忆系统、控制系统和反应系统四种成分组成的模式中，认知心理学更强调的是注意的选择性。它把注意看作是一种内部机制，通过这种机制可以实现对刺激选择的控制并调节行为。从选择性这一角度出发，认知心理学提出了注意的理论模型，并试图用认知理论说明注意的机制。

（一）过滤器理论

这是英国心理学家布罗德本（Broadbent）1958 年提出的，是描述注意选择性最著名的理论模型。根据这种理论，注意的选择性是因为神经系统在同一时间内，对信息进行加工的容量有限，注意犹如一个过滤器，对输入的信息起筛选的作用，从而避免大脑这个容量有限的系统负担过重。过滤之所以可能，是由于外界各种不同的刺激都是由彼此分离的神经通道加以处理的。布罗德本还认为，过滤器对信息的通过或拒绝是由刺激的简单物理特性决定的，因此，该理论也称为单通道理论。这种单通道过滤器模型得到了两耳双听实验的证明。

（二）衰减模型理论

这是美国心理学家特瑞斯曼（Tretisman）1960 年提出的。该理论认为，过滤器的过滤活动并不是以全或无的方式进行工作的。过滤器并不完全阻断那些被大脑所拒绝的信息，而只是衰减了它们的强度。通过过滤器分析以后，被衰减和未被衰减的信息全部进入大脑，在大脑这个高级水平上最终完成意识的选择。由于被衰减了的信息在强度上不足以激活相应的高级中枢，所以，一般就不能引起有意识的心理活动。然而，由于过去知识经验的作用，那些对人具有重要意义信息的被激活的阈限就要较低些，因此，即使当有关的输入信息受到衰减时，也能引起知觉。例如，人在嘈杂的环境中很容易听到别人叫自己的名字，就是最好的例证。衰减模型说与过滤器模型说都强调感觉通道及高级神经中枢的加工能力有限，需要控制外界信息的输入，而且都突出人对外界信息的知觉选择性，因而，常把这两种模型合称为注意的过滤——衰减模型。

（三）反应选择模型理论

这一理论是由德乌兹（Deutsch）等人1963年提出的，后来受到了诺曼实验的支持。他们认为，多条通道的信息全部能够进入意识领域，得到知觉加工和识别。人对输入的信息进行意义分析后，根据外界信息的重要性来选择反应。人们做出反应的事物，即为受到注意的对象。其余未被注意的对象，虽然进入意识领域，但由于存在着更为重要的刺激，而未能得到进一步的加工，也就不能对此做出反应。如果随后输入的信息比先前输入的信息更为重要的话，人就会选择新的反应。这个模型能很好地解释注意分配现象。

以上三种理论比较集中地反映了认知心理学家关于注意的观点。此外，还有"资料限制说"和"智源限制说"，这些都是注意理论的新发展，是对上述理论的补充和完善。

综合练习：

一、概念解释

1. 注意　　　2. 无意注意　　　3. 有意注意　　　4. 有意后注意

二、选择

1. 教师讲课时，声音抑扬顿挫，富于变化，这是为了引起学生的_____。

A. 有意注意　　　B. 无意注意　　　C. 有意后注意　　　D. 分散注意

2. 指出下列事例哪个是有意注意_____。

A. 观看一幅别出心裁的广告

B. 专心做功课

C. 一个身着异装的人引起别人的注意

D. 围观车祸现场

3. 根据新的需要，主动地、及时地把注意从一个对象转到另一个对象上，这是_____。

A. 注意的分配　　　B. 注意的范围　　　C. 注意的稳定性　　　D. 注意的转移

三、填空

1. 注意的基本特征是_____和_____。

2. 注意的主要功能有_____功能，_____功能，_____功能。

3. 根据注意时有无目的性和意志的努力程度不同，可把注意分为_____、__
____和_____。

四、判断

1. 注意这种特殊的心理现象是一种独立的心理过程。　　　　　　（　　）

2. 无意注意是事先有预定的目的，必要时还需做出一定意志努力的注意。

（　　）

3. 注意的稳定性是指人的心理活动以同样的强度持久地保持在一定事物或
经历上的特性。　　　　　　　　　　　　　　　　　　　　　　（　　）

4. "一目十行"，是注意分配的表现。　　　　　　　　　　　　（　　）

五、回答

1. 引起无意注意的原因是什么？

2. 引起和维持有意注意的条件是什么？

3. 如何运用注意规律组织教学？

第四章 感觉、知觉与教学

在人们丰富多彩的心理现象中,感觉和知觉是最简单的心理活动,也是认识过程的初级阶段。感觉和知觉是怎样产生的？它们有哪些活动规律？教师可以运用哪些感知规律来提高教学质量？这些问题都是本章所要阐述的内容。

第一节 感觉和知觉概述

一、什么是感觉和知觉

感觉是人脑对直接作用于感觉器官的客观事物的个别属性的反映。

我们生活在一个丰富多彩的世界里，当我们认识每种事物时，首先认识的是事物的颜色、声音、湿度、硬度、气味、味道等个别属性，这些个别属性通过感觉器官反映到人脑中，使大脑获得了外部世界的各种信息，我们也就产生了相应的感觉。感觉不仅反映事物的外部属性，还反映肌体的变化和内部器官的状况，如人体的运动、干渴、饥饿、痛疼等内部信息。

任何客观事物，其个别属性都不是孤立存在的，而是由多种属性有机结合起来构成的一个整体。因此，我们对客观事物的认识也不能仅仅处于感觉的水平,还要将事物的多种属性有机结合起来进行全面、深入的认识，来反映事物的整体，如对人的认识，除了对他的外貌的某一方面的特征进行认识外，还要与其他的特征有机地结合起来，形成一个对外貌的整体认识，这就是知觉。

知觉是人脑对直接作用于感觉器官的客观事物的整体的反映。其实质是说明作用于感官的事物的 "是什么" 这个问题的。例如，我们漫步在校园中认识到这是 "白杨树"，那是 "篮球场"；来到教室，又认识到这是"课桌",那是"黑板";坐下来又知道这是"课本",那是"钢笔",等等,这些都是属于知觉。

感觉和知觉是紧密联系而又有区别的心理过程。

感觉和知觉都是人脑对当前直接作用于感觉器官的客观事物的反映,都是认识过程的感性阶段,它们的源泉都是客观现实。离开了客观事物对人的作用,就不会产生相应的感觉与知觉。事物的整体是事物个别属性的有机综合,对事物的知觉也是反映事物个别属性的感觉在头脑中的有机结合。由此看来,感觉是知觉的基础,没有感觉就没有知觉。感觉越精细、越丰富,知觉就越正确、越完整。由于感觉和知觉关系如此密切,许多人把它们合起来统称为感知觉。但它们又是两种不同的感性认识阶段,感觉是一种最简单的心理现象,通过感觉只能认识事物的个别属性,还不能把握事物的整体;知觉是一种较复杂的心理现象,通过知觉人可以对事物的各种不同属性、各个不同部分及其相互关系进行反映,能使人们认识事物的整体,揭示事物的意义。所以感知觉是两个本质不同而又相互联系的概念。

感觉和知觉是客观事物作用于神经系统引起神经系统的活动而产生的。产生感觉和知觉的神经机构叫分析器,分析器由感受器、传入神经和神经中枢三部分构成。

感受器是指接受某种刺激产生兴奋的神经装置,如眼、鼻、耳、舌等感觉器官中的感觉细胞和神经末梢。外界事物对感受器的作用叫刺激。每种感受器都有自己的适宜刺激,如光波是视觉感受器的适宜刺激,声波是内耳感受器的适宜刺激。感受器接受适宜刺激后,把外界刺激的物理能或化学能转化为神经冲动,因而感受器实际上是一种能量转换器,外部刺激只有通过感受器的能量转换,才能进行神经传导。

感受器产生的神经冲动,沿着传入神经传向神经中枢(大脑皮层相应的感觉区),并激活中枢神经元,信息在这里进行分析、综合,于是便产生了相应的感觉。

感觉的产生是某一种分析器活动的结果;知觉的产生则是多种分析器同时或相继活动的结果。客观事物的多种属性同时或相继作用于不同的感官时,在大脑皮层上多个部位形成的兴奋中心扩散的结果有可能形成暂时神经联系，从而使我们对事物各部分和各种属性的关系产生反映，借助于关系反射，人便形成了对事物的整体认识即知觉。由此看来，知觉也是关系反射的结果。由于关系反射，只要事物各种属性之间的组成关系不变，在以后的知觉中，人们就可以根据事物的某个方面的属性对事物的整体进行反映。

第二信号系统对知觉的形成也起着重要的作用，尤其是客观刺激提供的感觉材料不足时，言语的描述或提示往往能激活经验，从而使人脑对客观刺激产生完整的映象。

感觉和知觉虽然都是最基本和简单的心理过程，但其作用却是重大的。首先，它们是各种高级、复杂心理活动的基础，没有感觉和知觉，外部刺激就不可能进入人脑中，因此，人也不可能产生如记忆、思维、想象、情感等高级的心理；其次，感觉和知觉是维持和调节正常心理活动的重要因素。"感觉剥夺"实验就是最好的证明。在感觉剥夺实验中，人在完全的感觉隔绝的情况下，注意、记忆、思维、言语能力都出现了不同程度的障碍，甚至还产生了幻觉与强迫症状，使正常的心理活动受到了破坏。由此可见，感觉和知觉对于维护人的正常心理、保证人与外界环境的平衡起着极为重要的作用。

二、感觉和知觉的种类

(一) 感觉的种类

根据分析器和适宜刺激的特点，可以把感觉分为两大类：外部感觉和内部感觉。外部感觉的感受器位于人体的表面或接近表面的地方，主要接受来自体外的适宜刺激，反映体外事物的个别属性，主要有视觉、听觉、嗅觉、味觉、肤觉等。在这些感觉中，视觉对人的认识作用最大，居于主导地位，在人接受的外部信息中，80～90％都是通过视觉获得的，听觉次之。内部感觉的感受器位于机体的内部，主要接受机体内部的适宜刺激，反映自身的位置、运动和内脏器官的不同状态，包括运动觉（动觉）、平衡觉（静觉）和机体觉。（详见表4-1）

表 4-1　　　　　　　　　　　　　感觉种类一览表

感觉种类			适宜刺激		分　析　器		
					外周感受器	传入神经	皮层相应区
外部感觉	视　觉		390～800 毫微米的光波		视网膜上的棒状与锥状细胞	视觉神经	枕叶区的视区
	听　觉		每秒振动频率为 16～20 000 次的音波		内耳蜗牛管内科蒂氏器官	听觉神经	颞叶区的听觉区
	嗅　觉		有气味的物质微粒（气体分子）		鼻腔上部嗅膜中的嗅细胞	嗅觉神经	颞叶内部的嗅区
	味觉	甜觉	溶解于水或唾液中有味道的化学物质。如：	糖	分布在舌面、咽后部、腭及会厌上的味蕾	味觉神经	颞叶内部的味区
		酸觉		盐酸			
		苦觉		奎宁			
		咸觉		食盐			
	肤觉	触觉	物体的机械、温度或电的作用		皮肤上和外粘膜上的各种专门感受器。如迈斯纳氏触觉小体、巴西尼氏环层小体、克劳斯氏球、罗佛尼氏小体和皮肤深处的自由神经末梢等	肤觉神经	皮层上中央沟后回代表点，皮层下区部位有关代表点
		冷觉					
		温觉					
		痛觉					
内部感觉	动　觉		肌肉收缩程度与四肢位置变化		肌肉、筋腱、韧带、关节中专门感受器	动觉神经	皮层上中央沟前回（乙状回）
	静　觉		人体位置所发生的重力、方向的变化		内耳迷路中的前庭和三半规管	静觉神经	颞叶区内的静觉区
	机体觉		有机体内部各器官、各系统活动的改变		位于消化、呼吸、循环、泌尿、生殖器官中小壁和植物性神经系统的神经节中	机体觉神经	皮层上的代表点和丘脑

（二）知觉的种类

知觉可按不同的标准进行分类，主要有：

1. 根据知觉过程中起主导作用的分析器可以把知觉分为视知觉、听知觉、嗅知觉、味知觉和肤知觉等。如人们看书或参观时主要是视知觉，人们听录音机时主要是听知觉等。这些知觉单独起作用时称作单一知觉，当几种知觉同时起作用时就成了复杂知觉，如，听课时的知觉就是视知觉、听知觉等多种知觉的结合。

2. 根据知觉对象不同，可以把知觉分为对物的知觉和对人的知觉。对物的知觉主要有三种：

（1）空间知觉　空间知觉是事物的空间特性在人脑中的反映，它包括形状、大小、方位、远近和立体等知觉。通过空间知觉，我们不仅可以认识事物的形状及大小，而且可以认识物体的上下、左右、前后等方位视觉和听觉在空间知觉中起着重要作用。

（2）时间知觉　是人脑对客观事物发展变化的顺序性和延续性的反映。时间知觉主要是通过自然界的周期现象、有机体内的各种生理过程有节律的周期变化以及其他计时工具来进行的，同时，它还受人的兴趣、态度、情绪和知识经验的影响。

（3）运动知觉　是人脑对物体的位置移动及其速度的知觉。运动知觉的主要作用是分辨物体的运动与静止以及运动速度的快慢。运动知觉的产生依赖于物体本身运动的速度、物体与观察者之间的距离以及观察者本身所处的状态及其参照系等。

对人的知觉，也主要有三种：对他人的知觉、自我知觉和人际知觉。对他人的知觉指通过一个人的言语、行动来认识其整体的知觉。人们每时每刻都在和别人打交道，正确地认识和了解别人是交往成功的前提。自我知觉是一个人自己对自己的认识。认识别人容易，正确地认识并恰如其分地评价自己却很困难，人只有全面了解自己，才能克服缺点，使自己更完善。人际知觉是人与人交往时对人与人之间关系的知觉。人与人交往时彼此间的情感与态度在一定程度上影响着这种知觉。

3. 根据知觉内容是否符合客观现实，可把知觉分成正确的知觉与错觉。

正确的知觉是人的知觉的主要方面，它是人脑对事物本来面貌的反映。

错觉是指对人或对客观事物不正确的知觉。错觉包括两种：对物的错觉和对人的错觉。

对物的错觉主要有以下几种：当人心情急切或百般无聊时产生的

"一日三秋"的时间错觉；夜晚赏月时产生的"月动云静"的运动错觉；同样重的黑色物体比白色物体感觉重的形重错觉以及视觉错觉等。在这些错觉中，最常见的是视错觉，视错觉又以图形错觉为多见。(见图 4-1)

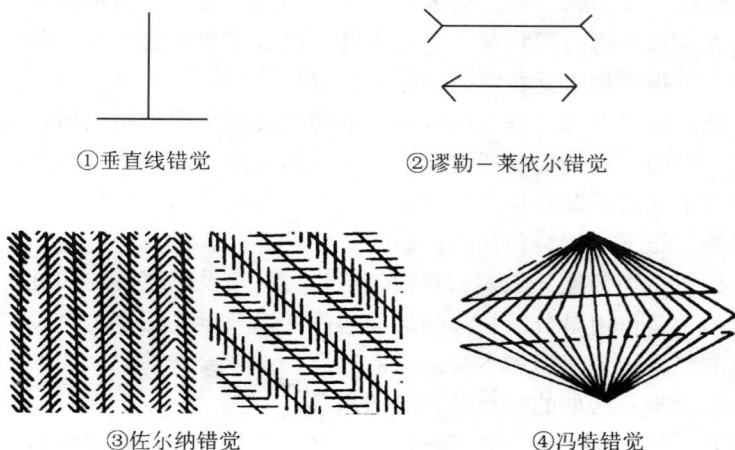

　　　①垂直线错觉　　　　　　　　　②谬勒－莱依尔错觉

　　　③佐尔纳错觉　　　　　　　　　④冯特错觉

图 4-1　错觉图

对人的错觉：日常生活中对人的错觉不仅直接影响着对人的判断，还影响着人与人之间的交往，尤其是师生交往具有强迫性，如果教师在交往中出现了错觉，就会直接影响对学生的教育效果。因此，了解对人的错觉对教师尤为重要。

产生对人的错觉，主要有以下几种原因：

(1) 首因效应　是指与人交往时最初得到的信息对印象的形成作用很大。首次对人的印象，往往影响对人以后的看法和交往活动。洛钦斯(A. S. luchens)1957 年的实验证明了这一点。洛钦斯编造了两段描绘一个名叫吉姆的学生的材料，其中一段把吉姆描绘成一个热情好友、性格外向的人；另一段正相反，把吉姆描绘成性格内向、冷漠孤僻的人。洛钦斯把这两组材料重新组合后分给四组学生，第一、二组只读吉姆外向或内向的材料，第三组先呈现吉姆外向材料后再呈现吉姆的内向材料，第四组与第三组刚好相反。结果，第一组、第二组学生95％左右对吉姆形成的印象与材料性质一致，第三组的78％的学生认为吉姆是外向的，第四组只有18％的人认为吉姆是外向的。由此说明了第一印象的作用。因此，作为教师既要善于在初次与学生交往或上课时给学生留下一个良好的印象，同时也要尽量避免对某一个学生形成不良的第一印象。

（2）近因效应　指最近形成对某个人的印象会改变长期以来对他的认识。如一个人最近犯了错误，人们可能会对他的过去全盘否定，就是近因效应的作用。了解近因效应，有助于教师发展地看待学生。

（3）光环效应　指人在社会知觉中，将知觉对象的某种印象不加分析地扩大到其他方面去的现象。光环效应又称"晕轮效应"。在光环效应中，感情因素起着重要作用。"情人眼里出西施"就是这种效应的表现之一。凯利（H. Kelley）1950年的印象形成实验证明了它的存在（见阅读材料）。在日常生活中，一个衣衫不整的人，容易使我们产生品德不良的印象；而对一个端庄大方的人则易产生聪明、善良的印象。光环效应在教师对"好学生"与"差学生"的评价中尤为明显，教师应该注意消除其不良影响。

（4）刻板印象　指人们根据已有的知识经验对一类人产生的固定的看法。如对过去犯过错误的人，即使他们已经改好了，人们仍难以改变对他的印象。刻板印象的消极作用是经常导致对人的错误认识，易于形成偏见。教师在教学中也常遇到这种情况。一个好学生和差生打架了，教师总是先批评差学生，认为是他首先动手的。其实这种批评也许是错误的，教师之所以这样做，就是刻板印象的作用。

对人、对物的错觉是客观存在的心理现象。了解错觉，有助于我们找出错觉产生的原因与条件，自觉地纠正错觉，形成正确的认识。错觉对人的认识和实践也有有利的影响，文学艺术、绘画、建筑、军事伪装中许多方法都是根据错觉的规律设计的。

第二节　感觉和知觉的规律

一、感受性和感觉阈限

感受性是分析器对适宜刺激的感觉能力。感觉是在客观事物的个别属性的刺激下产生的，但并非任何强度的刺激都能引起感觉，同是一种刺激，这个人感觉到了，另一个人感觉不到，就说明他们的感受性不同。用什么来衡量、标志人们的感受性的高低呢？感受性是用感觉阈限的大小来度量的。感觉阈限是能引起感觉的、持续了一定时间的刺激量。我们的每一种感觉都有两种类型的感受性和感觉阈限：绝对感受性和绝对感觉阈限，差别感受性和差别感觉阈限。

并不是所有的刺激都能引起人们的感觉，只有达到一定量的刺激才能引起人们的感觉。刚刚能引起感觉的最小刺激量，称为绝对感觉阈限。凡是达不到最小刺激量的刺激物，它的刺激强度都在阈限以下，不能引起感觉。对这种最小刺激量的感觉能力，称为绝对感受性。绝对感受性和绝对感觉阈限在数量上成反比关系，即绝对感觉阈限越小，则绝对感受性越大，绝对感觉阈限越大，绝对感受性越小。可用公式表示如下：

$$E = \frac{1}{R}$$

（式中 E 代表绝对感受性，R 代表绝对感觉阈限）

刺激物引起感觉之后，如果刺激量发生了变化（增多或减少），也会引起感觉的变化。但是，并不是刺激的所有变化量都能引起感觉。例如，在 100 克的重量上如果只增加 1 克的重量，我们感觉不出两者的差异。只有当刺激变化到一定量时，才能使我们感觉到差别。能引起差别感觉的刺激物的最小变化量，称为差别感觉阈限。在 100 克的重量上如果增加 3 克，我们刚能觉察出重量的差异。这里的 3 克就是感觉在原重量 100 克时的差别感觉阈限。对同类刺激最小差别量的感觉能力，称为差别感受性。差别感觉阈限和差别感受性之间也成反比关系。

早在 19 世纪前半期,德国心理学家韦伯在研究感觉的差别阈限时发现,感觉的差别阈限随原来刺激量的变化而变化,并且表现出一定的规律性。在一定范围内,每一感觉的差别阈限(ΔI)和最初的刺激 I 之比为一个常数(K),用公式表示即为:

$$\frac{\Delta I}{I} = K$$

韦伯公式也叫韦伯定律。常数 K 又称韦伯率。韦伯定律表明,当 I 的大小不同时,ΔI 的大小也会不同,但 $\frac{\Delta I}{I}$ 是一个常数(即上式中的 K)。例如,100 克重量加上 3 克即可感到重量的变化,那么,在 200 克重量之上要加上 6 克才能感到重量的变化。

不同感觉的韦伯常数是不同的。例如,重量感觉的韦伯数为 $\frac{1}{30}$,听觉为 $\frac{1}{10}$,而视觉为 $\frac{1}{100}$。后来,进一步研究证明,韦伯定律只是在中等刺激强度的范围内才是正确的。

二、感受性变化的规律

(一)感受性的变化

人的各种分析器的感受性会随条件和机体状态不同而发生变化。引起感受性变化的主要因素有以下几点:

1. 感觉的相互作用　各种感觉不是孤立存在的,而是相互联系、相互制约的,不同感觉之间的相互作用,可以使感受性发生变化。

视觉可以在其他感觉的作用下发生某种变化。例如,在噪音听觉影响下,黄昏视觉的感受性会降低。在飞机发动机的强烈噪声影响下,黄昏视觉的感受性降低到受刺激前的 20%。

听觉也可以在其他感觉的作用下发生某种变化。例如,视觉刺激可以影响听觉的方向定位。我们大家都有这样的体验,在装有扩音设备的礼堂里,如果我们坐在礼堂侧面的喇叭下又能清楚地看到报告人,我们就会觉得声音从前面报告人那里传来的;如果我们不看报告人,低头闭上眼睛,马上就会觉察到声源的方向有变化——声音是从侧面的喇叭里传来的。

其他各种感觉都会在不同感觉的影响下发生变化。例如，食物的颜色和温度会影响对食物的味觉；摇动的视觉形象会引起平衡觉的破坏，产生呕吐现象。

2. 感觉的适应　由于刺激物对感受器的持续作用从而使感受性发生变化的现象，叫感觉的适应。这是在同一感受器中，由于刺激在时间上的持续作用导致对后来的刺激物的感受性发生变化的现象。感觉的适应可以引起感受性的提高，也可以引起感受性的降低。

各种感觉的适应速度和程度是不同的。

视觉的适应可分为明适应和暗适应。如从亮处走进暗室，开始什么也看不清楚，隔了若干时间之后，通过对弱光的感受性的逐步提高，视觉慢慢恢复，能逐渐分辨出物体的轮廓，这一过程就是暗适应。当从黑暗的电影院走到阳光下时，在最初一瞬间感到耀眼发眩，什么都看不清楚，只要稍过几秒钟，由于对强光的感受性较快地降低，视觉随即恢复正常，就能清楚地看清周围事物了，这种现象叫明适应。

"入鲍鱼之肆，久而不闻其臭；入芝兰之室，久而不闻其香"，这是嗅觉的适应；我们经常看到有些老年人把眼镜移到自己的额头上到处寻找他的眼镜，这是触压觉的适应；我们在热水中洗澡的时候，开始觉得水很热，但经过三四分钟后，就不再觉得澡盆中的水是那样的热了，这是肤觉适应。

听觉的适应不甚明显，痛觉的适应则极难产生。正因为痛觉很难适应，它才成为伤害性刺激的信号而具有生物学的意义。

3. 感觉对比　感觉对比是同一感受器接受不同的刺激而使感受性发生变化的现象。感觉的对比可以分为两种：同时对比和继时对比。

几个刺激物同时作用于同一感受器时产生同时对比现象。例如，一个肤色较白的人穿一身黑色衣服会显得更白，这是衣服和皮肤颜色对比的结果。

刺激物先后作用于同一感受器时产生继时对比现象。例如，吃了糖之后，接着吃广柑，觉得广柑很酸；吃了苦药之后，接着喝口白开水也觉得有甜味。

4. 联觉现象　联觉是指一种感觉兼有另一种感觉的心理现象。颜色感觉容易产生联觉，如，红色象征革命和吉庆，因此，红色的旗帜会使人感到威武庄严；绿色象征春天，表示青春和健美，给人以喜悦和宁静的感觉。

红、橙、黄等色，类似于太阳和烈火那样的颜色，往往引起温暖的感觉，称之为暖色。这些暖色有向前方突出的感觉，能使宽大的房间在感觉上变小，因此，也称为进色。青、蓝、紫等色，类似于碧空和寒冰那样的颜色，往往引起寒冷的感觉，称之为冷色。这些冷色有向后方退入的感觉，能使狭小的房间在感觉上变大，因此，也称为退色。

在其他感觉中也能产生联觉。例如，我们经常听到人们说，"甜蜜的嗓音"、"沉重的乐曲"，这些都是一种感觉兼有另一种感觉的心理现象。

联觉现象在绘画、建筑、花布设计、环境布置等方面经常得到应用。

（二）感受性的发展

人的感受性，无论是绝对感受性，还是差别感受性，都具有巨大发展的可能性。人的感受性的发展依赖于以下条件：

1. 社会生活条件和实践活动是感受性发展的基本条件。专门从事某种特殊职业者，由于长期使用某种感觉器官，相应的感受性就发展了起来。茶博士呷一口茶，便可如数家珍似的说出茶的产地、品种、等级；熟练的炼钢工人，通过墨镜看一眼马丁炉的火焰，便可准确无误地断定炉温；熟练的汽车司机，侧耳一听，就能听出常人听不出的机器运转的异常音响；等等。的确，三百六十行，行行出状元。以上这些人的感觉能力有如此惊人的发展，并不是他们先天具有特殊的分析器，而主要是在后天生活和劳动实践的过程中长期锻炼发展起来的。

2. 有计划的练习可以提高感受性　心理学家捷普洛夫曾对不懂音乐的人的听觉进行训练，以提高他们对音高的分辨能力。实验用 $\frac{1}{100}$ 个半音为基本单位，第一次练习后，被试能区分 $\frac{32}{100}$ 个半音；第二次练习后，能区分 $\frac{28}{100}$ 个半音；第三次练习后能区分 $\frac{22}{100}$ 个半音；第四次练习后能区分 $\frac{16}{100}$ 个半音。仅四次练习，感受性提高了一倍。

感受性因练习而提高的事实说明，只要感觉器官健全，我们的各种感觉都有很大发展的可能性。为了发展学生的各种感受性，教师应对学生的各种感觉进行有目的的训练。如音乐、绘画、雕刻、诗歌、戏剧等艺术活动都能训练学生的感觉，使他们的感觉能力得到发展。

3. 感官的机能补偿作用　　感觉的补偿作用是指某种感觉失缺以后，可以由其他感觉来弥补。例如，有些盲人有高度发达的听觉和触觉，可以通过自己的脚步声或拐杖击地时的回响来辨别附近的建筑物、河流、旷野等地形，可以通过触摸觉"阅读"盲文。有些聋哑人振动觉特别发达，他们甚至可以把手放在钢琴盖上感受振动，来欣赏钢琴的乐曲。

三、知觉的特性与规律

人对客观事物的知觉，受主客观条件的影响，有其特殊的活动规律。知觉过程的心理规律可以归纳为知觉的选择性、整体性、理解性、恒常性等四个基本特性。

(一) 知觉的选择性

作用于人的客观事物是纷繁多样的。但在同一时间内人不可能对客观事物全部清楚地感知到，只能根据需要选择少数事物作为知觉的对象，这种特性称为知觉的选择性。被选出来予以反映的事物即是知觉对象，与此同时，仅被我们比较模糊地感知着的事物，就成为衬托这种对象的背景。

人们从背景中选择知觉对象受如下客观因素的影响：

1. 对象和背景的差异　　对象与背景之间差别越大，越容易从背景中选出对象。例如，我们很容易看清写在黑板上的白字，而写在白色墙壁上的白字就很难被认出。在一片绿色的田野上，一位穿红衣服的妇女，就容易被清晰地映入眼帘；在民乐演奏中，清脆的笛声容易被突出地知觉出来。

2. 对象的活动性　　在相对静止的背景上，运动的刺激物容易被知觉为对象。黑夜里的流星一下子收进眼底，闪光的霓红灯广告、电影、幻灯等活动教具，都易被人们知觉。而蛇岛上盘在树上不动的蛇就不容易被发现。

3. 对象的特征　对象特征明显，容易被感知；特征不明显，就不易被感知。公鸡、母鸡外部特征明显容易分辨；而雌兔雄兔就扑朔迷离了。走到大街上，迎面走过许多人你没有注意，一个外国人就立刻能被你发现。

此外，从主观因素来看，有无明确的目的，有无积极的态度，以及知觉者的兴趣、爱好、情绪状态等都影响知觉对象的选择。例如，在广告的海洋里，音乐家或音乐爱好者首先发现音乐晚会的海报；球迷则会首先看到球赛的广告；病人首先注意的是药品广告等，各择所需，各取其好。

知觉的选择性规律与教育实践息息相关。直观教学用具的设计，为了突出重点，常常在有关部位涂上鲜明的色彩，关键部位安装活动装置，都是为了提高学生知觉的效果。教师在学生作业本上用红字批改，也是为了突出批改内容，使学生"一目了然"。

（二）知觉的整体性

知觉的对象具有不同的属性、由不同的部分组成，但是人并不把知觉的对象感知为个别的孤立部分，而总是把它知觉为一个统一的整体，这种特性称为知觉的整体性。（见图 4-2）

图 4-2

在观察此图时，我们一开始就把它们分别看成是三角形和正方形，而不是把它们知觉为三条线段和四条线段。

知觉的整体性还表现在对于知觉过的对象，以后只有对象的个别属性发生作用时，也能产生完整的映象。如对一块曾经知觉过的大理石，只要看一眼，就知道它是光亮的、坚硬的、冰凉的。

　　在整体性知觉中，物体的各部分所起的作用是不同的。知觉对象关键性的、最具代表性的、强的部分往往决定对整体的知觉，其弱小部分常被忽视。观看所熟悉的人的漫画，我们可以从被歪曲的画面上立即认出这是张三，那是李四。

　　在整体知觉中，刺激物之间的关系起着重要作用。有时，刺激物的个别部分改变了，但各部分的关系不变，仍能保持整体的知觉。例如，一首乐曲由不同人演唱，用不同乐器演奏，都能被人们知觉为同一首乐曲。各部分之间的关系改变，知觉的整体形象就会变化。例如，四条相等的直线，组成垂直的封闭图形，则是正方形，同样四条直线，组成不垂直的封闭图形，就变成菱形了。可见，物体各部分的关系以及对关系的反映是知觉整体性的基础。

　　如果感知的对象是没有经验过或不熟悉的东西，一般来说，知觉则常常根据其接近、相似、闭合、连续等因素感知为整体。图 4-3

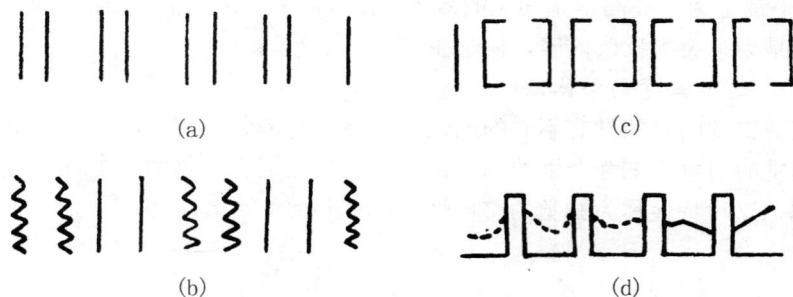

图 4-3

（a）中的四组直线，由于每两根在距离上接近，所以，被知觉为一个整体；（b）中的几根直线和曲线虽然各根之间距离相等，但形状不一，所以，相似的直线和曲线各被知觉为一个整体；（c）中的直线排列同（a）一样，两根在距离上接近，但并不被知觉为四组两根并列的直线，而被知觉为一根直线和四个长方形。这是因为闭合的因素使人忽视长方形轮廓所缺少部分而仍然将它知觉为一个整体；（d）中的曲线和点线都有断离之处，但由于它具有连续性，因此，就被知觉为一根完整的曲线。

知觉的整体性有赖于人的知识经验。当知觉对象提供的信息不足时，知觉者常常运用经验对残缺部分进行补充整合，从而获得整体映象。例如，当我们看到"大12东去"四个字时（当12为手写体时），很自然地把它知觉为"大江东去"。

（三）知觉的理解性

在感知当前事物的时候，人总是根据以往的知识经验来理解它们，并用词把它们标志出来，这种特性称为知觉的理解性。

知觉的理解性是以知识经验为基础的。凭借以往的经验才能确认某事物，有了丰富的经验才能深刻地理解对象，理解的程度直接关系到知觉的速度和完整性。由于知识经验的不同，知觉会表现出很大的差异。一个有经验的医生在X光片上能够看到不为一般人所觉察的病灶；熟练的工人在机器运转的声响中能辨别出是否有故障，而一个门外汉则除了响声什么也听不出来。

词语对人的知觉具有指导作用，可以帮助并加快理解对象，图4-4看上去只是一些黑色的斑点，分辨不出是什么东西，如果有人说出"这是一条狗"，立刻就能将这些斑点看成一只狗的轮廓。

此外，个人的动机与期望、情绪与兴趣以及定势等，对人的知觉理解都有重要的影响。

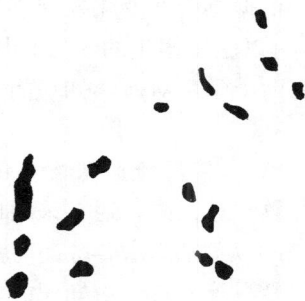

图 4-4

（四）知觉的恒常性

当知觉的条件在一定范围内发生变化时，知觉的映象仍然保持相对不变，这种特性称为知觉的恒常性。

恒常性在视觉中最为明显，表现在大小、形状、亮度、颜色等知觉中，如强光照射煤块的亮度远远大于黄昏时粉笔的亮度，但我们仍然把强光下的煤块知觉为黑色，把黄昏时的粉笔知觉为白色。

知觉的恒常性主要是由于过去经验作用的结果。人总是在自己的知识经验的基础上知觉对象的，对知觉对象的知识经验越丰富，越有助于产生知觉的恒常性。

知觉的恒常性在我们日常生活、工作和学习中有很重要的意义，它有利于人们在不同情况下，按照事物的实际面貌反映事物，正确地认识和精确地适应环境。恒常性消失，人对事物的认识就会失真，人们就难以适应瞬息万变的外界环境。

第三节　感知规律在教学中的应用

一、运用感知规律进行直观教学

学生掌握知识的过程是一种特殊的认识活动过程，这个过程主要包括对教材的感知、理解、巩固、应用等环节。在这一复杂的认识过程中，起点是感知教材，并获得有关教材的较丰富的、全面的、正确的感性知识。为了提高学生感知教材的效果，就需要运用直观教学手段。根据感受性变化发展规律及知觉基本特性，正确地运用直观性原则。可以激发学生的学习兴趣和热情，引起学生对教学内容的知觉，从而有助于学生对所学知识的领会、理解和掌握，提高教育、教学的质量。

（一）常用的直观教学形式及其特点

教学过程中，通常采用以下几种直观形式：

1. 实物直观。实物直观就是通过观察实物与标本、演示性实验、教学性参观等方式，为知识的领会理解提供感性材料。这种直观形式的优点是生动、形象、逼真。其缺点是本质的属性易被其他非本质属性掩盖，并且容易受时间和空间限制，像植物与动物的生长过程，古代社会的生活方式等很难直接被感知。

2. 教具直观。教具直观也叫模象直观，指通过模型、仪器、图片、图表、幻灯等手段模拟实物的形象而提供感性材料。这种直观形式的优点是，可以人为地突出事物的重点与本质，操作方便，不受时间、空间限制。不过，模象直观毕竟与实物不完全相同，低年级学生有时难以将模象与真正的实物对象相联系而产生误解。因而，使用模象直观时要注意保持各种对象大小之间的正确比例，最好和实物直观结合起来进行。

3. 言语直观。言语直观是通过语言（书面和口头）的生动具体描述、鲜明形象的比喻、合乎情理的夸张等形式，提供感性认识，加深对知识的理解。这种直观形式的优点是灵活、经济、方便。不过言语直观所反映的事物形象在完整性、鲜明性、正确性方面不如直接感知。

以上三种直观教学形式各具特色，既有优点，也有不足，三者相互配合使用，才能收到良好的效果。研究表明，缺乏语言指导的实物直观和教具直观，往往使学生不能全面观察而只注意他们感兴趣的次要部分，忽略事物的主要部分，难以形成正确、全面的表象。在言语直观中，如果语言描述缺乏有关形象的支持，也难以帮助学生理解知识。所以，在教学中要使语言和形象合理地结合起来，在以语言描述为主的教学中，要想办法用形象直观帮助他们建立起表象；在观察为主的教学环节中，教师要很好地发挥语言的指导作用，善于把深奥的道理用通俗的、学生容易领会的语言表达出来，并适当举例说明，以有助于学生理解。

（二）遵循感知规律，提高直观教学效果

在教学过程中，教师应按照感知活动的特点和规律来正确地组织直观教学，才能提高学生的感知效果。

1. 根据感知对刺激强度依存性的规律，作用于感觉器官的刺激物必须达到一定的强度才能被人们清楚地感知到。教学中要求教师讲述的音量要适当，音量太低，学生会听不到或听不清；音量太高会引起疲劳，降低教学效果。教师的板书字迹、直观教具和图表不要太小；线条不能太轻、太细，应保持一定的刺激强度。

2. 根据知觉中对象与背景的对比规律，在绘制图表、制作教具或准备实验时，应力求使对象与背景在颜色色调、线条粗细、形状大小等方面有明显的差别，使知觉对象能被清晰地感知。在教学中，凡要学生重点感知的对象都必须突出强调。如教师讲到重要的地方，声音放大些；对学生容易发生错误的笔画或字形较复杂的词用彩色粉笔标出来；教师的讲解应抓住事物的异同点进行比较。演示直观教具时应注意背景与方位的选择；深色教具应选浅色为背景，浅色对象应选深色为背景，增大对象与背景的差别。例如，做水的热胀冷缩实验时，把烧瓶的水染成红色，背景再衬上白纸，实验效果就会更好。

总之，在各科教学中，凡是要求清晰感知、重点掌握的内容，都应具有一定的新颖性、鲜明性、趣味性、生动性，使它们从其他内容中突出出来，这是感知教材取得成效的重要方面。

3. 根据相对静止背景上的运动对象易被知觉的规律，教师在直观教学方面应多采用活动教具，设法使教具变静为动。可以多采用活动黑板、活动卡片、活动画报、活动模型及电影、电视、录像、幻灯等现代化的视听工具，提高学生的感知效果。例如，教师在讲菱形与正方形的关系时，可以将由四根相等木棍组成的正方形变化成菱形，也可以将菱形变为正方形，使学生更好地理解菱形与正方形的区别与联系。

4. 根据知觉的组合律，凡是空间上接近、时间上连续的事物，易于构成一个整体而被我们清晰地感知。在教学中，要注意使作为学生感知对象的事物组合得当，使学生易于产生清晰的感知觉。教师的板书应力求从空间距离上进行合理的布局，位置顺序排列适当，大小主次适当，重点突出，使学生一目了然。教师讲课或朗读课文，顿挫应适当。言语太快，没有适当的停顿和间歇，不易听清楚；言语太慢，停顿间歇太大，会割裂讲述内容的完整性。在制作和使用模象与直观教具、绘制挂图时，要线条明晰，行距适中，颜色分明，周围最好不要附加类似的线条或图形，并注意拉开距离或加上不同的色彩。

5. 感知是多种分析器协同活动的结果，这就要求在直观教学过程中交替使用多种感官感知对象，动员学生多种分析器参加活动。例如物理、化学课，如能在讲授的同时配以良好的演示和实验，则学生不仅可以听、说，而且可以看、做、想，眼、耳、口、脑都被调动起来。由于多种感官的参加，可以从不同的角度接受来自视觉、听觉、触觉和运动觉的信息，了解事物的更多特点。

二、运用感知规律培养学生的观察力

观察是知觉的高级形式，它是有目的、有计划、比较持久的知觉。观察比一般知觉有更强的理解性，思维在其中起着重要作用，所以，观察是有意知觉的高级形式，也叫"思维的知觉"。

观察在人的学习、工作实践中具有重要的作用和意义。观察是获得知识的门户，一切科学实验，一切科学的新发现、新规律，都是建立在周密的、精确系统的观察基础之上的。巴甫洛夫一直把"观察、观察、再观察"作为座右铭，并告诫学生，"不学会观察，你就永远当不了科学家"。达尔文在总结自己的成就时曾说，"我既没有突出的理解力，也没有过人的机智，只是在观察那些稍纵即逝的事物，并对其进行精确的观察的能力上，我可能在众人之上。"

观察力就是分辨事物细节的能力，是智力结构的组成部分，它是经过系统的训练，逐渐培养起来的。怎样运用感知规律培养学生良好的观察力呢？

（一）引导学生明确观察的目的与任务，激发他们的观察兴趣

观察的效果如何，决定于目的任务是否明确。观察的目的任务越明确，观察者对知觉对象的反映就越完整、越清晰；相反，目的任务不明确，学生就会东看看、西望望，抓不住要领，得不到收获。因此，教师必须预先明确地向学生提出观察的目的、任务，并且根据学生的年龄特征和知识水平尽量把观察的目的、任务提得明确些、具体些。

向学生指明观察目的任务的同时，教师还应当注意培养学生的观察兴趣。如果学生没有观察兴趣，时时处处依赖教师的指示，观察力是培养不起来的。观察兴趣可以通过郊游、参观、访问等多种途径来培养。例如，在郊游、参观访问的过程中，教师讲解观察到的现象，使学生懂得其中的道理，这就会激起他们的求知欲，使他们对自然和社会现象产生观察兴趣。

（二）指导学生有计划、有步骤地进行观察

观察必须有系统、有计划地进行。按照拟定的计划、步骤和一定的顺序进行观察，才能做到全面、周密。否则，随意的浏览就会遗漏，甚至忽视关键之处，只会获得杂乱无章的印象。

（三）教育学生在观察前作好必要的知识准备

观察的成功依赖相应的知识经验，某一方面的专家必定是这方面的观察家，有充分的知识准备，才能加深对观察对象的理解，提高观察的效果。

例如，引导学生观察柴油机的工作原理时，应事先要求预习或复习热机一章的内容。观察前的知识准备越充分，观察的效果就越好。如果观察前毫无知识准备，观察的效果一定不好。

（四）引导学生在观察时善辨多思

教师要根据知觉对象的特点引导学生开动脑筋，进行积极的思维活动，注意搜寻每一个细节，不但要看到"什么样"，而且要提出"为什么"。

（五）指导学生做好观察记录和总结

为了对观察的结果进行分析，在较长期的观察过程中必须做好观察记录，观察结束时还应写观察报告，做出全面的、系统的书面或口头总结，这样既能巩固观察所获得的知识，也是提高学生分析问题和解决问题的能力的重要手段。

阅读材料：

光 环 效 应

光环效应在凯利1950年的印象形成实验中表现得比较明显。凯利的这个实验是通过教学做的。他利用心理学教学课堂，把55名学生分成两组，分别向学生介绍一位新聘任的教师，两组学生得到的介绍材料仅有一词之差：甲组的学生被告知，这位教师是"热情的"；乙组的学生被告知，这位教师是"冷漠的"。学生们看完这份材料后，新教师来到课堂授课，并分别领导两组学生进行20分钟的讨论。下课后，实验者让每个学生填写一份问卷，说明自己对新教师的印象。结果发现，两组学生对这位教师的印象却有显著的不同。一个组的印象是：有同情心、会体贴人、有社交能力、富有幽默感、性情善良等等；另一组的印象则相反，认为该教师严厉、专横。这就是说，两组学生对该教师的印象，都有自己的推断成分夹在其中，由"热情的"特点推出一系列的优点，由"冷漠的"特点推出一系列的与冷漠有关的缺点。实验中的另一个现象是，一个组积极发言的达56%，另一组积极发言的仅 32％，这表明，大学生对新教师不仅有一定的看法和印象，而且在行为上也有一定的倾向：对教师的印象好，发言就多，印象不好，发言也就不积极。凯利的这个实验证明，在印象形成的过程中有明显的个人主观推断的作用。光环效应实际上就是个人主观推断、扩张的结果。由于光环效应，一个人的优点或缺点一旦变为光圈被夸大，其缺点或优点也就退到光的背后视而不见了。

　　——选自高玉祥等：《人际交往心理学》，中国社会科学出版社，第 65 页。

感觉剥夺实验

　　感觉对其他复杂的心理的产生和发展具有重要的作用。如果没有感觉提供的各种信息，不仅不能保证人的正常的心理活动，而且还会导致心理活动的紊乱，甚至可能产生幻觉。许多心理学家做的"感觉剥夺"的实验都证明了这一点。把被试关进一个装有空调设备和控制装置的隔音小屋内，蒙上眼睛，堵住耳朵并带上特制的手套，不允许自由活动。在这种情况下，被试的视、听觉被完全剥夺了，触觉也在一定的程度上被剥夺了。结果发现，人在这种情况下很难生活一周。在最初的两天内，被试大多数时间用来睡觉，但随着时间的延长，许多人产生了心理障碍：他们不能集中注意力，也不能进行连续而清晰的思考，有的人产生了幻觉，有的人变得神经质，有的人甚至恐怖起来，他们都感到时间过得特别慢而难以忍受。有人对刚出来的被试进行了心理测量，发现他们进行精细活动的能力、识别图形的知觉能力、连续集中注意的能力以及思维的能力均受到了严重的影响，而且许多天之后还不能进行正常的学习。由此证明，人在日常生活中漫不经心地接受的刺激并在此基础上产生的感觉是多么重要。

　　——选自《心理学》，华东师大出版社，第 71～72 页。

时间知觉的相对主观性

　　时间知觉的最大特点即是相对主观性。有这样一个例子：甲、乙两人约定时间于某展览馆入口处相见，一同参观展览。甲按时到达，乙在路上遇到一位故友，寒暄了一阵，赶到约定地点时，迟到了半小时。乙说："迟到了一会。"甲说："我等了老半天，腿都站酸了。'一会'，一会有多久？"乙说："最多不到 10 分钟"。甲说"起码 1 小时"。

　　客观时间是半小时，乙估计"最多不到 10 分钟"，甲估计"起码 1 小时"。是甲有意夸大、乙有意缩小吗？不，他们说的都是自己内心体验的实话。那么，为什么会有这个现象？这就是时间知觉的特点：相对主观性。

　　据说，有位青年去拜访爱因斯坦，请求他简单地阐述相对论。爱因斯坦想了一下说："当你伸手向你的父亲要钱时，10分钟你会觉得太长；当你和女朋友携手游玩时，10个小时你会觉得太短，这就是相对论"。可见，爱因斯坦也是把时间看做相对的。

　　一个人的时间知觉之所以是相对的，是出于如下原因：

　　1. 个人的情绪因素。一个人在欢乐的时间里，会觉得时间过得快，时间被估计得短些，即所谓"欢乐恨时短"、"光阴似箭"、"日月如梭"。反之，一个人在烦闷和厌倦的时候，会觉得时间过得慢，时间被估计得长些，即所谓"寂寞嫌时长"、"度日如年"。唐代诗人李商隐的诗《夜雨寄北》："君问归期未有期，巴山夜雨涨秋池。何当共剪西窗烛，却话巴山夜雨时。"诗人在巴山一带接到北方家中妻子的来信，问他什么时候才能回去？可是诗人的归期还没有准儿，窗外正下着愁人的夜雨，把秋天的池塘都下满了。淅淅沥沥的雨声更增加了无限的愁绪。这时诗人真是度日如年，他多么想能早日回家和妻子共坐在西窗下，秉烛夜谈，来回忆今日雨夜中的互相思念！

　　2. 个人活动内容的因素。充满着丰富内容的时间，主观上感到过得快，产生对时间的短估。一个人集中精力于事业，就会"废寝忘食"、"不知老之将至"。反之，活动内容单调贫乏或无所事事，让人觉得时间过得很慢，产生对时间的长估。的确，一个人游手好闲，得过且过，磨洋工，就会"如坐针毡"。再如，你在一个乡村车站的候车室所消磨的1小时和你在观赏一场有趣的比赛时所消磨的1小时，在物理方面是彼此相等的，两者以秒为单位的量数完全相同。但对你来说，车站那1小时过得很慢，而观赏比赛那一个小时过得很快。

　　3. 个人的态度和兴趣因素。兴趣盎然又具有重大意义的事情，做起来时间似乎飞驰而过，出现对时间的短估；反之，对无关紧要，兴趣索然的事情会感到无比的冗长，出现对时间的长估。引人入胜的表演使人忘却时间的流逝；味同嚼蜡的报告使人感到似乎是没完没了。期待中的事，迎亲人，待节日，感到时间姗姗来迟；反之，不愉快的、厌烦的事，又会令人感到不期而至。

　　4. 回忆和年龄的因素。回忆时对时间的估计，恰好与上述现象相反。同有趣的、欢乐的事情联系着的时间，回忆起来觉得长些；与单调乏味的事情联系着的时间，回忆时往往一闪而过。老人回忆往事，童年历历在目，壮年一干二净，眼前喋喋不休，正是如此。

　　年龄变化也会出现这种时感变化。一个人在童年时代对时间流逝感觉迟钝，时间显得分外长，年轻人容易在时间上骄傲："来日方长，时间有的是！"往往不珍惜时间或办事拖拉，蹉跎了自己的青春岁月。到了中年，当你回首往事时，对于年轻时虚度年华会追悔莫及。随着年龄的增长，人们越来越感到时光的迅速流逝，惊叹光阴如白驹过隙，"红日西斜，疾似下坡车"。因而更加珍惜时间，抓紧分分秒秒，争取做出更多的成绩。

　　另外，在一个时间周期里，时间知觉往往表现出前慢后快的心理现象。一个星期，前几天相对于后几天，感觉要慢一些，过了星期三，一晃便到了星期天。探亲假，前半段时间相对后半段，显得长一些，过了一半时间，想到马上要到期了，便觉得一天天过得特别快。所以，有人说："年怕中秋日怕午，星期就怕礼拜三"。从时间知觉讲，是有一点道理的。

　　……

　　人的时间知觉是对客观存在的时间的主观反映。人的心理是复杂的，人们在观念上，对待时间确有态度之不同，快慢之差别，这就形成了时间知觉的相对主观性。

　　时间知觉具有相对主观性，然而，经过实践锻炼，人们对时间是可以准确估计的。有经验的厨师掌握蒸煮时间，有经验的教师掌握上课时间，可以十分准确，分秒不差。

　　　　　　——选自黄仁发：《心理学漫画》，科学普及出版社，第79～81页。

综合练习：

一、概念解释

　　1. 感觉　　2. 知觉　　3. 分析器　　4. 感受性和感觉阈限　　5. 适应
　　6. 感觉对比　　7. 观察

二、填空

　　1. 根据分析器的特点，可将感觉分为两大类，即_____、_____。

　　2. 根据知觉对象不同，可以把知觉分为_____、_____。对物的知觉主要有三种，即_____、_____、_____。

　　3. 知觉的基本特性有_____、_____、_____和_____。

　　4. 观察离不开人的思维，因而观察也叫_____。

　　5. 教学中常用的直观形式有_____、_____、_____。

三、选择

　　1. 反映事物个别属性的心理现象是_____。

　　A. 感觉　　B. 知觉　　C. 观察　　　D. 表象

　　2. 在旅游业中加强导游工作是为了增加旅客知觉的_____。

　　A. 选择性　　B. 整体性　　C. 理解性　　D. 恒常性

3. 教学中,重点部分要加大声音,放慢速度,以使之从其他内容中突出出来,这是利用了知觉的_____。(答案同 2 题)

4. 在学习中读到残缺的字句,我们能根据经验补足其残缺部分,这是因为知觉具有_____。(答案同 2 题)

5. 据研究,黄色表示甜,绿色表示酸,茶色表示苦,这种现象属于_____。
A. 适应　　B. 对比　　C. 感觉的相互作用　　D. 联觉

四、问答

1. 简述感觉和知觉的辩证关系。

2. 引起感受性变化的主要因素有哪些?

3. 怎样培养学生良好的观察力?

4. 如何运用感知规律进行直观教学?

第五章　记忆及知识巩固

第一节　记忆概述

一、记忆及其基本过程

（一）什么是记忆

记忆是人脑对经历过的事物的反映。所谓经历过的事物，主要指过去曾感知过的事物、思考过的问题、做过的事情以及体验过的情感。这些事物都会在头脑中留下一定的痕迹，随着时间的推移，这些痕迹有些会被强化，有些会趋于减弱、消退。在一定条件的诱发下，那些仍然保持在人的头脑中的痕迹会重新激活、被再反映。这些经历过的事物的痕迹的形成、保持及激活都是属于记忆。

（二）记忆的基本过程

记忆的基本过程是由识记、保持、回忆或再认三个环节组成的。识记是记忆过程的开端，是对事物的识别和记住，并形成一定印象的过程。保持是对识记内容的一种强化过程，使之能更好地成为人的经验。回忆和再认是对过去经验的两种不同再现形式。记忆过程中的这三个环节是相互联系、相互制约的。识记是保持的前提，没有保持也就没有回忆和再认，而回忆和再认又是检验识记和保持效果好坏的指标。由此看来，记忆的这三个环节缺一不可。记忆的基本过程也可简单的分成"记"和"忆"的过程，"记"包括识记、保持，"忆"包括回忆和再认。

信息加工理论认为，记忆过程就是对输入信息的编码、存贮和提取过程。只有经过编码的信息才能被记住，编码就是对已输入的信息进行加工、改造的过程，编码是整个记忆过程的关键阶段。

（三）记忆的意义

记忆是人的心理活动得以连续的根本保证，是经验积累或心理发展的前提。没有记忆，人的认识能力就无法获得发展，人的心理将始终处于新生儿的水平，人们将无法体验多姿多彩的人生。

记忆是学习的必要条件，所有的学习都包含着记忆。学生学习的目的就是通过记忆积累经验、增长才干。在学习过程中，新知识的获得都是以已有的知识经验为基础的，没有记忆的学习是难以想象的。因此作为教师，掌握记忆理论，根据记忆规律组织教学，有助于帮助学生克服遗忘的干扰，获得巩固的、系统的知识经验。

二、记忆表象

表象是头脑里所保存的过去感知过的事物再现出来的形象。如我们上小学时的老师的形象，当回忆时，他的音容笑貌都会呈现在我们面前；看电影时某个感人至深的镜头，在一段时间内会记忆犹新等，这些存在于头脑中的事物形象都是表象。由于表象是记忆的重要内容和形式，因此表象又叫记忆表象。表象一般是在感知的基础上形成的，由于起主要作用的感觉器官不同，可以把表象分为视觉表象、听觉表象、触觉表象、运动表象等不同类型。

表象虽然是在感知基础上形成的，但它实际上又摆脱了感知的局限，有自己的明显的特点：

（一）形象性

指头脑里保持的表象是以生动具体的形象的形式出现的，并和过去感知时有一定的相似之处的特性。由于表象在头脑里存在着加工过程，因此，表象所具有的形象性与感知形象也是有差异的。这些差异主要表现在：

1. 表象没有感知形象鲜明、具体、生动，具有暗淡性、模糊性。

2. 表象不如感知形象完整，具有片断性、零碎性。

3. 表象不如感知形象稳定，具有动摇性、可变性。

比如我们看电视"新闻联播"时，看到的天安门的形象、听到的音乐声总是具体的、完整的、稳定的，而当我们回忆这些镜头时，头脑中所出现的表象，其清晰性、完整性等各方面就比较差，听到的乐曲声也是时强时弱、断断续续的。

（二）概括性

指表象所反映的事物形象，不是某一具体事物或其个别特点，而是一类事物所共有的特点，是一种类化了的事物形象。这一点也是表象与感知形象的又一区别。如我们看到的粉笔的形象是具体的，但在回忆粉笔时，它的形象总是具有粉笔所共有的特点，是"粉笔"这一类事物形象的概括。但表象的概括与思维的概括是不同的，表象是对一类事物的形象概括，而思维的概括则是对事物的本质、规律的概括，一般是抽象的概括。

表象是一种重要的心理现象，其意义主要表现在：

记忆表象是记忆的重要内容与形式。人们头脑里所贮存的知识经验不外乎两种形式：一是表象的形式，一是语言形式。据研究推测，这两种形式的比例约为1000：1。丰富的表象储存，是人们理解抽象事物的基础，也是人们在处理日常事务时重要的心理依据。

记忆表象是人们认识发展链上的中间环节，是从知觉向思维过渡的桥梁。记忆表象是思维摆脱了感知的束缚，通过在头脑中对表象进行分析加工，能够获得对事物的理性认识。

表象是学生学习的基础。学生必须广泛地运用记忆表象才能理解和获得知识，才能在学习中不断前进和提高，反之，则会造成学习落后。据研究，有许多学习成绩差的学生就是由于缺乏观察能力，头脑里存贮表象太少的缘故。作为教师，帮助学生获得丰富的表象储备是一件非常重要的事情。

三、记忆种类与脑机制

（一）记忆种类

记忆是一种复杂的心理现象，按照不同的标准可分为不同类型。

根据记忆的内容，可以把记忆分成四种：

1. 形象记忆。以感知过的事物形象为内容的记忆叫形象记忆。这些具体形象可以是视觉的，也可以是听觉的、嗅觉的、触觉的或味觉的形象，如人们对看过的一幅画，听过的一首乐曲的记忆就是形象记忆。这类记忆的显著特点是保存事物的感性特征，具有典型的直观性。

2. 情绪记忆。是以过去体验过的情绪或情感为内容的记忆。如学生对接到大学录取通知书时的愉快心情的记忆等。人们在认识事物或与人交往的过程中，总会带有一定的情绪色彩或情感内容，这些情绪或情感也作为记忆的内容而被存贮进大脑，成为人的心理内容的一部分。情绪记忆往往是一次形成而经久不忘的，对人的行为具有较大的影响作用。如教师对某个学生的第一印象会在很大程度上影响对该生的态度、行为，就是因为这一印象是与情绪相连的。情绪记忆的映象有时比其他形式的记忆映象更持久，即使人们对引起某种情绪体验的事实早已忘记，但情绪体验仍然保持着。

3. 逻辑记忆。是以思想、概念或命题等形式为内容的记忆。如对数学定理、公式、哲学命题等内容的记忆。这类记忆是以抽象逻辑思维为基础的，具有概括性、理解性和逻辑性等特点。对于学生的学习来说，这类记忆是至关重要的，它既是学生学习新知识的基础，同时又影响着学生的抽象逻辑思维能力的发展。

4. 动作记忆。是以人们过去的操作性行为为内容的记忆。凡是人们头脑里所保持的做过的动作及动作模式，都属于动作记忆。如上体育课时的体操动作、武术套路，上实验课时的操作过程等都会在头脑中留下一定的痕迹。这类记忆对于人们动作的连贯性、精确性等具有重要意义，是动作技能形成的基础。

以上四种记忆形式既有区别，又紧密联系在一起。如动作记忆中具有鲜明的形象性。逻辑记忆如果没有情绪记忆，其内容是很难长久保持的。

根据记忆内容保存时间的长短，可以把记忆分成瞬时记忆、短时记忆和长时记忆。由于在不同时间对记忆内容的加工形式不同，这三类记忆又被看作是三种记忆系统。

1. 瞬时记忆。又叫感觉记忆，这种记忆是指作用于人们的刺激停止后，刺激信息在感觉通道内的短暂保留。信息的保存时间很短，一般在 0.25～2 秒之间。瞬时记忆的内容只有经过注意才能被意识到，进入短时记忆。

2. 短时记忆。保持时间大约在 1 分钟之内的记忆。据 L. R. 彼得逊和 M. J. 彼得逊的实验研究，在没有复述的情况下，18 秒后回忆的正确率就下降到 10% 左右。如不经复述大约在 1 分钟之内就会衰退或消失。有人认为，短时记忆也是工作记忆，是一种为当前动作而服务的记忆，即人在工作状态下所需记忆内容的短暂提取与保留。

短时记忆有三个特点：(1) 记忆容量有限，据米勒的研究为 7±2 个组块。"组块"就是记忆单位，组块的大小因人的知识经验等的不同而有不同。组块可以是一个字、一个词、一个数字，也可以是一个短语、句子、字表等。(2) 短时记忆以听觉编码为主，兼有视觉编码。(3) 短时记忆的内容一般要经过复述才能进入长时记忆。

3. 长时记忆。指信息经过充分的和有一定深度的加工后，在头脑中长时间保留下来的记忆。从时间上看，凡是在头脑中保留时间超过 1 分钟的记忆都是长时记忆。长时记忆的容量很大，所存贮的信息也都经过意义编码。我们平时常说的记忆好坏，主要是指长时记忆。

瞬时记忆系统、短时记忆系统和长时记忆系统虽各有自己的对信息加工的特点，但从时间衔接看是连续的，关系也是很密切的。(见图 5-1)

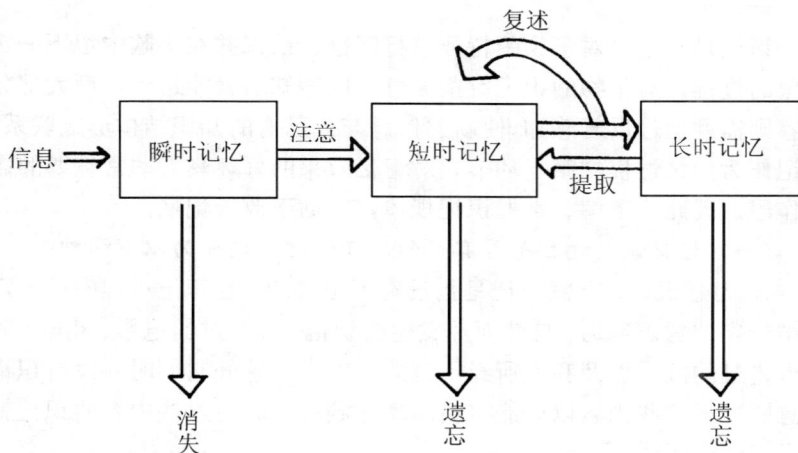

图 5-1　记忆系统模式图

（二）记忆的脑机制

对记忆的生理机制的研究是心理现象的生理机制研究中成果最丰硕的一个领域。按照巴甫洛夫的条件反射学说的解释，记忆就是暂时神经联系的形成、巩固和重新激活的过程。但这一学说没有说明记忆痕迹是怎样产生，脑细胞在记忆过程中究竟发生了哪些变化等问题。随着脑科学研究的深入，对记忆生理机制的研究进入到新的水平。如鲁利亚的研究说明，脑的不同部位在记忆活动中起不同作用。而关于神经元内部化学变化的学说认为，个体记忆由神经元内的核糖核酸（RNA）的分子结构承担，临床观察支持了这一学说（详细内容见"阅读材料"）

第二节　记忆过程的规律

记忆过程是一个复杂的心理过程，有自己的特点和规律，而这些特点和规律体现在记忆过程的不同环节，使每个环节都具有自己的特殊性。

一、识记

识记是指通过对事物的特征进行区分、认识并在头脑中留下一定印象的过程。对事物的识记有些通过一次感知后就能达到，而大部分内容则需要通过反复感知，使新的信息与人已有的知识结构形成联系。识记作为记忆过程的第一环节，对记忆效果的好坏具有非常重要的影响作用。因此，了解、掌握识记规律，有助于改善记忆。

（一）根据识记过程是否有目的，可以把识记分为以下两种

1. 无意识记。无意识记是指没有预定目的，在识记过程中也不需要做一定的意志努力、自然而然发生的识记。如看过的电影、戏剧；听别人讲过的故事以及我们所经历过的某些事，感知它们时并没有识记的意图，但这些内容以后能重新出现在脑海里，对这些内容的识记就是无意识记。

无意识记的内容是构成我们经验的重要部分，对心理活动及行为也有明显的影响。无意中所经历的事情，在我们有意识地面临某些情

境、处理某些问题时，能作为已有经验起帮助作用。在日常生活中，人们所处的环境，所接触的人，所做的工作，会使人受到潜移默化的影响，在心理、行为上发生变化。如一个民族的文化传统，会在无形中影响整个民族的心理，使其带有本民族文化的特点。

无意识记带有极大的选择性。一般来讲，进入无意识记的内容有两个特点：一是作用于人们感觉器官的刺激具有重大意义或引人注意。如人们对新异的事物会过目不忘；二是符合人的需要、兴趣以及能产生较深刻情绪体验的内容。如参加高考时的情境，到大学报到第一天的情境等。无意识记对人们知识经验的获得有积极作用，作为教师应该尽量使学生通过这种方式愉快地学习。但是，无意识记不能保证学生获得系统的文化科学知识。因此，在教学过程中，大量的识记内容应通过有意识记来获得。

2. 有意识记。指有预定目的，在识记过程中要做一定的意志努力的识记。有意识记过程是在识记目的支配下进行的。识记的目的性决定了识记过程是对识记内容的一个积极主动的编码过程。这种编码包括"识记什么"和"怎样识记"。"识记什么"确定识记的方向和内容，"怎样识记"是采取什么方法才能更好地记住所要识记的内容。学生在听课过程中的识记就是由这两部分组成的。每节课都有一定的教学目的、任务。教师一般会先做交待，使学生产生识记意图，以一种积极的心态识记新知识。为了更好地记住教师所讲内容，有些同学采取专心致志地听，即用心记的方法，有的同学采取心记与笔记相结合的方法等。

人们的全部知识经验就是通过有意识记和无意识记的方式获得的。不过，就识记效果而言，有意识记优于无意识记。

（二）根据识记时对材料是否理解，可以把识记分为以下两种

1. 机械识记。机械识记是指在材料本身无内在联系或不理解其意义的情况下，按照材料的顺序，通过机械重复方式而进行的识记。如对无意义音节、地名、人名、历史年代等的识记。这种识记具有被动性，但它能够防止对记忆材料的歪曲。对于学生而言，这种识记也是必要的，因为有一部分学习内容的确是需要精确记忆的，如山脉的高

度、河流的长度等。也有些内容，限于学生的知识经验，不可能真正理解其意义，但这些知识对以后的学习是重要的，也应该进行机械识记。如小学一、二年级的学生背诵乘法口诀。实际上，纯粹的机械识记是很少的，人们在识记过程中，总是尽可能地把材料加以意义化。按照信息加工理论的观点，个人对任何输入的信息都要尽可能地按自己的经验体系或心理格局来进行最好的编码。如记电话号码，并不是单纯重复记忆，而会利用谐音或找规律等方式使之意义化。

2. 意义识记（理解识记）。意义识记是在对材料内容理解的基础上，通过材料的内在联系而进行的识记。在意义识记中，理解是关键。理解是对材料的一种加工，它根据人的已有知识经验，通过分析、比较、综合来反映材料的内涵以及材料各部分之间的关系。由于意义识记需要消耗较多的心理能量，与机械识记相比，它是一种更复杂的心理过程。

意义识记应该是学生识记的主要形式。实验和经验都证明，意义识记优于机械识记。艾宾浩斯最早进行了这方面的实验。他用学习无意义音节和有意义材料的结果作了对比，发现识记 80 个无意义音节，需要重复 80 次，而识记拜伦的《唐·璜》一诗中的一个有 80 个音节的节段，约需 9 次就能记住。他得出结论，学习无意义材料比学习有意义材料在难度上几乎达到九倍。意义识记的这种优越性主要表现识记速度、保持的牢固性以及检索的准确与速度上。

在教学过程中，教师应该使学生理解材料内容，引导学生进行理解识记，但也要布置一些需机械识记的内容作为必要补充，使学生理解识记的水平和机械识记的水平都得到提高。

从以上可知，识记的目的、任务以及对材料的理解是影响识记效果的重要因素。另外，识记效果对材料的性质、识记的方法以及识记时的主观状态（特别是情绪状态）等也有很大的依赖性。

二、保持和遗忘

（一）保持

保持是在头脑中对识记过的事物进行巩固的过程。

保持是一个动态过程。识记的内容被存储后，并不是一成不变地保持原样，已有的认识结构会对这些内容进行加工、编码、再存储，使识记的内容随着时间的推移，不断地发生变化。

记忆内容的变化有质变和量变两种形式：

保持内容质的变化主要是指由于主体的已有的知识经验以及对材料的认识、加工能力的影响而发生的改变。对不同的人而言，改变形式是不一样的，大致有以下几种：

1. 内容简略、概括，不重要的细节逐渐趋于消失。

2. 内容变得更加完整、合理和有意义。

3. 内容变得更加具体、或者更为夸张和突出。如学生在复述《狼和小羊》的故事时，有的学生给故事添了一个结尾，有的学生在描述狼和小羊的形象时绘声绘色，也有的学生三言两语就把故事复述完了。

保持内容的量变有两个方面：记忆回涨和保持内容减少。

记忆回涨又叫记忆恢复。指识记某种材料经过一段时间后测得的保持量大于识记后即时测得的保持量。这种现象一般发生在儿童身上和不完全的学习（即没有达到透彻理解、牢固记忆的学习）上，并且有一定的时间限制。巴拉德（P. B. Ballard）的实验说明了这个问题。他要求 12 岁左右的学生用 15 分钟学习一首诗，学习后立即检查回忆的结果。然后按照不同的时间间隔让他们对这首诗进行延迟再现，以最初学习后的测验保持量为 100%，结果如图 5-2 所示：

巴拉德还对 6 岁、12 岁、21 岁的被试进行了比较研究，发现 6 岁儿童比 12 岁儿童记忆恢复量多，而 21 岁的成年人未见记忆恢复现象。

记忆的恢复现象发生的原因主要有：1. 识记时的累积抑制：即时测验结果受连续学习所产生的积累抑制的影响，经过一段时间后，这种抑制作用解除，引起回忆量的上升。2. 材料的相互干扰：识记后的即时测验由于受前后材料的

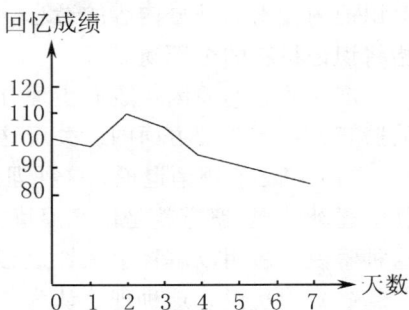

图 5-2　12 岁儿童学诗的保存曲线

相互干扰，各部分之间不易建立有机的联系，形不成对材料的整体认识。过一段时间后，干扰的消失以及材料间联系的增多，整体性加强，识记的材料变成了一个有机的整体。

保持内容的减少主要是表现形式遗忘。

（二）遗忘

1. 遗忘的概述。遗忘是指识记过的材料不能回忆或再认，或者回忆或再认有错误的现象。按照信息加工的观点，遗忘过程在记忆的不同阶段都存在。

遗忘基本上是一种正常、合理的心理现象。因为：

（1）感知过的事物没有全部记忆的必要。

（2）识记材料的重要性具有时效性。

（3）是人心理健康和正常生活所必需的。在学生的学习过程中，也不是一切都需要记忆的，记忆的内容应具有选择性，正像清代郑板桥说的"当忘者不容不忘，不当忘者不容忘耳"。

遗忘有不同的分类方法：

（1）根据遗忘时间，把遗忘分成暂时性遗忘和永久性遗忘。暂时性遗忘是指遗忘的发生是暂时的，以后还能重新回忆的遗忘现象。永久性遗忘是指不经过重新学习，记忆的内容就不能恢复的遗忘。

（2）根据遗忘内容，可分为部分遗忘与整体遗忘。部分遗忘是指对识记的材料的部分内容的遗忘。如对材料细节的遗忘。整体遗忘是指将识记材料的全部遗忘。

产生遗忘的原因，既有生理方面的，如因疾病、疲劳等因素造成的遗忘；也有心理方面的。关于这方面的原因，主要有四种学说：

（1）记忆痕迹消退说。这种理论认为，记忆痕迹如果得不到强化，就会逐渐消退。遗忘就是记忆痕迹消退到不能再激活的状态下发生的。这种学说一般用以解释永久性遗忘的原因。

（2）干扰说。这种理论认为，遗忘是由于所识记的先后材料之间的相互干扰造成的。前摄抑制和倒摄抑制是支持干扰说的有力例证。

前摄抑制是指先学习的材料对后学习的材料所起的干扰作用；倒摄抑制是指后学习的材料对先学习的材料所起的干扰作用。由于这两种抑制是引起遗忘的重要原因，因此受到许多心理学家的注意。大量的研究不仅证明了这两种抑制的存在，而且对造成这两种抑制的产生原因进行了探讨，认为主要有三个方面：一是材料的相似性。即先后学习的两种材料在意义上、组成上或排列的顺序上有某些相似或相同的成分时，会产生较大的抑制效果。斯卡格斯和罗宾森根据他们对材料的相似性与倒摄抑制的关系的研究（见图 5-3）认为，原来的材料与插入材料的相似性，由完全相同向完全不同变化时，倒摄抑制首先逐渐增加，当相似性达到一定程度时，抑制作用最大，随后又逐渐减少。二是学习的巩固程度。先后两种学习材料的巩固程度也是影响抑制的重要因素。如果其他条件相等，插入材料所产生的倒摄抑制作用，将随着原材料学习的巩固程度的提高而减少。三是先后两种学习的时间安排。实验证明，先后两种学习之间的时间间隔越大，倒摄抑制的作用则越小。

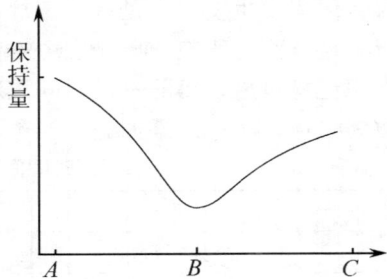

图 5-3　材料的相似程度对倒摄抑制的影响

　　实验也还证明了前摄抑制和倒摄抑制不仅产生在学习两种材料之间，而且也存在于学习一种材料的过程中。一篇材料的开头和结尾的保持效果好于中间部分，就是因为中间部分受两种抑制的影响，而开头只受倒摄抑制的影响，结尾只受前摄抑制的影响。

　　（3）压抑说。这种理论认为，遗忘是由于情绪或动机的压抑作用造成的，如果压抑被解除，记忆就能恢复。这种理论用以解释与情绪有关内容的暂时性遗忘是有效的。这一理论是由弗洛伊德在临床实践中发现的，他认为，那些给人带来不愉快、痛苦、忧愁的体验常常会发生动机性遗忘。

　　（4）同化说。这种理论认为，遗忘是知识的组织和认知结构简化的过程。这是奥苏伯尔根据他的有意义言语学习理论对遗忘提出的一种独特的解释。他认为，当人们学到了更高级的概念与规律之后，高级的观念可以代替低级的观念，使低级观念遗忘，从而简化了认识并减轻了记忆。在真正的有意义学习中，前后相继的学习不是相互干扰而是相互促进的，因为有意义学习总是以原有的学习为基础，后面的学习则是对前面的学习的加深和补充。

2. 遗忘曲线及影响遗忘进程的因素。遗忘虽是一种复杂的心理现象，但其发生发展也是有一定规律的。德国心理学家艾宾浩斯最早进行了这方面的研究。他用无意义音节为实验材料，以自己为实验对象，在识记材料后，每隔一段时间重新学习，以重学时所节省的时间和次数为指标，实验结果如表 5-1：

表 5-1　　　　　　　不同时间间隔后的记忆成绩

时间间隔	重学时节省时间的百分数
20 分	58.2
1 小时	44.2
8—9 小时	35.8
1 日	33.7
2 日	27.8
6 日	25.4
31 日	21.1

根据表 5-1，他绘制出遗忘曲线。（见图 5-4）

遗忘曲线所反映的是遗忘变量和时间变量之间的关系。该曲线表明了遗忘的规律：遗忘的进程是不均衡的，在识记之后最初一段时间里遗忘量比较大，以后逐渐减小。即遗忘的速度是先快后慢的。继艾宾浩斯之后，许多人对遗忘进程的研究也都证实了艾宾浩斯的遗忘曲线基本上是正确的。遗忘进程受多种因素的影响：

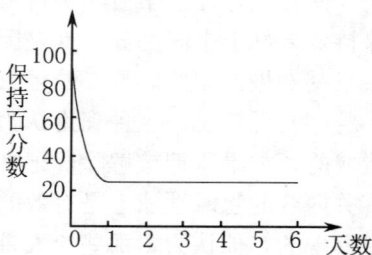

图 5-4　遗忘曲线

（1）学习材料。指材料的种类、长度、难度、系列位置以及意义性。从材料的种类看，有意义材料和无意义材料，形象、直观的材料与抽象的材料的遗忘进程是不一样的。（见图 5-5）

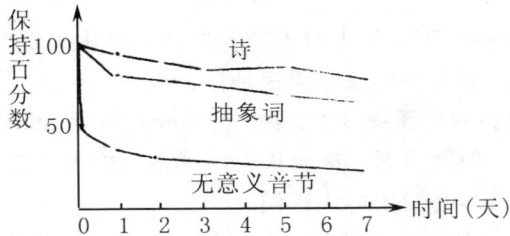

图 5-5 不同性质材料的保持曲线

从材料的难度、长度看，一般来说，比较长的、难度较大的材料的遗忘进程更符合艾宾浩斯遗忘曲线，长度、难度适中的材料保持效果最好。从材料的系列位置看，由于前摄抑制及倒摄抑制的影响，材料的系列位置不同，保持效果也有差异。从材料的意义看，凡是和人的需要、目的、动机等有关的材料一般说来易于保持。

（2）学习方法。所采用的学习方法不同，保持的效果是不同的。如在学习过程中，学习结果的反馈的作用就比较大，它能够使学习过程中的错误及时得到纠正，同时它又具有诱因价值，可以引起学习者的兴趣。

（3）个人因素。影响遗忘的个人因素很多，如年龄、性别、能力、动机、情绪、生理状态以及个性等。有人曾对假期过后返校的大学生做过调查，要他们将假期内的一切生活经历写出，并各自予以愉快或不愉快的评定。整理后发现，他们所记忆的内容中，愉快的超过不愉快的。过了六星期之后，在学生们毫无准备的情况下，再要他们复述上次所记假期的生活经历时，结果发现，不但愉快的事情记得多，而且内容也较详细。

三、再认和回忆

（一）再认

再认是过去经历的事物重新出现时，能够被识别和确认的心理过程。

在再认过程中，不同的人对不同的材料的再认速度是不一样的，这和影响再认的因素有关。这些因素是：

1. 原有经验的巩固程度。如果过去经验很清晰、准确地被保持，当再次出现时，一般能迅速、准确地予以确认。如果过去经验已经发生了泛化现象，就容易发生再认错误。

2. 原有事物与重新出现时的相似程度。相似程度越高，再认越迅速、准确；相似性越差，再认越困难、缓慢，出现再认错误的可能性越大。

3. 个性特征。个性特征不同，人的心理活动速度和行为反应的快慢也不同。心理学家曾通过实验证实，独立性强的人和依附性强的人的再认有明显的差异。

当再认出现困难时，人们常常要寻找再认的线索，通过线索达到对事物的再认。线索是再认的支点，如对久别重逢的朋友的再认一般要以身体的某些特征作为再认的线索。

（二）回忆

回忆是在一定诱因的作用下，过去经历的事物在头脑中的再现过程。如在回答教师的提问时，学生要把头脑中所保持的与该问题有关的知识提取出来，这种提取过程就是回忆。

回忆可以分为两大类：

根据有无目的性可以把回忆分为有意回忆和无意回忆。有意回忆是在预定目的的作用下对过去经验的回忆。如对考试内容的回忆。无意回忆是没有预定目的，自然而然发生的回忆。如触景生情等。

根据有无中介因素参与回忆过程可把回忆分为直接回忆和间接回忆。直接回忆是由当前事物直接唤起的对旧经验的回忆。间接回忆是借助中介因素而进行的回忆。从难度上看，间接回忆比直接回忆难度要大。

追忆是间接回忆的特殊形式，它是通过积极的思维活动和较大的意志努力而进行的回忆。学生在解难题时对有关知识的回忆往往就是追忆。

回忆和再认这两种再现形式都是对头脑中已有的经验进行的提取，二者没有本质的不同，但在再现的速度和效果上还是存在差异的。一般认为，再认比回忆的心理活动复杂程度稍差一些，能回忆的一般能再认，而能再认的不一定能回忆。

第三节 记忆的品质与知识的巩固

一、记忆的品质

记忆的品质也是鉴别一个人记忆力好坏的指标，主要有四点：敏捷性、准确性、持久性和准备性。

敏捷性是指在识记事物时的速度方面的特征。

准确性是指对记忆内容的识记、保持和提取时是否精确的特征。

持久性是指识记内容在记忆系统中保持时间长短方面的特证。

准备性是对保持内容在提取应用时所反映出来的特征。

这四种品质在不同的人身上有不同的组合特点，因而使每个人的记忆都不同于其他人。如有些人身上这四种品质发展得可能都很好，也有些人可能都很差，有些人可能是某一点突出，而其他方面比较差。只有当一个人这四个方面的品质都得到发展的时候，即记得快、牢、准、活，才可以说这个人具有良好的记忆品质。

二、知识的巩固

每个学习者都期望所学的知识能够较长时间地保存，而实验上，遗忘却在经常不断地发生。作为教师，根据记忆的一般规律，对学生的学习给以指导，提高记忆效果，巩固已有知识，对于教学任务的完成具有重要意义。

（一）科学地识记

记忆效果的好坏在很大程度上受识记的影响，教师在教学过程中，指导学生科学地识记不仅有助于提高记忆效果，而且也能够发展学生的记忆能力。

1. 提高识记的目的性。明确识记的目的、任务能够激发学习者的识记动机，产生学习的责任感，增强识记的自觉性、主动性。有人认为，当人从事目标明确的工作时，会在心理上产生一个"紧张系统"，当工作任务完成时，紧张系统就解除了；当工作任务被中断时，紧张系统仍然保持着。所以，明确的识记目的能够使识记材料更清晰、更准确、更全面地被反映。

根据这一规律，教师在教学过程中，应向学生提出明确、具体的识记目的和任务，使学生对识记内容有一个积极的心理定向。

2. 提高对识记材料的理解程度。实验表明，意义识记的效果优于机械识记，而理解是意义识记的基础。因此，在识记过程中，提高对材料的理解程度是牢固记忆的重要条件。教师要帮助学生做到两点：

(1) 正确、深刻地理解材料的内涵。学生学习的内容一般都是有意义材料，教师在教学中对教材内容要讲明、讲透，使学生正确理解学习材料，避免误解或浮光掠影似地了解。即使那些无意义材料或限于学生的知识不能透彻理解的材料，教师也应想方设法（如直观教学）使学生对材料建立意义性联系。

(2) 增加对识记材料的加工深度。学生对所学内容的识记有赖于自己对材料的再加工、组织。博布罗和鲍尔在 1969 年的实验中把被试分为两组，第一组被试要记住一些具有"主—谓—宾"结构的简单句子，另一组被试用句子中的主语和宾语另造句子，然后进行记忆。检查时只给两组被试提示主语，要求他们回忆宾语。结果两组的差异是显著的：前一组的回忆率为 29%，第二组为 58%。因此，教师应使学生养成对所识记的内容按照自己的知识经验重新加工、组织，以提高识记效果。

3. 重视识记方法在识记中的作用。识记方法是指在识记过程中所采取的能够提高识记的效率的措施。如多种感官协同活动，整体识记与部分识记、记忆术等。

多种感官的协同活动有助于提高识记效率，实验表明，就视、听识记而言，视觉识记优于听觉识记，视—听识记优于单纯的视觉或听觉识记（见表5-2）。

表 5-2　　　　　　　　三种识记方法的效果比较

组别	识别方法	识记效果（%）
1	视觉识记	70
2	听觉识记	60
3	视听结合识记	86.3

整体识记和部分识记：整体识记是对识记材料整体反映而进行的识记。部分识记是把识记材料分解为若干部分，然后逐一进行的识记。这两种识记方法都有一定的适用性，应视学习材料的特点，学习者的个人特点而选用。如识记形象的、较短的材料时，整体识记效果好一些；而抽象的、较长的材料，用部分识记的方法就好一些。

记忆术：指通过给识记材料人为地安排一定的联系或赋于某种意义来帮助识记的方法。如歌诀记忆法、附加意义法、连锁法等。

4. 学习程度。学习程度是指在学习过程中对学习内容能够达到正确识记的程度。以学习中初次对学习内容100%回忆为标准，低于这个程度为"低度学习"，而在达到这个标准以后的学习叫"过度学习"。实验表明：低度学习和100%的学习最易发生遗忘，而过度学习有利于保持。但过度学习如果过量的话会出现"报酬递减"现象。克鲁格用字表进行了实验研究，他要求被试识记12个名词，学习程度分别为100%、150%、200%，然后隔1天、2天、4天、7天、14天和28天让他们重现，结果如图5-6所示：

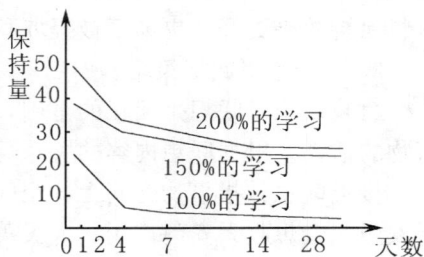

图 5-6　学习程度和保持量的关系

根据这一规律，教师在指导学生进行过度学习时应注意：

（1）有选择地进行过度学习。根据学习需要和材料的意义性，对有价值的材料通过过度学习达到熟记。

（2）把握好过度学习的量。由于超量的过度学习会出现"报酬递减"，因此，过度学习时的量应适当，一般以150％为宜。那种认为重复次数越多越好的观念是错误的。盲目增加练习次数，不仅不能达到预期目的，反而增加了学生负担，使学生滋生厌学情绪，甚至会造成师生心理隔阂。

（二）合理地再现

再现是指对知识的提取，它包括再认和回忆。对知识的提取是巩固已有知识的最好手段，而对知识的有效提取要做到以下几点。

1．防止或减少前摄抑制和倒摄抑制的影响。根据前摄抑制和倒摄抑制的特点，前后学习的两种材料应合理安排，如：两种前后学习的材料应有较大差异，尽量避免学习两种相似的材料。若实在必须学习的话，对这两种学习材料应做精细加工：即找出两种材料的相似之处和两种材料的差异处，着重于对差异的分析。同时两种学习之间的时间间隔应适当增大，这样有利于知识的再现。

2．重视对材料的复述。复述是对学习材料的再现，是学习者对学习内容按照自己的经验和语言特点进行重新组织、表达的过程。复述也是对学习内容的强化，它有两种水平：一种是单纯的重复，即把原有内容按原样表达出来。一种是加工后的复述，即在保持原有材料意义的前提下，运用自己的语言对材料的表达。一般来说，经过复述的材料保持效果更好、更易于被提取和再现。

3．善于运用回忆策略。

（1）联想。联想是回忆的基础，联想是在心理上由一事物想起它事物的活动。根据联想内容的关系可把联想分成四种：

接近联想：指事物时间上、空间上的接近所发生的联想。如想起天安门，会想起天安门广场、人民英雄纪念碑、人民大会堂等。

对比联想：指因事物存在明显的对比关系而发生的联想。如由大想到小，由高想到矮，由黑暗想到光明等。

因果联想：指因事物存在因果关系所产生的联想。如由春天想到百花盛开。

类似联想：指因事物之间存在相似之处所产生的联想。如从季节变化想到人情冷暖等，从一片片不同的树叶想到人们相貌与心理的差异等。

（2）心理放松。在追忆时，先前出现的回忆内容经证明是错误的，但它们仍然不时浮现在脑海中。因为紧张，回忆失败而产生的焦虑情绪等都会对回忆起干扰作用，在这种情况下，最明智的办法就是暂时停止，过一段再回忆。

（3）运用推理。即依据事物之间的本质联系和规律进行推理，为回忆提供线索。研究表明：所提供的可资利用的线索越多，越有利于回忆。

（三）科学地复习

复习是学生在学习中很重要的一项活动。它不仅是防止遗忘的有效手段，而且可以理解以前所没有理解的内容，同时对新知识的学习能起到奠基作用。但复习并不是对原学习内容的简单重复，而应该是一种积极主动的过程和合乎记忆规律的过程。

1. 复习要及时。根据遗忘进程的特点，在识记之后应组织及时的复习，以赶在大量的遗忘发生之前。在复习的次数上开始可适当多一点，随着时间的延长，复习次数可逐渐减少。

2. 复习形式要多样化。在复习时，不能采取单一的复习方法，复习形式要灵活多样。如编提纲、总结主题思想、段落大意、列表、同学间的相互提问等。采取多样化的复习形式效果比较好，这是因为：

（1）多样化的复习形式可有效地保持注意，避免复习兴趣丧失。

（2）多样化的复习是采用不同的方法对材料进行加工，有助于把学习材料更好地纳入已有的知识结构。

3. 尝试回忆与反复阅读相结合。尝试回忆指在识记的材料尚未牢固保持之前试图回忆的复习方法。尝试回忆和反复阅读相结合是一种有效的复习手段。这是因为：通过尝试回忆能检查自己识记的情况，及时发现难记的部分和发生错误的地方，然后有重点地对这些地方进行重新阅读，避免了时间的浪费。尝试回忆的优点还体现在学习者及时地获得复习效果，能提高学生复习的信心和热情。

4. 正确分配复习时间。复习效果对复习时间的安排有一定的依存性。复习时间的分配表现在集中复习和分布复习上。集中复习是指在一段时间内相对集中地复习一种材料。分布复习是将对同一材料的复习分成多次进行，在每两次之间有一定的时间间隔。

哪种时间分配方法更好，在两次复习的时间间隔具体多长为好，这应根据学生的个人条件（如智力、情绪等）和复习内容的特点而定。实验证明，在材料内容较多时，分布复习效果优于集中复习效果。

总之，教师可以从识记、再现、复习等不同方面对学生的学习进行指导，使学生的学习在符合记忆规律的前提下进行，从而提高对所学知识的巩固程度。

阅读材料：

记忆存贮的生理单元

人是怎样和以什么方式存贮信息，这是一个异常复杂的问题。人们在这个问题上提出了下面一些看法。

一、刺激痕迹

本世纪初，赛姆（R. Simon）和赫林（Heling）提出记忆是"保持痕迹的能力"，是"物质的普遍属性"。以后，有人相信人脑中有记忆痕迹的存在。如当人们记住一个名字时，人脑中就有一个代表那个名字的痕迹存在，开始时这种痕迹具有电流的性质，很容易消失，以后经过多次强化，这种痕迹发生了化学性质和组织上的变化，因而成为记忆的烙印。这种记忆痕迹和记忆烙印是活动的，没有一定的部位。这种看法虽有一定道理，但还不能说明记忆的本质。

二、反响回路

通过脑电现象和神经结构的研究，有人认为反响回路是记忆的生理基础。反响回路是指神经系统中皮层和皮层下组织之间存在的某种闭合的神经环路。当外界刺激作用环路的某一部分时，回路便产生神经冲动。刺激停止后，这种冲动并不立即停止，而是继续在回路中往返传递并持续一段时间。人们认为这种脑电活动的反响效应可能是短时记忆的生理基础。贾维克（Jarvik）和艾思曼（Essman）的白鼠跳台实验支持了这种看法，他们将一控制组的白鼠放在一个窄小的台子上，使它总想往下跳，当它跳下台后，就受到带电金属的电击，为了避免电击，白鼠很快又跳上高台，形成回避反应。但高台的窄小使它又想往下跳。这样经过一天的训练，白鼠在高台上呆的时间明显延长，说明它"记住"了下面有电，形成了长时记忆。这时给予白鼠电休克以破坏它的记忆。当白鼠从休克状态恢复正常后，再将它放回跳台上，这时它还是不往下跳，这表明电休克没有破坏它的长时记忆。它们将实验组的白鼠在形成回避反应后，立即给予电休克，也就是在短时记忆时用电休克破坏它的电回路。在白鼠恢复正常后再把它放在跳台上，发现它立即往下跳，这说明电休克可能破坏了回避反应的电回路，引起了"遗忘"。由此，人们认为反响回路可能是短时记忆的生理基础。

三、突触结构

有人认为刺激的持续作用，可以使神经元的突触发生变化。例如，神经元的轴突末梢增大，树突增多、变长，突触间隙变窄，突触内的生化变化使相邻的神经元更易于相互影响等。这种看法得到一些实验的支持，在一个实验中，实验者把刚生下的一窝白鼠分成两组，一组放在内容丰富的环境里，一组放在内容贫乏的环境里。结果发现，前一组白鼠的皮层比后一组白鼠的皮层厚而且重。这可能是由于生活在丰富环境中的白鼠接受了较多的刺激，使它们的神经元突触结构发生了较大的变化，树突或轴突的数量增加，皮层的重量也因而增加。在另一实验里，实验者将刚出生的一部分白鼠，放在黑暗环境里，生活25天后，再与其他生活在光亮环境中的白鼠进行比较。结果发现，生活在黑暗环境中的白鼠的神经元的树突数量，比生活在光亮环境中的白鼠的树突数量要小。这说明黑暗环境影响了突触的形成。有人认为突触结构的变化，可能是长时记忆的生理基础。

四、核糖核酸

近年来，随着分子生物学的兴起，特别是发现了遗传信息传递机制。"脱氧核糖核酸"（DNA）借助另一种核酸分子"核糖核酸"（RNA）传递遗传密码。这使一些科学家假定，个体记忆是由神经元内的核糖核酸的分子结构来承担的。由学习引起的神经活动，可以改变与之有关的那些神经元内部的核糖核酸的细微的化学结构。就像遗传经验能够反映在脱氧核糖核酸分子的细微结构中一样。本世纪60年代初，美国生理学家科宁（Cohen）等人，用核糖核酸处理无脊椎动物涡虫，消除了涡虫对已学会的某种行为的记忆。以后瑞典神经生物化学家海登（H. Hyden）训练小白鼠走钢丝，发现鼠脑中有关神经细胞的RNA含量显著增加，其组成成分也有变化。据此，海登等人把大分子看作是信息的"储存所"，并认为RNA和DNA是记忆的化学分子载体。

——选自彭聃龄主编：《普通心理学》，北京师范大学出版社1988年10月第1版，第300～302页。

你知道常用的记忆方法有哪些吗

一、直观形象记忆法

把抽象的材料加以直观形象化进行记忆的方法，叫直观形象记忆法。例如，特级教师斯霞在给学生讲"办"字时说："办事要出力，出力要出汗"。边讲边在"力"字的两边各添一点表示出汗，给学生留下深刻印象。

二、歌诀记忆法

在各科教学中，如果把识记的材料编成合辙押韵的歌诀，能收到极好的记忆效果。例如，把全国 30 个省、自治区、中央直辖市编成："京沪津、蒙藏新，辽吉黑、川贵云，晋冀鲁豫、陕甘宁青，两湖两广台、苏浙皖赣闽。"

三、特征记忆法

在记忆时，对某些无意义的材料，可采用寻其特点的方法进行记忆。例如，马克思诞生于 1818 年 5 月 5 日，可记为"两个 18 两个 5"。

四、归类比较法

有比较才能鉴别。对那些在认识上易产生泛化的相似材料，通过归类比较，分辨其细微的差别，使其在认识上产生分化，在储存上系统化，从而保持牢固记忆。

五、重点记忆法

将复杂的识记材料进行简化，先记住要点，然后依次作为记忆的支撑点再逐渐扩大重现范围的方法叫重点记忆法。例如，在历史课上讲授秦末农民战争的原因，可概括为"税多、役多、法酷"。重点记忆法是一种经济的记忆方法，它往往通过"重点"，使思维获得发散，把"浓缩"的知识再"稀释"到原来的状况。

六、联想记忆法

通过某一事物的回忆而引起对另一事物的回忆方法，称联想记忆法。例如，孙敬修在给儿童讲解"国家"和"世界"这两个抽象概念时，就采用空间上的接近联想的方法。他从我们住的地方讲起："左右邻居住的一长排房子叫胡同或街道，许多街道合起来叫区，许多区合起来叫县或市，许多县、市合起来叫省，许多省合起来叫国家，各个国家都合在一起叫世界"。

——选自韩永昌主编：《心理学》，华东师范大学出版社 1990 年 2 月第 1 版，第 143～146 页。

综合练习：

一、名词解释

1. 记忆　2. 表象　3. 遗忘　4. 回忆和再认　5. 追忆和联想　6. 机械识记

7. 意义识记

二、填空

1. 记忆的基本过程是由_____、_____、_____和_____构成的复杂的心理过程。

2. 信息加工理论认为，记忆过程是对输入的信息的编码，_____和_____的过程。

3. 表象的基本特征是_____和_____。

4. 保持内容的量变有_____和_____两种情况。

5. 按照记忆内容，记忆可分为_____、_____、_____、_____四种。按信息保持时间长短可将记忆分为_____、_____和_____三种。

6. 记忆的品质包括_____、_____、_____、_____。

7. 按照反映的事物间的关系，一般把联想分为_____、_____、_____和对比联想四种。

8. 意义识记是以_____为基础的。

三、判断

1. 遗忘基本上是一种正常的心理现象。　　　　　　　　　（　　）

2. 过度学习量越多越好。　　　　　　　　　　　　　　　（　　）

3. 前摄抑制是后学习材料对先学习材料的识记和保持的干扰。（　　）

4. 机械识记是一种无用的识记。　　　　　　　　　　　　（　　）

四、选择

1. "一朝被蛇咬，十年怕井绳"是_____。

　　A. 情绪记忆　　　　　　C. 动作记忆

　　B. 形象记忆 、　　　　　D. 逻辑记忆

2. 无意识记具有极大的_____。

　　A. 目的性　　　　　B. 自觉性　　　　　C. 选择性

3. "触景生情"是_____。

　　A. 再认　　　　　　B. 直接回忆　　　　C. 间接回忆

4. 及时复习的理论依据是_____。

　　A. 记忆恢复现象　　　　B. 遗忘规律

　　C. 前摄抑制　　　　　　D. 后摄抑制

五、问答

为什么要进行复习？如何复习？

第六章　思维与想象

第一节　思维概述

一、什么是思维

思维是人脑对客观事物的本质属性和内部规律性的间接的、概括的反映。人们平常说的"考虑"、"设想"、"预计"、"深思熟虑"等都是思维活动的表现。

思维是在感知的基础上实现的高级的认识形式，具有间接性和概括性两个特征。

所谓思维的间接性，是指思维总是以一定事物或已有经验为媒介来反映事物。例如，人们不能直接感知猿人的生活情景，但是考古学家通过化石和其他考古资料，可以复现出猿人的形象和当时的生活情景；医生根据病人的体温、血液、脉搏、血压的变化，能对直接观察不到的病人内部器官的状态做出诊断；科学工作者可以根据气候、动物、磁场等事物的异常变化，对地震灾害做出准确预测。正是由于思维的间接性，人们才可能超越时空的限制和人类感官机能的局限，认识那些人们没有感知或无法直接感知的事物，揭露事物的本质和规律。

所谓思维的概括性，是指思维能够把同类事物的共同的、本质的属性抽取出来加以概括，反映事物间的规律性联系。思维的概括性包括两层含义：第一，思维所反映的总是一类事物的共同的本质特征。如通过感知，我们可以认识到人的类别是多种多样的，有男人、女人、儿童、老人、黑人、白人、富人、乞丐；通过思维，我们舍弃人的年龄、种族、性别、贫富这些具体个别的特征，认识到有意识和语言、能够制造和使用工具是所有人类共同的、本质的特征。这一结论正是思维概括性的表现。第二，人通过思维能从部分事物相互联系的事实中找到事物普遍或必然性的联系，并将其推广到同类事物中去。如借助思维，人可以认识温度的升降与金属胀缩的因果关系，并将其规律应用到生产和生活实践中去。思维的概括促进了人们对客观事物的内在关系与规律的认识，有助于实现人们对环境的控制与改造。一切科学的概念、定义、法则，都是人对事物的本质和规律概括反映的结果。

　　思维的间接性和概括性是相互联系、相互促进的。思维的间接性是以人对事物的概括性为前提的，人们通过抽象、概括，反映出事物的本质属性及内在的规律性联系，然后再依靠获得的概念、法则、理论，通过推理判断，对事物进行间接深入的反映，从而使人的认识更加深刻，可以推测过去，认识现在，预见未来。

二、思维与感知觉的关系

　　思维与感知觉虽然都是人脑对客观事物的反映，但它们分别属于对事物不同角度和不同水平的认识。从反映的内容来看，感知觉反映的是事物的个别属性、表面现象及外部联系，而思维反映的是事物共同的、本质的属性和内部规律性。从反映的形式来看，感知觉属于感性认识，是对客观事物外部特征的直接反映；而思维属于理性认识，是对客观事物内在的必然联系的间接反映。总之，感知是认识的低级阶段，是思维的源泉和基础，而思维则是认识的高级阶段，是感知的进一步深化，在人的认识过程中处于核心地位。我们通过思维，才可能对由感知得来的各种感性材料进行去粗取精，去伪存真，由此及彼，由表及里地加工，实现从感性认识到理性认识的飞跃，达到对事物更深刻、更准确、更全面的反映。

三、思维的种类

　　根据思维的发展和内容，可把思维分为三类：

（一）直观动作思维

　　又称实践思维或操作思维。是凭借直接感知，以实际动作为支柱去解决问题的思维。从发展的角度看，3岁以前的儿童的思维主要属于这种形式。他们的思维活动往往是在实际操作中，借助触摸、摆弄物体而进行的。例如，幼儿在学习简单计数和加减法时，常常借助于数手指进行计算，实际活动一停止，他们的思维便立即停下来，他们很难在感知和动作之外进行思考。成人也有动作思维。如技术工人在动手拆卸和安装机器过程中，边操作边进行思维；体育运动、艺术表演中也常常使用动作思维。不过成人的动作思维，是在经验的基础上，在第二信号系统的调节下实现的。有明确的计划性和目的性，这与尚未完全掌握语言的儿童的动作思维相比，有着本质的区别。

（二）具体形象思维

是指运用头脑中的具体形象（表象）为支柱来解决问题的思维。这种思维往往是通过对表象的联想与推理来进行的，在幼儿期和小学低年级儿童身上表现得非常突出。如低幼儿童计算 $3+5=8$。不是对抽象数字的分析综合，而是在头脑中用相同数量的手指、苹果等实物的表象相加而计算出来的。无论种系心理的发展还是人类个体心理的发展，都 要经过具体形象思维发展的阶段。成人的思维虽然主要是抽象思维，但仍不能完全脱离形象思维，特别是在解决复杂问题时，往往是凭借具体的形象，并按照逻辑规律来进行的，鲜明生动的形象有助于思维的顺利进行，如艺术家、作家、导演、设计师等高水平的思维活动。不过这种形象思维与儿童的形象思维不同，它带有强烈的创造性和情绪色彩，是一种概括化了的形象思维。

（三）抽象逻辑思维

是以语词为基础，利用概念、判断和推理的形式来进行的思维。抽象逻辑思维有时虽然也需要具体形象的参与，但它主要以概念作为思维的支柱，揭示的是事物的本质特征及其规律性联系。小学高年级学生抽象思维得到了迅速发展，初中生这种思维已开始占主导地位，学习活动中各门学科中的公式、定理、法则的推导与证明，都离不开抽象逻辑思维的参与。

儿童思维的发展，一般都要经历直观动作思维、具体形象思维和抽象逻辑思维三个相互联系的阶段。成人在解决实际问题时，这三种思维往往是相互联系，相互渗透的。如进行科学实验时，既需要高度的科学概括，又需要展开丰富的联想和想象，同时还需要在动手操作中探索问题症结所在。

　　此外，从其他角度还可以把思维分为多种不同的类型。如根据探索问题答案的方向不同，可分为发散思维和集中思维；根据解决问题的创造性，可分为习惯性思维和创造性思维；根据解决问题时是否有明确的逻辑步骤和清晰的意识，可分为直觉思维和分析思维；根据解决问题的指导思想，可分为经验思维和理论思维等等。

四、思维和语言

　　语言是一种以词为基本单位、以语法为构造规则、社会约定俗成的符号系统。个体掌握和使用语言的活动过程则称为言语。语言是人类的基本交际工具，也是人类思维的重要武器和载体。思维和语言的关系是比较复杂的，也是学术界长期以来争论不休的问题之一。就个体思维与语言发生的角度来说，虽然孰先孰后的问题上分歧很大，但人们一般认为对已经掌握语言的人来说，思维和语言是紧密交织在一起不可分割的。准确把握两者之间的辩证关系，对于我们认识思维的本质是有帮助的。

　　（一）思维和语言的联系

　　1.语言是思维活动的载体。人的思维活动是以感性材料为基础，凭借语言为载体而实现的。语言之所以能成为思维的载体，是因为语言有如下几方面的特征：

　　（1）语言具有概括性。语词作为一种符号系统，其主要特点就是它的概括性。每一个词都有它特定的意义，标志一类事物。人掌握了大量具有高度概括性的词语，就可以凭借语词摆脱具体事物形象的束缚进行相应的抽象思维，实现认识活动质的飞跃。因此，人类思维的概括只有借助语言的概括才能实现。

　　（2）语言具有物质性。语言具有声、形的物质形态，是具有一定物质外壳的刺激物。人的思维活动需要借助于语言作为物质载体来进行。如我们看书离不开语言的视觉刺激；听讲，离不开语言的听觉刺激；思考问题，离不开默默无声的内部语言的帮助。离开语言这个物质载体，人的思维活动无法进行。

　　2.语言是交流思想的工具。人不仅运用语言为载体进行思维，而且人的思维成果与思维产物，必须借助语言才能记载、巩固和保存下来，使人类的知识经验得以积累。同时，我们可以以语言为媒介，在人与人之间进行心理的沟通和思想的交流，实现经验的传递。

总之，思维和语言是密切相关，不可分割的。思维是语言的思维，没有语言，人类的思维就会仅仅停留在感性形象的水平上，无所依附；语言又是思维的语言，没有思维，语言就像鹦鹉学舌一样，成为毫无意义的声音和符号。思维的发展丰富了语言的内涵，语言的发展又会促进思维水平的提高。两者紧密交织、相辅相成。

（二）思维和语言的区别

思维和语言虽然有着统一而又不可分割的关系，但它们绝非等同，二者的区别主要在于：

1. 本质属性不同。思维是一种心理现象，是人脑揭示客观事物的本质及其规律的心理活动过程，以意识的形态而存在；语言是一种社会现象，是由一定的物质形式和一定的概括内容所构成的符号系统，它是人们进行思维和交流的工具，以声、形的物质形式存在。

2. 与客观事物的关系不同。思维与客观事物之间是反映与被反映的关系，二者存在着必然的联系。如红薯，通过思维被概括为"以块根为主要收获物的一年或多年生草本植物"。这个概念揭示了红薯这类农作物的本质属性。而语词与客观事物之间则是标志与被标志的关系，二者没有必然的内在联系。它是约定俗成的，不同地域的人们对同一事物可以赋予不同的语词标志。如红薯又可称为甘薯、白薯或番薯、山芋、地瓜等。

3. 思维中的概念与语言中的词相关但并非一一对应。概念是用词表达的，但一个概念可以用不同的词来表达，如"目"、"眼睛"、"视觉器官"等代表的都是同一概念；同一个词可以表示不同的概念。如"杜鹃"一词，既可表示为一种鸟，又可以表示为一种植物。

4. 思维规律与语法结构虽有联系，但又有区别。思维具有全人类性，只要是大脑发育正常的人，不分国籍、种族、性别、职业，都遵循着共同的思维规律，都通过从感性到理性，从具体到抽象的过程来认识事物；而语言具有民族性，不同国度和不同民族，语法结构有相当大的差异。

第二节　思维的过程

思维是一个非常复杂的心理活动过程，它表现为对作用于人脑的客观事物进行分析、综合、比较、分类、抽象、概括、系统化、具体化等具体过程。其中，分析与综合是思维的基本过程，它贯穿于人的整个思维活动过程之中，其他过程都是由分析综合派生出来的主要环节。

一、分析与综合

分析是在头脑中把事物的整体分解为各个部分、个别方面或个别特征的思维活动。如把动物分解为头、尾、足、躯体；把一个人的心理现象分解为心理过程和个性心理等均属于分析。

综合是在头脑中把事物的各个部分、方面和特征结合起来进行考虑的思维过程。如把机器的各种零配件结合成一个整体来考虑其性能；把一个学生的思想品德、智力水平、学业成绩、健康状况等各方面联系起来加以评价，做出整体结论等，就是综合过程。

思维过程一般是从对问题的分析开始的。分析可分为过滤式分析和综合式分析。过滤式分析是通过尝试的方法对问题情境进行初步的分析，以淘汰无效方法，寻找有效方法。综合式分析是把问题的条件和要求综合起来实现目标的分析方法，这种分析带有指向性，是思维分析的主要方法。例如，对"用 6 根火柴摆出 4 个等边三角形"问题的分析，多数被试是在平面上进行过滤式分析，问题根本无法解决；如果将所给条件和要求联系起来，进行综合分析，分析 4 个三角形需 12条边，而只有 6 根火柴，那么每根火柴必须充当两个三角形的公共边，这就只有在立体空间寻找答案，才能使问题得到解决。可见，分析与综合是彼此相反而又紧密联系的过程，是同一思维过程中不可分割的两个方面。分析为了综合，分析才有意义；分析基础上进行综合，综合才更加完备。只有二者的有机结合，才能使问题的解决更加迅速准确。

二、比较与分类

比较是在头脑中把各种事物或现象加以对比，确定它们的异同点的思维过程。比较的基础是客观事物间的差异性和同一性。正因为事物或现象之间存在着性质上的异同、数量上的多少、形式上的美丑等，我们才有可能在思维活动中进行比较。比较可以在同一事物或现象之间进行，也可以在不同类但具有某种关系或联系的事物或现象之间进行。

比较是思维的重要过程，也是重要的思维方法，在人们的认识活动中有着极其重要的作用。有比较才有鉴别，只有通过比较才能找到事物间的共同点和差异点。教学活动中，教师应尽量运用变式教学，使学生能更多地利用比较的方法，正确理解知识，辨析概念，合理归类，突破教学上的难点。

分类是在头脑中根据事物或现象的共同点和差异点，把它归入适当的类别中去的思维过程。分类是在比较的基础上，将有共同点的事物划为一类，再根据更小的差异将它们划分为同一类中不同的属，以揭示事物的一定从属关系和等级系统的思维活动。如学生掌握数概念时，把数分为实数和虚数；又把实数分为有理数和无理数；有理数又可分为整数、小数和分数等。

三、抽象与概括

抽象是在头脑中把同类事物或现象的共同的、本质的特征抽取出来，并舍弃其个别的、非本质特征的思维过程。如我们从手表、怀表、电子钟、闹钟、座钟、挂钟等对象中，在头脑中抽出它们"能计时"的共同本质特征，舍弃它们不同大小、形状、构造、颜色等方面的非本质特征，就是思维的抽象过程。

概括是在头脑中把抽象出来的事物的共同的、本质的特征综合起来并推广到同类事物中去的思维过程。如通过抽象得出结论："有生命的物质叫生物"，并把这个结论推广到植物、动物和微生物等一类事物中去的思维过程就是概括。

概括有两个层次：初级经验的概括与高级科学的概括。前者是在感知觉、表象水平上对事物的外部特征的概括，如幼儿把穿白大褂的人都当做医生；后者是对事物内部的、本质特征进行的概括，如一切定理、定义、概念等都是高级概括的产物。概括是一种特殊形式的综合，是概念形成的重要基础。

四、系统化与具体化

系统化是在头脑中根据事物一般特征和本质特征，按不同的顺序与层次组成一定系统的思维过程，如生物学家按界、门、纲、目、科、属、种的顺序，把世界上千千万万的生物分类，同时揭示出各类生物之间的关系和联系,这就是人在头脑中对生物种类系统化思考的过程。

具体化是人脑把经过抽象、概括而获得的概念、原理和理论，应用到某一具体对象上去的思维过程,即用一般原理去解决实际问题,用理论指导实际活动的过程。具体化在人的思维过程中有着重要作用,它能把抽象的理性认识同具体的感性认识结合起来，是启发思考与发展认识的重要环节。通过具体化的思维过程，人们可以更好地理解一般的原理和规律，还可以使已经总结出来的原理得到检验，并不断深化和发展。

第三节 问题解决

问题解决是由一定的情境引起，按照一定的目标，通过各种认知操作活动，使问题得以解决的心理过程。如对几何题的证明，解决生产中的难题等。问题解决是人类思维活动的方式之一，它是一个非常复杂的心理活动过程，受到多种因素的影响，如问题的性质、个人的情绪、动机和能力等。其中，思维活动是解决问题活动中的关键和核心成分。研究问题的解决，主要从问题解决的思维过程以及影响活动进行的诸因素两方面加以探讨。

一、问题解决的思维过程分析

问题解决的思维过程一般分为四个阶段：

（一）发现问题

问题就是矛盾，矛盾在人的活动中普遍存在。发现问题就是认识到矛盾的存在并产生解决矛盾的需要和动机，发现问题是解决问题的开端，发现不了问题，就谈不上解决问题的思维过程。只有发现问题，才能把社会的需要转化为个人的探索欲望，才能产生强大的动力，激励和推动人们投入解决问题的思维活动之中。因此，爱因斯坦认为："提出一个问题比解决一个问题更重要，因为后者仅仅是方法和实践的过程，而提出问题，则要找到问题的关键要害。"

能否发现具有重大社会价值的问题，取决于多种因素。首先，依赖于个体的活动积极性。思想懒汉和因循守旧者都很难发现问题；古人云："学贵多疑"，只有勤于思考、善于钻研的人，才能从细微平凡的事件中发现关键性问题。牛顿之所以能从人们司空见惯的"苹果落地"现象中发现万有引力定律，揭示物体间相互吸引的客观规律，就是与他勤于思考的心理品质有关。其次，依赖于个体的态度。人的活动态度越认真负责，越富有社会和历史责任感，就越是容易在人们熟视无睹的事物中发现具有重大价值的问题。其三，依赖于个体的兴趣、爱好和求知欲。兴趣广泛、求知欲强烈的人，不满足于对事物一般的、表面的解释，而是力求探究事物的内部原因，能够见人所未见，想人所未想，发现事物发展的内在奥秘。最后，依赖于主体的知识经验。一般说来，知识渊博、经验丰富的人，能够提出深刻而有价值的问题；而知识贫乏的人提出的问题肤浅幼稚，没有很高科学价值。

（二）明确问题

明确问题就是要从笼统、混乱、不确定的问题中，找出问题的主要矛盾、核心与关键，把握问题的实质，使问题的症结明朗化，从而确定解决问题的方向。

迅速而准确地明确问题依赖于两个条件：一是全面系统地掌握感性材料。问题总是在具体事实上表现出来的，只有当具体事实的感性材料十分丰富且符合实际时，才能通过分析、综合和抽象、概括，充分暴露并抓住隐蔽在其中的问题。二是已有的知识经验。知识经验越丰富，越易从一系列的问题中区分出主要的问题。

（三）提出假设

问题明确之后，解决问题的关键就是根据问题的性质，运用已有知识经验，找到解决问题的方案、策略，推测出解决问题的途径和方法，这就是提出假设。假设是科学的侦察兵，是解决问题的必由之路，科学理论正是在假设的基础上，通过不断的实践发展和完善的。提出假设为解决问题搭起了从已知到未知的桥梁，离开了合理的假设，人就无法去正确地解决问题。

假设的提出依赖于已有的知识经验。假设不是随心所欲的主观臆测，它是建立在大量的事实和高度概括的知识的基础之上，并通过对丰富的感性资料进行深入细致的研究而形成的。此外，科学假设的提出，常常需要经过多次尝试性的实际操作和创造性构想的积极参与才能完成。

（四）检验假设

问题解决的最后步骤是检验假设。假设是对解决问题方案的探索和设想，假设是否正确，需要借助一定的手段来检验。检验假设有效的方法有两种：一种是直接检验，即通过实验和实践活动来检验。实践是检验真理的惟一标准，这是假设检验最根本、最可靠的手段。另一种是间接检验，即在头脑中，根据已掌握的科学原理，利用思维对假设进行论证。对于那些不能立即通过实践直接检验的某些特殊活动中的假设，常采用间接检验。如医生设计的治疗方案、军事指挥员提出的各种作战方案等，总是先在头脑中反复推敲、论证，而后付诸实施。当然任何假设的真伪对错，都要接受实践标准的最终检验。

二、影响问题解决的因素

问题解决受很多因素的影响，既有社会因素和自然因素，也有客观因素和心理因素；我们着重从心理学的角度，分析探讨影响问题解决的条件。

（一）知识表征的方式

知识表征的方式影响问题的解决。例如，9 点连线图问题：（见图 6-1）

实验时要求将图中的9 个点用不多于四条的直线一笔连在一起。人们常

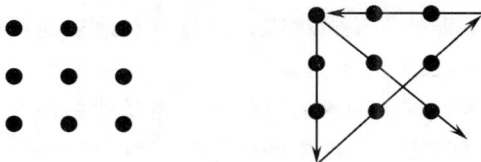

图 6-1　九点连线图

常不能成功地解决这一问题，其原因在于，9 个点在知觉上组成了方形，人们总是试图在这个方形的轮廓中连线，这样，知识的表征方式阻碍了问题的解决。如果在实验前告诉被试连线时可以突破方形的限制，被试的成绩就会得到很大的提高[①]。

再如，在下面例子中，已知一个圆的半径是 2 cm，问圆的外切正方形的面积有多大（图 6-2）。图中用不同的方式画出了圆的半径。a 图与 b 图比较，由于 a 图中较难看出圆的半径是正方形的一部分，因此，解决 a 图表征方式下的问题难于解决 b 图表征方式下的问题。

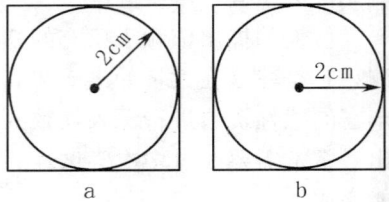

图 6-2　　不同表征方式对解决问题的影响图

（二）迁移作用

迁移是指已有知识经验对解决新课题的影响，或者说是一种学习对另一种学习的影响。这种影响可能是积极的，即已有知识经验能促进新课题的解决，称为正迁移。如数学比较好的学生，其物理成绩一般也比较出色。这种影响也可能是消极的，即已有知识阻碍着新课题的解决，称为负迁移。如一个方言很重的人，学习汉语拼音和国际音标就比较困难。在教学过程中，教师应充分发挥正迁移的作用，防止负迁移的发生。为此，首先应发展学生的概括能力。概括能力越强，迁移的范围就越广泛，容易举一反三，触类旁通；其次应利用比较的方法，帮助学生找到知识间的共同因素，几种知识间的共同因素越多，迁移的作用就越大；其三应帮助学生深刻理解和牢固地掌握知识。一个人掌握的知识越牢固，越能顺利地实现迁移。

（三）原型启发

在解决问题的过程中，因受到某种事物的启发而找到解决问题的途径和方法的现象叫做原型启发。其中具有启发作用的事物叫原型。原

---

① 彭聃龄：《普通心理学》，北京师范大学出版社 2001 年 5 月，第 274 页。

型启发在创造性解决问题中起着很大的作用。如某橡胶厂，因受面包放入发酵剂而多孔、松软的启发，制成了泡沫橡胶；鲁班因丝毛草划破手，受茅草叶齿的启发而发明锯子等，都是这方面的具体例证。

原型对解决问题能否起到启发作用，一是看原型与要解决的问题有无特征上的联系或相似性。相似性越强，启发作用越大。二是看主体是否处于积极的思维状态。若主体不能积极主动地联想、想象和类比推理，即使事物间相似性很大，也难以受到启发。

（四）定势的影响

定势又称心向，是人的心理活动的一种准备状态。它是个体按照某种比较固定的方式去解决问题的一种心理倾向。从生理机制上讲，定势是人们多次以某种方式解决问题所形成的动力定型的结果，它影响着解决后继问题的态势。陆钦斯（Luchins，1942）在一个实验中，要求被试用大小不同的容器量出一定量的水，用数字进行计算（表 6-1）。实验分两组，实验组从第 1 题做到第 8 题，控制组只做 6、7、8 三题。结果实验组在解 1～8 题时，81% 的人采用 B—A—2c 的方法进行计算，称间接法。而控制组在解 7、8 题时，100% 的人采用了简便的计算方式：A−C 或 A+C，称为直接法。这说明实验组在做 7、8 题时，受到了前面定势的影响，只有 19% 的人不受影响而采用了直接法。可见，定势的影响有积极的，也有消极的。其表现为：当解决相似或相同的课题时，定势有助于人们对问题的适应而提高反应的速度。但对变化了的情境或课题，定势常有消极作用，会阻碍人们产生更合理有效的思路，影响解决问题的速度和效率。如数学教师在课堂上讲了一种例题的解题方法，学生对与例题类似的练习做起来非常容易，而对完成与该例题差别较大的习题就感到困难。在学习过程中，习惯于死记硬背缺乏灵活性的学生，在解决问题时易受定势的消极影响。要解除定势的消极影响，就要改变思维方式，运用多路思维或逆向思维，以达到问题的顺利解决。

表 6-1　　　　　　　定势对问题解决影响的实验材料

课题序列	容　器　的　容　量			要求量出的容量
	A	B	C	P
1	21	127	3	100
2	14	163	25	99
3	18	43	10	5
4	9	42	6	21
5	20	59	4	31
6	23	49	3	20
7	15	39	3	18
8	28	76	3	25

（资料来源：Luchins，1942）

（五）动机和情绪状态

一个人的动机状态，对解决问题起着不同的影响作用。就动机的性质而言，如果一个人的动机越积极、越有社会价值，它对人的活动推动力就越大，人们为解决问题而进行的探索就越积极、越主动，活动效率就越高。就动机的强度而言，它对人解决问题的思维活动的影响比较复杂。一般情况下，在解决问题的过程中，动机强度太弱，人的兴奋性过低，达不到相应的唤醒水平，个体的注意力涣散，思维不能集中于问题上。人的生理和心理潜能很难发挥，易产生畏难、退缩行为，活动效率很低；随着动机强度的增强，个体心理激活水平提高，思维活跃，活动效率会逐渐提高；但动机超过适宜强度，人们容易出现情绪紧张，思维紊乱，注意范围狭窄，动作紊乱，失误增多，急于求成反而欲速则不达，问题很难解决。研究认为，动机的强度与解决问题的效率呈倒"U"字曲线（图 6-3），过低或过高均不利于

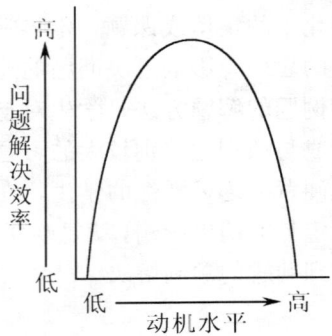

图 6-3　动机水平与问题解决效率

问题的解决，只有适宜的动机强度，才能保持振奋而又镇静从容的状态，提高问题解决的效率。

情绪对解决问题有重要影响。紧张、惶恐、烦躁、压抑等消极情绪会阻碍问题解决的效率，而乐观、镇静、愉悦、轻松的情绪有助于激发人的潜能，使智力活动处于积极、敏锐、灵活状态，问题顺利解决。耶基斯—多德森定律（图6-4）揭示了操作与情绪激动水平之间的关系，对我们理解情绪对问题解决的影响有一定帮助。

（六）个性特征

能否顺利地解决问题与一个人的个性特征有着密切的关系。研究证明，一个具有远大理想、意志坚强、勇于进取、富于自信、有创新意识、人际关系良好、果断、勤奋等人格特征的人，常能克服各种困难，善于迅速而有效地解决问题。而一个鼠目寸光、意志薄弱、畏缩、懒惰、拘谨、自负、自卑、人际关系不良的人，往往会使问题的解决半途而废。此

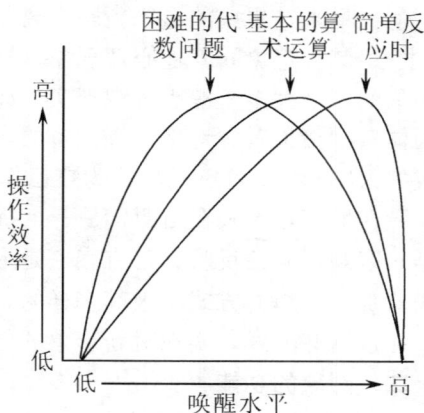

图6-4 耶基斯-多德森定律

外，一个人的智力水平、气质类型也直接影响着解决问题的效率和方式。

第四节 想 象

一、什么是想象

想象是人脑对已有表象进行加工、改造而形成新形象的心理过程。

想象最突出的特征是形象性和新颖性。形象性表现在它处理的主要是直观生动的图形信息，而不是词和符号；新颖性表现在它是在已有表象的基础上产生的有关事物的新形象，这些新形象不同于个体亲

身感知过的、简单再现于头脑中的记忆表象。它可以是个体从未亲身经历过、现实中尚未存在或者根本不可能存在的事物的形象。如我们没有机会亲自看到秦朝阿房宫的景象，但当我们读完杜牧的《阿房宫赋》之后，头脑中就会浮现出规模宏大、气势雄伟、建筑风格奇特的阿房宫的形象；还有机械设计师绘制的新机器的图纸，建筑师设计新型建筑的蓝图，文学作品中千姿百态的人物形象等，都是大脑对原有表象加工改造的产物。

乍一看来，想象的形象新颖、离奇，很难在现实中找到其具体的"蓝本"。其实想象同其他心理现象一样，都不是凭空产生的，其构成新形象的原型大多来源于客观现实。如吴承恩对头脑中已有的"肥胖的人体"、"猪头"、"钉耙"等储备的表象进行加工改造后，形成了猪八戒的人物形象；鲁迅先生认为自己作品中的人物形象，"往往嘴在浙江，脸在北京，衣服在山西，是一个拼凑起来的角色"。[①] 因此，想象也是对客观现实的反映，已有表象是形成想象的基础。人们对头脑中的表象加工重组的方式是极其多样的，如粘合、夸张、典型化与联想等，通过这些方式，实现对新形象的创造。

二、想象的功能

（一）预见功能

人类活动同动物本能活动的根本区别就在于活动的目的性、预见性和计划性，也就是说人能实现对客观现实的超前反映。人类的任何实践活动，无论是制造简单的工具，或者是进行艺术创作、科学发明，在活动之前，人们总是先在大脑中形成未来活动过程和结果的形象，并利用这些预见指导调节活动，实现预定的目的和计划。思维对事物的超前反映是借助概念的形式实现的，而想象是以形象的形式实现对事物的超前反映。科学家的发明创造，工程师的工程设计，都是想象预见功能的体现。

（二）补充功能

人脑能够通过感知揭示直接作用于感觉器官的事物的属性和意

① 《鲁迅全集》第四卷，人民文学出版社1982年版，第513页。

义。但是，在社会实践中，由于时间、空间及主客观条件的制约，我们常常遇到一些靠感知无法直接认识的东西。如宇宙间的天体运动，原始人类生活的情景等，这些空间上遥远的东西和时间上久远的事物，我们要直接感知很困难，甚至是不可能的。此时我们可以借助想象的补充功能，弥补人类认识活动的时空局限和不足，超越个体狭隘经验的范围，对客观世界产生更充分、更全面、更深刻的认识。

（三）代替功能

现实生活中，由于各种因素的制约，人们的某些需要和活动不可能满足或全面实现时，就可以通过想象的方式，使人们从心理上得到一定的替代和满足。例如，在中国古典戏曲表演艺术中，许多活动场面以及骑马、摆渡、开门、关门等行动细节，常常是通过演员形象化的动作唤起观众的想象，来代替实际活动和场景。又如在游戏中，儿童借助想象满足其模仿成人的愿望，增长了知识和才干，实现了自己参与社会生活的愿望。

三、想象的种类

根据想象活动是否有自觉的目的性，我们可把想象分为无意想象和有意想象两类。

（一）无意想象

无意想象是没有预定的目的，在一定刺激的作用下，自然而然产生的想象。例如，当我们抬头仰望天空变幻莫测的浮云时，脑中可能产生起伏的山峦、柔软的棉花、活动的羊群、嘶鸣的奔马等事物形象；当我们看到北方冬季玻璃上的冰花时，就会觉得它像梅花或树叶等，都是无意想象的具体表现。

梦是在睡眠状态下产生的一种正常的心理现象，是无意想象的极端形式。人在睡眠时，整个大脑皮层处于一种弥漫性的抑制状态，但仍有少部分神经细胞兴奋活跃，由于意识控制力的减弱，这些记载着往日经验的细胞便不随意地、不规则地结合在一起，形成了一个个离奇古怪、荒诞绝伦的梦境。不过"日有所思，夜有所梦"，无论梦境多么离奇，仍然来源于客观现实，是对个体生存状态的反映。

梦虽然是在睡眠中发生的，但不是整个睡眠过程都是在梦中度过。

根据脑电波的表现特点，人的睡眠可以分为慢波睡眠和快波睡眠。慢波睡眠与快波睡眠是两个相互转化的时相。一般成人睡眠时，首先进入慢波睡眠，持续 90～120 分钟左右，然后进入快波睡眠状态，时间在 20～30 分钟左右，接着又转入慢波睡眠。一个晚上的睡眠期间，这种反复转化约 4～5 次。人的梦境大多产生在快波睡眠期间，而且内容古怪生动，直觉形象性强。也有少数概念性较强、与现实生活联系紧密的梦发生在慢波睡眠期间。

关于梦的心理学解释众说纷纭，有人认为梦与人的智力活动有关，是人脑的一种工作程序，是对白天接受的信息进行筛选和贮存的过程，而且，梦里的隐喻和联想能帮助做梦者处理不断发展的个人问题；有些学者认为梦境能诱发创造想象，给人以创造灵感的启迪，促进发明创造活动的顺利进行；精神分析学派则认为通过做梦，可以使人实现在现实生活中不能实现的愿望或需求，得以象征性的满足。

（二）有意想象

有意想象是根据一定的目的，在意识的控制下，自觉进行的想象。科学家提出的各种假设，文学艺术家在头脑中构思的人物形象，都是有意想象的结晶。按有意想象的新颖性、独立性和创造性程度的不同，又可以把想象分为再造想象和创造想象。

1. 再造想象。再造想象是根据语言的描述或非语言的描绘，在头脑中产生有关事物新形象的心理过程。如我们看鲁迅先生的《孔乙己》时，头脑中出现穿长衫、站着喝酒的人物形象；机械制造工人根据图纸想象出机器的主要结构；人们看到祖国地形图，头脑中产生我国山川、湖泊、河流、高原、平原的形象等，都属于再造想象。

再造想象产生的新形象是相对的，虽然对于想象者来说是新颖的，而实际上是生活中已经存在了的事物形象，我们只是根据外界的提示或描述再造出来而已。不过，从某种意义讲，再造想象仍然具有一定的创造性。由于每一个人的知识、经验、个性特征等主观因素的不同，再造想象的内容和水平必然有一定的差异。

再造想象对人类的各种实践活动，尤其是学习活动具有重要的意义。通过再造想象可以帮助人们摆脱狭小的生活圈子，生动形象地认识自己没有感知过或不可能直接感知的事物，扩大认识范围，丰富我们的知识。在教学过程中，教师通过生动形象的语言表述或图表、模型的演示，可以使学生借助再造想象，在头脑中形成与概念相应的形象，从而深刻地理解教材，牢固地掌握知识。

形成正确的再造想象有赖于两个条件：一是正确理解语词描述和图形、符号标志的意义。不懂外语的人，无法在头脑中形成外语原版作品中描绘的人物与场景的形象。教学中教师一方面要正确地运用语言，形象生动地描述事物或现象，另一方面还要有意识地进行各种符号的教学，促使学生把符号与相应形象结合起来。二是丰富的表象储备。人们有关事物的表象储备越丰富，再造想象就越准确和充实。教师要有计划地组织学生参观、访问、调查、实验等，并创造条件尽可能使用现代化教学手段，以丰富学生的表象储备。

2. 创造想象。创造想象是根据一定的目的和任务，在头脑中独立地创造出事物新形象的心理过程。飞机设计师在头脑中构思一架新型飞机的形象，作家在头脑中塑造新的典型人物形象，都属于创造想象。这些形象不是根据别人的描述，而是想象者根据生活提供的素材，在头脑中通过创造性地综合而形成的、具有重大社会价值的新形象。

创造想象具有独立性、首创性、新颖性的特点，是人类创造性活动不可缺少的心理成分。无论是科学的发明，还是文艺创作，都必须首先在头脑中形成活动的最终产品的形象，即进行创造想象。创造想象是创造性活动的必要环节，没有创造想象，创造性活动就难以顺利进行。

创造想象是一种比再造想象更复杂的智力活动，它的产生有赖于社会实践的需要、创造者强烈的创造欲望、丰富的表象储备、高水平的表象改造能力以及积极的思维等主、客观条件。

3. 幻想。幻想是与个人的生活愿望相结合并指向未来的想象。幻想是创造想象的准备阶段和特殊形式。它与一般创造想象的区别在于：一般的创造想象不一定是主体所赞美、向往的形象，而幻想的事物往往是个人所追求、向往和憧憬的事物；另一方面，幻想不与当前的创造性活动发生直接联系，不一定产生现实的创造成果，仅是未来创造活动的前奏和准备；而一般的创造想象与创造性活动紧密相关。

　　根据幻想的社会价值和有无实现的可能性，可把幻想分为积极的幻想和消极的幻想。积极的幻想符合事物的发展规律，并具有一定的社会价值和实现的可能，又称为理想。理想能使人展望到未来美好的前景，激发人的信心和斗志，鼓舞人顽强地去克服困难。而消极的幻想则违背事物的发展规律，且毫无实现的可能，又称为空想。它是一种无益的幻想，常使人脱离现实，想入非非，逃避艰苦的劳动，以无益的想象代替实际行动。因此，在教育过程中，应力戒空想，重视培养青少年正确远大的理想。

第五节　思维的品质与创造性思维的培养

一、思维的品质

　　人与人之间的思维活动有着明显的差异，这些差异具体表现在思维品质方面。

（一）思维的广阔性与深刻性

　　思维的广阔性是指一个人思维的广度方面的特点。思维具有广阔性的人，善于全面地看问题，能够抓住事物间各方面的联系和关系来思考。他们不仅善于抓住整个问题的基本轮廓，而且也不遗漏问题的重要细节；同时还善于在不同知识和实践领域内从多方面创造性地进行思维。古今中外的大思想家、科学家都具有明显的思维的广阔性品质。与此相反的是思维的狭隘性。思维狭隘的人往往片面地看问题，只凭有限的知识经验去思考问题，抓住一点不及其余；容易一叶障目，只见树木，不见森林。

　　思维的深刻性是指一个人思维深度方面的特点；思维深刻的人在思维活动中，能够透过问题的表面现象，深入到问题的内部核心，发现其本质规律；善于揭露现象产生的原因，预见事物的进程及其发展结果。具有思维深刻性的大思想家、科学家能够在普通简单的、已经为人所熟悉的日常现象中发现重大问题，"落一叶而知秋"，并从中揭示出事物发展的规律。与思维的深刻性相反的是思维的肤浅性，思维肤浅的人在思维过程中往往被事物的表面现象所迷惑，看不到问题的本质；时常对重大问题熟视无睹，轻易放过；满足于一知半解，缺乏洞察力和预见性。

（二）思维的独立性与批判性

思维的独立性是一个人独立思考方面的特征。具有思维独立性的人，不依赖于现成的答案，善于独立思考，独立发现问题、分析问题，并善于运用新方法、新途径去解决问题。与思维独立性相反的是思维的依赖性。具有依赖性的人遇事不能独立思考，缺乏主见，易受暗示，常轻易放弃自己的观点，过分崇拜权威，盲目迷信，人云亦云。

思维的批判性是一个人能否依据客观标准进行思维并解决问题的品质。具有思维批判性的人，有明确的是非观念，善于根据客观的实践标准检验评价自己和他人的思维结果。他们既能正确评价别人的思维成果，又富有自我批判性；既能坚持正确的东西，又能随时放弃自己曾坚持的错误观点。与思维批判性相反的是思维的随意性。思维具有随意性的人考虑问题时往往主观自负，自以为是，得出结论时随心所欲，评判事物不能坚持客观标准，缺乏自我批判性，易受个人情感的左右。

（三）思维的灵活性与敏捷性

思维的灵活性是指思维活动的灵活程度方面的品质。具有思维灵活性的人，有很强的应变能力，不受固有模式和成规的束缚，能根据客观条件的变化，及时打破思维定势，摆脱偏见，随机应变，采取有效措施解决问题。与灵活性相反的品质是思维的固执性。具有思维固执性的人表现为固执、刻板、思想僵化、墨守成规，坚持己见，不顾条件的变化，按老一套办事。

思维的敏捷性是指思维活动速度方面的品质。具有思维敏捷性的人思路流畅，有较强的直觉判断能力，对复杂的问题能进行周密的思考，很快地理出思路，抓住问题的关键，当机立断。与思维敏捷性相反的品质是思维的迟钝，这种品质表现为思路堵塞，优柔寡断，在新的情况面前束手无策，一筹莫展。

（四）思维的逻辑性

思维的逻辑性是指一个人思维条理性方面的特点。思维逻辑性强的人，能够严格遵守逻辑规律进行思维。提出问题明确而不含混，考察问题遵循逻辑顺序，进行推理合乎逻辑规则，论证有条不紊，表述层次清晰，有理有据，结论有充分的说服力。缺乏思维逻辑性的人，思路混乱且跳跃性大，论述缺乏证据，推理易出现逻辑错误，陈述无顺序性，常出现语无伦次现象。

二、创造性思维及其培养

（一）什么是创造性思维

创造性思维是指以新颖独特的方法去解决问题，并产生首创的、具有重大社会价值的思维成果的思维过程。创造性思维是人类思维能力的最高体现。通过这种思维，人们可以在科学现有成果的基础上，揭示事物或现象的本质特征及其规律性，形成新的认识结构，并使认识超出现有水平，从而达到探索未知，创造新知的境界。创造性思维主要有四方面特征：

1. 新颖性　创造性思维最突出的特征是新颖性。这是因为，创造性思维不仅遵循一般思维活动的规律，而且要另辟路径，超越甚至否定传统的思维模式，冲破旧理论的束缚，提出具有重大社会价值、前所未有的思维成果。如哥白尼的"太阳中心说"，伽利略的"自由落体定律"及达尔文的"生物进化学说"等划时代的理论，都体现了创造性思维的这一基本特征。

2. 发散思维和集中思维的有机结合　发散思维又称求异思维，是指从多种联系、多种角度沿着不同的方向去寻找解决问题的方法和途径的思维形式。创造性思维要解决的是没有现成答案的问题，由于发散性思维具有流畅性、变通性和独特性的特点，通过发散思维可打破原有模式，拓宽思路，产生新颖、独特的思想，因而是创造性思维的主要心理成分。但发散性思维不能离开集中思维而单独发挥作用，它必须与集中思维结合起来，依据一定的标准，从众多选择中，寻找最佳方案，以利于问题顺利解决。在创造过程中，发散思维与集中思维是相辅相成，交替进行的。一个创造性思维的全过程，往往要经过从发散思维到集中思维,再从集中思维到发散思维的多次循环才能完成,创造性思维都离不开发散思维和集中思维的有机结合。

3. 创造想象和积极参与 创造想象的积极参与是创造性思维的重要环节。因为创造想象可以弥补解决问题时事实链条的不足和尚未发现的环节,提供未知事物的新形象,并使创造性思维成果具体化。所以文艺作品中新形象的创造,科学研究中新假说的提出,创造发明中新机器的设计等,都离不开创造想象的参与。

4. 灵感状态 灵感状态是创造性思维活动的又一典型特征。所谓灵感,是指人在创造性思维过程中,某种新形象、新概念和新思想突然产生的心理状态。灵感是人集中全部精力解决问题时,由于偶然因素的触发而突然出现的顿悟现象。在灵感状态下,人的注意力完全集中在创造对象上,此时,人的创造欲望非常强烈,创造意识十分清晰和敏锐,思维活动极为活跃,往往伴随着情绪的巨大紧张和高涨。灵感是人高度积极的精神力量的集中体现,在灵感状态下,人的创造性思维活动的效率极高。

(二) 创造性思维的基本过程

创造性思维是一个极为复杂的心理活动过程,在它的运行中又有独特的思维活动程序和规律。英国心理学家瓦拉斯研究了各种类型的创造经验,提出了创造性思维的四阶段论,反映了创造性思维的基本活动程序。

1. 准备阶段。这是围绕问题,积累素材,收集资料,理出头绪的过程。收集资料越丰富和充分,越有利于开阔思路,发现和推测出问题的关键之所在,顺利解决问题。因此,在这一阶段中,应努力创造条件,有目的、有计划地为所规划的创造项目作充分的准备。

2. 酝酿阶段。这是在积累一定知识经验的基础上,在头脑中对问题和资料进行周密细致的探索和思考,力图找到解决问题的途径和方法的阶段。这一阶段从外表上看没有明显的活动,创造者的观念仿佛处于“冬眠”状态,但实际上在潜意识与意识中思维活动暗流涌动,有时可能在一些无关活动中受到启发,使问题获得创造性的解决。

3. 豁朗阶段。这是经过充分的酝酿之后,新思想、新观念、新形象在脑中突然呈现，使问题有可能得到顺利解决的阶段。这时，事物间的各种联系和关系意想不到地、闪电般地联系起来，头脑似乎从"踏破铁鞋无觅处"的困境中摆脱出来，有一种"得来全不费工夫"的感觉，并显示出极大的创造性。豁朗阶段人的直觉和灵感不断涌现，而且带有很强的爆发性和突然性，犹如电光石火，稍纵即逝。灵感的出现看似偶然和神秘，其实它总是发生在顽强致力于创造性地解决问题的人身上，是艰巨劳动的结晶。正如柴可夫斯基说的一样："灵感是这样一位客人，他不爱拜访懒惰者。"

4. 验证阶段。这是对新思想或新观念进行验证、补充和修正，使其趋于完善的阶段。这个过程中，经过理论和实践的多次反复论证和修改，无数次地汰劣存优，使创造性活动获得圆满的结果。

（三）创造性思维的培养

创造性思维在人类的创造活动中起着重要作用。培养大批有创新意识和创造能力的人才，是教育工作的一项重要任务，"为创造性而教"已成为当前教育界一句盛行的口号。我国著名教育心理学家郤瑞珍教授认为，创造性是指个体产生独特性产品的能力或特性，是一种心理现象，而创造指的是一种最终产生创造产品的活动过程。创造有真创造和类创造之分。真创造往往产生具有重大社会价值的首创性产品，如达尔文的生物进化理论；而类创造的产品在社会生活中并非首创，只是对个体而言具有新颖性和独创性，如学生通过独力钻研，发现了老师从没教过的解题新方法。但真创造和类创造所表现出来的思维或认知能力在本质上是相同的。了解真创造与类创造的区别在教育实践中具有积极的意义。过去人们有一个误区，认为创造性是极少数人的天赋，与多数人无缘，将创造活动神秘化。实际上，创造能力不仅表现在意义重大的真创造活动过程之中，而且更多的表现在人类群体普遍的类创造活动过程之上。创造不是少数天才的专利，而是人类普遍存在的一种潜能。如何培养学生的创造性思维呢？

1. 保护好奇心，激发求知欲。好奇心是人对新异事物产生诧异并进行探究的一种心理倾向。求知欲又称认识兴趣，它是好奇心的升华，是人渴望获得知识的一种心理状态。好奇心和求知欲是推动人们主动积极地观察世界、进行创造性思维的内部动因。具有强烈好奇心和求知欲的人，对事物有着执着的追求和迷恋，不会感到学习和创造是一种负担，而是在活动中获得极大的精神鼓舞和情感满足。在教学中，教师应通过启发式教学或创设问题情境，使学生面临疑难，产生求知的需要和探索的欲望，主动提问和质疑，要有意识地强化他们对事物的兴趣，以保护好奇心和求知欲。

2. 创设有利于创造精神形成的氛围。教师既是知识的传授者，也是创造教育的实施者。为了培养学生的创造性，教师应为学生创造一个能支持或容忍标新立异和偏离常规者的环境，让学生感受到"心理安全"和"心理自由"。教师在教学工作中，应善于提出问题，启发学生独立思考，寻求正确答案；要鼓励学生质疑争辩，自由讨论；要指导学生掌握发现、分析问题和解决问题的科学思维方法。为了有利于培养学生的创造性，托兰斯提出了教师应当遵守的五条原则：（1）尊重与众不同的疑问；（2）尊重与众不同的观念；（3）向学生证明他们的观念是有价值的；（4）给以不计其数的学习机会；（5）使评价与前因后果联系起来。一个民主、自由、宽松的学习氛围，对于激发学生的创造欲望，调动学生创造的积极性和主动性是至关重要的。

3. 加强发散思维和直觉思维的训练。发散思维是创造性思维的主要成分，加强发散思维的训练对培养创造性思维有重要作用。实验证明，通过有目的、有意识地训练，可以发展学生思维的流畅性、变通性和独特性。例如，通过一题多解和一题多变的练习，培养学生思维的灵活性和变通性；鼓励学生自编应用题，以发展学生思维的独特性和新颖性。通过课外活动也可发展学生的发散思维。例如，可以给学生提供某些原材料和元部件，鼓励他们按自己的设计进行组装活动；也可在课外文学小组活动中，鼓励学生进行填对联和猜谜语活动等。在发展学生的发散思维能力的同时，我们也不能忽视学生集中思维能力的培养。

直觉思维是创造性思维的一个重要成分。在创造活动中，由直觉思维产生的想法尽管还只是一种未经检验与证明的猜想或假设，但它就像智慧的火花，能推动人们继续深入思考，从而成为发明、创造的先导。发展学生的直觉思维能力是培养学生创造性思维的一个重要环节。可靠的直觉思维来源于丰富的知识，直觉思维总是以熟悉的知识为依据的，教育学生认真掌握每一门学科的基本理论（概念、结构、原理），是发展学生直觉思维的前提；教师要鼓励学生对问题进行大胆的推测，应急性回答或提出各种不合常规的怪念头，以培养他们敢于猜想的良好直觉习惯，使学生有更多的机会获得新观念和新设想，并注意保护学生的自尊心和勇气。当然，直觉思维与分析思维在创造性思维中是有机结合在一起的，教师在教学中应注意两者的协调发展。

4. 陶冶创造型的人格。创造性思维的发展不仅和智力因素有关，而且和一系列非智力因素和人格特征有密切联系，这些人格因素是促进儿童创造思维发展的必要和充分的条件。综合国内外的研究成果，学术界认为，创造型人格一般具有以下特征：浓厚的认知兴趣、旺盛的求知欲和强烈的好奇心；敏锐的观察力、富于想象、捕捉机遇的能力；较强烈的进取心理和较高的抱负水准、自信心强、且能有效地进行自我激励；较强的独立性、从众行为少、有开拓革新精神、不受传统观念束缚；勇敢、敢冒风险、喜欢富有挑战性的工作；有献身精神、热情、勤奋；具有幽默感、审美感，浪漫、直率、感情开放；坚忍、顽强、目标明确、有锲而不舍的精神。除了这些共同的创造性人格特征外，艺术、自然科学、社会科学、管理等不同类型的创造性人才，还具有一些与本领域要求相关的特殊人格特征。

培养具有创性意识和创造能力的全面发展人才，是新世纪教育的最迫切任务。创造性的人格是在教学和实践活动中逐渐形成的。因此，要培养学生的创造力，就必须改变传统的教育观念，在教学活动中全面贯彻素质教育的要求，不能只是把培养守纪律、听话、应试分数高的学生作为教育的终极目标。我们应结合教学实际，加强学生良好个性特征的培养，正确对待创造型的学生，使每一个学生的创造潜能都得以充分的展现。

阅读材料：

认　知　类　型

认知类型（cognitive style）是指个体在认知活动中所表现的行为特征。因个体的认知活动系以其能力为基础，而在活动时表现在行为上的特征，又与其性格和习惯有关，故而某个体之所以具有某种认知类型，乃是在其性格与能力两因素影响下，经与环境交互作用的学习历程而形成的。因此，认知类型又称认知学习类型，也称学习类型。认知类型是个体认知活动的个别差异，此种个别差异在各种认知活动的表现上，有很多不同的类型。以下的分类，是按个体应付环境要求，在认知活动表现上所表现的不同特征，而此种特征可归纳八大类，每类包括两种性质相对立的认知类型。

1. 沉思型与冲动型：沉思型的人，处事沉着，先思考后行动，表面慢条斯理，实则因失误较少而工作效率高。冲动型的人，常是未了解情况即率先行动，手忙脚乱的结果，不是事倍功半，就是徒劳无功。

2. 场独立型与场依赖型：场独立型的人，知觉判断时较少受周围刺激的干扰，能专注而不易分心。场依赖型的人则相反：知觉判断不能独立，易受外围事物干扰；待人处事也较有依赖倾向。

3. 平稳型与敏锐型：平稳型的人，对任何事物均以平常习惯方式处理；思路偏重在问题的共同性，难免忽略其特殊性。此种人长于守成，短于创新。敏锐型的人，思想灵活，反应敏锐，对是非之辨除通识外能见及问题核心；守成之外，敢于做新的尝试。

4. 分析考量型与囫囵吞枣型：分析考量型的人遇事善思考，行为独立。囫囵吞枣型的人，容易接受别人意见，多听命行事。

5. 冒险型与谨慎型：冒险型的人性格独立，喜新奇，对成功机会少而成功后报酬高的工作有兴趣。谨慎型的人则相反，只对成功机会高但成功后报酬较低的工作敢于尝试。

6. 认知繁化型与认知简化型：认知繁化型的人，对事观察细微，能见及问题之深处；认知简化型的人，对事只看表面，对问题之判断不能深入。

7. 宽容型与偏执型：宽容型的人，性格开放，较易接受反对意见；偏执型的人，性格保守，对新事物新观念与不同意见，不易接受。

8. 统观策略型与集中策略型：统观策略型的人，对事从大处着手，决策从整体考虑；集中策略型的人，只注意到问题重点，难免忽略全局，头痛医头、脚痛医脚的做法是这一类型的特征。

（张春兴：《现代心理学》，上海人民出版社 1994 年 5 月，第 340 页）

创造性思维的训练

一、扩散思维训练

扩散思维是培养创造性思维的重要途径，通过以下扩散训练，有利于培养创造性思维能力。

1. 材料扩散：以某个物品为材料，当做扩散点，让学生设想它的各种用途。如说出回形针的用途：把纸或文件别在一起；作发夹。

2. 功能扩散：以某种事物的功能作为扩散点，设想出获得该功能的各种可能性。如怎样达到照明的目的：点油灯、开电灯、点火把⋯⋯⋯⋯

3. 结构扩散：以某种事物的结构为扩散点，设想出利用该结构的各种可能性可能多地说出含圆形结构的东西：太阳、乌龟、酒杯⋯⋯

4. 特征扩散：以事物的特征为扩散点，设想出利用某种特征的各种可能性。红色可做什么？禁止通行的交通信号，红印泥⋯⋯

5. 方法扩散：以人们解决问题或制造物品的某种方法为扩散点，设想出利用该种方法的各种可能性。如说出用"吹"的方法可能做的事或解决的问题：吹气球、吹灭蜡烛、吹口哨⋯⋯

6. 组合扩散：从某一事物出发，以此为扩散点，尽可能多地设想与另一事物联结成具有新事物的各种可能性。如尽可能多地说出钥匙圈可以同哪些东西组合在一起：可用小刀组合、可用指甲剪组合、可用小剪刀组合⋯⋯

7. 因果扩散：以某事物发展结果起因为扩散点，设想出这一结果的原因或这一原因可能产生的结果。如推测"玻璃杯碎了"的原因：手没抓住，掉落地上碎了；被某物砸碎了。

8. 语词扩散：以一个词为基础连接或组成更多的词或句子。如学生——生活——活力——力量——量表——表场⋯⋯

二、摆脱习惯性思维训练

习惯性思维有时可能阻碍我们的思路，摆脱习惯性思维训练，可打破某种固定不变的思维框架，使思维具有流畅、变通、灵活、独创等特点。

1. 排除观念定势训练：训练思考者对任何事都能考虑各种可能性。如：爸爸的衬衣钮扣掉进了已经倒入咖啡的杯子，他连忙从杯子里拾起，不但手不湿，连钮扣都是干的，他是怎样取出来的？答案很简单，已经倒入的咖啡是固体粉末。在人们的观念里，总以为咖啡是一种"液体饮料"，而导致解决问题的障碍。

2. 排除"功能固着"训练：训练思考者从崭新的角度思考问题，可防止思维刻板、僵化，打破思维定势的影响。如天花板上悬挂两根相距五米的绳子，桌上放有一把剪刀，聪明的被试能站在两绳间不动，伸开双臂，两手各抓一根绳子。你知道用的是什么办法吗？被试先用一根绳缚住剪刀并使其荡起来，然后走过去抓住一根绳，另一只手抓住荡过来的剪刀。剪刀，人们很少想到用来当重锤，只想到"剪"的功能，想不到其他功能，问题就很难解决。排除"功能固着"，可通过列举事物用途来加以训练。

三、缺点列举训练

对某事物存在的某个或某些缺点产生不满，往往是创造发明的先导。只要把列举出来的缺点想法加以克服，那么就会有新发明创造。如尽可能多列举出玻璃杯的缺点：易碎、较滑、盛了开水时手摸上很烫、有小缺口会划破手……

四、愿望列举训练

也称"希望点列举"。人们对美好愿望的追求，往往成为创造发明的强大动力。如人们希望烧饭能自动控制，结果就发明了"电饭锅"。愿望列举就是将对某个事物的要求——"如果是这样该多好"之类的想法列举出来。提出积极的希望比仅仅克服缺点会产生更好的创意。如什么样的电视机才理想：看起来像立体的；具有每个人都可以分开看的装置，想看的频道节目会自动出现；能看到全世界的节目……

五、"头脑风暴法"训练

在创造性思维的培养方面，心理学家提出了很多具体的训练方法，其中影响较大的有头脑风暴法。

"头脑风暴法"是奥斯本（Osbum）于1957年提出来的，其基本原则是，在集体解决问题的课堂上，暂缓做出评价，以便学生踊跃发言，从而引出多种多样的解决方案。为此，教学活动要遵守以下规则：（1）禁止提出批评性意见（暂缓评价）；（2）鼓励提出各种改进意见或补充意见；（3）鼓励各种想法，多多益善；（4）追求与众不同的、关系不密切的、甚至离题的想法。为了便于主持人启发大家思考，防止冷场，研究人员将启发性问题排列成表，在讨论中使用。例如有一个启发性问题表上列出了这样9个项目：（1）提出其他用途，如教室不仅可用作学习场所，也可以用作招待所；（2）应变，从不同方面想问题，如管理学校可以同管理工厂或监狱一样；（3）改进，如改变班级的构成，改进教学方法或改进处理纪律问题的方法；（4）扩大，如班级和教师人数，作业和奖罚的量都可以增加；（5）缩小，如班级规模、作业量可以减少；（6）替代，如一位教师可以被另一位教师替代，整个班级或其中部分学生可以与其他班级交换；（7）重新安排，如座位可以重排；（8）逆转，如可以让学生担任教学工作；（9）合并，如将前面几个人的意见综合成一种解答方案，或者教学可以与娱乐合二为一。研究表明，通过"头脑风暴法"的训练，学生在创造性测验中，其创造性分数确实有所提高。

综合练习：

一、概念解释
1. 思维　2. 想象　3. 幻想　4. 创造性思维

二、填空题
1. 根据思维的发展和内容，可把思维分为_____、_____和_____三种。

2. 根据目的性能把想象分为_____和有意想象；根据创造性程度后者又可分为_____和_____两种。

3. 解决问题的思维过程可分为_____、_____、_____和_____四个阶段。

三、选择题
1. 人脑通过一定的事物为媒介来反映客观事物的本质属性，这充分体现了思维的

　A. 间接性　　　B. 概括性　　　C. 抽象　　　D. 系统化

2. 在头脑中把一类事物的共同特征抽取出来，而舍弃其非本质属性的思维过程叫做

　A. 分析　　　B. 综合　　　C. 抽象　　　D. 概括

3. 我们看了鲁迅先生的《孔乙己》而在头脑中产生"穿长衫站着喝酒"的人物形象的心理过程叫做

　A. 无意想象　　　　　　B. 有意想象
　C. 再造想象　　　　　　D. 创造想象

4. 有些人在思考问题时往往主观自负，自以为是，得出结论随心所欲，缺乏自我批判性，这种人缺乏思维的

　A. 深刻性　　　B. 批判性　　　C. 灵活性　　　D. 逻辑性

四、判断
1. 思维赋予语言以意义和内容，没有思维，语言就成了毫无意义的符号和声音。　　　　　　　　　　　　　　　　　　　　　　（　　）

2. 梦是无意想象的一种极端形式。　　　　　　　　　　　（　　）

3. 幻想是对未来的设想，常常使人想入非非，以想象代替现实，因此应竭力避免学生产生幻想。　　　　　　　　　　　　　　　（　　）

五、问题

1. 什么是思维？思维与感知有什么联系和区别？

2. 什么是想象？再造想象、创造想象及幻想三者的区别何在？

3. 影响问题解决活动的因素有哪些？

4. 创造性思维的特征是什么？如何培养学生的创造性思维？

第七章 情 感

第一节 情感概述

一、什么是情感

情感是人对客观事物是否符合自己的需要而产生的态度体验。人的情感不是凭空产生的，而是由一定刺激情境引起的。在社会生活实践中，人们为了生存和发展，要接触自然和社会环境中的种种事物。这些事物对人具有不同的意义。人对其抱有不同的态度，就会产生种种不同的体验。如事业的成功，会感到喜悦；受到挑衅会非常愤怒；对亲友的不幸会感到悲哀；遇到险情会产生惊惧；美好的事物会令人爱慕；丑恶的现象会使人憎恶。这些由种种事物引起的喜、怒、哀、惧、爱、憎等体验，都是人的情感的不同表现形式。

情感是人的主观体验，即人对自己心理状态的自我感觉。情感不同于认识过程，认识过程是人对客观事物本身的反映，而情感则是对客观事物与人的需要之间的关系的反映。认识过程通过形象或概念来反映客观事物，而情感则是通过主观体验来反映客观事物与人的需要之间的关系。

情感的产生以需要为中介。人对客观事物采取什么态度，决定于该事物是否能够满足人的需要。人的需要是产生情感的主观原因。如果某一事物能够直接或间接满足人的需要，人对其产生肯定的态度，就会有肯定性质的体验；如果某一事物不能满足或违背人的需要，人对其产生否定的态度，则会有否定性质的体验。由于客观事物非常复杂，人的需要丰富多彩，这就构成了客观事物与人的需要之间的复杂而矛盾的关系，一种事物虽能满足某方面的需要，但却不能满足另一方面的需要，甚至和其他方面的需要相抵触，因此有的事物会引起人的复杂的甚至矛盾的情感体验：如啼笑皆非、悲喜交加、惊喜疑惧、又爱又恨、百感交集等等。

二、情感和情绪

情感和情绪是两个既有区别又有联系的概念。

（一）情绪和情感的区别

情绪和情感的区别：第一，情绪具有较大的情境性、激动性和暂时性，它往往随着情境的改变和需要的满足而减弱或消失。而情感则具有较大的稳定性、深刻性和持久性，是人对事物稳定态度的反映。第二，情绪的表现形式具有明显的冲动性和外部表现，如高兴时笑逐颜开，手舞足蹈；愤怒时咬牙切齿，暴跳如雷。情绪一旦产生往往难以控制，而情感则比较内隐、含蓄，常以内心体验的形式存在，始终处于意识支配的范围内。如深厚的爱，对真理的真挚追求，对事业的思虑，教师对学生的殷切期望，父母对子女的疼爱等等，往往深埋在心底，不轻易外露，而主要体现在行动中。第三，从需要的角度看，情绪一般与人的生理性需要相联系，情感往往与社会性需要相联系。如婴儿饥渴或身体不舒适时就会有"哭"的情绪体验，吃过奶会做出"笑"的情绪表现。以后随着年龄的增长和社会化的进展，会产生对父母、对祖国爱的情感，并形成理智感、道德感和美感等高级情感体验。

（二）情绪与情感的联系

情绪和情感的区别是相对的，从本质上来说，它们都是人脑对客观事物与人的需要之间的关系的反映，是人的主观心理体验，在具体人身上它们又互相依存密切联系。一方面，情绪是情感的外在表现，情感离不开情绪。稳定的情感是在情绪的基础上形成起来的，而且是通过情绪的形式表现出来的，离开情绪的情感是不存在的。另一方面，情感是情绪的本质内容，情绪离不开情感。在情绪发生过程中常常包含着情感，情感的深度决定着情绪表现的强度，情感的性质决定情绪表现的形式。因此情绪和情感又是不可分割的。所以，有些心理学家对情绪和情感不加区分，统称之为感情。

三、情感与认识

(一) 认识是情感产生的基础

客观事物是否符合人的需要有赖于人对该事物的认识、评价，人只有在认识过程中才能判断客观事物与人的需要之间的关系，从而产生情感体验。"有所知，才有所感"。如果人们对某一事物不认识，不能判定它是否符合人的需要，就不会产生情感体验。如盲人不会有欣赏姹紫嫣红的百花的喜悦，聋人不会有对噪音的厌烦。而且，人的情感又随着认识的变化而变化，人对客观事物的认识越全面、越深刻，产生的情感也就越丰富、越深厚。学生对我们祖国和我们中华民族的知识了解得越多，理解得越深刻，爱国主义情感也就会越深切。所谓"知之深，爱之切"，就说明了认识是情感的基础的道理。

(二) 情感影响认识过程

人的情感不仅以认识为基础，反过来又会影响人的认识过程。一般来说，积极的情感是认识活动的动力。它能够推动促进人们以顽强毅力去认识事物，提高活动效率。消极的情感是认识活动的阻力，它会阻碍人们认识活动的积极性的发挥，降低认识活动的效率和水平。

四、情感的生理变化和外部表现

(一) 情感的生理变化

随着情绪、情感的发生，有机体会产生一系列的生理变化，这主要表现在呼吸系统、循环系统、消化系统和腺体活动的变化上。这些变化可作为情绪状态变化的客观指标之一。在某种情绪状态下，呼吸的频率、深浅、快慢、是否均匀等都会发生变化。人平静时一般每分钟呼吸 20 次，高兴时每分钟呼吸 17 次，悲伤时每分钟呼吸 9 次，愤怒时每分钟呼吸 40 次，恐惧时每分钟呼吸 60 次，狂喜或突然悲痛时，呼吸会发生痉挛现象，呼气快而吸气慢。某些情绪状态中，心血管系统会发生一系列变化。人在愉快和满意时，心跳正常，血管舒张；惊恐时，心跳加速加强，血输出量增加，收缩压升高，血糖和血氧含量增加。人在羞愧时面红耳赤，气愤时脸色铁青，就是由于面部血管的舒张和收缩造成的。某些情绪状态下，消化系统的活动也会发生变化。人在愉快时胃肠的蠕动和消化腺的分泌会加强，消化系统的活动会提高。人在悲伤时，胃肠蠕动功能下降，消化液分泌减少，酸度下降，造成食欲减退；愤怒时，胃粘膜充血发红，胃酸分泌增多，胃的运动增加，引起胃痉挛。在某种情绪状态中，会引起内外腺体的活动变化。极度紧张时，肾上腺分泌增多，导致血糖、血压、消化及其他腺体活动的变化，愤怒时去甲肾上腺素分泌增加，引起血糖、血压升高和肌肉紧张度提高，焦急不定时，抗利尿激素分泌抑制，引起排尿次数加频。

（二）情感的外部表现

在某种情感状态，人的身体各部位的动作、姿态会发生明显的变化，这种变化称之为表情，即情感的外部表现。表情可分为三个方面：

1. 面部表情。面部表情是指由面部肌肉、腺体和面色的变化所表示的情绪状态。它以眉、眼、鼻、嘴及颜面肌肉的变化为主。如人在喜悦时双眉展开，两眼闪光，鼻孔扩张，嘴唇扩展，笑容满面；人在愤怒时，横眉张目，鼻孔张大，咬牙切齿，面部发红、怒容满面；人在悲哀时，双眉紧皱，眼泪汪汪，张嘴大哭，面带愁容；人在恐惧时，双眼呆睁、鼻孔收缩，屏息敛气，脸部出汗，面色苍白；人兴奋时眉飞色舞，舒畅时满面春风，轻蔑时嗤之以鼻，羞愧时面红耳赤。另外，眉目传情，暗送秋波，笑容可掬，和颜悦色，横眉冷对等成语都是形容面部表情的。

2. 身段表情。身段表情是指由身体的姿态和动作的变化所表示的情绪状态。头、手、脚是身段表情的主要动作部位。例如：人在高兴时，手舞足蹈，昂首挺胸，欢呼跳跃，捧腹大笑；人在愤怒时，双手插腰，捶胸顿足，全身发抖；人在悲伤时，失声痛哭，低头肃立，步履沉重，动作缓慢；人在恐惧时，紧缩双肩，手足失措，全身发抖。沮丧时全身松弛，有气无力。点头表示满意，摇头表示不满意，垂头表示沮丧，慢条斯理表示从容，手忙脚乱表示急迫，振臂高呼表示激愤，双手一摊表示无可奈何。另外，趾高气扬，抱头鼠窜；呆若木鸡，躬身俯首，卑躬屈膝，奴颜婢膝等成语都是形容人的身段表情的。

3. 言语表情。言语表情是指由语言的音调、音色、节奏、速度等方面的变化所表示的情绪状态。例如，人在高兴时，语调高昂，节奏轻快，语音高低差别较大，音色悦耳动听；人在愤怒时，音调高昂、尖锐严厉，生硬、刺耳；人在悲哀时，音调低沉，语言缓慢，语音高低差别较小；人在恐惧时，音调高尖急促，声音刺耳颤抖。另外，笑声朗朗表示愉快，声嘶力竭表示紧张。同样一句话不同的声调讲出来，会表达出不同的情感。如"什么"一词，既可以表示疑问，也可以表示生气，还可以表示惊奇、恼怒、鄙视等不同的情感。人们还可以根据言语的声调、语气了解其话中之语、言外之意。可见言语声音的表情作用是十分明显的。

人类的表情具有先天性和社会性。表情的先天性是说人类的表情是先天的，具有程序化的模式和生物适应性，是生存斗争适应环境的结果。达尔文在《人类和动物的表情》一书中提出：人和动物的表情在发生上有着共同的根源。人的表情是由动物表情演化而来的。表情的社会性是说人的表情是在社会环境中逐渐表现和形成的，是后天获得的，具有一定的社会性，它是受社会环境的制约，受一定的社会文化、风俗习惯的影响而形成的复杂的表情系统。所以作为基本情绪反应的几种表情，一般是全人类的，但是在不同的社会文化中成长的人又具有不尽相同的表情方式，显示出表情的个别差异性。在社会环境中人们还逐渐学会根据需要来控制自己的表情，以协调人际关系。

五、情感的功能

（一）动力功能

情感的动力功能是指人的情感对人的活动具有发动和调节作用。动力功能也称调节功能。情感能够激励人们的行为、改变人的活动效率，对活动起着推动作用。适度的情绪兴奋性，可使人身心处于最佳状态，推动人积极地行动，从而有效地完成工作任务。研究证明，适中的焦虑能发挥最高的工作效率，适中的情绪紧张状态，可使工作取得最佳成绩。情绪过于松弛或过于焦虑、紧张对行为的进程和问题的解决不利。喜悦时可以激起对喜悦对象的热烈追求，愤怒时可以引起对愤怒对象的猛烈攻击，炽烈的情感可以产生巨大的力量，推动人们为社会做出更大的贡献。当然消极的情感则会干扰阻碍人的行动、降低活动效率。

（二）信号功能

情感的信号功能是指个体能以体验的方式表达出自己对周围事物的认识和态度，并对他人施加影响。人有各种各样的表情，各种表情构成了人类的非语言交往形式，心理学家和语言学家称之为"体语"，人们可以通过体语把自己的思想、愿望、需求、态度或观点传达给别人或影响别人，达到沟通思想，相互了解之目的。例如：喜悦的表情可以表达对事物满意、爱慕；悲哀的表情可以表达对事物的惋惜；愤怒的表情可以表达对事物的不满。点头微笑表示赞赏，皱眉摇头表示否定，挥舞拳头表示态度坚决，面部冷若冰霜表示问题严重。所有这些都说明表情具有传递信息的作用，它使人不通过言传，就能理解别人对事件的认识、观点和态度，成为人际交流的重要途径。

（三）感染功能

情感的感染功能是指个体的情感可以感染别人，使别人产生强烈的内心体验，形成与之相应的情感。情感具有感染性，一个人如果与别人产生情感上的共鸣，就容易把别人的要求转化为自己的要求，就会乐于接受别人的意见和教育。

第二节　情感的分类

人类的情感表现多种多样，千姿百态。《礼记·礼运篇》中就有："喜、怒、哀、惧、爱、恶、欲"七情的说法，近代有的心理学家把情绪分为快乐、愤怒、悲哀、恐惧四种基本形式。在众多纷繁的情感中，可按不同的标准进行分类。

一、按情绪状态分类

按照情绪发生的强度和持续时间的长短，可以把情绪划分为心境、激情、应激和热情四种情绪状态。

（一）心境

心境是一种微弱、平静而持久的情绪状态，也叫心情。如心情舒畅或忧郁寡欢，兴高采烈或无精打采，恬静或烦躁等。

心境具有弥漫性，它不是关于某一事物的特定体验，而是由一定情境唤起后在一段时间内影响对各种事物的态度的体验。当一个人处在某种心境中，他往往以同样的情绪状态看待一切事物，使自己的整个生活都渲染上某种情绪色彩，影响着人的全部行为表现。例如，在舒畅的心境下，会觉得事事、处处快乐。在他看来一切都染上了欢乐的色彩，看花花似在笑、看草草像在舞。"山笑水笑人欢乐"，"绿水青山带笑颜"，这是对愉快心境的描绘。在悲伤心境中，会觉得无处不悲。在他看来一切都令人烦恼。花开他惆怅，花落他悲伤。杜甫诗句"感时花溅泪，恨别鸟惊心"，就是悲伤心境的写照。所谓"情哀则景哀，情乐则景乐"，说的就是对于同一件事，不同心境的人体验是不相同的。

　　心境产生的原因是多方面的，既有客观原因，也有主观原因。第一，人所处的经济地位和社会地位。经济富裕的人常常心情舒畅；负债累累的人，一般忧愁烦闷。社会地位的变迁也会使人心境相异，被提拔升迁者常常是欢欣鼓舞；被处分降职者常常郁郁寡欢。第二，对人有重要意义的事件。工作顺利，事业成功，会使人欢欣鼓舞；事业失败或工作受挫折，则烦闷苦恼。第三，人际关系。与别人心理相容，关系融洽，得到别人的关照，就会有愉快的心境；与人关系冷淡，受到别人的轻视、冷遇，则会产生郁闷的情绪。第四，激情的余波。激情过后往往会转为心境。狂欢之后，心情舒畅；暴怒之后，郁闷不乐；恐惧之后，萎靡不振；哀痛之后，心境悲伤。第五，健康状况。身体健康，显得朝气蓬勃，情绪饱满。疾病缠身，会使人无精打采、情绪低落。第六，自然环境变化。春光明媚，秋高气爽，会使人欢乐、开朗；夏日炎炎，会使人烦躁；秋雨连绵，会使人忧愁；严冬大雪，会使人抑郁。环境清静优美，使人舒畅、恬静；环境污染嘈杂，会使人气愤厌烦。

　　心境对人的生活、工作、学习和健康有很大影响。积极、乐观的心境能使人更好地发挥积极性、创造性，提高工作效率，有益于健康；消极、悲观的心境会使人消极颓废、降低工作效率，有损于健康。心境不是主、客观环境影响的消极的产物，人可以有意识地控制、掌握自己的心境，做心境的主人，使心境经常稳定在乐观主义基础上，经常保持愉悦舒畅的状态。

（二）激情

激情是一种强烈的、短暂的、爆发性的情绪状态。如狂喜、暴怒、绝望、惊厥等等。

激情具有冲动性，发生时强度很大。它使人体内部突然发生剧烈的生理变化，有明显的外部表现。例如，狂喜时眉开眼笑，手舞足蹈，欢呼跳跃；盛怒时，横眉竖目，握拳顿足，暴跳如雷。激情具有爆发性，发生的速度很快，如迅雷不及掩耳。例如，狂喜时猝然大笑；暴怒时，勃然大怒，愤然而起；恐惧时，突然昏厥，猛然休克等。激情发生的时间很短暂，一旦离开引起激情的具体情境，会很快冷静下来，或转化为心境。

引起激情的原因很多。首先，对人具有重大意义的事件可以引起激情，例如，重大成功后的喜悦，惨遭失败后的沮丧绝望，亲人突然去世引起的极度悲伤，突如其来的危险所带来的恐惧等等。其次，对立意向的冲突或过度的兴奋与抑制也容易引起激情。例如，对某种痛苦忍耐过久，抑制过度，一旦爆发出来，就会成为十分强烈的，难以控制的激情。

激情对人的活动有很大的影响，积极的激情常常能调动人的身心的巨大潜力，成为激励人上进的强大动力，使人积极地投入到行动中去，做出通常情况下做不出的事情来。例如，运动员满怀激情在运动场上勇敢拼搏为国争光，战士以高昂的爱国激情冲锋陷阵，诗人以满腔创作激情写出激动人心的诗篇。而消极的激情则会使人出现"意识狭窄"现象，即认识活动范围缩小，理智分析能力受到限制，自我控制能力减弱，以致惊慌失措、不能正确评价自己行动的意义和后果，做出一些鲁莽的行为或动作，甚至铸成千古之恨。当然消极的激情也并非不可控制，事实证明，人能意识到自己的激情状态，并有意识地调节和控制它。

（三）应激

应激是出乎意料的紧急情况所引起的高度紧张的情绪状态。它是人对某种意外的环境刺激做出的适应性反应。在日常生活中，人们遇到某种意外危险或面临某种突然事变时,必需集中自己的智慧和经验,动员自己全部力量，迅速而及时地做出决定，采取有效措施应付紧急情况，此时人的身心处于高度紧张状态，即为应激状态。例如，飞机飞行中，发动机突然发生故障，驾驶员紧急地与地面联系；正常运行的汽车突然遇到障碍物，司机紧急刹车；还有突然发生的水灾、火灾、地震等等，在这些情况下人们所产生的特殊的紧张的情绪状态就是应激状态。

应激的产生与人面临的情境以及人对自己能力的估计有关。当新异的情境、对他提出的要求是他过去所未曾经历过的、与以往的经验不一致，且他意识到已有的知识经验不足以对付当前情境，而产生无能为力的压力感时，就会处于应激状态。

应激状态有两种情况：一种是积极的状态，应激引起的身心紧张有利于主体调动身心各个部分力量去解决当前的紧急问题。它使人思路清晰，急中生智，判断精确大胆、动作机敏准确，能够化险为夷，渡过难关。另一种是消极的状态，应激所造成的高度紧张情绪阻碍认知功能的正常发挥，使人意识的自觉性降低，知觉狭隘，注意的分配、转移出现困难，思维迟钝、混乱，分析判断力减弱，惊慌失措，行为刻板、紊乱，不能准确地处理事件，或做出事与愿违的行为，甚至机体活动受阻，机能失调，发生临时休克。

应激的积极状态是可以训练的。通过训练，培养思维的敏捷性，提高意志的果断性，增强动作机敏灵活性，加强技能的精巧熟练性，提高在意外情境下迅速决策的能力，这样遇到新异情况，就能镇定自若，当机立断，摆脱困难，转危为安。

（四）热情

热情是一种强有力、稳定而深刻的情绪或情感状态。如对祖国、对人民的真挚而笃厚的爱，对事业的深厚而灼热的情感等。热情与心境相比，不如心境广泛，但比心境强烈、深刻而稳定；它与激情相比，不如激情强烈，但比激情深厚而持久，可以经久不变。

热情不仅仅是简单的情绪状态，也是一种情感状态。热情掌握人全部的身心活动，决定着一个人的思想行为的基本方向，成为鼓舞和推动人的行为的巨大力量，是事业成功的一个必要条件。它能够激励人们锲而不舍地去实现和达到伟大的目标，有所发明，有所创造，有所前进。没有巨大的热情，要进行艰苦的工作和学习是不可能的。没有对科学的热爱和献身精神，就不可能攻克科学堡垒，攀登科学高峰，再造辉煌。

热情的价值是由它所指向的对象的社会意义决定的。如果热情指向于为人类造福，指向于自己的学习、劳动和工作，以促进社会的进步和发展，这就是积极的热情；如果热情是指向个人或小集团的名利，导致损害国家和人民的利益，这就是消极的热情。这种热情不仅毫无价值可言，还会使人萎靡、腐化，堕落。

二、按情感的社会内容分类

情感是与人的社会性需要相联系的体验。情感的种类繁多，它渗透到人类社会生活的各个领域，按情感的社会内容分类，可以分为道德感、理智感和美感。

（一）道德感

道德感是根据一定的道德标准去评价人的思想、意图、言论和行为时产生的情感体验。人在社会生活中能够将掌握的社会道德标准转化为自己的道德需要。当人根据已掌握的道德标准去评价自己或别人的思想、意图、言论和行为时，认为符合道德需要，就会产生肯定性的情感，如果认为不符合道德需要，就会产生否定性的情感。例如，对别人的大公无私的行为感到满意，产生敬佩之情；对别人的损人利己行为产生愤怒、蔑视的情感。自己尽到了社会责任感到心情舒畅，心安理得；未尽到责任感到内疚惭愧，痛苦不安等等，都属于道德感。

道德感具有社会性，它是由人的道德需要是否得到满足而决定的，而道德需要又是以人对道德标准的理解和掌握为转移的。道德标准是社会历史发展的产物。道德感也就受社会历史条件所制约。不同的社会、不同的历史时期，不同的社会集团或民族，有着不同的道德标准和行为规范，不同的人们对这些标准和规范又有着不同的理解，于是就会产生不同的道德需要，因而也就有着不同的道德感。例如在婚姻观上，封建社会认为"父母之命，媒妁之言"是合理的，男女自己作主谈情说爱则是伤风败俗；现代人看来，没有爱情的婚姻是不道德的。

我国人民的道德感就其内容来说是非常丰富的，如爱国主义情感，集体主义情感，对工作和事业的责任感和义务感，同事之间的友谊感，同情感，以及正义感，是非感，善恶感和社会主义人道主义情感等等。

道德感在人的情感中占有特殊的地位，对人的活动具有重要的指导作用，因此，要注意培养和激发学生的道德感。

（二）理智感

理智感是人在智力活动过程中，对认识活动成就进行评价时产生的情感体验。它是与人的好奇心、求知欲、探求和热爱真理的需要相联系的。例如，人对新异事物会产生兴趣和好奇心，对不认识的事物会有新奇感和疑虑感，在解决疑难问题时会有惊讶、焦躁。疑难问题解决获得新知识时会有喜悦和快慰，对新作的判断感到证据不足会产生不安，做出的结论若认为违背规律会感到羞愧，经检验正确无误后会产生自信感。人们对谬误和偏见的蔑视、憎恶感，对科学真理的坚信、热爱等等，这些都属于理智感的范畴。

理智感随着人的认识活动的逐步深入而得到发展。人们在认识和改造客观世界的过程中，产生和发展了认识和追求真理的需要，从而形成相应的理智感。人的认识活动越深入，求知欲越强烈，追求真理的兴趣越浓厚，理智感也就越深厚。理智感的发展又受社会历史条件所制约，社会进步、稳定、繁荣，人们积极广泛地探求真理为社会发展服务的理智感就能得到激发和培育。理智感还受人的理想、信念和世界观所支配，如对真理的追求，对偏见、迷信的厌恶，对科学的热爱，都反映了人的立场、观点和态度。

理智感对人们学习知识、认识事物、发现规律和探求真理的活动都有积极的推动作用。例如，好奇心和惊奇感会激励人产生更强的求知欲，怀疑感会激发人去深入地考察、探索问题。发现真理时的自信感、喜悦感，会加强人们捍卫真理的信心和勇气。对谬误、迷信的蔑视会使人更加热爱真理。学生对自己所学课程的兴趣、爱好、好奇心，以及对获取知识乐趣的体验，是推动学生智力发展的重要心理条件。

（三）美感

美感是人们根据一定的审美标准评价事物的美和丑时产生的情感

体验。审美标准是美感产生的关键。当人们根据审美标准来评价自然现象和社会现象以及文艺作品的时候，就会产生各种各样的美感。美感是带有愉悦的倾向性的体验，如果客观事物的形式和内容符合审美标准，就会产生喜悦、赞赏等美感体验，以致屡次欣赏而不厌烦。例如，我们游览祖国的锦绣河山，欣赏四季的良辰美景，观赏争奇斗妍的奇花异葩，观看演员和体育健儿的精彩表演，阅读名人的诗词小说等所产生的愉快的情感都属于美感。如果客观事物的内容和形式不符合审美标准的要求（如不成比例的造型，零乱的结构，不协调的色彩等）往往引起人们不愉快的否定的体验，产生厌恶、憎恨、鄙视的情感。

美感是内容美和形式美的统一。美感具有直觉性，物体的外表形式对美感有很大的影响，物体的形状、颜色及声音、气味方面的特点都会使人产生美感。但美感也依赖于事物的内容，如内容淫秽的文艺作品，不管它写作技巧怎样高，人们总是给予否定，产生憎恶之感。对于人来说，仪表是给人以美感的重要条件，但更重要的是心灵美，那些人格高尚、心灵美好的人，即使身残貌丑也会受到人们的敬佩和赞赏。

美感具有社会性。同道德感一样，美感也受社会历史条件制约，这种制约性通过审美标准来实现。一个人的审美需要反映一定社会的审美标准，而人的审美标准是随着社会历史条件的变化而变化的。不同的社会历史阶段，不同的风俗习惯和文化背景都影响着人们的审美标准，因而对美的体验也就不同。例如，在我国封建社会里妇女缠足，纤细瘦弱被认为是美，而现代社会里人们却以朴实大方、活泼健壮为美。随着社会的进步，人们的审美对象越来越广泛、越复杂，美感的内容也就越来越丰富。当然人类的美感也有共同点。鲜艳的花卉、秀丽的风景、动听的音乐、优美的诗歌、雄伟的建筑，任何人都认为是美的。桂林的山水、西湖的风光、八达岭的长城、北京的故宫，常常使中外游人流连忘返。就个人来说，一个人的美感和他的审美知识以及鉴赏美的能力有着密切的关系。谁要想鉴赏艺术美，他就应该是一个在艺术上有高度修养的人。

道德感、理智感、美感都是在社会生活实践中发展起来的，都是与一定的原则、标准、社会要求和社会价值联系在一起的，它们是人的高级情感不可分割的组成部分。平常所说的情操就是这些情感交织而成的综合体。

第三节　情感的应用和调控

一、情感与学校教育

情感是影响人的身心各方面的强大的精神力量，它在人们的学习、工作中有多种功能。在学校教育中，无论教师和学生，若能很好地把握控制自己的情感，发挥其积极作用，将能极大地提高教育教学效果。

（一）情感与教学

在教学过程中，教师的情绪对课堂气氛、教学效果有直接的影响。

教师在良好的心境下上课，思路开阔，反应敏捷，言语富有表现力。在教师的和颜悦色、满腔热情之下，学生的紧张情绪得以缓和，对立情绪得以淡化，自卑情绪得以扭转，学习动机得以激发，师生关系融洽、协调，信息交流畅通无阻，出现积极的生动活泼的课堂气氛，教学效果随之提高。

相反，如果教师在低沉郁闷的不良心境界下上课，则思路阻塞，思维迟缓，甚至语无伦次，水平难以发挥。由于不良心境的渲染，学生会变得不顺眼。相应地，学生也会情绪紧张，甚至发生恐慌，大脑皮层处于抑制状态，师生间心理距离拉大，造成课堂气氛沉闷、压抑，信息沟通堵塞，影响学生对知识的接受和理解，教学质量难以提高。

为此，学校教学应实施"快乐教学"、"愉快教学"，即教师以愉快的心情、饱满的热情感染学生，激发学生的学习兴趣和自觉性，引起学生的求知欲，使学生充满信心，在愉快的情绪中进行紧张、复杂的脑力劳动。

这就要求教师们带着微笑走进教室，少些训斥，多些鼓励；少些照本宣科，多些灵活发挥；少些居高临下，多些平等探讨，让课堂充满宽松愉快的气氛，进而激发学生学习的成功感和上进心。

情绪的变化，一般受已经形成的情感的制约。教师在教学过程中的愉快情绪和饱满的热情来自于对教育事业、对学生的深厚执着的爱，教师的职业道德是教学情绪产生的基础。

（二）情感与育人

要让学生保持积极情绪，单靠"愉快教学"是不够的，因为情感是情绪的本质内容，我们应实施情感教育，培养学生高级的、深厚的、稳固的情感，充分发挥情感在全面发展教育中的作用。

苏霍姆林斯基在《帕夫雷什中学》中指出："学校中心任务之一就是培养道德的、理性的、审美的、高尚的情感。……实际上，教育就是培养真诚的关切之情——即对周围世界所发生的一切都会由衷地做出思想和情感上的反响开始的。真诚的关切——这是和谐发展的一般基础，在这个基础上人的各个品质——智慧、勤勉、天才——都会获得真正的意义，得到最光辉的发扬。"苏霍姆林斯基从自己的这种认识出发还分别论述了情感在德育、智育、美育、体育中的作用。

关于情感与德育，苏霍姆林斯基认为，学生精神世界的最复杂的那些过程之中，居于首要地位的是个人信念的形成过程；而"认识转化为信念并不是靠行为的频繁重复完成的。……认识，只有在行为能给孩子带来正义感，能使他激动，能使他心灵上产生欢乐感和兴奋，并能振作精神的情况下，才能转化为信念"。

关于情感和智育。苏霍姆林斯基认为，情感是获取知识的土壤和动力。他写道："情感如同肥沃的土壤，知识的种子就播种在这个土壤上。种子会萌发出幼芽来：儿童边认识边干得越多，对劳动快乐的激动情感体验得越深，他就想知道得更多，他的求知渴望、钻研精神、学习的劲头也就越强烈。"

关于情感与美育，苏霍姆林斯基明确地指出："审美教育认识过程也是情感过程；在这个过程中，概念、观念、判断，即全部思维的这个方面与体验与情感的另一个方面，紧密相联的。""美育这个领域带有很强的个人的、个别化的性质。没有单独的个人的情感，就没有审美素养。"

关于情感与体育，苏霍姆林斯基强调指出："不能把运动从全体儿童的体育手段变为个人争夺成绩的手段——只有当运动成为每个人都喜爱的活动时，它才能成为教育的手段。"

因此，我们应把情感的培养看作教育的一项重要任务和内容。同时，应当把"动之以情"作为教育人的一项有效方法和手段。"人非草木，孰能无情"、"精诚所至，金石为开"，情感是开启学生心灵的钥匙，是协调、融洽师生人际关系的纽带。只有"亲其师"，才能"信其道"，情通才能理达。

二、情感与身心健康

情感与人的身心健康的关系十分密切。由于情感的产生经常伴随有机体的一系列生理变化，因而情感既是人致病的因素，也有治病的作用。良好的情绪、情感状态有利于保持身心健康；不良的情绪、情感状态，则可以损害人的身心健康，使人得病或病情加重。许多研究成果表明：愉快、欢乐、适度平稳的情绪状态能使中枢神经活动处于最佳状态，保证体内各系统活动的协调一致，充分发挥机体的潜能；使机体的免疫系统和体内化学物质处于平衡状态，增强对疾病的抵抗力，提高脑力劳动和体力劳动的效率。

不良的情绪状态会给人的身心健康带来很大的危害。所谓不良情绪状态是指过分强烈的情绪和过于持久的消极情绪体验。大量实验和临床研究证明：极度紧张和过分激动的情绪对人身心健康十分有害，甚至可危及人的生命。如果消极的情绪长期保持下去，则会给人的健康带来很大危害。当人的焦虑、忧愁、悲伤、恐惧、愤怒长期持续下去，就会通过神经机制和化学机制引起心血管系统、消化系统、泌尿系统、呼吸系统、内分泌系统等的疾病。研究还表明：神经官能症、溃疡病、哮喘病等等都与情绪上的波动有一定关系。癌症病人发病前大多有较长时间的不正常的情绪状态。可见，在日常生活中保持良好的情绪状态对人的身心健康是十分有利的。

三、情感的调控

人要保持良好情感状态就应该重视情感的自我调节。情感调节的方式，方法很多，主要有以下几种。

（一）自我意识调控

自我意识调控就是通过自我认识和评价来调控自己的情绪。情绪和情感是人们主观意识到的体验，人们不仅能认识到自己的体验，还可以有意识地自觉地调整自己的体验，改变自己的不良情绪。如当一个人感到自己"怀才不遇"而忧愁苦恼时，可用自我评价的方法开导自己，全面恰当地评价自己的德才学识，自觉找出差距，既不怨天尤人，也不自卑自馁，做到振作精神，锐意进取，变消极悲观为积极乐观。人在愤怒即将暴发而失去理智时，如果马上自我提醒："别气、别急"，"心胸开阔些"、"急躁是无能的表现"。则可以降低激情的强度，使之逐渐趋向平衡正常。

（二）理智调控

理智调控就是用合乎原则和逻辑性的思维去调控情绪。当过于强烈的情绪出现时，往往会使人思维狭窄，判断偏颇，以致言行失措。在这种情绪状态下就需要用理智来调节自己的情绪。先用意志控制住过强的情绪，再进行冷静的分析，合乎逻辑的推理，澄清激情产生的原因，想想自己的言行举止是否得当，后果如何。要头脑清醒地回顾矛盾的来龙去脉，属于他人的责任，要尽量考虑到事出有因，情有可原，人无完人，不必苛求，"得饶人处且饶人"。属于自己的过失，要总结经验，吸取教训，"吃一堑，长一智"，不过分自责，悔恨不已，羞愧难当。损失已经造成，可以进行自我安慰，"塞翁失马，安知非福"。这样就会感到天地广阔，心情舒畅。

（三）转移调控

转移调控就是有意识地把自己的情绪转移到另一个方向上去，使情绪得以缓解。情绪具有情境性，人们在情绪不好的情况下，强迫自己转移心理活动指向的对象，变换情境，可以调节自己的情绪。如遇到挫折或意外打击时怒火中烧，悲愤难忍，可以暂时离开引起这种激情的环境，找自己高兴的事去做，散步、看电影、看报刊杂志、下棋、打球、唱歌、听听音乐，或者到市场上看看，买点自己需要的东西，这样就可以使自己精神上得到安慰，情绪上得到缓和、平衡。

（四）激励调控

激励调控就是用自我激励的办法调控自己的情绪。人们的不良情绪产生时机体内部会蓄积很多能量，这些能量得不到释放会感到烦闷难受。如果能够把这些能量引向正确的方向，就可以成为激励人们积极行动的力量。如工作学习中遭到了失败，受到别人的蔑视或冷嘲热讽，心中不平时，就可以用自我激励的办法，把失败看成是对自己的考验，是"成功之母"，把别人的嘲讽当成是对自己的鞭策，化愤怒为力量，变压力为动力，奋发图强，做生活的强者。这不但能够调节情绪，还有利于更好地工作和学习。

（五）合理宣泄调控

合理宣泄调控就是把自己压抑的情绪向合适的对象释放出来，使情绪恢复平静。消极的激情产生，人们觉得痛苦难忍，对这样的情绪如果过分强制和压抑会引起意识障碍，影响正常的心理活动，甚至会使人突然发病。这时如向自己的亲朋好友把自己有意见的，不公平的事情坦率地说出来，倾诉自己的痛苦和不幸，甚至痛哭一场，或者向远方的知己写封书信诉说苦衷，则可使情绪平复。若能和当事人正常地开展批评和自我批评，言所欲言，不但可以释怒，还能增强团结，改善人际关系。当然，情绪宣泄要合理，要注意对象、场合和方式，不可超越法规纪律的范围。不能把别人当成自己出气的对象而伤害别人，也不能用毁坏器物，特别是公共财物等粗暴手段来发泄怒气。

情感调控的方法很多，不管采用什么方法，最根本是人们要有高度的思想觉悟和道德水平。不少志士仁人，面临生死关头，保持乐观心情，临危不惧，生命不息、奋斗不止；许多科学家在逆境中能够心情平稳、化悲痛为力量，向科学高峰攀登；林则徐在自己的墙壁上贴了"制怒"两个大字作为调控情绪的座右铭，这些都说明情感的有效调控离不开人们的思想修养。有良好思想修养的人，心胸开阔，达观明智，即使遇到过分不公平之事，也能够心平气和地化解矛盾，妥善地处理冲突。一些人在激情状态下，失去理智，做出悔恨终生的蠢事来，也都与他们的思想修养有关。

阅读材料：

关于情绪的理论

一、詹姆斯——兰格理论

美国心理学家詹姆斯和丹麦生理学家兰格，于 1884 年和 1885 年分别提出了内容相同的一种情绪理论，他们强调情绪的产生是植物性神经系统活动的产物。后来人们称他们的理论为情绪的外周理论，即詹姆斯——兰格情绪学说。

詹姆斯根据情绪发生时引起的植物性神经系统的活动，和由此而产生的一系列机体变化的事实，提出情绪就是对身体变化的知觉。他说："情绪，只是一种身体状态的感觉；它的原因纯粹是身体的。"又说："人们的常识认为，先产生某种情绪，之后才有机体的变化和行为的发生，但我的主张是先有机体的生理变化，而后才有情绪。"当一个情绪刺激物作用于我们的感官时，立刻会引起身体上的某种变化，激起神经冲动传至中枢神经系统而产生情绪。在詹姆斯看来，悲伤乃由哭泣而起，愤怒乃由打斗而致，恐惧乃由战栗而来，高兴乃由发笑而生。

兰格认为，情绪是内脏活动的结果。他特别强调情绪与血管变化的关系，他说："情感，假如没有身体的属性，就不存在了。""血管运动的混乱、血管宽度的改变以及与此同时各个器官中血液量的改变，乃是激情的真正的最初的原因。"兰格以饮酒和药物为例来说明情绪变化的原因。酒和某些药物都是引起情绪变化的因素，它们之所以能够引起情绪变化，是因为饮酒、用药能引起血管的活动，而血管活动是受植物性神经系统控制的。植物性神经系统支配作用加强，血管舒张，结果就产生了愉快情绪；植物性神经系统活动减弱，血管收缩或器官肌痉挛，结果就产生了恐怖。因此，情绪决定于血管受神经支配的状态、血管容积的改变以及对其后的意识。

詹姆斯——兰格理论，看到了情绪与机体变化的直接关系，强调了植物性神经系统在情绪产生中的作用，这有其合理性的一面。但是，他们片面强调植物性神经系统的作用，忽视了中枢神经系统的调节控制作用，这在理论上引起了很多的争议。

——选自彭聃龄：《普通心理学》，北京师范大学出版社 1988 年版，第 466～467 页。

二、阿诺德的"评定—兴奋"学说

美国心理学家阿诺德在本世纪 50 年代提出了情绪的评定—兴奋学说。这种理论认为,刺激情境并不直接决定情绪的性质,刺激出现到情绪产生,要经过对刺激的估量和评价,情绪产生的基本过程是刺激情境—评估—情绪。同一刺激情境,由于对它的评估不同,就会产生不同的情绪反应。评估的结果可能认为对个体"有利"、"有害"或"无关"。如果是"有利"的,就会引起肯定的情绪体验,并企图接近刺激物;如果是"有害"的,就会引起否定的情绪体验,并企图躲避刺激物;至于对"无关"的刺激物,人们就予以忽视。例如:在森林荒野中看见一只熊会引起恐惧,而在动物园里看见一只关在笼子里的熊就不会产生恐惧。这是由于对刺激的评估和认知的不同。

阿诺德认为,情绪的产生是大脑皮层和皮下组织共同活动的结果,大脑皮层的兴奋是情绪行为的最重要的条件。她提出情绪产生的理论模式:作为引起情绪的外界刺激作用于感受器,产生神经冲动,通过内导神经上送至丘脑,在更换神经元后,再送到大脑皮层在大脑皮层刺激被评估,形成一种特殊的态度(如恐惧及逃避、愤怒及攻击等),这种态度通过外导神经将皮层的冲动传至丘脑的交感和副交感神经,将兴奋发放到血管或内脏组织,引起血管和内脏反应,又反馈到大脑皮层,形成血管和内脏变化的感觉。这种从外周来的反馈信息,在大脑皮层中被评价,使纯粹的认识经验转化为感受到的情绪。这就是"评定—兴奋"学说。

—— 同上,第 471～472 页。

三、伊扎德的动机—分化的情绪理论

伊扎德认为情绪是在生命进程中分化发展起来的,它包括情绪体验、脑和神经系统的相应活动及面部表情三个方面。他提出了一个情绪—认识—运动反应模型,认为在激活情绪的过程中人与环境是相互作用的,其间个体内部认知过程起着重要作用,有机体的自主活动是它的基础。认知、运动系统和情绪的相互作用经过认知整合导致了一定的情绪、体验、反应。

在重视认知等因素对情绪重要作用的同时,伊扎德又充分认识到,情绪的适应价值在于,它使有机体对环境事件更敏感,激起机体的活力。伊扎德指出,情绪对认识的发展和认知活动本身都起着监督作用,它激发人去认识、去行动。例如,兴趣激发人去学习、研究和创造。在对情绪作用进行了充分探讨之后,伊扎德还强调了情绪对人格整合的动机功能。他认为,人格是包括知觉、认知、运动、内驱力、情绪和体内平衡六个子系统的复杂组织,它作为整体组织了人的心理及现实生活,这一整合是靠情绪的动机作用来完成的。

——选自叶奕乾：《普通心理学》，华东师范大学出版社1991年版，第371页。

综合练习：

一、概念解释
1. 心境　2. 激情　3. 热情　4. 情感

二、填空
1. 情感是人对客观事物是否符合人的需要的_____体验。人的_____是情感产生的主观原因。

2. 认识过程是通过_____或_____来反映客观事物，而情感则是通过_____来反映客观事物与人的_____之间的关系。

3. 情绪与情感之间相互依存、密切联系，情绪是情感的_____，情感是情绪的_____。

三、选择
1. 伴随着情绪、情感发生的身体动作、姿态的变化叫_____。

A. 情绪　　　　B. 情感　　　　C. 感情　　　　D. 表情

2. 人对客观事物采取什么态度是以_____为中介的。

A. 动机　　　　B. 需要　　　　C. 体验　　　　D. 刺激

3. 情感是在人的_____中产生的。

A. 认识过程　　B. 意志过程　　C. 个性倾向性　D. 个性心理特征

四、判断
1. 情感不是人对客观事物本身的反映。　　　　　　　　　（　）

2. 根据表情动作可以准确判断人的内心体验。　　　　　　（　）

3. 学生取得优良成绩之后的自豪感是道德感的表现。　　　（　）

4. 激情是一种消极的情绪状态。　　　　　　　　　　　　（　）

五、问答
1. 什么是情感？它与认识、需要有什么关系？

2. 表情包括哪些方面？研究人的表情有何意义？

3. 试论述情感在学校教育中的运用。

第八章　意　志

第一节　意志概述

一、什么是意志

意志是人自觉地确定目的，并根据目的支配、调节行动，克服困难，实现目的的心理过程。

意志反映了人在认识和变革主、客观现实过程中的主观能动作用，是人的意识能动性的集中表现。人的意识的能动性表现在两个方面：一是人的意识能对来自客观现实的信息进行加工改造，以揭示其本质和规律，这是意识的抽象能力和推理能力的表现；二是人的意识能主动地调节和支配实践活动，并通过实践活动反作用于客观世界，即按照人的意志去改造客观世界。人的意识能支配和调节人的行动作用于客观现实，构成人所特有的意志行动。恩格斯说："一切动物的一切有计划的行动，都不能在自然界上打下它们意志的印记，这一点只有人才能做到。"[①]　这说明意志是人类所特有的心理现象。

二、意志行动的特征

意志总是表现在人的实际行动之中，意志和行动是密不可分的，意志支配调节着行动，并在行动中表现出来。我们把受意志支配和调节的行动叫意志行动。意志行动有以下特征：

（一）自觉的目的性

自觉的目的性是意志行动的主要特征。意志行动和自觉的目的分不开，离开了自觉的目的，就没有意志可言，这也是人的意志行动与动物活动的根本区别。无论动物的动作多么精巧，都不可能意识到自

---

① 恩格斯：《自然辩证法》，人民出版社1971年版，第157、158页。

己行动的目的和结果，不可能在行动之前就有明确的目的和意识。动物虽然也有类似目的性的行为，但这种行为都是"无意识地发生的，而且对于动物本身来说是偶然的事情。"① 而人在从事任何活动之前，活动的结果已经作为行动的目的以观念的形式存在于人的头脑中，并且以此来指引自己的行动，使之达到预期的目的。这种先形成观念而后又把观念付诸行动，使内部意识向外部动作转化的过程，是有意识地进行的，人类活动的这种自觉的目的性，广泛地表现在认识自然，尤其是利用和改造自然的过程中。

意志行动有自觉的目的性，但在实际生活中，并不是人的所有的有目的行动都是意志行动。例如：正常人口渴时端起一杯水喝下以解渴；长时间站着工作感到疲劳需要坐下休息，这些行动虽然有自觉的目的，但也不能称为意志行动。

（二） 与克服困难相联系

克服困难是意志行动的核心。因为在目的确立与实现的过程中，往往会遇到各种各样的困难。概括起来困难有两种：内部困难与外部困难。内部困难是指干扰目的的确立与实现的内在条件，它包括心理方面的困难和生理方面的困难。如信念的动摇、情绪的冲动、能力的缺乏、知识经验的不足、相反愿望的干扰等，是心理方面的困难；健康状况不佳等是生理方面的困难。外部困难是指阻碍目的确立与实现的外在条件，如社会生活环境恶劣，缺乏必要的工作条件，人员、设备过少以及来自他人的讽刺打击等。外部困难和内部困难是相互影响的，一般说来，外部困难是通过内部困难起作用的。

人的意志行动只有在实现预定目的的过程中，遇到困难而又坚定不移地加以克服时，才能显现出来。意志的强弱是以克服困难的数量和大小来衡量的，克服困难的难度越大，数量越多，人表现出来的意志力越坚强。假如完成一项任务，达到一个目的，不费吹灰之力，那根本没有什么意志可言。只有当一个人内心有了矛盾，外界有了阻力时，他能够控制自己，自觉地调节行动实现预定的目的，才体现出他

----

① 《马克思恩格斯全集》第 12 卷，人民出版社 1972 年版，第 156 页。

的意志力。因此，意志行动是与克服困难相联系的行动，而那些没有克服困难的行动是非意志的行动。

（三）以随意动作为基础

人的行动都是由一系列的动作组成的。动作可分为不随意动作和随意动作两种。不随意动作是指不受意识支配的不由自主的动作。例如无条件反射动作、某些习惯性动作、睡眠状态的动作等等。这些动作发生之前没有确定任何目的，也不以人的意志为转移。随意动作是由意识指引的、具有一定的目的、方向性的动作，是学会了的较熟练的动作。例如穿衣、打球、上课记笔记、操作仪器等。随意动作是意志行动的必要组成部分，如果没有掌握这些必要的随意动作，意志行动就无法实现，有了随意动作，人就可以根据目的去组织、支配、调节一系列的动作来组成复杂的行动，从而实现预定的目的。随意动作是意志行动的必要条件，这并不是说意志行动不含有相应的自动化动作，自动化动作能使人更好地完成随意动作，实现意志行动。自动化的习惯性动作和意志行动有区别、又有联系。其区别在于：自动化的习惯性动作可能是不随意动作，而意志行动的动作必定是随意动作。其联系在于两者可以相互转化，自动化的习惯性动作是由随意动作多次重复、逐渐熟练失去其自觉性转化来的；已经形成的自动化动作，碰到阻力或干扰时，动作失调，仍然可以转入意识状态，变成随意动作。

三、关于"意志自由"问题

关于意志的实质，长期以来学术界存在着尖锐的争论，争论的焦点是人类究竟有没有所谓的"意志自由"。

西方行为主义心理学派完全否认意志的存在，他们把人的行为归结为"刺激——反应"（S—R）的简单公式，认为人的反应是机械地被外界刺激物所决定的。他们不但否认意识，而且否认人的意志自由，因而是错误的。

主观唯心主义者从另一个极端片面夸大"意志自由"，把意志看成是一种独立于客观现实的、纯粹的"精神力量"，看成是一种超越物质之上并不受客观规律制约的"自我"的表现。19世纪的德国哲学家尼采和叔本华就宣扬过唯意志论，认为人的自由意志主宰一切。当代著名的澳大利亚神经生理学家艾尔克斯也把人的意识和大脑看做是两个彼此独立的实体，认为意志是"第一性的实在"，其他一切是"第二性的实在"，否认人的意志对客观规律的依存性。这种观点同样是错误的。

辩证唯物主义确立了科学的心理观，认为人的意志是自由的，又是不自由的。说它是自由的，因为在一定条件下，人可以根据自己的意愿自主地选择目的，发动或制止某种行为，按照某种方式、方法行事；说它是不自由的，因为人的一切愿望，一切行动都必须符合客观规律，否则，将会在实践中碰壁，一事无成。正如恩格斯所说："自由不在于幻想中摆脱自然规律而独立，而在于认识这些规律，从而能够有计划地使自然规律为一定的目的服务。……因此意志自由只是借助于对事物的认识来做出决定的那种能力。"① 所以一个人掌握的知识越多，越善于运用客观规律，他对世界的改造也就越主动、越自由，而这种能力的获得又依赖于人的主观努力。由此可见，意志有巨大的能动作用，但这种能动作用绝不能违背客观规律和超越客观条件的限度。意志自由只是人对客观规律的认识和在行动中对客观规律的驾驭，那种违背客观规律的绝对自由是没有的。所以在相对和有条件的意义上，意志是自由的；从意志受客观规律的制约作用来说，它又是不自由的。

三、意志与认识、情感

意志与认识、情感是心理过程的不同方面，是意识的不同表现形式，它们之间有着密切的联系。

（一）意志与认识

1. 意志的产生以认识过程为前提。首先，意志行动的一个重要特征是具有自觉的目的性，而人的任何目的都不是凭空产生的，都是在认识活动的基础上产生的。虽然目的是主观的东西，但它却来源于对客观现实的认识，人只有认识了客观现实的要求和规律，认识了自身的需要与客观规律之间的关系，才能提出和确立切合实际的目的。其次，在实现意志行动时，为了确立目的和选择行动的方法及策略，就必须运用已有的知识经验、探索事物的发展规律，分析主客观条件，拟

---

① 《马克思恩格斯选集》第3卷，人民出版社1972年版，第153、154页。

定行动方案，编制行动计划，设想未来的后果。这一切都必须通过感知、记忆、思维和想象等认识过程才能实现。再次，意志行动是与克服困难相联系的，而任何困难的克服都离不开一定的知识经验的指导作用。只有把意志行动建立在深思熟虑的认识基础上，才能有效地克服各种困难，实现预定的目的。因此，意志是以认识过程为前提的，离开认识过程，意志便不可能产生。

2. 意志对认识过程也有很大的影响。首先，人在进行各种认识活动时，总会遇到一定的困难，要克服这些困难，就需要做出意志努力。例如：观察的组织，有意注意的维持，有意回忆的进行，解决问题时思维活动的展开以及想象的形象化进程等都需要意志的参与。其次，人的认识过程是在实践活动中进行的，而变革现实的实践活动也离不开意志的支配。所以，没有意志行动，就不可能有效地进行认识活动和各种实践活动。因此，积极的意志品质能促进一个人认识能力的发展，而消极的意志品质则会阻碍一个人认识能力的发展。

（二）意志与情感

1. 情感既可以成为意志行动的动力，也可以成为意志行动的阻力。当某种情感对人的活动起推动或支持作用时，这种积极的情感就会成为行动的动力。例如一些学生热爱自己所学的专业，在学习专业知识时表现出极大的热情并能克服学习中遇到的各种困难，取得优异成绩。当某种情感对人的活动起阻碍或削弱作用时，这种消极的情感就会成为意志行动的阻力。例如对学习抱漠不关心的态度、学习中的畏难情绪、骄傲情绪、焦虑情绪等都会妨碍意志行动的执行，动摇或削弱人的意志。

2. 意志可以调节、控制人的情感。积极的情感由于意志的支持，才能持久和巩固；而消极的情感则要依靠意志来克服和控制。意志坚强者可以克服和消除各种消极情感的干扰，使情感服从于理智，把意志行动贯彻到底；意志薄弱者则可能被消极的情感所压倒，使行动半途而废。例如有些学生在学习中获得优异成绩时，虽然会产生激动的情感，但仍能保持清醒的头脑，找出自己的不足，使自己继续努力；在学习失败时，能找出自己失败的原因，做出意志努力，克服由失败带来的痛苦情绪的干扰，做到胜不骄、败不馁，这就是意志对情感的调节作用。

总之，认识、情感和意志是人在实践活动中对客观现实反映的不同方面，它们之间是密切联系，相互渗透的。意志过程包含着认识和情感的成分，认识和情感过程也包含着意志的成分。当我们对统一的心理过程进行分析时，必须从具体的人出发，把它们联系起来加以考察。

第二节 意志行动过程的分析

意志通过意志行动表现出来，意志行动有其发生、发展和完善的过程。这一过程可以分为两个阶段：采取决定阶段和执行决定阶段。采取决定阶段是意志行动的开始阶段，它决定着行动的方向，规定着意志行动的轨迹，是意志行动的动因；执行决定阶段是意志行动的完成阶段，它使头脑里的意图、内心的愿望、计划和措施付诸实施，以达到预定目的。

一、采取决定阶段

采取决定阶段一般包含动机斗争、确定目的、选择行动方法和制定行动计划等环节。

（一）动机斗争

人的意志行动是由一定的动机引起的，动机是推动和指引人的行动的内在原因。人的动机是在需要的基础上产生的。有了对某种事物的需要，就会激起人们产生一种希望满足并实现他们的愿望，当人的愿望指向行动并成为推动行动的一种心理驱力时，就变成活动的动机。由于人的需要多种多样并且是不断发展的，所以在同一时间内往往存在多种动机。有的时候，几种动机相互矛盾，就形成了动机斗争。动机斗争可作如下分类：

1. 从形式上看，可把动机斗争分为三类：

（1）双趋式动机斗争：指个体在生活中同时有并存的两个目的引起的具有同样吸引强度的动机，但又无法兼得时而产生的难以取舍的动机斗争。例如周末的晚上放映两部有同样吸引力的影片而只能看一部时的心理矛盾，就属于双趋式的动机斗争。孟子说："鱼，我所欲也；熊掌，亦我所欲也，二者不可得兼，舍鱼而取熊掌者也。生，亦我所欲也，义，亦我所欲也，二者不可得兼，舍生而取义者也。"① 其中，也包含着双趋式动机斗争。

（2）双避式动机斗争：指个体在活动中，同时有并存的两个目的引起的具有同样威胁程度的动机，但又不能同时避开而产生的难以抉择的动机斗争。例如工人在做他厌烦的工作时，既不想做这个工作又怕失业，其中干工作和失业对他都是一种威胁，但他必须选择其一，这时的心理矛盾就是双避式动机斗争。

（3）趋避式动机斗争：指个体在生活中，对同一个目的同时具有趋近与躲避两种动机，形成欲趋之又避之的动机斗争。例如有些学生想当班干部，为同学服务，又怕耽误时间影响自己的学习成绩；有些学生暑假想参加实践活动培养能力，又怕耗费时间和钱财而产生的矛盾心理等都属于趋避式动机斗争。

2. 从内容上看，可把动机斗争分为两类：

（1）非原则性动机斗争：指与社会道德关系不大的动机斗争。如周末晚上是去看电影还是看小说。这类动机斗争仅属于个人的兴趣爱好，一般说来内心斗争不那么强烈，持续时间也不长，这些动机之间没有根本对立关系。

（2）原则性动机斗争：指与社会道德准则相关的动机斗争。例如师专毕业分配时，是考虑我国教育的需要，到最艰苦、最需要的农村中学去，还是单纯从个人愿望出发，到条件优越并不需要自己的大城市去。在这种斗争中，涉及到个人和集体，公与私之间的矛盾，这是原则性的动机斗争，它往往引起激烈的内心冲突。

在动机斗争中，怎样衡量一个人的意志水平呢？对于原则性的动机斗争，意志坚强者能坚定不移地使自己的行动服从社会道德标准，服从于集体和国家的需要；而对于非原则性的动机斗争，他们也能根据

---

① 《孟子·告子上》。

当时需要，毅然决定取舍。倘若一个人遇到原则性的动机斗争时不能使自己的行动服从于社会道德标准，或者对待非原则性的动机斗争经常犹豫不决、摇摆不定，则是意志薄弱的表现。

（二）确定目的

目的是指意志行动所要达到的目标和结果。每一个人的意志行动首先以他最终要达到的目的为前提，目的越明确，人的行动越自觉；目的越远大，它对行动的动力作用越大；目的的社会意义越深刻，则被这一目的所引起的意志力也越大，也就越容易制定出达到目的的计划，意志行动也就越能顺利进行。

在意志行动过程中，一个人通常有许多目的。这时人必然按照他自己的世界观、理想、信念、愿望以及达到目的的客观条件进行权衡和比较，从而确定自己认为合适的、最需要的目的。如果每一种目的各有吸引人之处，或者它们都是必要的，在这种情况下，要选择并确定目的就比较困难。不同的目的越是有同等重要性，人对于两种目的所抱的态度越是接近，这种困难就越大。在自己感到满意的目的和虽然自己并不满意但为集体、国家利益所必需的目的之间所做出的选择，常常明显地表现出一个人的意志水平。

确定目的和动机斗争是两个既有区别又有联系的过程，在确定目的之前往往要经过动机斗争，克服内心的矛盾；而在目的逐渐确定的过程中也会进一步引起动机斗争，随后逐渐趋于统一。

（三）选择行动方法和制定行动计划

目的确立之后，必须考虑如何实现这个目的。为了实现目的，必须选择正确的行动方法和制定合适的行动计划。行动方法的选择和行动计划的制定对行动目的的顺利实现关系极大。切实可行的方法、策略及行动计划，能使意志行动事半功倍；不好的方法、策略及行动计划则使意志行动事倍功半，甚至导致行动的失败。

行动方法的选择有不同情况。在有些场合下，只要一提出行动的目的，便立刻意识到实现这种目的的方法或策略，而且对所采用的方法或策略也不会发生任何怀疑。这种情况通常发生在较熟悉的行动中。但是在许多情况下，达到同一个目的的方法可能不止一种。有时某种方法符合自己愿望，但却是不应当采取的；而另一种方法是必要的，却又违背了自己的愿望。有时所要选择的方法很容易做到，但与道德准则不相容；另一些方法不容易做到，但与道德准则相符合。这就需要分析、比较各种方法的有效性和合理性，进行周密思考，权衡利弊后加以抉择。

行动方法的选择受一个人的道德观念和品德修养所制约。道德品质高尚的人，会采取正当的、符合社会道德准则的方法或策略；道德品质低劣的人，则采取不正当的违背社会道德准则的方法或策略。

在复杂的意志行动中，为了达到预定的目的，还需要制定行动计划，详细地规划意志行动的步骤、每一步骤的目的、要求以及所应采取的具体措施，以便按步骤进行活动。意志行动的采取决定阶段以计划的制定而告终。

二、执行决定阶段

执行决定阶段是实施所做出的决定，实际去完成意志行动阶段。意志行动只有经过执行决定阶段，才能达到预定的目的。如果不执行所做出的决定，即使行动的动机再高尚，目的再美好，行动的方法再完善，行动计划再周详，也是毫无意义的。所以执行决定阶段是意志行动的关键环节。

从采取决定到执行决定有两种情况：一种情况是在行动的目的已经确立，行动的方法已经选定，实现意志行动的主、客观条件都已具备时，就要不失时机地立即执行；另一种情况是做出的决定是长期的任务或是未来行动的纲领，此项决定并不立即付诸行动，而要间隔一定的时间再执行，这就需要意志的坚持性，等待条件许可时，再立即执行已经采取的决定。

在执行决定过程中，意志对行动的调节表现在两个方面：一方面是采取积极的行动来达到目的；另一方面是制止那些不利于达到目的的行动。这两个方面的活动是对立统一的，如果一个人只善于做出决定，而不采取积极行动将决定付诸实施，或者在执行决定过程中不制止那些不利于达到目的的活动，他的目的就永远不会实现。即使做出的决定再完善，也没有什么意义。例如学生在上课时，一方面要积极组织自己的认识活动，注意听，认真记，仔细看，使注意力集中到课堂上；另一方面还要抑制各种分心因素和干扰课堂教学正常进行的举动。这两方面体现着同一意志行动。

执行决定阶段是在实际活动中完成的，所以往往会遇到更多更复杂的困难。如由于工作条件差、环境复杂而引起的信心不足；由于长期忍受巨大的智力或体力紧张而产生的精力缺乏；由于新情况、新问题的出现使人措手不及而产生的惊慌、彷徨等消极的情绪；已经放弃的动机、目的重新出现而产生新的诱因以及不健康舆论的讥讽等等。在这些情况下，就必须有面对困难的勇气和机智，迅速分析、判断困难的性质，确定克服困难的方法和策略，从而实现所做出的决定。

实现所做出的决定，除了克服所遇到的困难外，有时还需要改变原来的决定，修正原来的行动计划，根据新的决定采取行动。意志不仅表现在善于坚决贯彻既定的决定，也表现在善于果断地放弃原来不符合客观情况的决定，采取新的决定，或者当机立断，调整计划，继续前进。

在执行决定的过程中，不管是遇到困难和挫折，还是获得成功和荣誉，都需要意志的努力。意志坚强者会胜不骄，败不馁，不断进行目标定向；而意志薄弱者则会在成功面前骄傲自满，失败面前垂头丧气，甚至发生意志的动摇，轻易改变原来的决定。

意志行动的两个阶段虽然都有自己的心理构成因素，但二者并不是孤立的，而是一环连着一环的统一结构。在实际进行中，这两个阶段常常是彼此紧密联系和反复交织着的。在采取决定阶段中，就有局部的执行决定，执行决定阶段中也有某些采取决定的意志心理活动。

第三节　意志的品质与培养

一、意志的品质

意志品质是衡量一个人意志坚强与否的尺度。意志品质主要有自觉性、果断性、坚持性和自制性等四个方面。

（一）自觉性

意志的自觉性是指一个人在行动中具有明确的目的性，并充分认识行动的社会意义，使自己的行动服从于社会要求方面的品质。这种品质反映着一个人的坚定立场和信仰，贯穿于意志行动的始终，是意志产生的源泉。

意志具有自觉性的人，能独立支配自己的行动，不轻易接受外界影响而改变原来的决定；行动起来方向明，决心大；不避艰险，不为困难所吓倒，遇到困难，不怨天尤人，而是信心百倍地去克服；能够广泛地听取别人的意见和建议，不拒绝一切有益的意见，有自知之明；敢于坚持真理，执行决定，对行动过程及结果能进行自觉地反思和评价。

与自觉性相反的意志品质是易受暗示性和独断性：易受暗示性的人，行动缺乏主见和信心，而且容易受到别人的影响，对别人的思想、行为不加批评地盲目接受，因而常常随便改变原来的决定。独断性的人则盲目地自信，不考虑自己采取的决定是否合理，拒绝他人的合理的意见和劝告，一意孤行，固执己见。易受暗示性和独断性都是缺乏自觉性的表现。

（二）果断性

意志的果断性是指一个人善于明辨是非，迅速而合理地采取决定和执行决定的品质。

意志具有果断性的人，当需要立即行动时，能当机立断，及时而勇敢地做出决定，使意志行动顺利地进行；而当情况发生新的变化，需要变更行动时，能够随机应变，毫不犹豫地做出新的决定，以便更加有效地执行决定，完成意志行动。

与果断性相反的意志品质是优柔寡断和草率决定。优柔寡断的人，遇事犹豫不决，患得患失，顾虑重重；在认识上分不清轻重缓急，动机斗争时间过长，在不同的目的、手段之间摇摆不定，迟迟做不出取舍，即使执行决定也是三心二意。草率决定的人则相反，在没有明辨是非之时，就不负责任地做出决定，凭一时冲动，而不考虑主、客观条件和行动的后果。优柔寡断和草率决定都是意志薄弱的表现。

（三）自制性

意志的自制性是指一个人善于控制和支配自己行动的品质。

意志具有自制性的人，在任何情况下都能保持清醒的头脑，能控制自己的情感不受外界干扰的影响，坚持完成意志行动；他们善于约束自己的言论，能有分寸地考虑到各种影响，不信口开河；能克制自己的行为，遇事三思而后行，坚持执行已经采取的决定。"富贵不能淫，贫贱不能移，威武不能屈，"就是意志自制性的表现。

与自制性相反的意志品质是任性和怯懦。任性的人不能约束自己的言论和行动，不能控制自己的情绪，行为常常被情绪所支配；怯懦的人胆小怕事，遇到困难或因情况变化时惊慌失措，畏缩不前。任性和怯懦的共同特点是不能有效地调节、控制自己，自我约束力差。这也是意志薄弱的表现。

（四）坚持性

意志的坚持性是指一个人在意志行动中，百折不挠地贯彻决定并完成既定目的的品质。

意志具有坚持性的人，一方面在行动中能根据既定的目的和要求，长期保持充沛的精力和顽强的毅力，在情况变化时，则灵活地采取措施，坚持实现目的，做到有始有终；另一方面，在行动遇到困难时，能激励自己满怀信心地去克服，坚持不懈地完成意志行动。所谓"锲而不舍，金石可镂"，即是意志坚持性的表现。坚持性对事业的成功具有重要的作用。

与坚持性相反的意志品质是顽固执拗和见异思迁。顽固执拗的人，只承认自己的意见和论据，对自己的行动不作理性评价，执迷不悟，明知不可为而为之。见异思迁的人则表现为行动缺乏坚持性，容易发生动摇，行动过程中随意更改既定目标和方向，这山看着那山高，碌碌无为。顽固执拗和见异思迁，都是属于消极的意志品质。

二、意志的培养

坚强的意志品质不是天生的，而是在生活和实践活动过程中形成和发展起来的，是人有意识培养的结果。培养学生意志的途径有以下几个方面：

（一）加强目的性教育

人的意志是在他的一系列有目的的行动中表现并发展起来的。为了实现自己已确立的目的，人才会去克服行动中所遇到的各种困难和干扰，从而锻炼和发展自己的意志。所以一个人如果善于在生活道路的每一个阶段上给自己提出目的，必将促使自己不断地为实现目的而与困难作斗争，逐渐发展优良的意志品质；反之，一个在生活道路上缺乏明确目的的人，由于无所追求，整天浑浑噩噩，便不可能成为意志坚强的人。因此，培养学生的意志，首先应加强目的性教育，使他们明确生活的崇高目标和对崇高理想的追求，并用以指导自己的学习、工作和生活，培养坚强的意志力。

一个人在他的生活历程中，确立什么样的目的，为什么确立这样的目的，往往取决于他的人生观、信念和理想，所以对学生进行目的性教育应该和树立正确的人生观、远大理想结合起来。

（二）组织实践活动

俗话说："百炼成钢"。坚强的意志是在克服困难的实践活动中形成和发展起来的。所以教师必须重视引导学生在克服困难的实践活动中来锻炼自己的意志品质。学生的实践活动包括学习、科技活动、劳动、文体活动、社会公益活动以及其他生活事务等。教师在组织学生开展这些活动时，首先应该切合实际地向他们提出各种活动的具体任务，督促他们努力去完成，特别是一些对学生来说困难较大、兴趣较小、平凡而意义深远的实践活动，更应鼓励他们认真地去完成，从而使学生的意志品质得到锻炼；其次，为了增强学生克服困难的信心和进一步锻炼意志的决心，教师对学生的要求必须遵循循序渐进的原则，对他们进行具体的指导。

（三）充分发挥班集体和榜样的教育作用

班集体是一种巨大的教育力量。青少年学生有强烈的归属要求，在良好的班集体里，同学们团结互助、关心集体、热爱集体、尊重集体，愿意完成集体委派的任务，并努力为集体争光。这有助于形成学生的自制、刚毅、勇敢等意志品质。同时为了维护自己班集体的荣誉，必须遵守严格的纪律，而严守纪律又是较好的意志锻炼过程。所以教师应努力使自己的班级形成良好的班风，充分发挥班集体的作用，帮助学生培养良好的意志品质。

榜样是一种无声的力量。青少年学生喜欢模仿榜样人物，榜样对他们可以产生巨大的推动力，促使他们努力提高自己的意志水平。所以教师要向学生提供一些伟大人物、英雄模范、以及周围同学中的先进典型，为他们树立坚强意志的榜样。此外，教师要以身作则，以自己良好的意志品质为学生树立榜样，这对培养学生的意志将起着不可估量的作用。

（四）启发学生加强自我锻炼

人的意志品质，不仅在周围人们的影响下形成，而且在自我修养和自我锻炼过程中形成。自我锻炼是坚强意志形成的极为重要的条件，学生的意志品质既是在教师一贯严格要求和监督下养成的，也是在日常平凡的事情中，不断严格要求自己，经常进行自我锻炼的结果。所以教师应该满腔热情地启发和帮助学生掌握自我锻炼的方法，制定自我锻炼的计划，引导他们积极锻炼自己的意志。教育他们采取决定要充分估计主、客观条件，做到合理可行；执行决定要态度坚决、有始有终、持之以恒。还应该要求他们养成自我检查、自我监督、自我暗示和自我鼓励的习惯，这对学生意志的自我锻炼是十分重要的。

（五）针对学生意志的个别差异，采取不同的培养措施

学生中的意志类型存在着个别差异。要根据意志的不同特点，采取不同的措施进行培养。对于容易盲从，轻率行事的学生，应多启发他们意志的自觉性；对于胆小、犹豫不决的学生，应培养他们大胆、勇敢、果断的意志品质；对于任性、缺乏自制力的学生要培养他们控制行为的能力；对于缺乏毅力，做事虎头蛇尾的学生，应激发他们的坚韧精神和克服困难的信心。

阅读材料：

意志的控制和失控

一、意志控制

意志控制是指个人能左右事件的进程和结果，使之与期望的目的相一致的过程。意志的控制过程表现在两个方面：一方面是外向的，即按照主体的期望和目的来改变环境（自然环境和社会环境）；另一方面是内向的，即按照主体的期望和目的来改变或塑造自身的素质（生理素质和心理素质）。

意志对环境的控制和对自身的控制是密切联系的。这种控制作用是通过对行动的激励和克制来实现的。激励表现为推动人为达到目的而积极行动起来。例如，为了掌握外语，意志推动着人去听外语广播、背单词、寻找资料、从事翻译等等。克制则表现为制止与预定的目的相矛盾的行动。例如，为了掌握外语，意志促进人克制一些不良习惯（喜欢睡懒觉）或放弃某些妨碍他学习的活动（下棋、打牌等）。因此，在具体的活动中，意志对行动控制的激励和克制是互相联系的。为达到预定的目的所采取的行动愈有力，就愈能克制与预定的目的相矛盾的行动；反之，愈能克制与预定的目的相矛盾的行动，为达到预定的目的采取的行动就愈有力。正是通过这种激励与克制的作用，意志实现着人对自身、对环境的控制作用。……

人的意志控制能力有很大的个别差异。有些人能控制自己的行为和情绪反应，在外界压力面前能坚持自己的意见，朝着确定的目标前进，倾向于承担生活中重大事件的责任，而不把责任归咎于环境或命运。有些人不能控制自己的行动或情绪冲动，在实际行动中经常摇摆不定，倾向于把责任归咎于环境和命运，而不愿自己来承担责任。在行为结果的起因方面人与人之间有稳定的差异。可以把人们分为内在控制型和外在控制型的，即相信能够控制环境的人（内控型）和相信被环境控制的人（外控型）。外控型表现突出的人，通常把责任归咎于环境和命运，很少能看到自己的能力或努力与行为后果之间的联系；而内控型的人，自信心强，倾向于自己承担责任，经常感受到自己的能力或努力与行为后果之间的联系。

二、失控

当人遇到有威胁性的情况而自己又无力应付时就会觉得自己对事件失去了控制能力，这就叫失控。自然环境、社会环境以及人世间的生、老、病、死等都有可能成为威胁性的因素使我们失去对事件的控制能力。例如，山洪爆发、交通中断耽误了既定的约会，恋爱中的男女因受家长的反对而不能结合等等。失控的时间有长有短。像考试失利这种失控，时间较短，经过努力可能很快就会消除。而监狱中的死囚，他的失控时间就长了。失控时，人们的反应虽各不相同，但一般都有：①寻找信息；②对环境反应加剧；③产生抗争或消沉等行为反应。

1. 寻找信息。一个人失控后最先产生的反应是渴望得到更多的信息，以形成对所处困境的合适的认识。对更多的信息的需求往往会带来两个后果：一是对环境影响更加敏感；二是对获得信息的加工更粗糙。例如，一个人患了一种自己不懂的疾病时往往想方设法来寻找信息，认识疾病，他对医生和周围人们关于疾病的谈话会特别敏感，对获得信息的理解往往是片面的。如果失控时能获得更多信息，对所处环境可能会有较全面的认识，也可能会找到摆脱困境的出路，从而恢复对事件的控制。

2. 对困境反应的加剧。人在失控时都有恢复控制的倾向。在一个实验(Ovsiankina, M. 1925)中，让被试做简单的作业，如堆积木、数珠子、做粘土手工等，中途以主试叫被试出室外为理由令被试中断作业。等一会儿他们回到了室内，这时所有被试无一例外的都自动重新开始作业（重新开始率为100％）。在另一个实验中，当被试正在进行某种作业的中途令其停止现作业，换做其他作业。这时被试明显的表现出想尽快完成该作业以便重新去做中断了的作业（重新开始率为79％）。即使主试明确禁止，他们仍要完成被中断了的作业。

失控后，如果人对困境事先没有预料到，其消极影响会更大。实验证明，给被试以电击、噪音困扰，其消极反应就会加剧，如肾上腺分泌过多，心率加快，出现紧张焦虑等反应。在另一个实验(Class 85 singer 1972)中，让三组被试分别在无噪音、被试不可控制的噪音和被试可以控制的噪音的实验条件下完成一项作业，结果发现，不可控制的噪音不仅干扰了第一项任务的完成，而且也降低了后一项任务的完成水平；而可控噪音组则不影响后一项任务的完成水平。这说明，失控在困境消失以后，仍会对以后的行为产生不良的影响。

3. 抗争或消沉。失控后的挫折行为反应是多种多样的，最突出的是抗争和消沉两种挫折反应。

当人已有的控制能力或将具有的控制能力被强行取消或受到威胁时就有可能产生抗争（或反抗）反应。引起抗争的主要因素是对结果进行自由选择受到了威胁，而本来可以做的选择被外力取消，或自己将要做出选择时受到外界的压力，这时人们就会抗争或反抗。在失控时，如果人对选择自由的期望越大（认为结果的价值越大），控制能力的取消会影响其他方面的选择自由，则引起抗争的强度就越大。

失控时抗争会引起下列情绪和行为上的反应：（1）产生愤怒、敌意和攻击情绪。如果你夺走幼儿手中的玩具或挡住他前进的道路时，他会产生愤怒、敌意和攻击反应。（2）竭力挽回失去的控制能力。上例中的幼儿会从你手中要回玩具、冲破你的"防线"；受到不公正待遇的成人会竭力抗争、要求公正的待遇。（3）对结果的认识会发生改变。被外力强制取消的选择结果变得更有吸引力，而留下来的结果变得更不合自己的心意。例如，青年男女的自由恋爱如果被外力强制拆散，就会产生上述认识的改变。（4）产生选择自由的象征性恢复。一个人受挫后常常产生各种幻想，以象征的方式恢复失去的控制。

消沉是失控的另一种反应。在很多方面，它正好与抗争相反。抗争会产生愤怒和敌意。并努力挽回失去的自由。而消沉则认为自己已失败并放弃改变困境的努力。消沉常产生于试图努力改变某种不利情形屡遭失败的时候。如果屡次挽回控制力都没有成功，人就有可能停止努力，产生消沉。生活中某一方面的失控所产生的消沉可能会影响到生活的其他方面，在其他的事情上也放弃自己应有的努力，甚至将可控制的事件误认为是不能控制的。消沉还可能造成长期的焦虑和抑郁症。

失控后，人们对挫折的反应有很大的个别差异。有的人坚韧不拔、百折不挠、竭力挽回控制力，以达到目的。有的人失控后便灰心丧气，一蹶不振，以至精神崩溃，行为失常。心理学上把经得起挫折而免于精神崩溃、行为失常的能力，称为挫折容忍力。不少研究表明，失控后产生抗争或消沉与下列一些条件有关：

（1）强内控型者较易产生抗争，而强外控型者较易导致消沉。

（2）过去失控经验少者更容易产生抗争，而经历多次失控者更易引起消沉。

（3）一般失控后容易立即产生抗争，而在抗争中所做的挽回控制力的努力失败之后更容易产生消沉。

（4）长期习惯于有控制力的人（如中年有成就的男性）易产生抗争，而没有什么控制经验的人（如妇女和儿童）在遇见改变不了的困难时则易于放弃。

人生的征途不可能是一帆风顺的，失控、挫折时常有可能发生。因此每一个人都应当自觉地与困难作斗争来锻炼自己的挫折容忍力，使自己成为生活的强者。挫折容忍力是通过与困难作斗争、战胜挫折、消除失控而培养起来的。

——选自黄希庭：《心理学导论》第 578～582 页。

综合练习：

一、概念解释
1. 意志　2. 意志行动　3. 随意动作　4. 动机

二、填空
1. 意志行动可分为_____和_____两个阶段。
2. 意志行动的特征是_____、_____、_____。
3. 意志行动的采取决定阶段包括_____、_____和_____三个环节。
4. 意志在_____中表现出来，和_____相联系。
5. 良好的意志品质包括_____、_____、_____和_____四个方面。

三、选择
1. 缺乏_____的人表现为优柔寡断和草率决定。
A. 自制性　　　B. 坚持性　　　C. 果断性　　　D. 自觉性
2. 人的意志是人_____表现。
A. 有明确目的　　B. 意识的主观能动作用　　　C. 深思熟虑
3. 意志行动的关键环节是_____。
A. 动机斗争阶段　　　B. 采取决定阶段　　　C. 执行决定阶段
4. 魏征曾对唐太宗李世民说："嗜欲喜怒之情，贤愚皆同，贤者能节之，不使过度，愚者纵之，每至所失。"这说的是意志要有_____。
A. 自觉性　　　B. 果断性　　　C. 坚持性　　　D. 自制性

四、判断
1. 意志是人所特有的心理现象，是支配人的行动实现预定目的的主观能动作用的表现。　　　　　　　　　　　　　　　　　　　　（　）
2. 意志是和克服困难相联系的，蜜蜂建筑精巧的蜂房，克服了不少困难，所以蜜蜂具有坚强的意志　　　　　　　　　　　　　　　（　）
3. 常言道："有志者，事竟成"。就是说，人只要有了坚强的意志，万事可成。　　　　　　　　　　　　　　　　　　　　　　（　）
4. 星期六晚饭后，又想去看电影，又想去散步，这是非原则性动机斗争。　　　　　　　　　　　　　　　　　　　　　　　　　（　）
5. 不需要克服困难的行动不是意志行动。　　　　　　　　　（　）

五、问答
1. 意志和认识、情感有什么关系？
2. 试以生活中的事例分析意志行动的过程。

3. 请剖析自己的意志品质。

4. 怎样培养学生优良的意志品质？

第九章　个性与个性倾向性

在前面的章节里讨论了心理过程，揭示了认识、情感和意志活动的一般规律。但是，一定的心理过程总是在具体人身上发生和发展的，其产生和表现又是因人而异，这就构成了人与人之间极不相同的个性心理。从本章起，我们将研究人的个性心理现象。

第一节　个性概述

一、什么是个性

（一）个性概念

我国是世界上最早研究人的个性的国家之一。孔子就很重视研究他的学生的个性。他常说子路有治兵之方，公西华有外交之才。他也曾分析过颜回的聪明好学，曾参的迟钝用功等。他研究了解学生个性的方法基本上是采取观察法，即"听其言而观其行"。目的是为了更好地根据学生的个性进行因材施教。

"个性"一词，在国外最初是指演员所戴的面具，其后指的是演员所扮演的角色。现代心理学一般把个性理解为一个人的整个精神面貌，即一个人在一定社会条件下形成的具有一定倾向的、比较稳定的独特个性心理特征的总和。"人心不同，各如其面"，这句话充分说明了人的个性差异的普遍存在。在一般情况下，个性和人格作为同义词使用。

（二）个性的基本特征

每一个人的个性都具有如下特征：

1. 个性的稳定性。个性不是指一时表现的心理现象，而是指人在较长时期的社会实践中，由于适应或改变客观世界经常表现出来的个性心理。因而个性心理都是比较稳定的。比如一个人处事总是很谨慎小心，循规蹈矩，处事稳重，偶然间也会表现轻率马虎的举动，在这里谨慎稳重是他的个性特征，而不能说马虎轻率是他的个性特征。但这种稳定是相对的，不论是如何稳定的个性，在一定社会的影响和教育下，都会发生一定的变化，具有不同程度的可塑性。在青少年时代这种可塑性更大。

2. 个性的独特性。世界上没有两片相同的绿叶，世界上也没有两个个性完全相同的人。"人心不同，各如其面"，人的心理面貌之不同，就像人们的面孔各不相同一样。由于人的个性是在复杂的社会环境和教育条件下形成的，因而人的个性面貌总是千差万别，无论从结构或是从内容而言都独具风格。即使是同卵双生子，在遗传因素方面可能完全相同，但个性却各有差异，表现出某些个体的色彩。所以，个性具有独特性。

3. 个性的社会制约性。人既包括自然的生物特征，也包括社会的本质特征，而后者是主要的。因为人的个性是作为具有自然生理特征的人在参加到社会关系的历史发展中形成的，因而决定个性发展方向的不是抽象的生物因素，而是现实的社会因素。正如马克思指出的那样，个性"不是人的胡子、血液、抽象的肉体的本性，而是人的社会特质。"① 还指出："人的本质并不是单个人所共有的抽象物。在其现实性上，它是一切社会关系的总和。"② 因而人的一切个性形成与发展都受一定社会生活所制约，具备明显的社会制约性。

二、个性心理结构

个性的结构是指个性所包含的成分。关于个性心理的结构，虽众说纷纭，但根据当前心理科学的研究，它主要是由个性倾向性、个性心理特征、自我意识三个因素构成。

（一）个性倾向性

个性倾向性是个性中的动力结构，是个性结构中最活跃的因素，是个性的潜在力量，是人们进行活动的基本动力。个性倾向性决定着人对认识和活动对象的趋向和选择，它主要包括需要、动机、兴趣、理

---

① 《马克思恩格斯选集》第 1 卷，人民出版社 1972 年版，第 270 页。
② 《马克思恩格斯选集》第 1 卷，人民出版社 1972 年版，第 18 页。

想、信念和世界观等。在这些个性心理倾向中，需要是基础，对其他成分起调节支配作用；信念、世界观居最高层次，决定着一个人总的思想倾向。所以，一个对祖国"四化"建设具有坚定信念的人，在工作中遇到困难时，就能够表现顽强、坚定、迎着困难上的品质。如果缺乏这种信念，则可能知难而退，消极徬徨。

（二）个性心理特征

个性心理特征指一个人身上经常地、稳定地表现出来的心理特点，它是个性结构中比较稳定的成分，主要包括能力、气质和性格，是个性中的特征结构。在个性结构中，它是比较稳定的成分，表明一个人的典型心理活动和行为。个性心理特征，在心理过程中形成，而后又反过来影响心理过程。

（三）自我意识

意识是个体在社会化过程中产生的人所特有的心理现象。自我意识是意识的一个方面，是人对自己这个主体的意识，特别是人我关系的意识，即个体对自己的认识和态度。自我意识是个性中的调节结构，它包括自我感觉或自我观察、自我评价、自我监督、自尊心、自我控制等。自我意识不是生来就有的，它是随着人的社会化过程，逐渐地把自己这个主体从客体中分出来，并且从主客体的相互关系中，认识自己的行为表现、心理活动及个性心理品质等而形成发展起来的。了解并研究青少年自我意识的发展，对于调动他们的自觉能动性和促进其社会化的定向发展，具有重要意义。

以上个性心理的三个因素是互相联系、互相制约、协调进行活动的。人总是凭着他最稳定而强有力的个性心理特征去实现一定的目的、需要，而人在这个变革现实，实现预期目的的过程中，自我意识调节作用是不可缺少的。有时调节自己的需要，以符合社会的需要；有时需要调整自己的行为，以适应目的需要。

三、个性与因材施教

了解和掌握人的个性心理，在教育实践上有着重要的意义。每个学生的个性心理，既是教育的结果，也是教育的前提条件。因此，只有针对学生的不同特点，采取不同的教育措施，才能取得良好的教育效果，这就是因材施教。这里"材"就是学生的个性特点，了解并掌握学生的个性特点，是教育教学时因材施教的主要依据。这样做不但能提高教育效果，而且有利于开发学生的智力，为祖国"四化"建设培养更多的人才。教育家马卡连柯说过：任何教育影响的效果都以它落在什么样的心理基础上为转移。所以，了解掌握学生的个性特点，有的放矢地进行教育，促进学生个性发展是当前教育改革的重要问题之一，这不但能提高教育质量，而且可以防止和消除教育教学上的教条主义和形式主义的不良影响。

由于了解学生个性在教育实践中有这样重大的意义，所以历代教育家都非常重视研究这一问题。孔子就是因材施教的专家。他经常分析学生的个性特点，采用不同的教育方法，收到较好的教育效果。有一次他的弟子仲由和冉求一同去问孔子问题，仲由问：我要明白一个道理是否可以马上照着做？孔子回答：不行，你要回家与父、兄商量一下再做。冉求接着问：我要明白一个道理是否可以马上照着做？孔子回答说：可以，你明白一个道理马上可以去做，不要迟疑。另一学生公西华在一旁疑惑不解地问孔子："两个人问同样的问题，老师为何回答不一样？"孔子说："求也退，故进之；由也兼人，故退之。"① 意思是说：冉求这个学生胆小怕事，遇事总往后退，故我促他一下，鼓励他大胆去做。仲由这个学生，大胆敢干，但做事粗心，所以我缓他一下，让他回家跟父兄商量后再做。这一进一退的做法，就是根据学生不同的个性特点，而采取不同的教育措施，这就是一个典型的因材施教的范例。

四、个体的形成与发展

影响个性形成的因素，主要有先天素质、社会生活条件、教育以及个性的社会实践和个人主观能动性几个方面。

（一）先天素质是个性形成和发展的自然前提

所谓先天素质也叫遗传素质，是指个体的那些生来具有的解剖生理特点。例如，个体的身体构造、形态以及感觉器官、运动器官和神

---

① 《论语·先进》。

经系统，特别是大脑的结构和机能特点。先天素质在个性形成发展中的作用，一是它为个性的形成发展提供了必要的前提，缺少它不行。因而生来就目盲的人不能成为画家，生来聋哑的人绝不能成为歌唱家。二是它为个性的形成发展提供了可能性，因而在一定条件下，凡生理发育正常的人都可以成为具有某种才能、某种品德行为的人。另外，人与人的先天素质存在一定差异性。例如，人的高级神经活动的类型特点是各不相同的，这些差异特点，正是人的个性的不同心理因素的物质基础。先天素质不能决定一个人的个性模式，而只是为个性形成提供了一种潜在可能性，起决定因素的是后天条件，是社会生活条件和教育的作用和个人主观能动性。所以，在个性形成的问题上，否认先天素质作用的理论是不对的，但过分夸大了素质的作用，主张"遗传决定论"，也是错误的。

（二）社会生活条件是个性形成和发展的决定因素

先天素质在个性形成中仅仅提供了必要的前提和可能性，而这种可能性是否能转变为现实性，主要决定于后天的社会生活条件和教育的作用。社会生活条件，主要指社会经济、国家制度、生产关系以及由它决定的生活方式等。在个性形成发展中，社会生活条件的作用有两层含义，从广义说，整个社会生活环境对个性形成发展起着决定性的作用。所以，任何个性都打着社会的烙印，任何个性发展都受着社会的制约。例如，封建社会几千年，很多人的聪明才智被埋没。"四人帮"横行时，不少人个性被压抑。从狭义说，局部的社会生活环境包括家庭、周围环境和人际关系影响等等，对个性的形成发展起着重要的影响作用。俗话说："近朱者赤，近墨者黑。"家庭是社会生活的基本单位。社会物质生活条件，首先通过家庭去影响儿童的个性，家庭成员特别是父母是儿童最早的老师，他们的教育观点、教育态度和教育方法等等对儿童有着潜移默化的作用，儿童在家庭的地位也会在他的个性中打下深刻的烙印。儿童由于受家庭的溺爱，会养成任性、娇气、执拗等不良性格。若家庭民主和睦，管理得法，则儿童易形成独立、坚强、乐观助人、有创造精神的性格。所以不能忽视局部环境对个性形成发展的作用。但我们也不能过分夸大环境的作用，过分了则是"环境决定论"。我们不能脱离先天素质这个自然前提以及人的主观能动性这个内因条件，孤立地谈社会生活条件的决定作用，否则就无法理解这样的事实。高尔基生活在俄国沙皇时代，从小经受磨难，后来竟成了世界文学巨人；鲁迅先生生活在黑暗的旧中国，却成了中国文化革命的主将。所以，在个性形成问题上，对社会生活条件的作用，我们必须有个正确的辩证看法。

（三）教育在个性形成中起着主导作用

社会生活条件对人的个性影响，是自发的和多向的，有时是一致的，有时是相向的。这就可能产生合力或分力，甚至阻力。所以，社会生活条件对个性形成和发展的决定性作用，还得由教育把握其方向。学校教育虽然也是环境条件，但它与一般环境条件不同，它是由一定的教育者，按照一定的教育目的，组成一定的教育内容，并采取一定的教育方法，对受教育者施加的有系统的影响，它是有目的、有计划、有组织的自觉环境影响。所以，教育在个体形成发展中起主导作用。例如，一个人发育器官再好，如果没有音乐教师的培养训练，不学声乐技巧，不认识音乐旋律，就不可能成为优秀歌手。

（四）个体社会实践活动和个体主观能动性，是个性形成和发展的内因

上述个性形成的因素，多属客观的条件与物质方面的因素。而个体在发展中接受这些影响不是消极被动的，而总是通过自己一定的社会实践活动，能动地作用于客观世界。这是个性形成的主观因素，也是内因。在相同的环境和教育条件下，由于人们对待环境教育的态度不同，形成的个性也不一样。14岁的钢琴手毛玮裴，其父母是有名的击剑运动员，从小他的父母就很想培养他继承自己的事业，但毛玮裴对击剑丝毫不感兴趣，而却喜欢跳舞唱歌，后来在一个钢琴教师的指导下，成了著名的钢琴手。所以，学校和家庭对学生施加的影响，必须激起他们的主观需要，使合理的要求变成他们自己的兴趣和求知欲，并以此为动力，积极参加各种实践活动，在活动中锻炼自己的才干，陶冶情趣，发展个性。

总之，个性的形成和发展是一种多因素错综复杂影响的结果。其

中遗传素质是自然前提，是可能性，社会生活条件是决定性因素，教育起主导作用，个体社会实践活动和个人主观能动性是内因。个性正是在遗传素质的前提下，在主体参加社会实践的活动过程中被塑造出来的。

第二节　个性倾向性

个性倾向性是人进行活动的内在的基本动力。在它的影响下，个体按着一定的方向去积极行动，力求达到目的。本节主要介绍需要、动机、兴趣方面的内容。

一、需要

（一）需要的概念

需要是人在一定生活条件下对一定客观事物需求的一种反映，是人对生存和发展所必需的事物的内在要求。它是在人体验到缺乏某种东西的时候产生的，是个性积极性的源泉。比如，人作为生物实体，为了维持生命、延续种系，就有对空气、水分、食物等养料的需求，有求得安全和进行繁殖的客观要求。这些生理要求反映在头脑中，为人所体验，就成了求食、防御和性等基本需要。人又是社会实体，他不能离开群体与社会而孤立地生活。如人想生活得更好，就必须考虑社会的要求：人们在劳动中结成社会关系，进行各种交往，这就有社交要求和参加各种社会活动的要求；为了认识世界，改造世界，人们要学习，要探究宇宙万物，这就有求知的要求，这些要求反映在人脑中就形成了人们的社会需要。每个人都有各种需要，而且人们的需要是日益增长着的，为了满足这些需要，人们就要进行活动，并不断提高活动水平。

（二）需要的种类

人的需要是多种多样的，对于人的需要的分类问题，心理学家们的观点有很大的分歧。我们根据不同的标准，从不同的角度进行下列分类：

1. 根据需要的起源把需要分为生理性需要和社会性需要。

（1）生理性需要。它是有机体维持生命和种族延续所必需的，如饥渴、呼吸、排泄、休息、睡眠、性要求等等。这种需要也叫本能需要，动物也有这种需要。不过人的本能需要和动物有着本质区别，它受社会生活条件和社会道德规范的制约。

（2）社会性需要。它是与社会生活相联系的一些需要，如对劳动、学习、娱乐、交往、自尊等的需要。这种需要是后天获得的，带有社会意义。只有人类才有社会性需要。如果人的这类需要得不到满足，就会产生痛苦和忧虑，降低活动效率，不利于身心健康。

2. 根据需要的对象性质，把需要分为物质需要和精神需要

（1）物质需要。是指人对物质产品的需求，如对衣、食、住等有关物品的需要。在人的物质需要中，既包括生理性的物质需要，也有社会性的物质需要。随着社会生产力的发展和社会的前进，人的物质需要也不断地发展丰富起来。

（2）精神需要。是指人对社会精神生活及其产品的需要。如对知识的需要，对文化艺术、道德、审美的需要等等。这类需要有时也称作认识的需要。它是人学习科学知识、探索自然和社会发展规律的动力。如对美的需要使人努力去美化自己的生活，创造文学艺术，使人的生活丰富多彩。随着科学技术的进步，人们物质生活水平的提高，人对精神的需要会越来越多样化。

上述关于人的需要的分类，仅具有相对的意义，因为需要往往是相互联系的。比如人类对食物的需要既是生理性需要也是物质性需要，同时又具有社会性的成分。满足精神需要往往要有一定的物质条件作为基础，但满足物质需要的同时还必须满足一定的精神需要。因此，这些需要很难截然分开。

关于人的需要的分类在国内外心理学界有各种派别，比较有代表性的是美国心理学家马斯洛（A. H. Maslow）的"需要层次说"。他通过对各种人的观察和对一些人物传记的研究，把人类的需要按其重要性的顺序分为五类，即：最低层是生理需要；中间层是安全需要、爱与归属的需要、尊重的需要；最高层是自我实现需要。（见图9-1）但是，马斯洛把低层次需要和高层次需要割裂开来，认为人类基本需要

必先得到满足，然后才会进一步追求
较高层次需要的满足。马斯洛的需要
层次说没有指出需要的实质及产生的
根源，没有讲清需要与实践的辩证关
系，特别是没有在最高层次中强调为
实现人类理想而献身的需要，而过分
强调了自我，因此成了一种追求个人
发展的需要的自发论。这当然是不可
取的。然而这个理论试图把人的需要

图 9-1　人类需要的层次

分成按层次组织起来。并且提出需要从低级向高级不断发展则是有意
义的，是值得我们参考的。

（三）人的需要的社会性

人的需要是在所特有的社会劳动的基础上产生的，是在一定社会
生活条件下得到满足的，即使是低级的生理需要也要打上社会的烙印。
正如马克思所说："饥饿总是饥饿，但是用刀叉吃熟肉来解除的饥饿不
同于用手、指甲和牙齿啃生肉来解除的饥饿。"人的生理需要随着社会
的发展而发展，而且满足的方式也不同。人的社会性需要与精神需要
也是随着社会的发展而发展的。例如，人的求知需要的物质对象，由
甲骨文、竹简、纸、书本到现代化的电视机、录像机和电子计算机等，
其发展变化是很大的。这些物质的发展变化正如马克思恩格斯所说的
是"工业和社会状况的产物，是历史的产物，是世世代代活动的结果。"
另外，社会性需要与精神需要不仅表现在这些需要随着社会的发展而
发展，而且也表现在不同的社会制度下，不同阶层的人有着不同的需
要。人能有意识地调节自己的需要，人调节需要时，不仅要考虑到外
部条件而且要考虑到社会行为的道德规范。因此，一个人的需要，不
能违背客观可能而"随心所欲"，要考虑到客观条件、社会利益和其他
人的需要，从而合理地提出和满足自己的需要。这就是人的需要的社
会性。

（四）研究学生需要对教育工作的意义

需要在人的心理生活中具有极其重要的作用。它对人的认识活动

具有促进和推动作用，同时也影响着情感和意志的发展。它是个性动力结构的主要成分，对人的心理的产生发展具有内部动力作用。因此，做为教育工作者应当经常分析研究学生的需要，才能摸清他们的思想脉搏，这是预测他们的思想动向、引导他们行为的前提。满足学生各种合理的需要，是激励他们上进的基本手段。例如，学生的求知欲，是他们在社会生活过程中形成和发展起来的最主要的认识倾向和探究的需要，强烈的求知欲是学生学习的动力，教师要善于保护、激发学生的求知欲，以提高学生学习的积极性。另外，后进学生有强烈地得到教师和集体的信任、尊重和关怀的心理需要，满足了他们的这种需要，就可以使他们获得进步的动力。因此，教师对后进学生要采取正面教育，一有进步就予以肯定和鼓励，以提高他们的上进心。

二、动机

（一）动机的概念

1. 什么是动机　　动机是激励人们进行活动的内部原因或动力。动机是在需要的基础上产生的，是需要动力作用的直接体现。人的一切有意识活动都是在动机的驱使下进行的。例如，喝水是由于机体内有渴的感觉而引起的；做家具是为了使用；见到熟人要打招呼是出于礼节的要求；学生努力学习是为了掌握建设祖国现代化的本领等等。这些活动的原因，在心理学上我们称它为动机。

2. 动机与目的　　动机和目的既有区别又有联系。动机是驱使人进行活动的内部动因，说明一个人为什么进行这种活动。而目的则是期望在行动中所要达到的结果。因此，二者是有区别的。

动机和目的又有着复杂的联系和关系。一种情况是活动的动机和目的完全一致。如想当教师，认为教师职业光荣神圣，所以报考师范院校。另一种情况是活动的动机和目的并不一致。具体表现是：(1) 动机相同而目的不同。例如，高中毕业生都一心想考大学，希望早日成才报效祖国。但有的想学工，以从事我国工业建设为目的；有的想学文学，以发展祖国文学事业为目的。(2) 目的相同而动机不同。例如，两个学生都想学建筑专业，一个是为给祖国添砖加瓦，美化城市和农村这个动机所驱使；另一个则为建筑行业挣钱多这个动机所驱使。

　　动机和目的有时可以转化。在一种情况下属于动机，在另一种情况下也可以成为目的。例如，为了实现"四化"，所以勤奋学习，实现祖国"四化"就成了动机。为使祖国繁荣富强尽快进入世界强国之列，就要努力实现四个现代化。在这里，实现祖国现代化又成了目的。

　　3. 动机与效果　　动机属于主观范畴，效果是人进行活动时产生的结果，属于客观范畴。一定动机指导下的活动总要产生某种效果，动机与效果的关系比较复杂，有时一致，有时不一致。正确的动机不一定有好的效果，"好心办了坏事"，就属于这种情况。例如，有的教师为了让学生升入重点学校，辛辛苦苦，加班加点给学生补课，造成学生长期精神紧张、疲劳，学习成绩反而下降。当然，有时不正确的动机也可能暂时有好的效果。俗话说"歪打正着"，指的就是这种情况。因此，判断是非既要看动机，也要看效果。动机和效果统一的基础是实践，实践是检验动机正确与否的标准。

　　(二) 动机的种类

　　人的动机是多种多样的，现根据不同的标准作如下分类：

　　1. 根据需要的种类来划分，把动机分为生理性动机和社会性动机。例如，人因为渴了想喝水，因为饿了想吃饭，为了健康才锻炼身体，这是生理性动机。为了求知需要才读书，为了减轻精神疲劳才娱乐，这是社会性动机。同时，根据动机所追求的对象，也可以把动机分为物质性动机和精神性动机。

　　2. 根据动机的社会意义来划分，把动机分为正确的高尚的动机与低下的错误的动机。在社会主义制度下，那些符合党和人民利益的动机就是正确的高尚的；相反，那些违背党和人民利益的动机是错误的或低下的。

　　3. 根据各种动机所起的作用来划分，把动机分为主导动机和辅助动机。主导动机对活动起着推动支配作用，辅助动机起着次要的辅助性作用。例如，一个三好学生，努力学习的主导动机是为了掌握更多的知识，将来报效祖国。而辅助动机是学习好可以受到老师表扬、同学称赞，可以获得奖学金。

　　4. 根据动机持续作用的时间来划分，把动机分为长远的动机和短暂的动机。前面那个例子，前者是长远的稳固而持久的动机。后者是短暂的动机。如果把这两种动机结合起来，对学生学习活动有极大的推动力。

（三）动机的功能

任何活动都是由动机引起的，动机是活动的动力。因此，动机对人的活动有下列作用：

1. 引发功能。即能引起或发动人从事一定的活动，调动人活动的积极性。

2. 定向功能。即指引活动向一定的目标进行，使人的活动保持一定的方向，并具有稳固性、持久性和完整性。

3. 强化功能。依赖现有的情境和直接的影响，在比较短的时间内，它对活动起强化或减弱（负强化）作用。比如有的学生在班级里学习成绩不好，有时违犯纪律，但他意识到这样会受到老师和家长的批评，他就能提醒自己上课注意听讲，抑制自己不让脑子开小差，从而促进自己努力学习。

由于动机的这些功能直接影响活动的效果，自然也对人的心理活动具有重要意义。它是人心理活动的内部动力，因而研究和分析一个人的活动动机的性质、作用是非常重要的。对教师来说，必须了解学生的活动动机，特别是要了解学生的学习动机和道德行为动机，以提高教育和教学的质量。

三、兴趣

（一）兴趣的概念

兴趣是指一个人经常趋向于某种事物,力求认识参与某种事物,并具有积极情绪色彩的心理倾向。这种倾向具有稳定性，能够较长时间地维持在某种事物上。例如，一个对文学产生兴趣的人，他就会阅读大量文学作品，经常关心报章杂志文学问题的讨论，并积极去思考、研究文学的问题。一个对打篮球感兴趣的人，常常关心篮球比赛的消息并积极参加这项活动。如果一个人，偶尔由于某种事物本身特点而引起对该事物的短暂的关注，不能说这个人对该事物具有兴趣。

兴趣是在需要的基础上,在社会实践过程中形成和发展起来的,它反映人的需要，成为人对某事物认识和获得的心理倾向。例如，人对书籍的兴趣就是由于人对求知的需要引起的。人的需要是各种各样的，人的兴趣也是多种多样。特别是人对精神和文化的需要是产生兴趣的重要基础。由于人的精神和文化的需要随着社会的物质生活条件不断地发展而发展，因而也会促使人的兴趣向更高水平发展。

动机与兴趣两者既有联系也有区别。它们都起源于需要，都是需要的表现形式，但是兴趣是动机的进一步发展。对某一事物产生了动机，未必一定能发展为兴趣，但一旦形成了兴趣，必然有与之相伴随的动机的产生。

（二）兴趣的分类

人的兴趣是各种各样的，可按不同标准加以分类，其主要有：

1. 按兴趣的社会意义划分，可分为高尚的兴趣和低级的兴趣。

2. 按兴趣的内容划分，可分为物质的兴趣和精神的兴趣。

3. 按兴趣的倾向性划分，可分为直接兴趣和间接兴趣。所谓直接兴趣，就是由于对事物或活动本身需要而引起的兴趣；所谓间接兴趣，就是对于事物或活动本身并没有兴趣，而是对事物或活动的结果感到需要而引起的兴趣。例如，有人对学外语背单词感到枯燥乏味，引不起兴趣，但他意识到升大学、考研究生必须外语要过关，因而能支配着自己坚持学习并对外语学习逐渐产生了兴趣，这种兴趣是间接兴趣。

这两种兴趣对于学生的学习都是必要的，它鼓励学生努力学习，提高他们学习的积极性。如果在学习过程中，学生缺乏直接兴趣，会使学习成为一种沉重的负担；没有间接兴趣，又会使学生丧失学习的目标和恒心。因此，直接兴趣与间接兴趣有机地结合，是提高学习效果的重要条件。

（三）兴趣的品质

人的兴趣在广度、深度、稳定性和效能方面所表现的不同特点叫兴趣的品质。

1. 兴趣的广阔性。是指兴趣范围大小而言。有些人兴趣广泛，对什么都感兴趣，琴棋书画样样都乐于探求；有的人兴趣就比较单一，范围非常狭窄。著名科学家钱学森，他的专业是航空工程，但他对铁道机械工程、工程控制论、物理力学、系统工程学、思维科学、哲学也有浓厚兴趣，人称"万能科学家"。

2. 兴趣的中心性。指兴趣的深度。人不可能对所有的事物都抱有浓厚的兴趣，而只是对某些方面特别感兴趣。因此，只有广阔的兴趣与中心兴趣相结合，才能促使人更好地发展。否则什么都知道又什么也不深入，浅尝辄止，博而不专，这样的人很难有重大成就。如果在广泛兴趣的基础上，又有中心兴趣，其他兴趣在这个中心兴趣的支配下都能发挥积极的作用，这才是优秀的品质，才可能在某些方面取得突出的成就。比如，爱因斯坦就是以对物理科学的中心兴趣来统驭其他兴趣的。

3. 兴趣的稳定性。指兴趣的持久与稳固程度。人与人之间差异很大，有的人长期地对他们从事的工作或研究的问题保持浓厚的兴趣，不论在工作中遇到什么困难都能加以克服，因此，在事业上能取得成功；而有的人，兴趣缺乏持久性，见异思迁，朝秦暮楚，一种兴趣还没有巩固又迅速地被另一种兴趣所代替，做事没有恒心。事实证明，这样的人在事业上很难有所成就。

4. 兴趣的效能性。指兴趣对活动产生的效果大小的品质。凡是能促使人积极主动地学习和工作，并产生明显效果的都是积极的有效能的兴趣。相反，兴趣只停留在口头或文字上，只具有一定的企图或愿望，不能推动一个人的学习和工作，不产生任何效果，则是消极的无效能的兴趣。只有产生实际效果的兴趣才是有价值的。

(四) 学习兴趣的培养

学习兴趣不仅使学生渴望获得知识，具有促进学习的作用，而且在学习过程中伴随愉快的情绪体验，有利于产生进一步学习的需要。美国心理学家拉扎若斯（A. L. Lasarus）的研究表明：具有浓厚学习兴趣的学生，其学习成绩与智力高的学生的成绩相比，显出更占优势。也就是说，在学习过程中，兴趣与智力相比，在某种程度上兴趣更为重要。研究是在高中的语文课上进行的，将学生分为两组：一组为智能组，学生的平均智商为120，但对阅读和写作不感兴趣；一组为兴趣组，学生平均智商为107，但喜欢阅读和写作。两组在学期结束时进行同样的测验，结果兴趣组的总成绩优于智能组。兴趣组平均每人阅读 20.7 本课外书，写 14.8 篇论文，智力组平均每人阅读课外书 5.5 本，写 3.2 篇论文。可见，学习兴趣能使学生努力求知，勤奋钻研，乐而不倦，专心致志地学习。老师要爱惜学生已形成的学习兴趣，并采取各种途径和方法培养学生的学习兴趣。

学生对什么样的事情或环境容易产生兴趣呢？这是在着手培养兴趣之前首先应考虑到的，在教育中长期受到人们重视的是：

1. 对过去经历过并获得成功结果的事情易发生兴趣。任何一件事，只要获得成功都能产生满足感并伴随愉快的情绪体验，继而更关心这类事物的发展，并有进一步学习的愿望。例如，学生在英语课上问题答得好，受到老师的表扬，这种情况多次发生后，学生对学英语产生兴趣，对英语老师有好感，进而对其他学科的学习产生兴趣，对学校生活也产生好感。因此，对学生学习上成功的结果应利用各种机会予以承认，使学生得到愉快的体验。另一方面，学习中失败的结果以及不愉快的情绪体验会使学生丧失学习的兴趣，从而疏远老师，厌恶各门学科的学习，甚至对学校生活产生反感。

2. 对抱有成功希望的事情容易发生兴趣。动机作用在实现目标过程中，其强度往往取决于对成功结果的期望。阿特金森以数学公式所列的成就动机模式中，对成功结果的期望就是其中一个变量。因此在学习活动中，制定力所能及的、可以实现的目标是很重要的。

3. 对符合本人能力水平的活动容易产生兴趣。学生能力上存在着明显的个别差异，在同一活动中，常因能力上的差异而造成不同的成败结果，致使学生学习兴趣的程度不一。学生对适合能力水平的活动期望大，获得成功结果的可能性就多，因此，考虑学生的能力差异，指导学生选择适合自己能力的课题，有助于发展学习兴趣。

4. 新颖的、能引起好奇和注意的事物易引起兴趣。学生对事物感到新颖而又无知时，最能诱发好奇内驱力，激起求知、探究、操作等学习意愿。课堂教学中，教材内容要适合学生的年级水平和特点，教材内容过浅，引不起学生的兴趣，教材内容太深，会减低学生的学习兴趣。随着科学技术的迅猛发展，教材的内容要不断地更新和改革，用现代科学的最新知识充实原有的教材。

教育工作者在培养学生的学习兴趣时应注意到：

1. 教育学生明确学习知识的社会意义，是形成学习兴趣的重要条件。

2. 使学生面临实际任务，投入力所能及的活动，运用所学知识解决实际问题，从中体验到成功的愉快和学习的欢乐，是形成学习兴趣的重要途径。

3. 获得某一领域知识和经验，是对该领域产生兴趣的基本条件。对某一领域的知识学习达到一定水平时，才能产生学习兴趣。因此，教师要在教学中有计划地向学生传授基本知识和基本技能，在学生已有经验的基础上，不断地加深和充实新知识，使学生在积累知识的基础上发展学习兴趣。

阅读材料：

浅论个性的形成和发展规律

个性是指一个人在生理和心理素质基础上发展起来的动态结构，也是其心理活动与社会活动相融中表现出来的信念、情操及行为习惯的统一体。研究培养发展学生的个性特长，必须从认识个性形成、发展的规律入手。

一、兴趣是个性发展的引发点

兴趣是指一个人在未来某方面有所成就的"先兆"，很难设想，一个人对某种事业毫无兴趣而会有所成就。兴趣，做为引发点，反映着一个人的某种心理需要。应当看到，当一个人的兴趣升华为志趣时，他对所欲实现的志向目标的投入量就会远远超出兴趣阶段。有的人为了某种事业的追求数年如一日，甚至奋斗终生。例如，有一位班主任老师，为了发展学生的个性，激发学生远大理想，别出心裁，举行了一次化妆理想班会。会前，她将一位女同学扮成一位记者，并鼓励她说："你的表达能力强，文章写得也好，真适合当个记者……"该生很受鼓舞。数月后的一次作文中，该生写道："我的理想是当一名记者，我要用自己的笔向全世界报导祖国母亲的儿女们的辉煌业绩……"四年后，该生竟真以优异的成绩考入吉林大学新闻专业，现在已经成为一名出色的记者了。可见，兴趣、志趣在人的个性培养及发展中是极为重要的。

当前教育的一大弊端是抹煞个性，多数教师习惯于"一言堂"、"满堂灌"，面对心理品质各异的学生采用同一的教学模式，同一的教育手段，不顾学生的兴趣，也不容其对某一特殊问题产生兴趣，一旦产生了，却常常被施以"不要节外生枝"，"不要分散精力"等等的"谆谆教诲"。这种不注重兴趣培养的教学绝对培养不出良好个性发展的学生。所以，抓住兴趣这个个性发展的引发点，是学校教育的大事，也是各学科教师应当共同肩负的职责。

二、抓住个性培养的最佳期是培养、发展学生个性特长的关键

心理学研究表明，能力的发展有它的关键期。比如，2—3岁是发展幼儿口头语言的关键期，4岁以前的幼儿对形象视觉最敏感，5—6岁儿童掌握词汇的能力发展最快，等等。国外发达国家的共性之一是十分重视个性发展、启蒙教育与基础教学，青年时代成才的数量远远超出我国，这不得不使我们反思。应该看到，我们现在实施的死啃书本的应试教育与培养、发展学生的个性特长是完全相悖的。随着教育改革的发展，这种状况已开始改变，但欲求根本改变，必须从抓住个性培养的关键入手，在小学和初中阶段，应给儿童以全面的基础教育，采取多方面的因材施教手段，开展丰富多彩的课外活动，使学生在智力、体力、道德、审美和劳动能力得到全面和谐的发展，从而使学生的个性心理品质也得到充分的发展。现在一些学校开起了课后书法、音乐、美术、舞蹈、航模等学习班。应该说，这是一个好兆头。在个性培养的最佳期，这些不同形式不同内容的特长训练，为培养和发展学生的个性提供了一片沃土，应予以充分的肯定和引起高度重视。

三、健康的体质、良好的心理品质是个性发展的依托

健康的体质是个性发展的物质基础，这是不言而喻的。一个体弱多病的人，不用说发展其个性特长，即使坚持学习也十分困难。良好的心理品质也是个性发展的保证条件。兴趣、爱好、志趣可为个性发展提供动力能源；动机、习惯、意志、毅力可保证动力能源的持久性，并促进其能力的不断增加；抑制力、效率感可缩短个性发展的进程。例如，教育改革家魏书生在扩建自我教育的"工程"中，数年如一日坚持指导学生的两个长跑：一是以培养健壮体魄为目的体育长跑；一是以培养自我教育能力为目的的心理长跑。在校体育运动会上，他的学生几乎获取了所有项目的冠军；在自我教育水平的评估中，所有了解魏书生的专家学者都一致肯定他的学生具备了主动获取知识、主动接受教育，主动管理班级等优秀心理品质，每位学生的个性都得到了相当程度的发展。可见，个性发展的过程是体质、心理因素与智力因素协同作用、相互促进的过程，忽视身体素质和心理素质的提高，个性的健康发展不可能实现。

在我国近几年的教育改革中，对重文化课轻体育课、重智力培养轻道德素质、重智力因素轻非智力因素的倾向已经引起重视,并开始扭转,但仍然远远不够。良好的心理品质的培养也没有到位,远没落实到各科的教学之中。多数学校没有这方面的考核与评估,推出的三好学生实际上只有一好,几乎没有评选的环节,按考试成绩取前几名就行了。这些状况如不改变,发展学生的个性将无法保证。

四、各学科的全面发展,是个性发展的智力基础

个性培养的终极目标是培养、发展学生的创造精神和创造能力,使之成为创造型的人才。创造能力体现为一种高级的智力活动,这种智力活动不仅是以本学科的智力发展为基础,同时也以相关学科的智力发展为基础。这是因为各学科的智力同处一个庞大的系统中,其间既相互联系,又能在各自的发展中相互迁移,相互促进,可以说,有了智力基础,个性发展的速度与质量才有保证。

五、实践是个性发展的必由之路

无论是知识的获取还是能力的形成,都离不开实践。学生的个性发展,也同样离不开实践。考察我国几年前的基础教育,不过是将全面发展停留在口头上,视全面发展为平均发展,视个性发展为单科冒进:应试、唯书,满堂灌、题海战术,师生均疲于奔命。应试教育压抑了学生的个性发展。

个性发展首先是思维的解放,创造性精神的培养,其次是全面发展的基础上的个性特长,即个性能力的发展。学生需要独立思考,独立实践的空间。独立思考本身就是一种实践,是一种思维的自我训练,它常常伴随着对知识的运用与实践同时进行。这就需要从本质上改变学科教学,充分发挥学生的内驱力,尽力提供学习实践条件,开展丰富多彩的课外活动,创造更多的发展个性特长的实践机会。

除此之外,社会生活环境,是学生个性发展的土壤,家庭的教育质量也直接影响学生个性发展的方向。

　　　　　——选自:《沈阳师范学院学报》社科版,1993 年 4 期。

综合练习:

一、概念解释

1. 个性　　2. 需要　　3. 动机　　4.兴趣

二、填空

1. 人的个性具有三个特征:①＿＿＿＿＿＿＿　　②＿＿＿＿＿＿＿　③＿＿＿＿＿＿＿

2. 个性的心理结构是多侧面、多层次的复杂的体系,它主要是由＿＿＿＿,＿＿＿＿,＿＿＿＿三个因素构成。

3. 需要的种类是多种多样的，根据需要的起源把需要分为＿＿＿＿＿和＿＿＿＿＿＿。根据需要的对象性质把需要分为＿＿＿＿＿和＿＿＿＿＿。

4. 根据动机所起的作用把动机分为＿＿＿＿，＿＿＿＿。根据动机持续作用的时间，把动机分为＿＿＿＿和＿＿＿＿。

5. 按兴趣的起因可分为直接兴趣和间接兴趣。直接兴趣就是＿＿＿＿＿＿＿＿＿＿。所谓间接兴趣就是＿＿＿＿＿＿＿＿＿＿。

三、判断

1. 个性倾向性是个性中最稳定的成分，个性特征则是十分活跃的因素。

（　　）

2. 动机与效果关系是一致的，有好的动机就会产生好的效果。（　　）

3. 需要是个性积极性的源泉。（　　）

四、问答

1. 了解和掌握学生的个性特征对教育工作有什么重大意义？

2. 举例说明动机与目的、动机与效果的区别与联系。

3. 个性是怎样形成的？试对影响自己个性形成的因素和进程进行分析。

第十章　能　力

第一节　能力概述

一、什么是能力

能力是指顺利完成某种活动所必需的并直接影响活动效率的个性心理特征。能力是保证活动取得成功的必要心理条件，但不是惟一条件。活动的成功与个性的工作态度、知识技能以及整个个性心理特点都有关系。在其他条件相同的情况下，能力强者容易获得成功。

通常情况下，顺利完成某种活动，需要几种相关能力配合起作用。几种相关的、结合在一起的能力统称为才能。如果一个人的各种能力在活动中达到了最完备的发展和结合，能创造性地完成某一领域的多种活动任务，通常被称为天才。天才是高度发展的才能。

能力总是与活动相联系。一方面，能力总是在活动中形成和发展起来，并在活动中得以表现。另一方面，从事任何活动又必须具有相应的能力。如学习活动需要注意力、观察力、记忆力和思维力等。

二、能力的分类

（一）一般能力和特殊能力

这是按能力所表现的活动领域的不同来划分的。一般能力是指在各种活动中必须具备的基本能力。它保证人们有效地认识世界，即认识能力，也叫做智力。智力包括观察力、记忆力、思维能力、想象力和注意力五种成分。其中核心成分是思维能力。

特殊能力是指完成某种专业活动必须具备的能力。各种特殊能力都有自己的结构。例如，音乐能力包括区别旋律曲调特点的能力，音乐表象能力，节奏感和音色辨别等能力。飞行能力一般包括手脚动作协调、空间定向准确、注意的广度、地标识别和图形记忆等能力。

事实表明，人要顺利地完成某种活动，既需要具备一般能力，又需要具备与某种活动有关的特殊能力。一般能力愈是发展，就愈为特殊能力的发展创造有利条件；在各种专业活动中发展特殊能力的同时，又促进了一般能力的发展。

（二）再造能力和创造能力

这是按照活动中能力的创造性大小进行划分的。再造能力是指在活动中顺利地掌握别人所积累的知识和技能，并按现成的模式进行活动的能力。如学习绘画书法时的临摹，学习作文的套路格式，按照学习的数学定理来解决同一类型题目，主要是依靠再造能力来进行活动的。

创造能力是指在活动中创造出独特的、新颖的、有社会价值的产品的能力。如科学发明、工具革新、小说创作、创造性地解决问题等。创造能力的特点有三：

1. 独特性。见解独特，不循常规，能标新立异。

2. 变通性。能不受定势的约束，举一反三，触类旁通，构思新奇灵活。

3. 流畅性。心智活动畅通无阻，能在短时间里产生大量想法，提出多种答案。

再造能力和创造能力是相互联系的。人们一般先学会再造，然后才能进行创造活动，再造可以说是创造的前提和基础。把能力划分为再造能力和创造能力只是相对的，再造能力中包含有创造能力的成分，创造能力包含有再造能力的因素。在实际活动中两种能力是相互渗透的。

三、能力与知识、技能

能力与知识、技能是紧密联系而又相互区别的概念。

三者的区别在于：知识是人类社会历史经验的概括和总结。技能是由于不断练习而自动化的动作方式。能力则是顺利完成活动所必备的个性心理特征。例如：在篮球活动中，同学们对篮球运动的起源、篮球规则及基本技术理论的了解属知识的范畴；在运动中，同学们传球接球、防守突破、运球投篮等一系列的动作方式是技能技巧的体现；而在比赛时，对双方力量的分析判断，对赛场瞬息万变局势的迅速反应和临时应变，选择谋划战术等属于能力方面的表现。总之，知识是对积累的经验的概括，技能是对一系列行为方式的概括，而能力则是对思想材料进行加工活动过程的概括。

　　能力与知识、技能虽有区别，但又是相互依存和相互制约的。一个人能力的发展直接影响它掌握运用知识和技能的快慢、深浅、难易及巩固程度；另外，知识技能的掌握又是发展能力的基本条件之一，人们正是在学习知识和技能的过程中发展了各种能力。一般来说，知识和技能学握得越多，能力发展就会越快。但是能力和知识、技能的发展又是不完全同步的。两个具有同等知识水平的学生，有的能闻一知十，善于迁移；有的只能照葫芦画瓢，就事论事。同样的考试分数，一个学生可能是思维能力较强的体现，另一个可能是死记硬背的结果。教师不能单纯以掌握知识量的多少和分数的高低来衡量学生的能力水平。因此，教师既要重视知识的传授，又要在传授知识的过程中重视学生能力的培养。

第二节　能力的差异分析

　　人与人之间能力的差异，主要是从能力类型的差异，能力水平的高低及能力表现早晚三方面来分析。

一、能力类型的差异

　　能力类型的差异主要表现在知觉、记忆、思维、想象等心理活动方面。

　　（一）知觉活动

　　根据人们进行知觉时的特点可划分三种类型：

　　1. 分析型。感知清晰细致，有较强的分析能力。

　　2. 综合型。知觉富于概括性和整体性。

　　3. 分析综合型。兼有以上两种类型的特点。

　　（二）记忆活动

　　根据人们进行记忆时的特点可划分四种类型：

1. 视觉型。视觉记忆效果好。

2. 听觉型。听觉记忆效果好。

3. 运动型。有运动觉参与时记忆效果好。

4. 混合型。兼有以上三种类型的记忆特点。

（三）思维与想象

根据人的高级神经活动中两种信号系统谁占优势划分三种类型。

1. 艺术型。这类人第一信号系统占优势。他们在感知方面印象鲜明，容易记图形、颜色、声音等直观材料，言语富有形象性和情绪的因素，想象丰富。他们较容易发展音乐、舞蹈、绘画等艺术活动的能力。

2. 思维型。这类人第二信号系统占优势。他们倾向于逻辑构思、推理论证和抽象概括的思维。有利于发展数学、哲学、物理、语言学等学科的学习和研究能力。

3. 中间型。兼有两种信号系统的活动。在各种心理活动中他们形象的、情绪的因素和抽象、概括的因素得到相对平衡的发展，绝大多数人是属于中间型。

二、能力发展水平的差异

能力发展水平的差异，主要是指智力表现高低的差异。国内外有关的研究表明：智力水平在人口总体中表现两头小，中间大，呈常态分配。即智力极高和极低的是少数，绝大多数人智力处于中等水平。我国心理学工作者对 228 000 名儿童的智力调查结果表明：低常和超常的儿童各占千分之三。

（一）超常儿童

超常儿童是指智力发展或某种才能显著超过同龄人的儿童。（智商一般在 130 以上或某方面有惊人的能力。）

超常儿童一般感知敏锐，观察准确，记忆力强，注意力集中，想象十分丰富，思维灵活概括性强，言语发展较早。有广泛的兴趣和好奇心，求知欲旺盛。学习勤奋有坚持性，而且有强烈的好胜心和顽强的意志。

在教育上需要定向培养天才儿童。现在主要采取的教育方式有：

1．设立天才学校。

2．在普通学校设立特殊班。

3．在普通学校采取特殊措施，如跳级、单独指导等，使他们优异的智力潜力得以充分的发挥。在发展智力的同时也要注意培养他们良好的品德、坚强的意志和强健的身体，使超常儿童身心都得到健康地发展。近十几年来，我国对超常儿童的培养也十分重视，自中国科技大学1978年创办少年班后，全国十多所大学陆续建立了少年班，三十多所小学建起了超常儿童实验班。我国已有几千名超常儿童在不同层次上接受超常教育。但这些儿童仍是极少数幸运者，因此，完善超常教育制度，充分开采人才资源中的"富矿"，为我国的现代化建设造就出一批第一流的人才是教育工作者的重要任务。

（二）低常儿童

低常儿童指智力发展水平显著低于同龄人的儿童（智商＜70）。按程度的不同可分为三级：迟钝（智商在50～69）、愚笨（智商在25～49）和白痴（智商在25以下。）

低常儿童也称弱智儿童，他们主要的心理特征是：感知速度缓慢，笼统不精细，记忆力很差，视觉表象贫乏，言语意义含糊，缺乏连贯性，思维缺乏概括力，计算困难。中度以下和重度的低常儿童还要更差，生活自理都很困难。造成智力低常的原因很复杂，主要有先天因素和后天因素两方面。先天因素又包括遗传和非遗传性的；后天因素如脑疾病、脑损伤和剥夺学习机会等。要保证民族素质的提高必须提倡优生优育，严格禁止近亲结婚，做好孕期保健及早期教育的工作等。

低常儿童虽然表现为学习、生活的障碍困难，但学习上有困难的儿童并不都是智力低常。他们中有的是由于情绪不稳定、注意力易分散造成学习成绩低下；还有的是由于学习态度不端正缺乏坚持性，怕困难等性格上的弱点造成的，不能随便冠以"低常"、"弱智"之名。对真正的低常儿童应给予及时的治疗和训练，并对他们进行一定的特殊教育，培养他们自食其力的能力。杭州大学的心理学工作者曾对杭州市的11名弱智儿童（智商在40～51）进行了两年的矫正，结果"这部分儿童的多数问题得以消除，人际关系有所改善，听课注意力趋于集中，课堂秩序明显好转，学习效果随之提高。为弱智儿童形成健全的人格，顺利参与社会生活奠定了基础。"① 可见对低常儿童的教育是必要而有效的。

三、能力表现早晚的差异

有些人在儿童时期就才智过人，聪明早慧。据我国历史记载，春秋战国时期秦国的甘罗 12 岁出使赵国立了功，拜为上卿。东汉张衡，10 岁能博览群书，对研究天文地理兴趣浓厚，终于成了我国古代历史上最伟大的天文学家，并在数学、地理、机械、文学、绘画和工艺等方面都有独到的成就，他发明的地动仪远在 1800 年前就能测定千里之外的地震。初唐的王勃 9 岁读汉书，13 岁写出著名的《滕王阁序》。白居易五、六岁就可以即席赋诗，15 岁作《原上草》。我国的谢彦波上小学三年级时掌握了初中数学，四年级学习高中数理化，五年级攻读大学解析几何和微积分，11 岁进入科大少年班，21 岁获理论物理学博士学位。在国外，高斯 3 岁就能纠正算账中的错误，7 岁能用等差数列求和公式计算 1 至 100 的和，9 岁能解几何级数求和问题，14 至 17 岁之间就做出了许多重要发现，奠定了现代数学的基础。他们都是早慧儿童的典型。

有些人则在中老年才表现出杰出的能力水平，即大器晚成。如我国的画家齐白石，40 岁才显露出绘画才能；生物学家达尔文 50 多岁才开始有研究成果并写成《物种起源》；蒸汽火车的发明者史蒂芬逊，17 岁还是个文盲，18 岁才开始念书，至 44 岁才制成世界上第一台用蒸汽作动力的火车。

总之，人的能力表现有早有晚。人才早慧是和儿童优异的先天素质，良好的环境教育及儿童本身良好的个性品质分不开的。其中，早期教育，是儿童才智得以早期发展和表现的主要原因。人才晚成的原因也是各方面的，一般和当时的社会制度、自己努力的程度及所攻专业的特点有一定的关系。有人研究统计 301 位诺贝尔奖获得者的年龄，结果表明 35～50 岁是获得成果的最佳年龄区。

---

① 《心理科学》杂志，1994 年第 1 期，第 50 页。

对个体来说他的各种能力形成和衰退的时间也有所不同。一般人的知觉能力发展较早，10～17 岁达高峰期，下降亦较早；记忆力发展的高峰是 18～29 岁；动作及反应速度的高峰年龄也是 18～29 岁。思维能力成熟较晚，大致在 18～49 之间为高峰期，一般在 80 岁以后才有所下降。

第三节　能力的测量

一、能力的测量

准确客观地测定人的能力，对于因材施教、人才选拔、智力缺陷的早期诊断具有重要意义。目前能力测量主要包括智力测量、特殊能力测量和创造力测量三种。

（一）智力测量

智力测量也叫一般能力测量。1905 年，法国心理学家比纳和西蒙编制了第一个智力测验量表，称为"比纳—西蒙"量表，同时测量了 3—15 岁儿童的智力。后来这一量表经各国修订被广泛应用。其中影响最大的是美国斯坦福大学教授推孟于 1916 年修订的"斯坦福—比纳"量表。1924 年，我国心理学家陆志韦发表了他所修订的《中国比纳—西蒙智力测验》。在斯坦福—比纳量表中，推孟首次引用智商（IQ）的概念来表示智力测量的结果。智商是智力年龄与实际年龄之比，为避免出现小数，将商数乘以 100，其公式为：

$$智商（IQ）= \frac{智力年龄（MA）}{实际年龄（CA）} \times 100$$

这种智商称为比率智商，它是以智力年龄随实际年龄的增长为基础的，因此，这一量表被称为年龄量表。

在实际应用中人们发现在达到某一年龄阶段后，智力不再随年龄的增长而继续增长。为此，美国心理学家韦克斯勒提出了一种新的智商计算法，用年龄组的平均分和标准差两个量来确定智商值，称为离差智商。韦克斯勒从 1939 年开始陆续编订了学前儿童智力量表、儿童智力量表和成人智力量表，统称"韦克斯勒"量表。其中两套量表都包括词语和操作两个组，每组包括六个项目，每组的最后一个项目用作补充测验（参见表 10-1）。这种量表被称为项目量表。量表的操作部分可适用于文盲和非英语的被试；两组测验可单独记分也可将两组记分合并起来，这样既能了解被试的某一种能力的特点，又可揭示他智力的全貌。同时韦氏量表采用离差智商不受年龄的限制，使其适用性较广泛，是当前心理学界认为比较理想的量表之一。

表 10-1 韦克斯勒儿童智力量表[①]

词 语 量 表	操 作 量 表
(1) 普通知识 一系列儿童获得的知识范围内的问题，避免专门的知识。	(1) 填图 缺少了某一部分(如一个猫的胡须)的图片。
(2) 一般理解 解释在一定情况下应当做什么和为什么这样做。 例如："为什么用砖盖房子比用木料好"？	(2) 图片排列 展示几套图片给儿童，让他重新编排故事。
(3) 算术 不用纸或铅笔解决简单的、口述的算术问题。	(3) 积木图案 用积木照摆主试所演示的图样。
(4) 找出事物的相似点 例如，"一架钢琴和一个小提琴在哪些方面相似？"	(4) 物体装配 让儿童装配卡片纸板的智力玩具。
(5) 词汇解释 把难度逐渐增加的词说给儿童听或写给儿童看，要他说出每个词的意义。	(5) 代码配对 代码替换测验，用数字与符号配对。
(6) 数字广度 用呈头呈现的数字表，让儿童复述（顺着或倒过来复述）。	(6) 迷宫 呈现八个印好的迷宫，儿童必须用铅笔追索正确的出口。

因为科学的测验远胜一般的观察，智力测验目前得到广泛使用。如临床诊断、心理咨询、教育评价，特别是在学校使用，可以了解学生的学习潜力，发现超常和低常儿童，便于因材施教；此外，也可用于

[①] 张德主编：《心理学》，东北师范大学出版社 1989 年，第 309 页。

理论研究，如收集材料、建立和检验假设、实验分组等。不过，由于智力现象极为复杂，目前智力测验尚不能提供出完全准确无误的指标；应当把定量分析和定性分析结合起来，取长补短，相得益彰。把智力测验全盘否定或者认为绝对可靠的看法都是片面的，智力测验是决策的必要辅助工具，但不能单纯依靠它来确定一个人的发展和"命运"。

（二）特殊能力的测量

这种测量用于测定人们从事某种专业活动的能力。要进行特殊能力测量，先要对这种活动进行分析研究，找出它所要求的心理特征和能力结构，然后根据这些心理特征列出测验项目，进行测验。例如对音乐能力测验，以西肖尔提出的一种较为著名。它认为音乐可以包括音乐感觉能力、音乐的动作能力、音乐的记忆与想象能力、音乐的智力、音乐的情感六个方面，列出六个项目方面的测验，分别测量音高、音强、时间、节律、记忆、和谐等方面的能力。其他如运动能力测量可以从运动的精确性和速度、完成活动时手指和手的灵活性，视觉和运动的协调性等方面设计测验。文学能力测量可从鲜明直观的形象记忆、丰富的想象力、美感的发展水平、语感及对人心理世界的认知能力等方面测验。数学能力测量可以从对数学材料的概括能力、使数学运算过程的简化能力、思维过程的可逆性能力、演算题目时思维过程的灵活性等方面测验。此外还有美术、机械、飞行、管理、侦查等特殊能力的测量。

特殊能力测验主要用于选拔某种专业人才并预测他们今后的职业成就，使各个部门对现有工作人员的能力提出要求和进行训练，在教育上可以及时发现有特殊专业才能的儿童以便专门培养。

（三）创造力测量

美国的心理学家吉尔福特分析了许多智力测验，发现他们主要测量的是认知和辐合思维的能力，而创造性活动虽然需要辐合思维，但更需要发散思维的参与。因此，创造力的测量应测试被试的发散思维水平。1962年盖策尔斯和杰克逊根据吉尔福特的思想设计了一套由五个项目组成的创造力测验。

1. 语词联想测验。要求被试对"螺钉"或"袋子"之类的十分普遍的词尽可能多的下定义，由定义的数目及定义的种类来评分。

2. 物品用途测验。要求被试对一个"砖块"或"牙签"之类的普通物品尽量地说出它的用途，按所说用途的数目及首创性来评分。

3. 隐藏图形测验。让被试看一张印有各种图形的卡片，要求找出其中的隐蔽图形，按所找出的图形的复杂性及隐蔽性评分。

4. 寓言测验。要求被测对缺少结尾的几个短寓言加上三个不同的结尾："道德的""诙谐的"和"悲伤的"。根据结尾的数目、恰当性及独创性评分。

5. 组成问题测验。给被试呈现几篇复杂的短文，每篇短文中包含一些数字说明，要求他们按照已知的材料尽可能多地组成各种数字问题，根据问题的数目、恰当性、复杂性及独创性来评分。

研究表明，创造力与智力是两种不同而又具有一定程度相关的能力。吉尔福特等学者研究认为：一定水平的智力是创造力高度发展的必要条件，智力太低（有认为 IQ 至少在 100 以上）会阻碍创造力的发展；但智力又不是创造力高度发展的充分条件，智力高的人创造力不一定也高。理想的状况是高智力和高创造力的有机结合。明确创造力和智力的这种关系，对于教育工作是有意义的：我们既不能以智力的培养代替学生创造力的训练，也不能孤立地抓创造力训练而忽略对学生一般智力的培养。

能力的测量是一项十分严肃、复杂的工作，为了使测验结果可靠和有效，测验的编制、施测、评分及对分数的解释，都必须遵循严格的程序，切忌乱编滥用，以免产生不良社会后果。

二、智力测验应具备的条件

智力测验是心理测验的重要方面，智力量表的编制要求可靠性程度高——即信度高，有效性程度高——即效度高。为此，题目的选择有一定的技术性的要求，并还要放到一个标准化的足够大的样本中去求得常模，常模的标准尺度是解释测验分数的主要根据。

另外，施测条件的标准化及评分的标准化，也是搞好智力测验的重要条件，测试主持人必须经过专门训练和学习。

（一）效度

效度是一个测量能够测量出它所要测量的东西的程度，即测量结果与测量目标的符合程度。效度是作为一个科学测量工具所必备的重要条件。任何测量工具，无论其他方面有多好，如果效度太低，测量的结果不是它要测量的东西（如用英语试卷测量学生的数学能力），那么，这个测量将是无价值的。

由于心理现象本身的特点，心理测量的效度尤为重要。心理属于精神方面的东西，目前人们还无法直接观察它，只能通过一个人的行为模式或者对测量题目的反应，来推论其心理特质。如智力水平主要是借助于个体对一些问题的反应及正误等结果来推断的。一个测量的结果与它所要测量的东西的关系越间接，效度就越重要。

（二）信度

信度是指测量结果的前后一致性程度。它反映测量工具的稳定性和可靠性。如一个测量对同一个人施测多次，多次测量的结果基本相同，则可认为这个测量是稳定可靠的，即信度较高。反之，如某个测量对某个学生多次施测，每次测量的得分变化不定，则说明这个测量的信度较低。

效度与信度的关系非常密切。效度是对测量结果准确性的估计，信度是对测量的一致程度的估计。信度不高的测量肯定是无效的。但信度高的测量并不一定效度高，而效度高的测量必须要求信度高。

（三）常模

各种标准化的心理测验都常用常模来比较和说明分数。常模是某种具有相同特征的团体在测验中得分的平均水平。确定常模需要两个步骤：第一，选择有代表性的测验对象样本团体；第二，对样本团体实施测验并计算测验平均分数。

常模是在测验时取得的某个常模团体的平均分数，因此常模是不固定的，而是随时改变的。时代在前进，教育在发展，个体的心理水平也在不断发生变化，有些过去求得的常模今天未必适用。因此，常模具有时间性。

同时常模也具有空间性，在一个地域辽阔的国家中，各地的情况有所不同，在某地获得的常模不能直接用于其他地区。

（四）施测程序与记分的标准化

按照标准化的方法步骤、一致的指导语进行测验，这使不同的主试者在同一个测验上所得的分数可以比较。根据常模可以对一个人的得分做出好、差的评价。因此，在测验手册中应写明指导语，并清楚地表明如何发卷收卷、如何答题、如何控制时间，还要规定评分标准，评分要客观、准确、经济、实用。一个合格的主试要认识到严格遵守指导语的必要性，按测验手册规定的标准程序进行测验。主试要把对记分进行校对作为必要的一环，因为不正确或不准确的评分会使测验分数失去价值。

第四节　能力的形成和培养

一、早期教育是能力早期发展的决定条件

瑞士心理学家皮亚杰指出，人的智力发展的关键是从出生到 4 岁。关键期指某种心理发展的最佳年龄期。美国心理学家布鲁姆认为：如果把 17 岁达到的智力水平比作 100%，那么 50% 是在 4 岁前获得的，80% 是在 8 岁前获得的。研究证明，儿童从出生到 5、6 岁是大脑发育的最迅速时期，因此要发展智力就要抓紧早期教育，我们前面讲到的许多早慧儿童，都是早期精心培育的结果。早期教育对于那些被认为"迟钝"的儿童也是必要的。如德国的卡尔•威特，8、9 岁能说六国语言，通畅一般自然科学知识，尤其擅长数学。9 岁考入莱比锡大学，14 岁便被授予哲学博士学位，两年后又被授予法学博士学位。小卡尔生下来反应迟钝，是他的父亲老威特按照自己的早教观点对他进行了踏踏实实的早期教育，使孩子成为优秀的人才。如果没有早期教育，即使有最优秀的先天素质也无济于事，推孟和其他心理学家的研究都表明，早期能力的发展对儿童以后能力的发展和事业的成就有较大相关。

二、加强知识和技能的学习是培养学生能力的基础

能力是在掌握和运用知识、技能的过程中得到发展的。如在语文课的学习中，主要通过听、说、读、写的各种练习，培养和发展了理

解力、语言表达能力、记忆力、材料的组织能力。通过数学知识的学习，可以使我们的概括力、空间想象力、计算能力、判断和推理的能力等得以发展。可以说，天文、地理、哲学、美学、建筑、机械、物理、化学等任何一门学科，都是训练人的智能的一套形式不同的体操。教师应在讲授自己本学科知识技能的同时，尽力启发学生思考，培养各种能力。

三、社会实践活动是培养学生能力的基本途径

只有参与实践活动才能发展能力，生活中长期从事某一专业劳动能促使人的能力向高度专业化发展。染色工人的颜色辨别能力强，音乐工作者的音乐听觉能力强，就是实践活动的结果。

有的学生知识学得很牢固但能力较差，主要是因为参加实践活动较少。教师组织和引导学生参与各种活动，像文艺体育活动、文学社团活动、自然科学考察和各种创造性活动等，都能使学生在读书听讲之余，实际运用书本知识，亲身体验有关理论，并在成功和失败中积累经验，从而发展成为知而多能的人。如果总是懒于或怯于参与实践活动，那么，永远也不会成为能力强的人。

四、兴趣、爱好和勤奋是学生能力发展的内部动力

人们对某种活动的兴趣和爱好往往是他参与活动的内部原因。兴趣与爱好吸引人们在活动过程中把注意力及全部智力倾注于活动的对象上，从而产生紧张而愉快的情感和积极而坚强的意志力，最终达到提高活动效率、发展相应能力的目的。勤奋的性格特征对能力的发展有重大意义，因为能力的形成是一个比较长期的学习和锻炼过程，"驽马十驾，功在不舍"，只有孜孜不倦地勤奋学习才能形成能力。俄国杰出的化学家门捷列夫说得好："终身努力，便成天才。"

五、教师应坚持正确的观点，促进学生能力的发展

首先，教师应该认识到，在能力发展上每个学生是不可能齐头并进的，但任何儿童都有其能力潜在力量和独特之处。教师可以通过观察、测验等方法了解不同学生在智力、特殊能力及创造力等方面的差异，从而因材施教。其次，教师不应歧视在某些能力方面有缺陷的学生，教师要承认任何儿童都可能发展某种活动需要的能力，要鼓励他

们树立信心，扬长避短，因此，在能力的培养上，教师既要一视同仁，又不能平均对待，采取适当的方法使学生长善救失，人尽其材。苏霍姆林斯基说："孩子们往往正是在那些能够充分发挥其才能，显示其力量的领域里做出成绩，然后从这些成绩里汲取精神力量来克服自己某个方面，其中包括某门课程成绩低劣的弱点。因此，教师的任务首先在于发现学生身上最好的东西，发展它，不用大纲的框框去约束它，鼓励学生独立工作，支持他的创造精神。"①

阅读材料：

人才成长的大学阶段

大学阶段是人才成长的极为重要的阶段。大学阶段里人才成长有什么规律可循呢？怎样才能学得更好些、成长得更快些呢？

一、打好宽厚的基础，建立适当的知识结构

金字塔和摩天大楼之所以能巍然屹立，是由于建筑在坚实的地基上，而不是建筑在松软的沙滩上。现代尖端科学技术的发展，是建立在雄厚的基础理论上，而不是凭空产生的。今天的大学生，将来要成为各类专家、科学家及各种有用人才，这就要从现在起重视基础课的学习，必须有适当的知识结构。

现代科学技术发展有两个重要特点：一是学科之间的渗透、交叉、分化、综合日多；二是知识更新的速度日快。这就要求大学生应该具有宽厚、扎实的基础知识。但是，有些大学生片面地认为，高等学校是培养专门人才的，所以对专业课的学习很重视，而忽视基础课的学习和基本技能的训练。结果由于基础课学得不扎实，到了高年级时，专业课也学不好。应该看到，高等学校培养大学生，犹如钢铁厂生产原材料阶段，而不是成品阶段。优质的原材料，才能加工优质的成品，因此，大学生在学校里是打基础阶段。基础打好了，将来才能提高专业学习质量，才能成为优秀人才。

大学生必须有较宽厚的知识，这在国外早已引起重视。美国大学本科一般只设系而不分专业，要求学生学好基础理论和基本技能，文科要学点理、工，理、工科要学点文。比如麻省理工学院要求学生获得三百六十个学分，其中人文和社会

---

① ［苏］A·苏霍姆林斯基：《要相信孩子》，第100页。

科学占七十二学分，学生任选课占八十一学分，这样培养出来的学生，具有"基础厚、知识面广、适应性强、后劲足"等特点。我国高等学校大多数是单科性的，而且专业分得过细，文、理、工、医截然分家，学生的知识面比较狭窄。这个问题已引起教育部门和高等院校的重视，正在着手调整和改革。因此，每个大学生要看到这个弱点，不能满足于专业知识和课本知识的学习，应该注意扩大自己的知识面，注意学习现代科学文化的新知识、新成果。高年级学生，要经常阅读本学科本专业的外文书刊，这样既能提高外语水平，又能吸收最新科技知识。有条件的同学，还可以根据自己的需要以及将来发展的方向，选学一些其他课程。

另外，还要看到，高等学校主要是培养研究人才、应用人才、教师和管理人才的。这四部分人才，以及各类不同专业的人才，知识结构是不尽相同的。每个人应根据自己的特点和培养目标，建立适当而合理的知识结构。比如学自然科学的，要有较强的逻辑思维能力；学文学、艺术的，要有较强的形象思维能力；理工科大学生要有较强的科学实验能力。师范院校的学生，将来要做教师，对他们的知识结构又有特殊要求：除专业知识外，还要有教育学、伦理学、美学、心理学等方面的知识以及一定的演说能力、组织能力。如果在大学阶段学到较扎实的基础知识，有了较合理的知识结构，将来就能较快地成为有用的人才。

二、处理好学习知识与培养能力的关系

大学阶段是学知识的阶段。一个人学握知识的多少、深浅，是能不能成才的重要因素。知识是无穷尽的，人的生命和精力毕竟有限，任何有才能的科学家也只能学握知识长河中的一小部分。因此，大学生应该特别讲究学习知识的方法和效果。有些同学只注意分数，学习为考试、测验所左右，情绪因分数高低而波动，为了追求全优，整天捧着课本硬背，不敢越雷池一步。实践证明，这样做效果并不好。大学阶段，大部分人都有了比较明确的专业方向，都有了一定的兴趣爱好，因而在学好基础课的前提下，到了高年级应该有一个主攻方向，应该发挥自己的智能优势，发展自己的兴趣、专长，以求在某些领域内钻研得深一些，不要对各门功课平均使用力量。

大学生不仅要有厚实和宽广的知识，还要有较强的能力。一般说来，人的知识多，有助于能力的增强，但是知识还不等于能力。知识和能力不是成正比的，也就是说，知识多不一定能力强。相反，一个人的能力越强，越能有效地吸取知识和发挥知识的作用。所以，大学阶段必须十分重视培养自己的能力。一个人的能力包括获得知识的能力和运用知识的能力两个方面，具体说来有自学能力、观察能力、思维能力、分析能力、表达能力、组织能力和研究能力等。这里只讲一下自学能力和研究能力的重要性。

自学能力是获得知识最基本和最重要的能力。有人统计，在大学阶段学得的知识，五年后有 50% 以上将陈旧，大量新知识的获得主要靠自学。所以，大学阶段要特别注意自学能力的培养。大学生要养成自学的习惯，能独立查阅文献资料和参考书、工具书。

研究能力，是自学能力、观察能力、分析能力和基本操作能力的综合效应。大学生尤其是高年级大学生，应该积极参加科学研究。没有研究能力的人，就不能将所学知识运用于实践。我们有些高等学校偏重于向学生灌输知识，学生也偏重于吸收知识，但是却忽视了能力的培养和训练。这是导致大学毕业生普遍存在"平而不尖"状况的因素之一。因此，从学校来说，要逐步改革教材和课程设置，压缩课时，改进教学方法，为学生创造培养能力的良好条件；从学生来说，要跳出课本知识的框框，积极参加科研活动，先从小课题、小设计搞起，然后再搞难度较大的研究题目，即使失败了，也能得到锻炼，得到教益。

——选自杨德广：《成才之路》，中国广播出版社

综合练习：

一、概念解释

能力　才能

二、填空

1. 一般能力就是人的_____能力，也叫作智力。它包括_____、_____、_____、_____和_____，其中_____是核心成分。

2. 能力的个别差异一般表现在①_____、②_____、③_____三个方面。

三、选择

1. 逻辑推理严密、论证有说服力、抽象概括能力强的人属于_____。

　　A. 艺术型　　　　B. 思维型　　　　C. 中间型

2. 世界上第一套智力测验量表是_____编制的。

　　A. 韦克斯勒　　　B. 比纳—西蒙　 C. 巴甫洛夫　　　D. 吉尔福特

四、判断

1. 教师的语言表达能力、驾驭教材能力、组织管理能力属于一般能力。

　　　　　　　　　　　　　　　　　　　　　　　　　　　　（　　）

2. "高分低能"就是说学习成绩越高，能力发展越差，因此知识的学习和能力发展毫不相干。

　　　　　　　　　　　　　　　　　　　　　　　　　　　　（　　）

五、问答

1. 举例说明教师在教学中如何处理传授知识和发展能力的关系。

2. 结合实际谈谈如何培养学生的能力？

第十一章 气质与性格

在研究个性问题时，除了研究个性的倾向性和能力特征外，还应该研究个性的气质特征和性格特征。

第一节 气 质

一、什么是气质

在现实生活中，我们经常可以看到，有的人做起事来精力充沛、生龙活虎、干脆利落，有的人举止安详、不紧不急、慢慢腾腾，有的人脾气暴躁、感情冲动、风风火火，有的人多愁善感、感情脆弱、郁郁寡欢。这些人与人之间的不同"脾气"、"秉性"，正是气质的具体表现。在心理学中，我们把每个人在心理活动中所表现出来的独特的比较稳定的动力特征，称之为气质。所谓心理活动的动力特征，是指心理过程的强度（例如，情绪体验的强度、意志力的强度）、速度与稳定性（例如，知觉的速度、思维的灵活程度、注意力集中时间的长短）以及心理活动的指向性特点（有的人倾向于外部事物，从外界获得新印象；有的人倾向于内心世界，经常体验自己的情绪，分析自己的思想和印象）等方面在行为上的表现。气质特征表现在心理活动的各个方面，突出地表现在情感和行为过程中。这些特征不是表现在一时一事中，而是在许多情况下都会表现出来的一贯性特征。它仿佛使人的全部心理活动都染上了个人独特的色彩。属于某种气质类型的人，常常在内容很不相同的活动中都显示出同样性质的动力特点。例如，一个学生具有安静迟缓的气质特征，这种特征会在学习、工作、娱乐等各种活动中经常地表现出来。

个人的气质特点不依活动的内容为转移，它表现出一个人生来就具有的自然特性。这是因为气质较多地受个体生物组织特性的制约，具有较大的稳定性，即所谓的"江山易改，秉性难移"。个体一出生，就具有由生理机制决定的某种气质萌芽。我们可以观察到，新生儿有的爱哭闹，四肢活动量大；有的则比较安静，较少啼哭而活动量小。这种先天的生理机制构成了个体气质的最初基础，并在儿童的游戏、作业和交往活动中表现出来。同时，由于成熟和环境的影响，在个体生长发育过程中气质也会发生某种程度的改变。例如，在集体的熏陶和责任心支配下，脾气急躁的人可能会变得较能克制自己；行动迟缓的人，可能会变得行动迅速敏捷。因此，一个人的气质虽然具有较大的稳定性，但也具有一定的可塑性，是稳定性和可塑性的有机统一。

二、气质的类型

气质是一个很古老的概念。早在公元前五世纪，古希腊医生希波克拉底就认为，人体内有四种体液：粘液、黄胆汁、黑胆汁和血液，由于这四种体液在各人身体中的比例不同，而产生了不同的行为表现和气质特点。后来古罗马医生盖伦继承了这种体液学说，并把人的气质分为胆汁质、多血质、粘液质和抑郁质四种典型类型。

气质一词在希腊语和拉丁语中原意都是比例、关系的意思。利用体液比例解释气质类型是缺乏科学根据的，但是气质和四种气质类型的名称却为许多学者所采纳并沿袭下来，至今仍被人所采用。

人们认为，四种典型气质类型的特征主要是：

（一）胆汁质

胆汁质的人，在情绪方面，无论是高兴还是愤怒，体验都非常强烈，反应迅速，感情明显外露，言语激烈、动作有力而又不易控制。智力活动具有极大的灵活性，但理解问题有粗枝大叶的倾向。在行动上生机勃勃，工作表现顽强有力，但不太讲究方式，易急躁。概括地说，胆汁质的人以精力旺盛、易于冲动、反应迅猛为特征。整个心理活动笼罩着迅速而突发的色彩，具有外倾性。

（二）多血质

多血质的人，情绪易表露也易变化，体验较强。易于接受新事物，思维灵活，反应迅速，注意力容易转移。易适应变化的生活环境，喜欢交往，但易轻率。

概括地说，多血质的人以活泼好动、敏捷善感、灵活多变为特征，具有外倾性。

（三）粘液质

粘液质的人，情绪兴奋性不强，心理比较平衡，变化缓慢，善于克制自己，情绪不易外露。他们喜爱沉思，注意稳定而转移困难，对任何问题都需要较多时间的考虑，对已经习惯的工作往往表现出很高的热情和毅力，不易适应新环境。

概括地说，粘液质的人以安静稳重，忍耐沉着，反应迟缓为特征，具有内倾性。

（四）抑郁质

抑郁质的人，情绪体验深刻，有高度的敏感性，很少表露自己的感情，但对生活中遇到的波折容易产生忧郁的情感，而且持续时间较长。善于观察和体验一般人所觉察不出的事物的细微差别。很少表现自己，不喜欢与人交往，有孤独感。

概括地说，抑郁质的人是以情感深刻稳定、细致敏感、缄默迟疑为特征，具有内倾性。

在古今中外的文学作品中，我们经常可以看到对这四种气质类型的典型人物的生动描述，在日常生活中也会遇到每一种气质类型的典型代表人物。但这样的人毕竟是少数，大多数人的气质或近似于某种气质类型，或是几种气质类型中某些特征的混合。

三、气质与高级神经活动类型

关于气质的生理基础，古今中外学者曾给以不同的解释。除了希波克拉底的体液说之外，我国古代流行以阴阳五行学说对人的气质进行说明；现代西方有些学者致力于用体型说来解释人的气质差异；日本学者古川竹二则用血型来解释人的气质类型。这些理论虽然有某些可取之处，但都未能对人的气质做出全面的科学的说明。

巴甫洛夫关于高级神经活动类型与特性的研究，对气质的生理机制提出了比较有说服力的解释。

关于神经系统类型的概念是巴甫洛夫早在1909—1910年期间第一次提出的。后来，他又详细论述了高级神经活动的各种特性和判定方法。他指出，大脑皮质的神经过程（兴奋和抑制）具有三个基本特性：强度、均衡性和灵活性。

神经过程的强度是指神经细胞和整个神经系统的工作能力和界限。在一定的限度内，神经细胞的兴奋能力符合于刺激的强度：强的刺激引起强的兴奋，弱的刺激引起弱的兴奋。兴奋过程强的动物对于强烈刺激仍能形成条件反射，已经形成的条件反射也能继续保持；而兴奋过程弱的动物对于强烈的刺激就很难形成条件反射，当刺激强度增加到一定限度时，就会出现超限抑制。抑制过程较强的动物对于持续较久的抑制能够忍受；而抑制过程较弱的动物在这种情况下就可能导致抑制过程的破坏，甚至引起中枢神经系统的病理性变化。

神经过程的均衡性是指兴奋和抑制两种神经过程间的相对关系。均衡的动物兴奋过程和抑制过程的强度是相近的。不均衡的动物表现为或兴奋过程占相对优势，抑制过程较弱，或抑制过程相对占优势，兴奋过程较弱。

神经过程的灵活性是指兴奋过程和抑制过程更迭的速率。它保证有机体能适应外界环境的迅速变化。其表现为：各种条件反射的更替是迅速或是缓慢，是容易或是困难。巴甫洛夫根据高级神经活动的上述三种基本特征的不同组合，把动物的高级神经活动分为四种类型：兴奋型、活泼型、安静型和抑制型，并且认为，他所划分的四种高级神经活动类型，在人身上与古希腊人提出的四种气质类型是相对应的（见表 11-1）。因此可以说，巴甫洛夫关于神经活动类型的学说，揭示了气质类型的神经生理机制。

四、气质研究对实践活动的意义

（一）气质在活动中的作用

气质是个人心理活动的稳定的动力特征。个人的各种心理活动，如认识活动、情绪活动和意志活动中都会表现出他固有的气质特点，使其个性具有一定的独特色彩。

那么，如何评价气质在人们实践活动中的作用呢？

首先，气质不能决定人的价值观、不能决定人的个性倾向性的性质，它仅使个性带有一定的动力色彩。具有不同价值观、理想、信念的人也可能具有相同的气质特征；具有相同价值观、理想、信念的人也可能具有不同的气质特征。

表 11-1　　　　　　　　高级神经活动类型与气质

高级神经活动类型及特性				气质类型
类型	强度	平衡性	灵活性	
兴奋型（不可遏止型）	强	不平衡（兴奋占优势）		胆汁质
活泼型	强	平衡	灵活	多血质
安静型	强	平衡	不灵活	粘液质
弱型（抑制型）	强	不平衡（抑制占优势）		抑郁质

其次，气质本身没有好坏之分，每一种气质类型都有优点和缺点。例如，多血质的人情感丰富，反应灵活，易接受新事物；但是这类人情绪不稳定，精力易分散。胆汁质的人直率热情，精力旺盛，反应迅速有力，但是脾气急躁，易于冲动。粘液质的人安静稳重，善于自制、忍耐，但对周围事物冷淡，反应缓慢。抑郁质的人情感体验深刻而稳定，观察敏锐，办事细致，认真，但过于多愁善感，行为孤僻，反应迟缓。每一种气质类型的人都有可能在事业上取得成就。据前苏联心理学家的分析，俄国四位著名文学家就是四种气质类型的典型代表：普希金属胆汁质，赫尔岑属多血质，克雷洛夫属粘液质，果戈里属抑郁质。我们不能以一个人的气质宿命地预测他在事业上的成就。

当然，气质也不仅仅是影响活动的动力，而且还可能影响活动的效率。以记忆的效率为例，研究表明：识记材料的数量多、难度大，神经系统强型的人比弱型的人效果要好；神经系统强型的人记忆大量的无意义音节效果较好，而弱型的人记忆大量有意义的文章效果较好；在动觉记忆方面，对于不复杂的任务，弱型的人比强型的人记忆要好；而在复杂情境中，强型的人比弱型的人记忆要好。正因为每一种气质类型都有优缺点，而且还有可能影响活动的效率，因此，如何使不同气质的人能适应工作的客观需要，就成了心理学研究的一个课题。

（二）气质与职业活动

气质与职业活动的关系表现在两个方面：一方面是要使个人的气

质特征适应于职业活动的客观要求，另一方面在选拔人才和安排工作时应考虑个人的气质特点。

社会实践活动是多方面的，不同性质的工作对人的气质有不同的要求。因而无论是从个人还是从用人单位的角度出发，在进行双向选择的时候，都应充分考虑到气质的特征和工作性质之间的关系是否协调，这对充分发挥每个人的潜力和提高工作的效率都有积极意义。

气质具有一定的职业适应性。据研究，胆汁质和多血质的人，更适于做迅速而反应灵活的工作；粘液质和抑郁质的人，更适于做细致而持久的工作。气质特征为一个人从事某种工作提供了有利条件，如飞行员、宇航员、消防队员、特定项目的运动员、企业领导、教师、推销员等职业，对人们的气质有一些特定的要求。虽然不同气质的人只要发展相应的能力和性格都能适应于某种工作。但是，选择适合于这些职业要求的某种气质特征的人，将更容易发挥其长处，缩短训练时间，甚至防止事故发生。因此，有许多职业对人们的气质特征，进行着事实上正式的或非正式的、明显的或模糊的选拔与淘汰。

（三）气质研究对教育工作的意义

作为教育工作者，了解学生的气质特点，对于做好教育工作，培养学生的优良个性，具有重要意义。

首先，掌握学生气质的特点和规律，有利于加强对学生的个性教育。任何一种气质类型，都有积极的一面和消极的一面。教师了解学生的气质特点，可以在教育工作中按照其特点，利用积极方面塑造优良的个性品质，并防止其个性品质向消极方面发展。例如，对多血质类型的学生要严格其组织纪律，让其有参加多种活动的机会，培养他们稳定的兴趣，让他们克服粗心大意、虎头蛇尾和轻率浮躁的缺点，引导他们向活泼热情、灵活机智方面发展。

对胆汁质类型的学生进行教育时，既要触动思想，又要避免触怒他们。在发展他们坦率热情、开朗刚强品质的同时，培养他们的意志力和自控能力，以引导他们向生气勃勃、勇敢顽强品质方面发展，防止他们出现任性粗暴，狂妄自大的消极品质。

对粘液质类型的学生，要让他们多参加学校或班上的集体活动，引导他们积极探索新问题，生动活泼、机敏地完成任务，培养他们工作踏实顽强、自制稳重等品质，防止他们向墨守陈规、谨小慎微、刻板冷漠等不良品质发展。

对抑郁质类型的学生要多给予关怀和帮助，避免在公开场合指责他们，要鼓励他们前进的勇气，培养他们敏锐、机智、自尊、自信等优良品质，防止疑虑、怯懦、孤独等消极品质的发展。

其次，可依据学生的气质特征进行知识、技能教育。任何一种气质类型的学生，在同样的学习活动中，都可以取得好成绩。在这里，气质是作为学生学习活动的动力形式而起作用的，它决定着学生掌握知识技能的过程的特点和智力活动的方式。可以说，学生的气质特征是我们因材施教、因势利导地指导学生学习和掌握知识技能的依据之一。例如同是课堂预习，对不同气质类型的学生应该有不同的要求。对于胆汁质、多血质的学生应该更注重于抓他们课堂学习时的兴趣和注意力，因为他们可以轻松愉快地接受新知识，过多地预习可能会使他们中的某些人，上课时有自以为会的思想而不求甚解或过分表现自己，影响听课效果。对于这类学生更要注意培养他们思维的深刻性。而对于粘液质、抑郁质的学生应强调课前预习，因为他们接受新知识比较困难和迟缓。这样上新课效果会非常明显，再辅之以课后复习，他们对所学内容会有更深刻的理解。

教师不仅要根据学生的气质特点因势利导、因材施教，而且还要教育学生正确剖析自己气质的特征，加强行为的自我修养，克服自己气质的消极面，发扬其积极因素，使每一个学生的个性都得到健康发展。

第二节　性　格

一、什么是性格

日常生活中，有的人懒惰，有的人勤奋；有的人正直，有的人自私；有的慷慨大方，有的吝啬小气；有的谦虚谨慎，有的骄傲狂妄；有的人赤胆忠心，见义勇为，有的人心术不正，见利忘义等等。这些不同的心理特征正是人的性格的差异。那么什么是性格呢？性格就是在一个人身上表现出来的对现实稳定的态度和习惯化了的行为方式方面的个性心理特征。

在国外心理学文献中，"性格"一词在希腊语中的意思是"雕刻的痕迹"或"戳记的痕迹"。这个概念强调个人的典型行为表现和由外部条件决定的行为方式。

人在活动的过程中，客观事物的种种影响，特别是社会环境的影响，通过认识、情感和意志活动在个体身上保存并固定下来，构成一定的态度体系，并以一定的形式表现在个体的行为之中，构成个人所特有的行为方式。因此，性格是个人在活动中与特定的社会环境相互作用的产物。它具有以下几个特点。

1. 性格是在社会实践中形成的，具有明显的社会性。这也是性格特征与气质特征的主要差别。性格的社会性一方面表现在它是在后天社会生活实践中产生和发展起来的，特别是儿童早期的生活经验往往对性格的形成具有重要影响；另一方面表现在人们对性格特征的评价过程中，都很重视其社会的价值取向。对有些中性的特征（如豪放、忠诚、细致）也不能孤立的评价，而要视其社会价值取向的性质而定。例如，同样是忠诚，如果对人民事业忠诚的话，就是英雄；而对反动势力忠诚的话，则是走狗。不同的价值取向是构成一个人的性格的重要因素。我们不能抽象地谈论性格问题。

2. 性格是人对事物的惯常的态度与行为方式，它具有相对的稳定性。在分析一个人的性格特征时，不能仅看其一时一事的表现，而要看他的一贯的态度和特征。稳定性是指经常表现出来的特性，性格的稳定性是由一个人的态度与人格结构的稳定性决定的。例如，一个人处理事情通常很果断，偶尔地表现出优柔寡断，那么优柔寡断就不能看作是此人的性格特征。而果断则是他的性格特征。

3. 性格是后天形成的，它具有较大的可塑性。性格特征是在一定的社会历史条件下，在一个人的长期生活历程中逐渐形成的，它既经形成就比较稳固。但是，性格具有稳定性的特点，并不排斥性格的可变性。因为现实生活是十分复杂的，人们之间的交往也是纷繁多变的，作为人的生活历程的反映的性格特征，也必然随着现实生活的变化而发生一定程度的变化。个体生活中经历的重大事件往往给性格打上深深的烙印，而环境和实践的重大转折变化也会在相当程度上改变人的性格。不过，性格的改变不是一朝一夕的事，它需要经过较长时期的实践锻炼。

4. 性格是个性的核心特征。个性作为一种整体结构包含着许多方面的因素和特征。这些因素或特征都在性格中表现出来。例如，个性的倾向性可以表现在性格的倾向之中。个性的气质特征也会为人的性格特征增加一种特殊的动力色彩，并在某些性格特征中反映出来。个性的能力特征也能在性格中表现出来并对性格的形成有着重要的作用。同时，人们的性格特征也与人的认识活动，情感活动和意志行为密切相关，反映这些心理过程的特点。因此，性格是个性的集中表现和核心的特征，掌握了一个人的性格特征就等于抓住了这个人的个性链条的核心。

二、性格与能力、气质

（一）性格与能力

性格和能力是个性心理特征中的两个不同侧面，它们有着严格的区别，但又同是在一个人统一的实践活动过程中发展起来的，也存在着相互影响和相互制约的关系。

首先，能力的形成和发展受性格特征的制约。优良的性格特征能促使能力的形成和发展。例如：认真、勤奋、热忱、谦逊、坚定、严于律己、责任感、事业心等优良性格品质，都能促使能力的形成和发展，因为能力的形成和发展是与克服困难，有组织地工作，首创精神等密切联系的。观察表明，智力发展水平的高低与学生的坚韧和自制力水平的高低成正相关。同时，优良的性格特征也往往能够补偿某种能力的相对不足。俗话说："勤能补拙"，"笨鸟先飞早入林"，就是说勤奋这种性格特征，能补偿能力上的某些缺陷。但是，不良的性格特征，如马虎懒惰，对事业淡漠，敷衍塞责，狂妄自大等则会阻碍能力的发展，甚至使能力衰退。

其次，在多种能力的形成和发展的过程中，促使相应的性格特征也发展起来。历史上有突出成就的人才，一般都具有乐观开朗、信念坚定、意志坚强的性格。例如，政治活动家、科学家、作家、艺术家，虽然活动的实践领域不同，但他们都具有高度发展的能力和坚强不屈的性格。鲁迅不仅是伟大的文学家，而且是伟大的思想家和革命家。他既敏锐地洞察到了旧社会的一切弊病，具有高度的才能和创造力，而且在同反动派斗争的过程中铸成了"横眉冷对千夫指，俯首甘为孺子牛"的高尚品格。人们高度发展的能力和才能往往是与优良的性格特征相联系的，能力发展、丰富着一个人的性格特征。

（二）性格与气质

在日常生活中，我们有时对人所表现出的某些性格特征和气质特征往往很难区分，性格和气质在某些特征上存在着相互重叠、渗透和交融的现象。但这并不意味两者是等同的，气质和性格是个性结构中既有区别而又紧密联系在一起的两个概念。

性格与气质的区别主要表现在下列三方面：第一，从起源上看，气质更多地受个体高级神经活动类型的影响，一般产生在个体发生的早期阶段，主要体现为神经类型的自然表现。性格是后天的，在个体的生命开始时期并没有性格，它是人在活动中与社会环境相互作用的产物，反映了人的社会性。第二，从可塑性上看，气质的变化较慢，可塑性较小；性格的可塑性较大，环境对性格的塑造作用是明显的。第三，气质所指的典型行为是它的动力特征而与行为内容无关，因而气质无好坏善恶之分。性格主要是指行为的内容，它表现为个体与社会环境的关系，因而性格有好坏善恶之分。

性格与气质又是密切联系，相互制约的。先从气质对性格形成的影响上来看，首先，气质会影响个人性格的形成。气质作为性格形成的一种变量在个体发生的早期阶段就表现出来。有些婴儿喜欢哭或笑，有些婴儿安静，另一些婴儿很好动，这些气质特征必然会影响父母或其他哺育者的不同行为反应，一个人的性格就是在这种不同性质的教育和社会环境的相互作用的过程中逐渐形成的。其次，气质可以按照自己的动力方式，渲染性格特征，从而使性格特征具有独特的色彩。例如，同样是乐于助人的性格特征，多血质者在帮助别人时，往往动作敏捷，情感明显表露于外，而粘液质者则可能动作沉着，情感不表露于外。第三，气质还会影响性格特征形成或改造的速度。例如，要形成自制力，胆汁质的人往往需要作极大的努力和克制；而抑郁质的人则比较容易形成。再从性格对气质的影响来看，性格也可以在一定程度上掩盖或改变气质，使它服从于生活实践的要求。例如，侦察兵必须具备冷静沉着、机智勇敢等性格特征，在严格的军事训练实践活动中，这些性格特征的形成有可能掩盖或改造着胆汁质者易冲动和不可遏止的气质特征。

总之，性格和气质是密切联系的。在实际生活中，人们往往很难把性格和气质这两类心理特征严格地区分开来。这是因为人具有生物—社会性。人的发展是生物因素和社会因素相互作用的结果。我们不能排除生物因素来看待性格的形成和发展，也不能排除社会因素来看待人的气质。不过，为了研究工作的需要和学习的方便，我们把气质和性格适当地加以区分还是必要的。

三、性格的类型

性格的类型是指一类人身上所共有的性格特征的独特结合。由于性格现象的极端复杂性，在心理学中至今还没有一个公认的、有充分科学根据的性格分类原则。心理学家们曾以各自的标准和原则，对性格类型进行分类，现将几种有代表性的观点举例说明如下。

（一）以心理机能来确定性格类型

英国心理学家 A. 培因和法国心理学家瑞博特等提出，依据理智、情绪和意志三种心理机能何者占优势，来确定性格类型。他们把人的性格划分为理智型、情绪型、意志型。理智型者依据冷静的理性思考而行事，以理智来支配自己的行动。情绪型者行为举止易受情绪左右，凭感情办事。意志型者目标明确，行为主动。除了上述典型的类型外，还有一些中间的类型，如理智——意志型等。

（二）按心理倾向划分性格类型

瑞士心理学家 C.G. 荣格以人的心理活动的指向性为依据，把人的性格分为内倾型和外倾型。外倾型的人心理活动倾向于外部，经常对外部事物表示关心和有兴趣，性情开朗活泼，情感外露，不拘小节，善于交际。内倾型的人心理活动倾向于内心，较少向别人显露自己的思想，沉静、多思、谨慎、顾虑，适应环境困难，交往面窄。荣格还指出，多数人并非典型的内倾和外倾，而是介于两者之间的中间型。

（三）以某种或某些典型的性格特征划分

以这种方式来划分性格类型的比较多。例如，奥地利心理学家阿德勒根据个体竞争性的不同，来确定人们的性格类型：优越型和自卑型。优越型者特别好强，遇事不甘落后，总想胜过别人。自卑型者遇事甘愿退让又不与别人竞争，有很深的自卑感。

也有人根据人们在时间匆忙感，紧迫感及好胜心等特点上的差异，将性格区分为 A 型性格和 B 型性格。A 型性格者时间感特别强，常同时做或思考两件不同的事；老想把工作日程排得越满越好，总是闲不住；信不过他人，总想亲自动手；争强好胜，效率高，易激动，缺乏耐性等。B 型性格者表现为悠闲自得，不爱紧张，一般无时间紧迫感；不喜欢争强好胜，有耐性、能容忍等。

（四）按个体独立性程度划分性格类型

根据人感受外界事物时，受所处情境的影响程度，把人的性格分为顺从型和独立型两类。顺从型的人，社会敏感性高，易受外界影响，适应环境快，易与人相处，但缺乏主见，独立性较差。独立型的人不易受外来事物的干扰，他们具有坚定的信念，独立性强，在人际关系中能自立，有主见，不盲从，自信沉着，但社会敏感性差，行事刻板，易固执己见。

四、性格的结构

性格是十分复杂的心理现象，它包含着心理活动的各个侧面，具有各种不同的性格特征，这些性格特征在不同的人身上，都以一定的独特结合而成为有机的整体。分析性格结构的各种特征和各个侧面，有助于我们加深对个体性格的认识。人们一般从四个方面分析性格的结构。

（一）对现实态度的性格特征

人对现实的态度体系是性格的最重要组成部分，在人的性格结构中处于首要的，核心的地位。属于这方面的性格特征主要是指个人对

社会、对集体、对他人、对自己以及对待学习、工作、劳动的态度中
所表现来的性格特征。在对社会、对集体、对他人的态度中所表现出
来的性格特征，有善交际、孤僻、正义感、正直、诚实、狡诈、虚伪、
同情心等等；在对自己的态度中所表现出来的性格特征，有自信、自
强、自尊、自负、自卑等等；对待学习、工作、劳动的态度中所表现
出来的性格特征，有勤奋、懒惰、认真细致、马虎、粗心大意、首创
精神、墨守成规、勤俭节约、挥霍浪费等。

　　人对社会、对集体、对他人、对自己的态度以及对待学习、工作、
劳动的态度是相互联系的。例如，对别人的态度可以影响人对自己的
态度；对集体的态度可以影响对集体劳动的态度等。在多种性格特征
中，对社会、对集体所表现出来的性格特征决定着人对其他事物的态
度。例如，对社会有高度责任感、义务感者通常为人正直、诚恳，对
工作认真负责等等。

　　（二）性格的认知特征

　　性格的认知特征，是指人们在感知、记忆、想象和思维等认识过
程中所表现出来的个别差异。这些差异在一个人的完整的性格中具有
一定的意义。在感知方面表现出来的性格差异，有被动感知型（易受
环境刺激的影响，易受暗示）、主动观察型（自己有主见且不易被环境
刺激所干扰）、详细罗列型（特别注意细节）和概括型（更注重事物的
一般特征和轮廓）等等。在想象活动中表现出性格上的差异，有幻想
型和现实型，主动想象型（力图用想象打开自己活动的领域）和被动
想象型（以想象来掩盖自己的无所作为）等等。在思维活动中也表现
出来性格上的差异，例如有独立思考型和盲目模仿型等等。

　　（三）性格的情绪特征

　　性格的情绪特征是指人们在情绪的强度、稳定性、持续性和主导
心境等方面表现出来的个别差异。有的人情绪活动一经引起，就比较
强烈，很难控制，仿佛整个自我都被情绪笼罩和支配着；有的人情绪
体验比较微弱，总是冷静地对待现实，容易用意志来控制情绪。有的
人情绪往往容易起伏、波动，时而激动，时而平静；有的人情绪一般
不容易起伏变化，甚至遇到较重大的事件也看不出情绪上的波动。有

的人情绪活动持续时间比较长且影响深刻；有的人情绪活动稍现即逝而印象肤浅。有的人主导心境总是振奋愉快的，有的人总是抑郁、沉闷等等。上述几方面的差异，构成了性格的情绪特征。

（四）性格的意志特征

性格的意志特征是性格的重要组成部分之一。性格的意志特征可以从以下四个方面进行分析。

1. 表现一个人是否具有明确的行为目标。例如，是具有明确的目的还是盲动蛮干，有主见还是易受暗示等。

2. 表明人对行为自觉控制水平方面的特征。例如，是否有主动性，是否有自制力等。

3. 在紧急或困难条件下表现出来的特征。例如，是沉着镇定还是张惶失措；是果断、勇敢还是优柔寡断、胆小怯懦等。

4. 在经常和长期的工作中表现出来的特征，例如，是有恒心，坚韧不拔，还是半途而废，缺乏坚持性等。在评价和培养性格的意志特征时，必须要考虑到它的内容。因为性格的意志特征是受人的理想、价值观制约的。

五、学生性格的培养

人的性格不是天生的，而是在后天的生活实践中逐渐形成的，它反映着一个人的生活历史。在性格形成的过程中，家庭、学校、社会环境和个体自我教育的作用是十分重要的。因此，对学生性格的培养应注重以下几方面的作用。

（一）家庭的作用

家庭是构成社会的基本细胞，也是人生第一个社会环境，在一个人性格的形成中具有特殊的作用。社会的需要、社会的意识及社会道德规范等，一开始就是通过家庭中的人际交往影响儿童的。这种早期教育的影响有着特别重要的作用，父母是儿童第一任老师，家庭是人生的第一个学校，对于一个没有任何生活经验的婴儿来说，早期的刻印作用像建筑的奠基工程一样影响着个体一生性格的发展。

儿童对待事物的态度和行为方式，直接来源于家庭父母的影响和教育。

首先，家庭的社会地位、生活条件、生活方式，会给孩子产生巨大的影响。在艰苦环境中长大的孩子，容易形成吃苦耐劳的性格；生活在养尊处优环境中的小孩子，很容易受到娇惯和纵容，从而养成好逸恶劳、依赖性强的性格。不过，家庭环境的影响必须通过儿童自身的实际经验和实践活动才能起作用。

其次，家长的性格和思想作风，以及父母对子女的期望都影响孩子性格的形成。在家庭生活中，孩子们总是自觉或不自觉地以自己的父母作为学习的榜样，父母也总是按照自己的希望或"理想的模式"去培养孩子的。他们通过言传身教、赏罚褒贬以及经验的总结和传递，塑造着儿女的性格。例如，岳飞的母亲期望儿子"精忠报国"，并在岳飞的背上刺下了这四个字，这种慈母的期望对岳飞性格的形成有着巨大的作用。

另外，家庭教育的方法也影响着儿童性格的形成。许多研究表明，儿童的性格不仅来源于对他人的模仿，而且来源于父母的教育方式。过分严厉、专断的教育方法，往往会使孩子变得胆怯、拘谨，甚至会出现不诚实和说谎的性格；过分的纵容、溺爱，会使孩子任性、骄气；民主型的教育方法则会使孩子形成率直、诚恳和热情的性格特征（见表11-2）

表 11-2　　　　　**父母亲教养方式与儿童性格之间的关系**

父母亲的教养方式	儿 童 性 格
支配性的	消极、顺从、依赖性、缺乏独立性
溺爱的	任性、骄傲、利己、缺乏独立精神、情绪不稳定
过于保护的	缺乏社会性、依赖、被动、胆怯、深思、沉默、亲切
过于严厉的（经常打骂）	顽固、冷酷、残忍、独立；或者怯懦、盲从、不诚实、缺乏自信心、缺乏自尊心
忽视的	妒忌、情绪不定、创造力差，甚至有厌世、轻生情绪
民主的	独立、直爽、协作的、亲切的、社交的、机灵的、安全、快乐、坚持、大胆、有毅力和创造精神
父母意见分歧的	易生气、警惕性高；或有两面讨好、投机取巧、好说谎的作风

（二）学校的作用

学校是儿童生活的另一个社会环境，它是由家庭走向大社会的过渡时期。学校教育的目的就是按照社会的需要有目的、有计划、有组织地对学生施加影响，把他们培养成社会所需要的各种各样的人才。因此，培养健全的人格和良好的性格是学校教育的一项重要任务。学校对学生性格的影响主要表现在以下几个方面。

1. 学校是一个模拟的"小社会"，同时又有别于一般自发的社会影响。这里有一定的组织形式、受过严格训练的教育者以及经过选择的活动内容，又有人际关系、规章制度、社会舆论、奖励与惩罚等社会因素的作用，在这个"小社会"中生活势必会形成一定的态度、掌握一定的行为方式和方法，因此，学校教育对学生性格的形成有着积极而重要的影响。

2. 学校是一个文化内容丰富的场所，利用人类所创造的文化财富哺育学生，是学校工作的重要内容。因此，人类的文化成果对学生人格和性格的影响，在学校教育中表现得特别明显。

3. 学生集体，也影响着性格养成。学校中的基本组织是班集体，还有少先队和共青团组织，他们是有共同的目的、共同的活动的有组织、有纪律的群体，也是学生学习集体生活的大课堂。学生集体对学生有着统一的要求和集体舆论的压力，这是一种无形的巨大的教育力量。一般情况下，群体成员总是极力要求与集体的态度保持一致，这对塑造他们的性格是很重要的。但学生集体的教育作用完全取决于集体生活的实际状况。良好的集体可以培养学生良好的性格，而不良的集体则有害于学生良好性格的形成。

4. 教师在学生性格形成中起着非常重要的作用，特别是在学生中有威望的教师的影响是不可估量的。当然，学生并不一定模仿某个教师的所有性格特征，但是教师的性格往往会在学生的性格上打下深深的烙印。而且，儿童年龄越小，这种潜移默化的作用越显著。因此，每个教师应当加强自身的修养，真正起到为人师表的作用。

（三）社会环境的作用

这里所讲的社会影响主要指社会风气或社会风尚的影响。所谓社会风气或社会风尚是指社会上普遍流行的爱好、风气和习惯。这种社会风气或社会风尚通过各种媒体和渠道影响学生的爱好、道德评价和行为习惯的形成。其中目前最有影响的媒体有电影、电视、各种读物、音像制品以及计算机网络，而计算机网络的影响作用将越来越大。如果这些媒体宣传和提供的内容是健康的、积极的、引人向上的，则会激发学生丰富的情感和想象，引起他们强烈的模仿意向并付诸行动，经过反复的行为实践就会巩固下来，从而成为他们性格的一个组成部分；反之，如果这些媒体宣传和提供的内容是不健康的、有害的，甚至是反动的，那么，就可能使学生形成消极的思想感情和性格，甚至会诱使他们走上违法犯罪的道路。教育工作者和学生家长都应该在这一方面加强对学生的指导，使学生能形成优良的性格。

（四）自我教育的作用

在性格形成中起重要作用的是个体自己的实践活动和自我意识的发展，随着年龄的增长，个体对现实的态度与行为方式越来越多地受到自我意识的控制，形成性格的自觉性也越来越高。有的心理学家把性格的形成分为三个阶段：第一阶段是学龄前儿童所特有的、性格受环境的影响而发展的阶段。这时儿童的行为直接取决于具体的生活情境的作用，家庭的影响特别明显。第二阶段是学龄初期和学龄中期，这是形成比较稳定的性格特征的阶段。第三阶段是学龄晚期，这是随着自我意识的成熟和世界观的形成而形成自觉的、稳固的性格特征时期。教师应当帮助学生认识自己性格中的缺陷，指出培养良好性格的正确途径，教给学生自我培养性格的有效方法，并不断地鼓励、强化学生进行性格的自我教育、自我培养和自我改造。

第三节　人格测量

一、什么是人格测量

人格测量是指对人的个性中智力外的其他部分的心理测量，是心理测量的一种。主要用于测量性格、气质、兴趣、情感、态度、信念、价值观、人际关系等与社会行为有关的各种心理特征的测量。由于人格内涵复杂，目前对人格结构及分类尚无统一定论，加上人格是动态的而不是静态的，因此人格测量较困难。各种人格测量由于所依据的人格理论不同，采用的测量方法也各异，主要有自陈法和投射法。

二、人格测量主要方法

(一)自陈量表法

人格自陈量表是一种对人格所作的客观测量的工具。它包括许多描述人格的项目，要求被试选择答案，从而把自己的人格特点陈述出来。人格自陈量表的编制有多种设计类型。目前我们最常见到的有以下两种。

1. 以经量建构的量表

这方面最有名的要算明尼苏达多相人格量表（简称为 MMPI）。它是一种多用于检查各种不同的心理疾病和人格障碍的测量工具，其测量的基本方式是，将被试的反应与已知患有某种心理疾病的人反应相比较。测量的是 10 种病理倾向：疑病症，忧郁症，癔病、病态人格，男——女性倾向，偏执狂、精神衰弱、精神分裂、轻躁狂、社会内向，共 566 个问题。下面是 MMPI 的一些问题，要求被试在每题后的"是"、"否"或"?"（表示无法肯定）三种答案中圈选一项。

①我早上醒来觉得睡眠充足，精神爽快……………… 是　否　?
②我易被声音闹醒 ……………………………………… 是　否　?
③我喜爱阅读报上关于犯罪的文章………………… 是　否　?
④我的手脚经常很温暖……………………………… 是　否　?
⑤有时我的思想飞驰得快，使我都来不及讲出来…… 是　否　?

2. 以因素分析建构的量表

卡特尔十六种人格因素测量（简称 16PF），它是美国个性心理学家卡特尔教授经过多年的潜心研究编制出来的，目前该量表在世界各国广为流传。卡特尔认为，人格是由十六种各自独立的特性因素所构成（见表 11-2），而每一种因素与其他各因素的相关度极小。这十六种因素在一个人身上的不同组合，就构成了一个人不同于其他人的独特人格面貌。

表 11-2　　　　　　　　**卡特尔十六种人格因素**

符号	A	B	C	E	F	G	H	I	L	M	N	O	Q₁	Q₂	Q₃	Q₄
名称	合群性	聪慧性	稳定性	特强性	兴奋性	有恒性	敢为性	敏感性	怀疑性	幻想性	世故性	忧虑性	实验性	独立性	自律性	紧张性

该量表共 187 个题，下面是一些例题，要求被测者在每题后的三个答案中选择出最符合自己情况的一项。

①在接受困难任务时,我总是:A. 有独立完成的信心;B. 不确定;C. 希望有别人的帮助和指导。

②我的神经脆弱,稍有点刺激就会使我战惊:A. 时常如此;B. 有时如此;C. 从不如此。

③我喜欢从事需要精密技术的工作:A. 是的;B. 介于 A、C 之间;C. 不是的。

④在需要当机立断时,我总是：A. 镇静地应用理智;B. 介于 A、C 之间;C. 常常紧张兴奋。

16PF 测量的对象年龄要求在 16 岁以上。中国修订版的常模有三个：高中生、大学生和普通人。

16PF 测量的结果可以反映出一个人的十六种人格特质的发展状况。如果画一剖面图（见表 11-3），则更为直观。除此之外，这十六种因素中，某一些因素的组合还可构成次元人格因素;适应与焦虑性;内向与外向性;感情用事与安详机警性;怯懦与果断性。另外，还可以推出一个人的心理健康、成就和创造力等因素特征。

表 11-3　　　　　　　　**十六 PF 剖面图**

低分者特征	标 准 分		高分者特征
	1　2　3　4　5　　6　7　8　9　10		
缄默孤独	·　·　·　·　·　A　·　·　·　·　·		合群外向
迟钝、学识浅薄	·　·　·　·　·　B　·　·　·　·　·		聪慧、富有才识
情绪激动	·　·　·　·　·　C　·　·　·　·　·		情绪稳定
谦虚顺从	·　·　·　·　·　E　·　·　·　·　·		好强固执

续表

低分者特征	标　准　分										高分者特征
	1	2	3	4	5	6	7	8	9	10	
严肃审慎	•	•	•	•	• F	•	•	•	•	•	轻松兴奋
权宜敷衍	•	•	•	•	• G	•	•	•	•	•	有恒负责
畏缩退却	•	•	•	•	• H	•	•	•	•	•	冒险敢为
理智、注重实际	•	•	•	•	• I	•	•	•	•	•	敏感、感情用事
信赖随和	•	•	•	•	• L	•	•	•	•	•	怀疑刚愎
现实、合乎常规	•	•	•	•	• M	•	•	•	•	•	幻想、狂放不羁
坦白直率、天真	•	•	•	•	• N	•	•	•	•	•	精明能干、世故
安详沉着、有自信心	•	•	•	•	• O	•	•	•	•	•	忧虑抑郁、烦恼多端
保守、服膺传统	•	•	•	•	• Q$_1$	•	•	•	•	•	自由批评、激进
信赖、随群附众	•	•	•	•	• Q$_2$	•	•	•	•	•	自主、当机立断
矛盾冲突、不明大体	•	•	•	•	• Q$_3$	•	•	•	•	•	知己知彼、自律严谨
心平气和	•	•	•	•	• Q$_4$	•	•	•	•	•	紧张困扰

　　人格自陈量表属于纸笔测量，它的优点是实施简便，评分也一定，容易数量化或绘制人格剖面图。其缺点是，被试在回答问题时容易受社会期望的影响或隐瞒自己的缺点，同时被试对自己性格的认识也不一定是正确的，因而会影响测量的效度。

　　（二）投射法

　　投射测量就是向被试呈现模棱两可的刺激材料（如墨迹或不明确的人物图片），要求被试解释其知觉，让他在不知不觉中将其情感、态度、愿望、思想等投射出来。人格的投射测量主要有主题统觉测验和墨迹测验。

　　1. 主题统觉测验　主题统觉测验（简称 TAT）是美国心理学家默里和摩根（Murray，H. A. & Morgan，C. D. 1935）创制的。它由 30 张图像和一张空白图片组成，图像多数是人物也有一部分风景。每张图像都相当模棱两可，可以做种种不同的解释。被试从中抽取图片 20 张和一张空白图片，当被试看到图片时，凭个人的想象，自编出一张图像上的故事。自编的故事必须包括：图像的情景、情景发生的原因、将来的演变、可能的结果以及个人的体会。主试根据故事的主题，故事中人物的关系，知觉的歪曲，不平常形式的特征，故事中反复出现的情节以及整个故事的情调（如，是悲观的还是乐观的）等对被试的性格做出鉴定。

图 11-1　罗夏墨渍测验的图片之一

2. 罗夏墨迹测验　　罗夏墨迹测验由瑞士精神病学家罗夏 (H. Rorschach，1921) 所编制的。它由 10 张墨迹图（见图 11-1）所组成（5 张黑色，5 张黑色加彩色）。每张图片都向被试提出这样的问题："这可能是什么？""你看见什么？"或"这使你想起什么？"每张图片都回答之后，被试再将图片看一遍，指明墨迹的哪一部分启发了他的回答。主试根据下列四项标准进行统计：①部位：被试是对墨迹全部反应还是对部分反应？②决定被试的反应：是由墨迹的形状决定还是由颜色决定？把图形看成运动的还是静止的？③内容：被试把墨迹看成什么东西？是动物还是人或物体等？④独创性：被试的反应是与众一致还是与众不同？统计之后再确定其性格。

由于在投射测量中被试不知道答案的意义，因而可以排除在自陈量表法可能出现的作假现象。但投射测量的实施程序记分以及结果的解释都必须经过特殊的训练。这种测量主观性有余而客观性不足。

三、实施人格测量应注意的问题

心理测量的使用是心理学服务于社会的一个重要方面。目前它已广泛地应用于医疗、教育、人事、军事等相关领域，并且，它的应用范围还在不断扩大。然而，心理测量的应用价值与其科学性是密不可分的。如果我们在使用心理测量时忽略了它的科学性和严密性，那么，将导致心理测量的滥用和误用。心理测量的各种滥用和误用将会给社会带来不同程度的危害，同时，也会降低心理测量在公众心目中的地位，还会影响心理测量工作的健康发展。有鉴于此，实施人格测量应注意以下几个问题。

首先，严格遵守心理学的研究原则。由于心理自身的特点和历史上对它的种种误解，我们在运用心理测量的方法时，就应格外小心、谨慎，严格遵守有关原则，如客观性原则、教育性原则等。

再次，测量的保密。人格测量和其他心理测验工具，只有在受试者未曾得悉其内容，才有价值可言。因此，不能在流行刊物上原封不动地刊载其内容，以免测量失效。只有能够妥善进行测量的专业人员才能接触这些测量工具。

第三、测量的解释。测验分数和测验材料一样，只对有资格解释并能正确使用它们的专业人员公开。为学生家长、学校、社会团体、工业部门的自我评价设计的材料，都应有该资格的心理学家和咨询人员妥善管理。在把测验结果或其他评定资料传达给雇主、受试者家属或其他有关人员时，要采取适当方式，以防误解或误用。在将测验结果直接告诉家长或学生时，应给予适当的解释，使他们得到帮助或建议。

最后，还应注意到，由于心理测量发展的限制，测量的结果只是对某一方面的最佳估计。另外，影响测量结果的因素很多，测量结果可能会有误差。所以，测量的结果只能为参考的条件，不可能作为依据，特别是在决定人员取舍时，应更为慎重。

阅读材料：

剧院门口的风波

——气质类型与行为表现

某剧院的演出正式开始了……。十分钟后,剧院门口来了四位迟到的观众,守门员按照惯例,禁止他们入场。

先到的 A 面红耳赤地与守门员争执起来。他分辩说,戏院的时钟走快了,他不会影响任何人,打算推开守门员径直跑到自己的座位上去,因而与守门员闹得不可开交。

随后到来的 B 立刻明白,人家是不会放他进入剧场里去的。但楼厅上还有个检票口,从那里进入或许便当些,就跑到楼上去了。

差不多同时到达的 C 看到不让他进入正厅,就想"第一场大概不太精彩,我还是暂且去小卖部转转,到幕间休息再入座吧。"

最后到来的 D 说:"我总是不走运,偶尔来一次戏院,就这样倒霉!"接着就闷闷不乐回家了。

前苏联心理学家达威多娃巧妙设计了看戏迟到这一特定的问题情境,形象地揭示了四种基本气质类型的观众,在面临同一情境时截然不同的行为表现,气质使人的心理活动染上了一种独特的色彩。

性格内外倾测验

怎样判断人的性格是内倾还是外倾呢？这里向你提供一种简便易行的方法供参考：

说明：此表适合中学生自测。检查时对比 A 与 C,如符合 A,就在 A 栏的□内填"0"；如果如符合 C,就在 C 栏的□内填"0"；至于 B 栏的□,则应在 A 和 C 哪方面都不能确定时填"0"。

A	A B C	C
1. 在稠人广众面前不自然。	□□□	在稠人广众面前并不在乎。
2. 很难交朋友。	□□□	很快交朋友。
3. 独自一人才安稳。	□□□	与朋友相聚才安心。
4. 初次见面难于交谈。	□□□	初次见面融洽交谈。

续表

A	A B C	C
5. 不擅长领导别人。	□□□	喜欢对人发号施令。
6. 有不痛快的事也不外露。	□□□	动不动又是发怒又是笑。
7. 开会爱坐后边座位。	□□□	开会喜欢靠前边坐。
8. 不爱主动在众人面前回答问题。	□□□	还没问着自己就爱抢先回答问题。
9. 买书时犹豫不决。	□□□	一见好书马上就买。
10. 自己的想法不轻易对别人说。	□□□	自己的想法毫不介意地对别人说。
11. 遇事爱追根究底	□□□	被人认为很轻率。
12. 不轻易改变自己的主张。	□□□	很快便以他人意见来代替自己的主张。
13. 午休时，愿在教室里安静呆着。	□□□	午休时，愿在外头痛痛快快地玩。
14. 尽管别人教诲，还有许多难题。	□□□	认为不用别人教诲，自感早已知道。
15. 不擅长议论。	□□□	喜欢议论。
16. 遇到难题爱求个水落石出。	□□□	一碰到难题，马上停止学习。
17. 一旦考个不好的分数，立即沮丧。	□□□	尽管得不到好分数，也不怎么在乎。
18. 常认为自己不行。	□□□	认为自己时好时差。
19. 认为自己生来大概命运就不好。	□□□	在情绪上总是感到乐观。
20. 在考试中总担心自己做错了。	□□□	即使错了，也不怎么在乎。
21. 感到能力不足，不知该走哪条路。	□□□	认为能做的就做，否则考虑其他出路。
22. 经常不安地想到考试是否失败。	□□□	认为对考试不安也无济于事。
23. 注意朋友的成绩。	□□□	不在意朋友的成绩。
24. 不敢对自己的将来抱希望。	□□□	对自己的将来是乐观的。
25. 非常计较别人怎样看待自己。	□□□	不在乎别人怎样看待自己。
26. 经常注意自己的衣着打扮。	□□□	衣着随便，甚至不修边幅。
27. 一动可耻念头经久不忘。	□□□	动了可耻的念头很快忘记。
28. 房间没收拾整齐时，总是不安。	□□□	房间里乱七八糟也不在乎。
29. 学习时，不允许外界声音干扰。	□□□	学习时不怕噪音，或边听音乐边学习。

续表

A	A B C	C
30. 上街时注意安全。	□□□	乱走路不怕出危险。
31. 不愿向老师提问。	□□□	爱发问但不求甚解。
32. 借了本好参考书一直想使用下去。	□□□	借了书常常没用过就送还。
33. 订了扎实计划再着手学习。	□□□	没有计划或有计划也不实行。
34. 作业认真完成。	□□□	作业常常忘做。
35. 干事专心致志。	□□□	兴趣不长久。
36. 学习时，有想看的电视节目也不看。	□□□	如有想看的电视节目就会心在焉。

计算测定的方法

A 栏填一个"0"为 0 分；B 栏填一个"0"为 1 分，C 栏填一个"0"为 2 分。累计分数，对照下表得分范围，就可以看出你的性格倾向。

得分范围	等级分数	性格倾向
2 分以下	1	相当内向性
3—5	2	稍微内向性
6—10	3	两向性
11—13	4	稍微外向性
14 分以上	5	相当外向性

——选自聂振伟：《塑造自己——中学生心理科普知识漫谈》，教育科学出版社 1993 年 8 月版。略有改动。

综合练习：

一、概念解释

1. 性格　　2. 气质

二、填空题

1. 古希腊医生希波克拉底根据人体内四种体液的多少不同，把人的气质分为_____、_____、_____和_____四种基本类型。

2. 从气质和性格来说，_____更多地体现神经系统基本特征的自然影响；_____更多地受社会生活条件所制约。

3. 气质表明一个人的心理活动的动力特征，不涉及心理活动的方向和内容，因此气质本身没有_____之分。

三、判断题

1. 性格是个人对现实的稳定态度和与之相应的习惯化了的行为方式,是个性中具有核心意义的部分。（　）

2. 性格在一定程度上会掩盖或改造人的气质特征。（　）

3. 不同气质类型的人不能形成相同的性格特征。（　）

4. 教师是学生的楷模,因而应具有多方面的良好性格特征。（　）

5. 各种气质类型的人都可能成为品学兼优的人才。（　）

6. 气质类型不是一时就能改变的,其实也不需要改变。（　）

四、问答题

1. 性格与气质的关系怎样?

2. 教师了解学生的气质类型有什么意义?

3. 如何培养学生良好的性格?

4. 人格测量的必要条件是什么?

第十二章　学习心理

第一节　学习概述

一、学习的概述

学习是一种十分普遍和人们非常熟悉的活动，但在心理学中，学习却是一个很复杂的概念。学习的概念有广义、狭义之分。

（一）广义的学习

广义的学习，包括人类学习和动物学习，是指动物和人类通过后天获得经验而引起的心理与行为的相对持久变化的过程。此定义有以下三方面的涵义：首先，学习必须使动物和人类自身产生在行为或心理方面的某种变化。其次，这种变化是由后天获得的经验引起的，而不是由自然成熟或先天遗传本能所引起的。其三，这种变化不是暂时的，而是相对持久地保持着的。

（二）狭义的学习

狭义的学习仅指学生的学习。学生的学习通常是指学生在学校中的学习。这种学习是在教师指导下，有目的、有计划、有组织、高效率进行的以掌握系统的科学文化知识、技能，形成世界观和道德品质为主要任务的活动过程。它是人类学习的一种特殊形式，具有明显的特点。

1. 学生的学习是以掌握间接经验为主的过程。学生的学习也是一种认识过程，但与人们在实践中直接认识事物的过程有区别。学生的学习是在一定的时间内，通过掌握前人所积累的知识经验，间接地认识客观世界，为进一步认识世界、改造世界打好基础。学习的内容决定了学生采取间接的学习形式，不需要也不可能事事都通过亲身实践来获得直接经验。虽然在学习过程中也要求学生参加一些实践活动，以获得一些感性知识和直接经验，但这种实践完全服从于一定的教学要求和目的，并且多半是验证性和练习性的，它在任务、性质和要求上与成人参加的实践活动完全不同。

2. 学生的学习是在教师的指导下，有目的、有计划、有组织地进行的。学生的学习不同于日常生活中其他方式的学习，它是在教师的指导下，有目的、有计划、有组织进行的。教师在学生学习的过程中起着极其重要的作用。教师是经过专业训练的专职教育工作者，他们按照一定的教育目的和要求，遵循一定的规律，按照学生的年龄和心理特征、知识水平、认识能力等有计划、有针对性的进行卓有成效的教育教学工作。这样才能使学生在有限的时间内高效、快速地掌握人类社会数千年来所积累的有用的知识经验，使学生的智力和能力得到相应的发展和提高，又使学生的个性得到充分发展，促进他们良好品德的形成。

3. 学生的学习任务是多方面的。学生在学习过程中不仅要掌握系统的文化科学知识以及各种基本的技能，而且还要发展智力和各种能力，培养思想品德，形成科学的世界观，增强体质，以求得全面发展。虽然学生的思想品德和科学世界观的形成不能脱离社会实践活动，但它主要是在教育过程中，在他们学习和掌握间接经验的基础上，通过有计划、有组织的各种教育活动进行的。学生是年轻的一代，其身心特点与成人不同，因此，必须使他们在学习过程中德、智、体、美诸方面都得到充分、和谐地发展，才能使他们真正成为祖国建设的有用人才。

二、学习的分类

学习是一种十分复杂的现象，要提高学习的效果，就必须对其进行分类。分类的过程也是人们对学习现象的认识不断深化的过程。但由于学习现象本身的复杂性以及从事学习分类研究的心理学家所依据的理论不同，因而目前学习的分类尚未取得统一认识。下面简单介绍几种：

（一）加涅的学习分类

美国教育心理学家 R. M. 加涅根据学生学习的结果，将学习分为智慧技能学习、言语信息学习、认知策略学习、动作技能学习、态度学习等。

1. 智慧技能学习　智慧技能学习是指学生习得"使利用符号成为可能的能力"。它包括辨别学习、概念学习、规则学习、高级规则（问题解决）学习等。

2. 言语信息学习　言语信息学习是指学会陈述用语言文字表达的知识。它包括字词知识的学习、简单的陈述性知识的学习、复杂的陈述性知识的学习等三种。

3. 认知策略学习　认知策略学习是指学会调节自己内部注意、学习、记忆与思维等认知活动的特殊认知技能。它包括注意策略、编码策略、记忆策略、检索策略和思维策略等学习。

4. 动作技能学习　动作技能学习是指学会为完成有目的的动作而协调自身骨骼和肌肉活动的能力。

5. 态度学习　加涅认为态度是影响个人选择行动的内部状态。态度学习就是通过学习获得一种相对稳定的影响个人选择行动的内部状态。

（二）奥苏贝尔的学习分类

意义学习论的创始人美国心理学家 D. P. 奥苏贝尔根据学生学习的方式和学习的内容将学习划分为接受学习与发现学习、机械学习与意义学习。

1. 接受学习与发现学习

这是根据学生学习的方式进行划分的。接受学习是指教师在课堂教学中，用讲解定论的方式向学生传授系统的书本知识，学生通过同化接受系统的书本知识的过程。同化就把新知识与学生已有的知识经验融为一体。发现学习是指教师不是用定论的方式向学生传授知识，而是作些必要的提示，使学生通过独立思考和探索，去发现知识的过程。

2. 机械学习和意义学习

这是根据学生学习的内容进行划分的。机械学习是指学习材料没有逻辑意义，不能与学生原有认知结构建立联系，或者学生缺乏意义学习的态度，靠的是死记硬背的学习。意义学习是指学习材料有内在的逻辑意义，能与原有认识结构联系起来相互作用，学生通过新旧意义的同化来理解新知识的学习。

（三）我国学者的分类

我国学者一般习惯于根据学习内容和结果把学习划分为知识学习、技能学习、智力学习、态度和品德学习。

1．知识学习　主要是指学习理解和应用前人积累的间接经验，包括基础理论、基本知识的学习。

2．技能学习　主要是学习掌握写字、实验、绘画、运动、劳动等基本的动作技能。

3．智力学习　主要是学习观察、记忆和思维的技能，促进智力发展。

4．态度和品德学习　主要是学习道德和法律规范，提高道德认识，发展道德情感，形成道德行为习惯，建立科学的世界观。

第二节　学习动机

二、学习动机的概念

（一）学习动机及分类

学习动机是直接推动学生进行学习的内部动力。它是由学习需要转化而来的，是社会和教育对学生学习的客观要求在学生头脑中的反映。学习动机是一个动态的心理现象，其心理成分复杂多变，但学习动机中最主要、最现实、最活跃的成分则是学习的自觉性和学习兴趣。

学习的自觉性是指学生对学习的意义、目的和社会价值有一定的认识，并由此产生积极的学习态度和行为。凡是有学习自觉性的学生，都能认识到个人的学习与社会进步是息息相关的，具有高度的责任感和事业心，能以极大的热情、坚强的毅力、刻苦钻研的精神、持之以恒的耐力去从事学习活动，进而提高学习的效果。

学习兴趣是指对学习内容有一种力求认识的心理倾向，并伴随有积极的情绪体验，是学习活动的直接推动力。在现实中，凡是有农厚学习兴趣的人，学习行为往往非常积极、主动，渴望获得丰富的科学文化知识，能够排除一切干扰，投身于自己所热爱的学习活动中。

学生的学习动机复杂多样，根据不同的标准，从不同的角度可对学习动机进行不同的分类。根据学习动机的内容和性质，可以划分为正确的、高尚的与错误的、低下的动机。根据学习动机的来源，可以划分为内部的动机和外部的动机。根据学习动机持续作用时间的长短，可以划分为近景性动机与远景性动机。根据学习动机在学生学习活动中作用的大小和地位，可划分为主导性动机与辅助性动机。

（二）学习动机与学习效果

学习动机是直接推动人进行活动的内部动力，属于主观范畴。学习效果是人进行学习活动时所产生的结果，属于客观范畴。学习动机的性质与强度一方面决定着学习的方向和进程，另一方面也影响着学习的效果。

一般情况下，学习动机与学习效果的关系是一致的，即有好的、较强的学习动机，就会有好的学习效果。

然而，在现实生活中，还存在着学习动机与学习效果不一致的情况。如有些学生的学习动机很强，但学习成绩并不好；有些学生的动机并不强烈，学习成绩却不错。这种现象的存在并不能否定学习动机对学习效果的作用，只能更进一步地表明学习动机对学习的作用是通过许多中介因素实现的。如学生的知识基础、智力水平、学习技能和身体素质等，都会直接或间接地影响学习效果。鉴于动机作用与学习效果之间的复杂关系，因此，教师不能简单地只以学习成绩的高低作为判定学生学习动机强弱的标志，而要全面地分析学生的情况，通过多种途径和方法了解学生的学习动机。

二、学习动机的培养与激发

学习动机的培养与激发，既是促进教师改革教学内容和方法的手段，也是提高学生学习效果和综合素质的途径，是学校工作的重要任务之一。

学习动机的培养与激发，是两个既有联系又有区别的概念。学习动机的培养是指通过教育教学，帮助学生把社会和教育向他们提出的客观要求转变为自己内在的学习需要，也就是教育学生使他们从没有内在的学习需要到产生学习需要的过程。学习动机的激发是指在教学活动中，利用一定的诱因，使已经形成的学习动机由潜伏状态转入活跃状态，使之成为实际上起推动学习作用的内部动力。学习动机的培养是激发的前提，而在激发学生学习动机的过程中又进一步培养和加强了已有的学习动机。因此，在实际工作中，学习动机的培养和激发常常是密不可分的，许多措施同时兼有培养和激发学习动机的作用。培养和激发学生的学习动机，主要通过以下途径。

（一）加强学习目的教育，启发学生学习的自觉性

学习目的教育，是学校教育的一项经常性教育工作，它与学校的思想政治教育、学生的人生观、世界观的形成与培养紧密联系在一起。进行学习目的的教育，可以帮助学生正确认识学习的社会意义，把当前的学习与祖国需要和未来的发展联系起来，与个人的远大理想和崇高的共产主义事业联系起来，使学生端正学习态度，形成正确的长远的学习动机，提高学习的热情和自觉性。

具体的学习目的教育，应通过各科教学来实施。教育实践表明，学生对某些学科缺乏学习积极性，常常是由于对学习这门学科的重要意义缺乏认识造成的。因此，教师在讲授一门新课和一节新课之前，应该让学生认识到学习的目的、任务和要求，认识其在实践中的应用价值和在知识体系中的地位。学生对学习的重要性认识得愈深，愈能激发他们学习的积极性和自觉性。

（二）创设问题情境，激发学生学习兴趣和求知欲

所谓创设问题情境，就是在教学过程中提出有一定难度的问题，使学生既感到熟悉又不能单纯利用已有的知识和习惯的方法去解决，这时就激起了学生思维的积极性和求知的欲望，使学生进入"心求通而未通，口欲言而未能"的境界。《论语》中的"不愤不启，不悱不发"就是对这种状态的描述。所谓"愤"是指在学习中遇到了问题，正在头脑里积极思考，但还未能想通的心理状态。所谓"悱"是对某一问题已有所领会，但还不能把它准确地表达出来，正在积极地使思想条理化。当学生的心理活动正处于"愤"和"悱"的阶段时，对他们进行启发、诱导，就能提高学生学习的积极性，激发起学生求知的需要。

例如，在物理教学中，要学生设想，把一块砖放在沙地上，怎样才能陷得最深？在横着放、竖着放、斜着放等热烈争论中，教师再引出"压强"课题，这种教学情境既能吸引学生，提高他们对学习课题的兴趣，又能激发他们的求知欲，帮助他们正确、深入地理解教学内容。

（三）利用学习结果的反馈作用，强化学习动机

学习结果的反馈，就是将学生学习的结果及时提供给学生，使学生了解自己的学习情况，包括运用所学知识解决问题的成效、作业的正误、考试成绩的优劣等。经验证明，学生了解自己的学习结果，可以强化正确的学习动机，克服不正确的学习动机，从而促进学生进一步努力学习。这是因为学生知道自己的学习结果后，一方面可以看到自己的进步，享受到成功的喜悦，求知欲得到满足，从而使学习的态度和手段得到及时的强化，产生进一步学好的愿望；另一方面又能看到自己的缺点和不足，增强克服缺点和不足的信心与决心。

（四）提供成功机会，增强学生学习的自信心

让学生在学习过程中不断得到某些成功的体验，已成为运用现代心理学研究成果激发学习动机的最重要手段之一。美国教育心理学奥苏贝尔曾指出，动机与学习之间的关系是典型的相辅相成的关系，绝非一种单向性的关系。因此，教师在传授知识的同时，应让学生获得成功的体验。学生一旦尝到学习的乐趣，既能使学习动机获得强化，又有助于产生自信心，增强自我效能感，同时也会对学习动机产生积极的强化作用。

运用这种方法时，首先要根据不同学生的学习实际，设立不同的学习目标和要求；其次要控制教学的进度和难度，使学生的某些具体学习不断得到实现，尤其是要尽可能创造条件，使学生有机会走出课堂、走向社会，将学到的知识运用于社会实践，在为社会服务过程中获得成功的体验。这种方法的实质是提高学生对学习活动成功概率的主观估计，从而增强学习动机的强度和稳定性。

（五）适当的开展竞赛活动

竞赛是激发学生学习积极性和争取优良成绩的一种有效手段。学习竞赛有很多形式，如个人之间竞赛，对照过去与现在的自我竞赛，团

体与团体之间的竞赛等。不同的竞赛形式对学生的学习动机都有或多或少的激励作用。因为在竞赛过程中，学生的好胜心和成就动机会更加强烈，学习兴趣和克服困难的毅力会大大增强。所以多数人在竞赛情况下，学习和工作的效率会有很大提高。然而，竞赛对于学习有时也具有消极作用，过多的竞赛不仅会失去激励作用，还会造成紧张气氛，加重学生的心理负担，有损学生的身心健康。况且，竞赛的结果总是少数人获得胜利，获胜者会由此受到人们的普遍关注，体验到成功的喜悦，从而更加努力地学习；而多数人则处于被忽视状态，少数失败者可能由此背上沉重的思想负担或者丧失学习的兴趣和信心。因此，只有适当地开展竞赛活动，才有利于培养和激发大多数学生的学习动机。为使竞赛能对大多数人起到激励作用，竞赛最好是按能力分组进行，这样会使更多的人都有获胜受奖的机会。此外，应指导学生多进行自我竞赛，使他们能从自己的进步中体验成功的喜悦，增进学习的积极性。

（六）正确评价，适当进行表扬与批评

教师正确的评价，恰当地运用表扬与批评的方法，也是激发和培养学习动机的重要手段之一。因为这种表扬和批评是对学生学习态度，学习成绩肯定与否定的一种评价方式。当然，表扬与批评、奖励和惩罚、赞扬与责备等不同的评价方式对学习动机的激发有不同的作用。一般来说，表扬和鼓励比批评和指责更易激起学生学习的积极性，前者能使学生产生成功感，后者则会挫伤学生的自尊心。但表扬和激励过多或使用不当，也会产生消极结果。相反，适当的批评，尤其是对成绩好的学生的缺点的批评也会产生一定的积极作用。因此，教师在教学过程中，要注意从积极的方面把表扬与批评结合起来运用，即在表扬时指出其进一步努力的方向，在批评时又要肯定其进步的一面。在对学生进行评价时，既要做到客观、公正，恰到好处，又要赏罚分明，能够以理服人。只有这样，才能取得预期的教学效果，增进学生 学习的积极性与主动性。

第三节　知识的掌握

知识是人类在历史发展过程中、在实践基础上形成的对客观世界的认识成果，它是以经验或理论的形式储存于人们的头脑中和书本中。学生掌握知识就是占有前人的认识成果，把前人的知识经验变为自己的精神财富，用以分析和解决现实生活中的各种问题的过程。这是一种特殊的认识过程，一般是在教师有目的、有计划的传授知识的过程中，通过学生积极的认知活动实现的。在我国学校教育工作中，一般把知识学习过程分为理解、巩固和应用三个阶段或基本环节。由于如何巩固知识在记忆一章已经讲过，为避免重复，在此我们只谈知识的理解与应用。

一、知识的理解

（一）什么是知识的理解

理解就是运用已有的经验、知识去认识事物的种种联系、关系直至认识其本质、规律的一种逐步深入的思维活动。学生了解一个词的含义，明确一个科学概念，辨明公式、定理、法则的因果关系或者是解释课文的词句，把握段落大意及全文的中心思想等，都属于理解。理解是人们巩固知识和应用知识的前提和基础。

（二）怎样促进知识的理解

1. 通过直观教学提供丰富的感性材料

学生理解知识必须有感性材料作支柱，理解是通过对感性知识的加工改造完成的。一般来说，事物的本质属性是内隐的，不易被直观观察和认识到，需要人们在占有大量的感性材料基础上，通过复杂的思维活动才能归纳出一类事物共同的本质属性。因此，缺乏必要的感性材料，或已有的感性材料缺乏典型性、代表性，学生就难以对事物的各种要素进行鉴别，难以区分一般与特殊、本质与非本质，难以达到对知识的真正理解。因此，在教学中通过直观教学的形式为学生提供感性材料，对于帮助学生理解知识具有重要的意义。例如，利用实物直观可以使学生获得有关事物的鲜明、生动和直接的印象。利用模象直观可以超越时空限制，把许多难以通过实物直观的事物及现象呈现在学生面前。利用言语直观可以通过生动的言语描述，引起学生记忆表象的恢复，激起学生丰富的想象力，从而帮助学生理解抽象的知识。

2. 运用启发式教学，调动学生思维活动的积极性

学生理解教材是通过积极的思维活动进行的，而思维活动的积极性是与一定问题的产生和问题解决相联系。因此，根据教学目的和教材的重点、难点，运用启发式教学引导学生发现问题与解决问题，常常能有效地调动学生思维活动的积极性，促进对知识的理解。启发式教学通常采用三种形式：一是课前给学生布置活动性作业，如观察自然现象、进行实地测绘和做社会调查等，使学生在实际活动中提出教学上需要解决的问题。二是在复习旧课时引出新课题，提示学生已有知识经验与新课题之间存在的联系与矛盾，使学生明确新课题正是教学上需要解决的问题。三是提问，这是最常用的形式，但提问并不等于启发，应注意问题的质量，不要片面追求表面上课堂的活跃，搞形式主义的"启发式"的教学。要引导学生多思善想，进行发散性思维和探索性学习。

3. 提供变式，形成科学概念

所谓变式是指向学生提供感性材料时，从不同角度、不同方面变换事物的非本质属性，以突出和揭示其本质特征的过程。运用变式进行教学，有利于学生对知识的深入理解和形成科学概念。例如，为了使学生获得"平原"这一地理概念，可以让学生观察各种平原地带的图片和地图（变式），比较各个地带上的特征（植物、湖泊、沙漠），确定无关特征和共同关键特征，从而得出，平原就是地势平坦的地形。变式的使用一定要充分，如果变式不充分，就会导致概念外延的扩大与缩小。如给学生讲"鸟"的概念时，如果所提供的变式只是麻雀、燕子等会飞的鸟，则会造成学生对概念的错误理解，使之将蝴蝶、蜜蜂等当成鸟，而认为鸵鸟不是鸟。当然，变式的运用也不能无休止地进行，应当选择适当的、典型的方式进行。只有这样，才能使学生了解哪些属性是事物稳定的不可缺少的本质属性，哪些属性是事物可有可

无的非本质属性，从而正确地理解知识，形成科学的概念。

4.通过知识的系统化与具体化，加强对知识结构的理解

知识的系统化就是要提示知识各部分之间的关系，把所学知识纳入一定的知识系统，把新旧知识联系起来，使学生对知识的理解达到融会贯通。知识的具体化就是把所学知识、理论应用到实际中去的过程。系统化与具体化对于学生掌握知识体系以及学科结构具有重要的作用。

在教学中，忽视知识系统化容易使学生掌握的知识支离破碎，在解决问题时，不能把对象放入一定的联系及关系中去考查，从而影响概念、原理的应用，也不利于学生检索、提取知识以及顺利实现知识迁移。忽视知识的具体化，则容易使学生所掌握的概念、原理缺乏感性与理性的结合，达不到对概念、原理的真正理解，也影响学生知识领域的进一步扩展。

此外，在教学中还要根据学生的年龄特点、知识水平，采取不同的方法进行因材施教，从而促进学生对知识的理解和掌握。

二、知识的应用

(一) 什么是知识的应用

运用已有的知识解决有关问题的过程就叫知识的应用。知识的应用是掌握知识过程中不可缺少的重要环节，它与知识的理解、巩固是紧密联系的。知识的理解和巩固是知识应用的前提，而知识的应用则使知识的理解和巩固得到检验和发展。因为，学生解决任何课题，总是要重现已学的新知识来分析新事物，揭露其本质，并将其纳入新知识系统中。这样，不仅检验、复习了新知识，而且建立起新知识与新事物之间的联系，加强了对新知识的理解。可见，知识的应用既是检验学生对知识的理解和巩固程度的一种手段，也是使学生加深理解和巩固知识的重要方式。

学生在校学习期间知识应用的形式主要有两种。一是用所学知识解决口头或书面作业题。如回答教师课堂提问，完成课堂练习和家庭作业。这种形式一般用于巩固刚学过的知识。二是用所学知识解决实际操作的各种实验、实习作业。如数学课的测量，理化课的实验，生

物课的种植，解剖等。至于应用知识去发现或解决生活和生产中的实际课题，虽然更有价值，但对中学生来说不是主要的。

（二）学生应用知识的一般过程

学生应用知识的过程一般包括审题、重视有关知识和课题类化三个相互联系的环节。

1. 审题

审题也叫分析课题，就是通过思维活动，分析课题的条件和要求，明确他们之间的关系，进而找到课题内在的隐蔽条件，抓住解决问题的关键，在头脑里建立有关课题的映象。这是知识应用的第一步，是顺利解题的必要条件。如果不通过审题，就无法使课题得到正确解决。

学生在解答问题时遇到困难或出现错误，往往是由于审题方面的原因造成的。如有的学生不重视审题，没有弄清课题的条件和要求，就盲目进行解答；或者在审题时分析不全面，忽视了课题中的隐蔽条件，找不到解决问题的关键，就错误地认为课题无法解决。这不仅容易造成解题困难，而且妨碍学生智力的发展。因此，在教学中，不仅要教育学生重视审题，而且还要引导学生善于审题，养成审题的习惯，培养审题的能力。

2. 重现有关知识

重现有关知识是指在审题的基础上，通过联想来重现与课题有关的知识，使当前课题与已有知识经验联系起来，从而找到解决问题的途径和方法。这是解决课题的必经之途。

学生在解题时重现有关知识发生困难的原因，除了新知识不牢固，容易受到旧知识的干扰外，还和学生的生理状态、心理状态具有密切的关系，如注意力涣散、情绪过于紧张、大脑极度疲劳等。因此，在教学过程中，教师要根据学生的具体情况，采取相应的措施，使学生能够迅速、准确地重现与解题有关的知识。

3. 课题类化

课题类化又称课题归类，是指学生通过思维活动，运用已有的知识经验来明确当前课题的性质和类型，找出解决课题的方法。课题类化是在审题与联想的基础上，通过对习得的概念、原理、法则、公式的重现，对课题进行一系列分析、综合、揭示出当前课题与过去课题的共同本质特征后实现的。为了帮助学生掌握有关课题类化的本领，教师需要培养学生思维的灵活性，使之善于捕捉事物的本质属性。

上述应用知识过程中的几个环节，既是相互独立的，又是密切联系、相互促进的。审题时，需要重现有关的知识，才能很好地理解题意，在课题归类和重现有关知识时，往往需要重新反复审题，加深课题的印象。

（三）影响学生知识应用的因素

影响学生知识应用的因素主要有以下几方面：

1. 学生对知识的理解水平和巩固程度

学生对知识的理解水平和巩固程度是影响其应用知识的关键因素。如果学生对知识的理解和巩固只停留在一知半解或死记硬背的水平上，是不能及时提取和有效应用知识解决问题的。学生只有深刻理解、全面把握事物的本质特征和联系，掌握知识的内在逻辑关系，并使之系统化，达到能够及时提取的程度，才能灵活运用知识。否则，在解决问题或应用知识的过程中，就会发生缩小或扩大应用范围的错误以及重现有关知识困难。

2. 学生的智力活动水平

学生的智力活动水平对知识的应用有直接的影响。智力水平高的学生，在解题时，不受旧经验的束缚，能够有目的、有计划、按步骤地解决课题，并能根据课题的特点，灵活而富有创造性地采取正确的解题方法。智力水平低的学生，在解题时，则思维缺乏明确的目的性、组织性、灵活性和创造性，常常使用尝试错误方式去寻找解题的途径和方法，或者死套公式定理，沿用习惯了的方法去解决新课题，从而妨碍了问题解决的进程，不能有效地应用知识。因此，教师在教学过程中，必须注意培养学生思维的独立性、创造性和灵活性，提高学生的智力活动水平。

3. 课题的性质

应用知识的难易与课题的性质也有密切关系。一般说来，学生应用知识解答课题时，以抽象形式提出的课题比带有具体情节的课题容易，单一的简单的课题比复杂的课题容易，单纯的口头与书面课题比实际操作的应用课题容易。因此，在教学过程中，为使学生的知识能顺利应用，教师应给学生提供练习各种作业题的机会。

第四节　技能的形成

一、技能的概念

（一）什么是技能

技能是通过练习而获得的巩固的、自动化了动作或智力活动方式。如骑自行车、打字、写字、弹钢琴等都是技能的表现。技能的水平有高低之别。初级水平的技能只要具有初步的知识和一定的练习即可获得，高级水平的技能则需要丰富的知识和经验，并经过长期的练习，动作达到了自动化的程度。这种高级水平的技能称之为技巧。例如，一般人经过一定的练习都可以利用计算机学会初步的打字技能，但打字员则形成了不看键盘、不多思考就能快速地打字的技巧。技能和技巧是紧密相联的，技能是形成技巧的基础，技巧是技能高度熟练的表现。一般情况下，常常把技能和技巧通称为技能。

技能具有下列几个特征：

1. 技能是自动化了的动作方式。所谓自动化，指的是动作已达到相当熟练的程度，较少受意识调节和控制。如体操运动员的自由体操动作，大学生听课时记笔记的写字动作等都是自动化了的行为方式。

2. 技能是经过练习逐渐形成的。技能不是生而就有的，它不同于吮吸、眨眼等本能活动，也不同于无意中简单地重复而形成的习惯。它是通过有目的的反复练习而逐渐形成的。因为，任何一种新的动作，初学者都不能完善地掌握它，而需要经过不断地练习才能使正确的动作方式巩固下来，进而达到自动化程度。因此，有目的、有计划的有效练习，是学生的各种技能形成的基本条件。

3. 技能是活动的一个组成部分。人的活动是由一系列动作组成，其中只有某些动作是近乎自动化了的，而整个活动是不可能全部自动化的。也正是由于部分动作的自动化，使意识较少地对动作方式注意和控制，而集中于行动的目的、过程和结果等主要环节，才使活动任务得以完成。例如，学生上课记笔记，其中有意识的部分是倾听和思考老师所讲的内容，并用适当的词语把这些内容记录下来，而自动化了的是手的书写动作。

（二）技能的种类

根据技能的性质和特点，可将技能分为动作技能和智力技能。

1. 动作技能。动作技能也叫操作技能，是指由一系列外显动作以合理的程序构成的操作活动方式。这是以机体外部动作或运动为主导的技能。如书写、绘画、骑车、打字等都属于动作技能。

2. 智力技能。智力技能也称认知技能，它是借助于语言在头脑中进行的智力活动方式，具有观念性、内潜性和减缩性的特征。这是以抽象思维活动为主导的解决问题的技能。如阅读、写作、解题、建筑设计等都属于智力技能。动作技能与智力技能既有区别又有密切的联系。动作技能主要表现为外显的骨骼肌肉的操作活动方式，而智力技能则主要表现为内隐的思维活动方式。在实际活动中，动作技能和智力技能又是密切联系的。人们所从事的许多活动，都既包含有动作技能，又包含有智力技能。动作技能是智力技能形成的依据和体现，智力技能则是动作技能的调节者。二者相互影响、相互依存。例如：进行乒乓球比赛，虽然输赢主要取决于运动员双方的球技（动作技能）水平的高低，但也和双方运动员的比赛策略（智力技能）水平的高低以及比赛策略的运用情况有关。

二、动作技能的形成

（一）动作技能形成的阶段和特征

1. 动作技能形成的阶段

动作技能的形成过程就是人通过练习而掌握技能的过程。一般来说，动作技能的形成经历以下三下阶段。

（1）掌握局部动作阶段。这是动作技能形成的初始阶段。此阶段，练习者在活动中注意范围比较狭窄，只能注意到个别动作，不能控制动作的细节，而且精神和全身肌肉紧张，动作忙乱、呆板而不协调，常出现多条的动作；不能觉察自己动作的全部情况，难以发现错误和缺点。

（2）初步掌握完整动作阶段。这一阶段是练习者在掌握局部动作的基础上，进一步把这些动作联系起来，初步形成完整的动作系统的阶段。此阶段练习者肌肉运动感觉的自控能力逐步提高，动作间的互相干扰减少，紧张程度有所减弱，多余动作趋于消失，自己发现动作错误的能力也逐渐增强。

（3）动作的协调和完善阶段。这是动作技能的最终形成和熟练阶段。此阶段，练习者的注意范围扩大，动作技能的各个局部动作已联系为一个有机的整体，动作方式已经巩固下来，各个动作或各局部动作之间相互协调，动作技能能按规定的程序以连续的反应方式实现，意识很少控制，即达到熟练操作的水平。

2．动作技能形成的特征

动作技能的形成具有以下特征：

（1）活动结构的改变。许多局部动作联合成一个完整的动作系统，动作之间互相干扰的现象以及多余动作逐渐减少以致消失。

（2）活动速度和品质的改变。动作的速度是由慢变快，动作的准确性、协调性、稳定性和灵活性逐步增强。

（3）活动调节功能加强。表现为意识和视觉对动作的控制相对减弱，而肌肉的动觉控制相对增强，动作近乎自动化，神经紧张消失。

（二）动作技能的培养

1．明确练习的目的和要求

动作技能的形成必须依靠有效的练习。要提高练习的效率，就必须明确各种练习的目的和要求，这样就能提高学生参加练习的积极性、主动性，使学生开动脑筋，采用科学、正确的动作方式进行练习。如果学生练习目的不明确，练习要求不清楚，在活动中只能消极被动地模仿，机械重复地练习，效果就差。因此，在每次练习之前，教师必须使学生明确练习的目的意义、具体要求以及练习的次序等等。

2．掌握有关技能的基本知识和正确的练习方法

练习的效果取决于正确的练习方法的运用。因此，教师要通过语言讲解和动作示范，及时检查、监督和指导，使学生掌握有关技能形

成的要领和正确的练习方法。

3. 根据技能形成各个阶段的特点，适当分配练习的次数和时间

技能的形成和巩固需要有足够的练习次数和时间。但是，并非练习的次数越多，时间越长，练习的效果就好。练习的次数过多，时间过长，容易造成学生精神疲劳，产生消极情绪，从而降低练习效果，导致精力和时间的浪费。因此，练习的次数与时间应根据练习的内容、性质和学生的特点来确定。一般来说，在练习开始阶段，要适当放慢速度，时距要短，以保证练习质量，以后可逐渐加快。适当地分散练习比过度集中效果好。当然，还要看技能的复杂程度和学生的特点。技能复杂，学生年龄小，则需要安排较多次数的练习。学生年龄愈小，练习时距及每次练习时间不宜过长。

4. 提供反馈，强化练习效果

反馈指的是让学生了解自己练习的结果。在每次练习之后，了解自己练习的成绩和动作的优缺点，能使那些正确的动作得以保留和巩固，错误的动作得以及时纠正和克服，从而加快动作技能形成的速度。

三、智力技能的形成

(一) 智力技能形成的阶段

在智力技能的研究方面，前苏联心理学家加里培林等人做出了重要贡献。他们认为，人的智力技能的形成是智力活动由外部的物质活动向内部的心理活动转化的过程，并将智力技能的形成过程分为五个阶段。

（1）活动的定向阶段。这是进行智力活动的准备阶段。活动定向阶段的任务就是使学生预先熟悉活动的任务，形成关于活动本身和活动的结果的表象，为活动本身和结果定向。

（2）物质活动和物质化阶段。物质活动是指运用实物进行智力活动。物质化活动是指运用实物的模象、图片、图表、言语等实物的替代物进行智力活动。本阶段通过物质或物质化活动帮助学生理解学习内容，促进认知活动，形成新智力活动。

（3）有声的外部言语阶段。本阶段是个体借助于出声言语进行智力活动的阶段。这一阶段的特点是活动摆脱了实物，离开了物质或物

质化的客体。转化为心智活动的形式。

（4）无声的外部言语阶段。本阶段是以词的声音、表象为支柱进行智力活动的。其特点是言语不出声，在头脑中将言语的声音变成表象，借助于言语的声音表象进行活动。

（5）内部言语阶段。本阶段是智力技能形成的最后阶段，智力活动是以简缩的、自动化的形式进行，由于内部言语是一种简缩的、意义性言语形式，因而，它可以使智力活动达到高度的概括水平。

（二）智力技能的培养

智力技能与动作技能一样，都是经过练习而形成的。因此，形成动作技能的一些条件，也适于智力技能形成。由于智力技能的练习主要是在解决各种教学性课题和实践任务中进行的，又由于智力技能的形成与思维的发展密切相关，因此在教学中创设各种活动机会，指导学生掌握、运用解决问题的方法，发展思维能力，对智力技能的形成具有重要意义。

1. 指导学生掌握解答各类课题的程序，形成一定的认知结构

学生在解题时经常出现用盲目尝试和猜测的方法解题，思维的逻辑性和推理的严密性较差。因此，在教学中指导学生掌握解答各类课题的程序，形成一定的认知结构非常重要。具体在解题时要让学生做到：①理解题意，分析课题的条件、掌握条件之间的各种关系；②回忆有关的定义、公式和原理，使所学的知识与当前的课题相联系；③设想多种解题的方案和步骤，选择其中最佳方案；④解答、检查、验证和评价。

2. 按照智力技能形成的阶段组织练习，促进学生智力技能的形成

智力技能形成的五个阶段体现了智力技能形成的一般规律；每个阶段各具特点，又是完整统一体中的组成部分。教师组织教学性练习时，除了要依据智力技能形成的各个阶段的特点，提出明确的目的和要求外，还必须有具体的指导措施。有关提出的措施如下：①教师正确的讲解和示范；②要求学生积极思维，按照一定的步骤和方法解决问题；③让学生用文字符号或口述方法表达解题过程；④在学生掌握解题步骤和方法的基础上，进一步要求他们能熟练地、迅速地解题，以

及尽可能地简化解题过程的中间环节，最终达到"举一反三"，灵活运用。

3. 培养学生认真思考的习惯和独立思考的能力。智力技能的形成不仅有赖于知识掌握，还有赖于智力的发展。发展学生智力的关键是要培养学生良好的思维品质，尤其是认真思考的习惯和独立思考的能力，这对智力技能的形成具有重要的促进作用。而学生的粗心大意、浅尝辄止、懒于思考、易受暗示等不良的思维品质以及练习作业时的消极态度，则是智力技能形成的主要障碍。

第五节　学习的迁移

一、学习迁移的概念

（一）什么是学习迁移

学习迁移是指一种学习对另一种学习的影响。日常生活中所说的"举一反三"、"触类旁通"、"一通百通"等都属于学习迁移。

学习迁移的范围，随着学习心理学研究的进展而不断扩大，有知识、技能的迁移，有学习方法、学习策略的迁移，有学习动机和学习态度的迁移，有思想、概念的迁移等等。学习迁移无处不在、无时不在，它对学生现在的学习和将来参加祖国建设都具有重要的意义。

（二）学习迁移的分类

1. 根据学习迁移的性质，可将迁移分为正迁移和负迁移

正迁移是指一种学习对另一种学习起积极的促进作用。正迁移常常在两种学习内容相似，过程相同或使用同一原理时发生的。如方程式知识的学习有助于不等式知识的学习，数学学习促进理化学习等。负迁移是指一种学习对另一种学习起干扰或抑制作用。负迁移的产生常在两种学习又相似又不相似的情景下学生认知混淆而发生的。发生这种迁移，容易使另一种学习更加困难。如学习英语对学习法语的干扰现象。一般来说，负迁移是暂时性的，通过有目的的反复练习可以消除。

2. 根据学习迁移的内容，可将迁移分为认知迁移，态度迁移和技

能迁移

认知迁移是指在人脑的知识结构中发生的迁移。每个学生的认知结构各有特点，当学生原有认知结构与新的情境发生作用时，有时原有认知结构影响新问题的解决，有时原有认知结构受其影响，自身也发生变化。如掌握平面几何知识较好的学生，与有关知识贫乏的学生相比，他们学习立体几何的成绩也会更好。态度迁移是指一种态度对另一种态度的影响。它在日常生活中十分普遍。如一个不喜欢某数学教师的学生，在多次得到该教师无微不至的关心和帮助之后，态度发生改变，不仅对数学教师产生好感，进而也喜欢上数学这门学科。技能迁移是指一种技能对另一种技能的影响。如学会骑自行车后有助于学会骑摩托车。学会加法后，有助于学习乘法等。

3. 根据学习迁移的顺序，可将迁移分为顺向迁移和逆向迁移

顺向迁移是指先前学习对后边学习产生的影响。逆向迁移是指后边学习对先前学习产生的影响。

二、影响学习迁移的因素

影响学习迁移的因素很多，但主要有以下几方面。

1. 学生的心理准备状态

学生的心理状态，如学生的紧张程度、自信心等，都能对迁移产生影响。而学生原有知识的准备状态（定势）对迁移影响更明显，可以促进迁移的发生，也可以成为迁移的障碍。例如，学生运用一种解题方法解决同类问题时往往比较容易进行，可产生正迁移；但仍用这种方法去解决新的不同的问题则会遇到困难，使问题无法得到解决，可产生负迁移。

2. 学习材料的性质

如果两种学习材料彼此相似，共同要素较多，又要求学习者做出相同的反应，那么正迁移就容易产生。如果两种学习材料既有相似之处却要求学习者做出不同反应时，那么负迁移就容易产生。如学生在初学"鸟"和"鸟"、"腹"和"愎"等汉字时，就容易产生相互干扰现象。

3. 学生已有经验的概括水平

虽然学生的心理准备状态和学习材料的性质影响着迁移的进行，但影响迁移更重要的因素是学习者能否把握两种学习材料的实质，概括出两种学习的共同原理。也就是说，学习的迁移是已有经验的具体化与新课题的类化过程。因此，已有经验的概括水平愈高，正迁移的作用愈大。如果已有经验的概括水平低，不能反映同类事物间的共同点和本质，新课题就难以纳入到已有经验中去，迁移就会发生困难。因此，学生掌握高度概括化的基本原理和概念，有助于学生在学习中产生正迁移现象。

4. 学生分析问题以及使课题类化的能力

如果学生分析问题的能力差，不能根据新课题的特点准确地对课题进行分类，找不到新课题与已有知识经验的联系，往往影响学习迁移的发生。

三、促进学习迁移的方法

1. 加强基础知识和基本技能的教学

知识之间、技能之间的共同因素是产生学习迁移的重要客观条件。学生掌握的基础知识与基本技能愈多，在学习中就愈能做到举一反三、触类旁通，愈容易把新知识纳入到已有的认知结构中去，从而达到融会贯通。因此，在教学中必须加强"双基"教学。

2. 坚持理论联系实际，重视知识与技能的应用

教学中教师要有意识地唤起学生已有的知识经验，给学生提供知识、技能应用的机会，从而使理论与实际应用联系起来。实践证明，知识、技能的应用可以帮助学生对知识的充分理解，使技能达到熟练的程度，促进学习的有效迁移。因此教师要创造条件，使学生所学的知识、技能在应用过程中完成迁移，真正达到学以致用。

3. 引导学生积极思维，提高其概括能力

学生对已有知识的理解和概括水平是影响迁移的核心因素。学生的理解能力越强，已有知识的概括水平越高，在学习中越容易迁移，反之则不易迁移。而学生理解能力与概括能力的提高是在个体勤于思考、不断思考的基础上产生的。因此，在教学过程中，教师要创设多种问

题情境，引导学生积极思考，主动对已有知识进行概括，从中找到问题答案，提高其概括能力。

4. 在知识巩固的基础上进行新知识学习

实验表明，先前的学习与以后的学习发生迁移时，积极迁移是随着先前学习的巩固程度成正比地产生；干扰现象则随着先前学习巩固程度的递增而减少。因此，在必要情况下，应注意尽可能完满地结束先前的学习再移入下一步的相关学习。

5. 培养学生可逆联想的习惯

具有共同因素的事物之间最易形成联想，在很多情况下，迁移就是借助于联想实现的。因而，养成学生联想的习惯非常重要。学生不仅应该从新问题、新情况出发去联想已有的知识经验，还应该主动从已有的知识经验想到它们可能的应用。养成可逆联想的习惯有利于打破思维定势，提高解决问题的应变能力，促进学习的迁移。

阅读材料：

几种主要的学习理论

一、行为主义的联结学习理论

（一）桑代克的"试误说"

桑代克是美国著名的心理学家，他在动物实验的基础上，提出了第一个比较完善的学习理论——"试误说"。他认为：学习就是形成刺激与反映的联结，这个联结的形成要经过多次尝试错误。

桑代克根据对动物的研究，提出了三条联结迅速形成和巩固的学习规律：

1. 效果律。在形成刺激与反映之间的联结时，如果反映伴随有满意的体验，反映与刺激的联结就得到加强；否则，联结就会减弱。

2. 练习律。包括应用律和失用律。应用律是指已形成的联结，若加以应用，就会使这个联结加强；已形成的联结，如不应用就会使这个联结减弱。

3. 准备律。"当任何传导单位准备传导时，给予传导就引起满意；当任何传导单位不准备传导时，勉强让他传导时就引起烦恼。"

桑代克的学习理论是教育心理学中的第一个系统的理论，其中的主要学习规律，一直是他研究的主要课题，学习心理学中重要争论点，对学习心理学的发展是有贡献的。但是他把学习看成是刺激与反映的简单联结，是机械的、生物学的观点，抹煞人与动物的学习的根本区别，否认意识在人的学习中的作用，是错误的。

（二）斯金纳的"强化说"

斯金纳是美国著名的心理学家，是新行为主义的主要代表人物。他在对动物的实验的基础上提出的操作性条件反射理论是由华生行为主义派生出来的一种新行为主义理论。斯金纳认为：学习过程就是外界环境的刺激与有机体的反应之间建立联结或联系的过程，这个联系的形成与巩固，是不断强化的结果。由于"强化"在斯金纳的学习理论中具有核心意义，所以斯金纳的学习理论又称"强化说"。

斯金纳认为，操作性条件反射有以下规律：如果一个操作发生后，接着给予强化刺激，那么这个操作以后发生的概率就会增加。由于对行为的强化是使行为频率增加的根本原因，所以通过对有机体行为有选择的强化，就可以使行为朝着所需要的方向发展。

斯金纳还主张用类似的方法来塑造和控制人类的行为。他试图用控制强化物的方法来控制人类的行为。在斯金纳看来，"教育就是塑造行为"，教育成功的关键是建立强化措施。为了促成期待中的行为或减少不期待的行为，重要的是选择对特定个体最有效的强化物，并确定给予多大程度和多么频繁的强化。

斯金纳的研究工作，在探讨动物行为控制以及动物的学习问题上做出了重要的贡献。但斯金纳反对研究刺激与反应之间的中间变量，反对研究学习的内部过程与内部条件，否认人的学习的意识特点，把人的学习与动物的学习等同，所以也未能全面揭露人的学习的内在机制和规律。

二、格式塔学派的顿悟学习理论

苛勒根据对黑猩猩的学习实验结果，提出了他的顿悟学习理论。

苛勒设计的实验情景，是把动物放在笼内，把作为目的物的水果放在笼外取不到的地方。水果可以用间接的方法得到：笼内放一根手杖，猩猩可以用它来取水果；笼内放两根竹竿，接起来的长度能够取着水果；笼内放个箱子，站在箱上或两个箱上就能拿到等等。猩猩得不到食物时，往往不是乱动和摸索，而是安静地在那里看，后来突然顿悟了工具与目的物的关系，利用工具取得水果。

根据实验结果，苛勒认为学习过程中问题的解决，是由于对情景中事物关系的理解，改组自己的知觉经验而形成一种格式塔而实现的。这种格式塔的构成不是渐进的尝试错误的过程，而是内心对知觉情景和学习对象的突然理解和顿时领悟。所以苛勒的学习理论叫"顿悟说"。

　　格式塔的顿悟学习理论，强调内部因素的组织作用，强调有机体与环境的相互作用，强调有机体的能动作用以及人的智慧中的理解作用，是具有积极意义的。但是，他完全否认尝试与错误在人的学习中的作用，则是片面的。实际上，学习既有试误的因素，也有顿悟的因素，试误是顿悟的前提，顿悟往往是试误的结果。

三、认知学派的学习理论

　　近 20 年来，认知心理学的学习理论受到重视，在西方已经取代了行为主义心理学而占优势。这种学习理论强调已有知识经验的作用，也强调学习材料本身的内在逻辑结构，认为有内在逻辑结构的教材与学生原有认知结构关联起来，新旧知识发生相互作用而产生新旧意义的同化便是学习的实质。帮助学生建立最佳的认知结构和使他们凭借认知结构的迁移不断获得新知识，是现代认知心理学的主要教学思想。

（一）布鲁纳的认知——发现学习理论

　　布鲁纳是美国当代著名的心理学家，也是有较大影响的认知派的心理学家。布鲁纳认为：学习的过程就是通过认知，改组原有的认知结构，形成新的认知结构的过程，即重新建构的过程。布鲁纳认为每个人的学习都是以他原有的认知结构为基础的，个人的认知结构是每个人在一定的文化训练中在头脑中形成的对世界认知的经验模式。学习者不是被动的反应者，学习是主动地将进入感官的信息进行加工，以形成认知结构的过程。

　　布鲁纳强调学生学习的过程是一个发现的过程。所谓发现学习，是指让学生独立思考、改组材料、自行发现知识、掌握原理原则的方法。他认为发现法有助于学生学会发现的方法，有助于发展探索的科学态度，有助于对知识的理解、记忆和应用。

　　布鲁纳的学习理论是基于人的学习研究而形成的，它所涉及的主要是抽象理论水平的学习，因而更加接近人的自然的学习过程。他强调学习的主动性、已有认知结构、学生的独立思考等，是有重要意义的。他所倡导的学习方法，对教学改革也具有启发意义。总的来说，布鲁纳的学习理论比前人进了一步，更富有实践意义。

（二）奥苏贝尔的认知——接受学习理论

　　奥苏贝尔是美国当代著名的教育心理学家。他的研究特别着重于对学生课堂学习的性质、条件、过程和机制的探讨。

　　奥苏贝尔认为，学习是认知结构的重新组织的过程。这一点与布鲁纳是一致的，他与布鲁纳不同之处在于他认为学生的学习应该通过接受、讲解而进行。接受学习是学生学生的主要形式。

　　奥苏贝尔主张意义学习，接受学习同样可以是有意义的学习，反对机械学习。他认为意义学习的过程就是新旧知识同化的过程。

　　奥苏贝尔指出，有意义的接受学习是儿童认知发展成熟的标志。虽然发现学习比接受学习的心理过程更加复杂，但在儿童的发展过程中，接受学习比发现学习的方式较晚出现。这主要是因为儿童在学前期其认知结构中不具备同化科学概念的观念，因此他们只有依靠发现的方法，通过大量的实例，形成一些初级概念。儿童入学以后，由于他们的认知结构中已经积累了许多初级的概念，这就为同化科学概念打下了基础。所以，通过教师的言语讲解来接受科学概念的意义，就成为儿童合理的、经济的从而也是最基本的学习方式。接受学习与传统的讲授教学的不同之处在于它特别强调意义学习和认知结构的重要性。

　　奥苏贝尔的研究立足于学生的课堂学习，把学习理论向教育实践又推进了一步。他的认知——接受学习理论对于我们反思和发挥学校教育的特有作用是颇有启发的。但奥苏贝尔的学习理论也还不是尽善尽美的理论，还处于发展和检验中。

四、社会学习理论

　　社会学习理论是在 20 世纪 60 年代由美国的心理学家班杜拉提出来的。

　　这种理论认为人格特征也是以学习的方式获得的。班杜拉承认各种学习方式，他认为直接学习、模仿和观察学习是儿童人格特征形成的基础。

　　在班杜拉之前，斯金纳曾用直接学习来解释个性行为的形成。直接学习是通过学习者的直接反应给予直接强化而完成的学习。斯金纳认为，学习者大量的行为方式是通过这种学习获得的。那些在儿童早期生活受到了父母和社会的赞许、奖励的行为方式得以保留，而那些受到惩罚和阻挠的行为则会减少以至消失。比如，在我们的文化中，小姑娘因文静柔弱而受人喜欢，小男孩因勇敢好胜得人夸奖。长此以往，孩子们会按社会所约定的性别行为方式举手投足，逐渐形成男女不同的性别角色。

　　但是，单凭知觉强化学习是无法说明儿童何以能在短短几年中获得大量行为方式的。它还应包括对成人行为的主动模仿以及观察学习——班杜拉称之为"间接学习"，并认为这种"间接学习"在儿童的行为塑造中起决定性作用。

　　间接学习包括模仿和观察学习。模仿就是儿童按照他人的行为方式行动。观察学习是通过观察他人（榜样）所表现的行为及其结果而进行的学习，观察学习不同于刺激反应学习。它不需要对学习者的反应给予直接强化，学习者可以不必直接地做出反应，也不需亲自体验强化，而只要通过观察他人在一定环境中的行为，并观察他人接受一定的强化就能完成学习。这种学习是在替代强化的基础上进行的模仿。所谓替代强化是指通过观察他人（榜样）行为受到强化而增强模仿其行为的倾向。班杜拉又称其为"无尝试学习"。

观察学习是社会学习理论的一个基本概念。班杜拉虽然承认各种学习方式，但他却认为观察学习是社会学习的一种重要的形式。在他看来，从动作的模仿到语言的掌握、从态度的习得到人格的形成，都是可以通过观察学习来加以完成，也就是说，凡依据直接经验的所有学习现象，都是可以通过对他人的行为及其结果的观察而代理地成立。通过观察学习不仅可以使习得过程缩短而迅速地掌握大量的整合的行为模式，而且可以避免由于直接尝试的错误和失败而可能带来的重大损失和危害。

班杜拉的社会学习理论从人的社会性角度研究学习问题，强调观察学习，认为人的行为的变化，即不是由个人的内在因素，也不是由外界因素所单独决定的，而是由两者的相互作用的结果所决定的。也就是肯定了认知和强化在学习中的作用，这在相当程度上反映了人类学习的特点，揭示了人类学习的过程。但是班杜拉的社会学习理论基本上是行为主义的，他虽然也重视认知因素，但没有对认知因素作充分的探讨，他偏重的是人的行为的研究，在行为研究中没有给认知因素应有的地位，因而他的社会学习理论具有明显的不足之处，表现了很大的局限性。

学习活动是一个十分复杂的过程。既有尝试错误，也有顿悟；既有行为习惯的形成，也有认知结构的发展。哪一个理论都不能对全部的学习做出完满无缺的解释，只能用不同的理论指导不同类型的学习、不同方面的学习。在教学中，我们应该采取分析的态度，取其精华，为我所用。既不能全盘接受，也不该全盘否定。

综合练习：

一、概念解释

1. 狭义学习　　　2. 学习动机　　　3. 技能　　　4. 学习迁移

二、填空

1. 在我国，一般习惯于根据学习的内容和结果把学习分为_____、_____、_____和_____四种类型。

2. 奥苏贝尔根据学生学习方式把学习分为_____和_____；根据学习内容把学习分为_____和_____。

3. 加涅根据学生学习的结果将学习分为_____、_____、_____、_____、_____等五种。

4. 知识掌握包括_____、_____和_____三个环节。

5. 学生应用知识的过程一般包括_____、_____、_____和_____

四个相互联系的智力活动环节。

6. 技能按其本身的性质和特点，可分为_____和_____两大类。

7. 动作技能的形成包括_____、_____和_____三个相互联系的阶段；智力技能形成的五个阶段是_____、_____、_____、_____、_____。

8. 根据学习迁移的内容，可将迁移分为_____、_____、_____等三种。

三、选择

1. 会骑自行车有助于学习开摩托车，这是由于_____

A. 正迁移　　B. 负迁移　　C. 模仿

2. 在教学中利用变式可以帮助学生掌握科学概念，这是因为变式具有_____

A. 直观作用　B. 突出事物本质属性的作用　C. 使知识具体化

四、判断

1. 学习动机与学习效率成正比。　　　　　　　　　　　（　　）

2. 心理准备状态在学习迁移中总是起干扰作用。　　　（　　）

3. 技能是后天通过反复练习形成的自动化了的动作或智力活动方式。

（　　）

五、问答

1. 什么是学生的学习？它有哪些特点？

2. 如何培养和激发学生的学习动机？

3. 如何促进学生理解知识？

4. 影响学生应用知识的因素有哪些？

5. 影响学习迁移的因素有哪些？在教学中如何促进学习迁移？

第十三章　品德心理

第一节　品德概述

一、品德的含义

品德即道德品质，是个体按照社会道德准则行动时，表现出来的某些稳固的特征或倾向，是社会道德在个体身上的具体表现。

一个人的品德是通过与道德有关的态度、言论以及一系列的行为举止反映的，青少年的品德体现在热爱祖国、热爱劳动、热爱科学、勤奋学习、助人为乐、遵守纪律、爱护公共财物等方面。品德是比较稳定的、惯常的态度和行为倾向，它有别于那些偶尔的、暂时的态度和行为表现。例如，具有助人为乐道德品质的学生，在好朋友、一般同学甚至不相识的人有困难或处于困难时，都能真诚相助；而且在学校里、在回家路上都能以做好事为乐。如果帮助别人只限于特定场合或特定对象，这尚未具备助人为乐的道德品质，只能说有助人的行为。

品德不是天生的。儿童最初的品德是在社会生活条件影响下，在与人们的交往中，通过自发性的观察和模仿产生的，再经由周围成人给以肯定或否定的强化固定下来的。学生品德的形成和发展主要是由学校和家庭根据社会道德要求，施以有目的、有计划的教育影响，并通过学生接受社会性教育，使社会道德要求内化为自身的道德需要，以此支配行为而实现的。

二、品德与道德

品德和道德是两个既有区别又有密切联系的概念。

品德和道德的区别。道德是社会现象，是人们在社会生活中应该遵守的行为规范和准则的总和；品德则是个体现象，是社会道德内容在个体身上的具体表现。道德的发生和发展服从于社会发展的规律，且不以个体的存在与否为转移；由于不同社会有不同的道德标准，因此，道德具有明显的阶级性和社会历史性。品德的形成和发展不仅受社会的影响，还受个体的生理和心理等内在条件的制约，因此，在相同的社会环境和教育条件下，每个学生的品德行为表现都不尽相同。此外，从科学研究的对象来看，道德属于伦理学或社会学的研究范畴，而品德属于教育心理学的研究范畴。

品德和道德的联系。个人品德是社会道德在个体身上的体现，离开社会道德就谈不上个人品德；社会道德是衡量和评价一个人品德的标准；个体品德的集中表现反映着时代的特征，并影响社会道德的内容和社会风尚。

三、品德的心理结构

品德的心理结构是指品德这种个体心理现象的组成要素及其相互关系。由于品德的心理结构极其复杂，加之不同的研究者的研究兴趣和研究角度不同，便产生了不尽相同的结构模式。一般认为。品德是由道德认识、道德情感、道德意志和道德行为方式等四种心理成分所构成的。

（一）道德认识

道德认识又称为道德认知，它是指人对道德行为准则及其意义的认识，通常表现为人对道德现象或道德行为的是非、善恶及其意义的认识。它包括对一定道德知识（如道德概念和道德行为准则等）的掌握，也包括以这些知识作为自己的行动指南，变为信念，并以此来评价自己和他人的道德行为。

（二）道德情感

道德情感是指在道德认识的基础上，对现实生活中的思想言行（包括他人和自己）是否符合道德标准和道德需要而产生的内心体验。现实生活中有多种事件和思想言行，凡是符合自己的道德认识或能满足自己的道德需要的，都会产生积极的、肯定的情感体验，否则就会产生消极的、否定的情感体验。道德情感与道德认识紧密联系，构成了人的道德动机的基础。

（三）道德意志

道德意志是指人自觉地确定目的、排除内外障碍、将道德行为付诸实现的心理过程。道德意志也要受到道德认知的支配，是人们利用自己意识的控制理智的权衡作用，来解决社会生活中内心矛盾的过程。可见，道德意志是道德观念的能动作用。在人为实现道德目标所进行的行动中这种能动作用常常表现为积极进取或坚韧自制这两种行为方式。

（四）道德行为

道德行为是人的道德认识、道德情感、道德意志的具体表现和外部标志，是人在一定的道德意识支配下所进行的各种具体行动，是实现道德需要、道德动机的手段。

在品德的心理结构中，各种心理要素是彼此联系、互相影响的，在人的道德生活中起着不同的作用。道德认识是道德情感产生的基础，道德情感又影响着道德认识的倾向和深度。道德认识和道德情感是道德意志力量的来源，道德意志又影响着道德认识和道德情感形成的速度和水平。道德行为是在道德认识的指导和道德情感的催化以及道德意志的调控下通过一定的练习和锻炼形成起来的，道德行为又可以巩固发展道德认识，加深和丰富道德情感，促进道德意志的锻炼。总之，品德虽然在结构上可以区分为各种心理要素，但它在人的社会生活中又是一个由这些要素有机结合而成的整体。因此，在德育活动中，必须全面兼顾品德的各个侧面，不能简单让学生记忆各种社会规范，也不能只是靠纪律、惩罚等约束学生的行为，必须将道德认识、道德情感、道德意志和道德行为结合起来。

品德的培养可以有多种开端。既可以从提高道德认识入手，也可以从训练道德行为习惯开始；既可以从激发道德情感着眼，也可以从培养道德意志做起；既可以单一形式进行，也可多种方法结合使用。一般来说，由道德认识入手到道德情感再到道德行为，是学校教育中常见的品德培养途径。但是，不管从哪种形式开端，只有当这些基本的心理成分都得到相应发展时，学生的品德才得以形成。

第二节　品德形成的心理过程

学生品德的形成既是社会通过舆论和教育等渠道把道德规范传授给年轻一代的过程，也是学生通过自己的实践由被动到主动地体验这些规范并形成道德行为的过程。学生品德形成的心理过程是有规律可循的，这些规律体现在道德认识的形成、道德情感的激发、道德行为习惯的养成等环节之中。

一、道德认识的形成

道德认识的形成，主要包括概念的掌握、道德信念的确立和道德评价能力的发展三个方面。

（一）道德概念的掌握

道德概念是人脑对社会道德现象本质特征的概括。掌握道德概念是提高道德认识的重要途径。一个人只有掌握关于道德的基本概念，才能在复杂的社会生活中分清是与非、善与恶、美与丑、公正与偏见、道德与不道德的界限，才能按照道德概念去认识自己行为的意义，才能对别人言行的正确性做出道德评价。

道德概念的掌握是在个体发展的过程中完成的，并存在着年龄差异。小学低年级学生的道德概念是具体的，对行为意义的认识与成人的禁止与赞许有关，他们从行为的后果和外部现象上去理解道德概念。中学生已经能对概念内涵的各方面因素加以概括，在认识概念的本质方面，能从内部动机等内心品质方面去理解道德概念。

道德概念的掌握同一般概念的掌握一样，也是在丰富的表象的基础上，通过分析、综合、比较、抽象、概括等思维活动进行的。因此，在道德教育过程中，教师不但要进行伦理性灌输，而且要结合实例和具体形象进行榜样教育。此外，学生在掌握道德概念时，常常会出现一些糊涂认识或错误观念。如有的学生把尊敬老师看成是"巴结"；把向老师汇报情况说成是"出卖"同学；把顶撞老师看成是"勇敢"；把相互隐瞒错误说成是"讲义气"等。因此，在道德教育中，教师应注意运用变式的规律，使学生掌握道德概念的本质。

教育实践中有时会出现下列现象：学生理解了某些道德要求或概念，却不能付诸实施，有时会产生"对立情绪"，甚至拒绝接受教育，这是由于学生思想上产生了意义障碍。所谓意义障碍是指人头脑中所存在的某些心理因素，阻碍着对新的道德要求和意义的正确理解，不能把道德要求转化为自己的需要。意义障碍产生的原因是多方面的。如教师的要求不符合学生原有的需要；学生对教师的要求不理解；教师提出要求时采取了强制的方法，伤害了学生的自尊心；教师言行不一，使学生对教师不信任；教师处理某些问题不公平，使学生反感等。为了使学生更好地掌握道德概念，教师应该防止意义障碍产生。一旦出现这种情况，要及时设法消除。

（二）道德信念的确立

当一个人坚信某种道德概念的正确性，并使其成为自己行动的指南时，道德知识和概念就转化为道德信念。道德信念是推动道德行为的强大动力，它可以使人的道德行为表现出坚定性和一贯性。因此，道德信念的确立是品德形成的一个重要因素。

不同年龄阶段的学生的道德信念具有不同的特点。研究表明，小学低年级学生还没有真正出现道德信念；小学高年级学生有了初步的道德信念，但不够自觉、坚定。只有从初中学生开始，比较自觉和稳定的道德信念才逐步形成和发展起来。

让学生通过实践活动获得道德行为的经验和有情感色彩的体验，是使道德知识和概念转化为道德信念的主要条件。一般说来，学生领会某些道德准则和概念比较容易，但要把这些准则和概念真正变为他们自己的信念，就需要使这些准则、概念被个人经验所证明，并引起积极的内心体验。当学生亲自看到按一定的道德准则行动给他人带来益处，并得到舆论的赞扬和支持时，就会具体地认识到道德准则的正确性，从而产生按照这些准则行动的愿望，形成道德信念。因此，教师除了创造条件使学生获得与道德准则相应的经验外，还要防止他们受到反面经验与体验的诱导。如果学生不按照道德准则去做反而得到赞赏，按照准则办事却受到批评，就会大大削弱道德准则的约束力，阻碍有关道德知识和概念向道德信念的转化。

（三）道德评价能力的发展

道德评价就是学生应用已掌握的道德规范对自己或别人行为的是非、善恶等进行评价的过程。道德评价贯穿在道德认识发展的始终。学生经常进行道德评价，能够不断加深对道德规范及其意义的理解，增强自己的道德体验和支配行为的力量，发展道德评价能力。心理学研究表明，学生道德评价能力是逐步发展起来，其发展趋势的规律是：

1. 从"他律"到"自律"。即从仿效别人的评价发展到独立地进行评价。（"他律"是指以别人的要求为评价标准。"自律"是指自己有了独立的评价标准。）小学生最初只能模仿、重复成人的评价，并以此作为自己评价的标准。他们比较注重奖励与惩罚，凡是成人赞许的就容易认为是好的，而受到成人惩罚的就认为是不好的。因此，成人特别是父母和老师应注意实事求是地给小学生做出评价示范，不要片面、轻率地下结论，以免对他们道德评价能力的发展产生不良影响。随着年龄的增长，小学生的道德评价能力逐渐发展，到了中学以后，他们开始形成自己的评价标准，并以此为根据独立的进行道德评价。

2. 从"效果"到"动机"。即从注重行为效果的评价转向重视行为动机的评价。小学生的道德评价最初比较注重行为的后果，以直接后果如何来衡量行为的好与坏。小学中高年级的学生，已经开始注重对动机的分析，中学生才能够逐渐把道德动机与行为效果结合起来进行评价。

3. 从"对人"到"对己"。即从偏向评价别人发展到学会评价自己。儿童和少年的自我评价往往落后于对别人的评价。小学低年级学生能够初步地评价别人，但他们还不会评价自己。例如，有的儿童会批评别人经常吃零食，而自己也往往央求父母买冰棒、糖果等。小学高年级学生虽然能进行一些自我评价，但只能叙述自己行动的表面现象，不能涉及行动的内部原因和自己的内心活动。中学生的自我评价能力已逐步发展起来，他们不仅能够评价自己的行为，而且学会关心自己的内心活动。但总的来看，少年期学生对别人的评价比较深刻而且客观，对自己的评价就比较笼统、模糊。一直到青年初期，学生才能比较自觉地进行自我评价，并在此基础上发展自我检查、自我调节、自我控制等能力。

4. 从"片面"到"全面"。即从带有较大片面性的评价发展到比较全面的进行评价。儿童和少年的道德评价带有较大的片面性，他们往往抓住一点，不及其余，容易做出绝对肯定或否定的判断。例如，自己有了一点成绩，就认为自己很了不起；反之，就认为自己什么也不行。又如，把别人的一次行为看成是一贯表现，把偶尔过失看成是一贯"不道德"。他们的评价容易受个人情绪的影响，也容易以自己的好恶来评判是非，并且采用比较尖锐、直率的方式表达出来。他们的道德评价还不够稳定，容易发生情境性变化。进入青年初期以后，学生评价自己或别人的行为，才开始带有全面、客观、深刻的性质，评价时思路比较开阔，开始学会区分主要与次要，一贯与偶尔，并能把动机与效果、成绩与过错等联系起来分析，同时还能适当地考虑表达自己意见的方式方法。

总之，学生道德评价能力的发展同他们的道德知识水平密切联系着，也和他们的思维发展和生理成熟有关。同时，不同学生的道德评价能力的发展水平也有差异，教师应当做好评价的示范，利用教材内容和学生中发生的典型事例，有意识培养学生的道德评价能力。

二、道德情感的激发

道德情感是在道德认识的基础上产生的。学生在进行道德行为的评价时，总是对符合道德标准的行为产生积极的情感体验，对不符合道德标准的行为产生消极的情感体验。比如，对大公无私，毫不利己的先进人物，会产生爱慕和敬仰的情感；对贪生怕死，损人利己的人则产生厌恶和憎恨的情感。同样，他们对自己公而忘私、助人为乐的行为感到自豪；对自己某些不道德的行为感到羞愧和内心不安，受到"良心"的谴责。可见，道德情感是道德认识的具体表现，而且具有强大的感染功能和明显的自我监督作用。它既可以使人保持正确的心理倾向，弘扬正气，抑制邪恶；也可以通过自我反省而调整行为，培养高尚的情操。由于道德情感对人的行为具有很大的调节和控制作用，所以，教师在对学生进行道德知识的教育和道德行为训练时，应不断激发他们的道德情感。

道德情感有三种不同的表现形式：

（一）直觉的道德情感

直觉的道德情感是由于对某种道德情境的直接感知而产生的情感体验。例如，当人们进入会场或公共场所后，就会不知不觉地约束自己的行为；由于莫名其妙的紧张感而很快制止了某些不道德的欲望等。这种道德情感的产生来得突然且自觉性低，是对周围情境的反映，但它仍然与人们过去在道德实践受到集体舆论的影响和行为的经验有关，能对道德行为起到迅速定向的作用。因此，在学校中组织健康的舆论并帮助学生形成对舆论的正确态度，对培养直觉的道德情感具有十分重要的意义。

（二）想象性的道德情感

想象性的道德情感是联想某些人或事物的形象时激起的情感体验。这种情感具有自觉性的特点。例如，当人们想起岳飞、文天祥等英雄人物，会油然而生敬意，萌发爱国主义情感。英模的形象所以能引起学生的道德情感体验，首先是因为这些形象本身是作为社会道德规范的体验者而存在的，学生通过这些形象本身可以更好地认识道德要求及其社会意义，深化个人的道德体验。其次是由于这些形象具有生动性和感染性，学生通过联想可以引起感情的共鸣。因此，教师要充分利用榜样的作用，把学生的情绪体验与具体的形象结合起来，来激发学生的道德情感。

（三）伦理性的道德情感

伦理性的道德情感是人在进行道德理论思维时产生的高级的情感体验。它是在道德实践经验的基础上，把道德的感性经验和理性认识结合在一起的情感，因而具有更高的自觉性和概括性。例如，爱国主义情感，只有当学生深刻思考个人与祖国的关系，个人对祖国应尽的义务时才会发展起来，它是和爱父母、爱家乡、爱首都、爱国旗、爱党、爱人民、爱祖国的大好河山与历史文化，以及对敌人的仇恨、对社会主义前景的向往、对工作的责任感等交织在一起的。伦理性道德情感与一个人的道德信念、理想和世界观紧密联系，因而深刻、持久，富有较强的动力作用。培养这种情感是一个渐进的过程，既不能急于求成而向学生空讲大道理，也不能满足于感染而不进行说理教育。要对学生循循善诱，寓理于情，使学生在道德认识的基础上对已有的道德体验加以概括，使之成为积极的自觉的道德情感。

三、道德行为习惯的养成

道德行为是指人在道德认识和道德情感支配下所采取的行为。学生的道德面貌总要通过行为举止表现出来，因此，进行道德行为训练并养成一定的习惯，对品德的形成与培养具有更重要的意义。

道德行为习惯的养成，主要包括以下四个方面。

（一）道德动机的激发

道德动机是推动人产生和完成道德行为的内部动因。要使学生产生道德行为，必须首先激发道德动机。研究表明，只有当社会道德要求通过学生的道德认识和道德情感纳入主观的反映，形成道德需要时，才可能内化为道德动机。因此，教师应该引导学生充分认识道德要求的社会意义，培养他们对道德要求的情感体验，使他们在道德需要的基础上诱发出道德动机。

（二）道德行为方式的选择

道德动机和行为效果一般是统一的，但有时由于学生不善于组织自己的行为，没有掌握一定的行为方式，效果和动机就可能不一致。例如，几个学生在放学回家的路上打了对教师不礼貌的同学；有的学生主动代替生病的同学写作业等。因此，教师在训练学生道德行为时，除了使学生形成明确的动机外，还必须引导他们选择实现良好动机的正确行为方式。尤其是对正在迅速成长的中学生，行为方式的指导就显得特别重要。

指导学生选择行为方式可以有多种途径。例如，讲解学生守则，使学生熟记学校生活最基本的行为要求；提供典型的道德行为事例并分析其合理性；组织学生讨论完成某一活动应采取的最佳方法和步骤；总结分析某些人道德行为成功的经验和失败的教训等等。总之，教师一方面要让学生知道道德行为的具体要求、规则和步骤；另一方面要不断提高学生的道德认识水平，启发他们主动地去选择道德行为的方式。

（三）道德意志的培养

道德意志是指人们在道德行为过程中表现出的意志力，它是道德认识能动作用的具体体现。在道德教育中，常常会出现这样的现象：学生虽然接受了道德行为准则，也掌握了一定的行为方式，但在外部诱惑或内部低级需要的驱使下，往往不能约束自己，产生一些不符合道德准则的行为。如有的拾物不交不还，违反纪律，甚至打架骂人等，多是缺乏道德意志的表现。道德意志在道德行为中作用有两个方面：第一，能使人为实现道德目标积极进取，让道德动机战胜非道德动机；第二，能使人克服道德行为中的各种内部障碍，表现出坚韧的自制力和抗诱能力。

培养学生的道德意志，应采取以下措施。

1. 提高道德认识，丰富道德情感

道德意志是在道德认识、道德情感的基础上发展起来的，因此，提高道德认识，丰富道德情感是培养学生道德意志的重要途径之一。首先，教师要使学生理解道德意志在品德形成过程中的作用，产生意志锻炼的强烈愿望。其次，使学生形成正确的道德信念、理想和世界观，产生积极的心理倾向。再次，利用教材内容，名言警句和英雄模范人物的事迹教育、感染学生。最后，培养学生的上进心、自尊心、责任感、荣誉感，使之成为锻炼道德意志的内部动力。

2. 创造困难情境，加强行为训练

道德意志总是与克服困难的道德行为联系在一起的。因此，教师要力求通过日常的教育教学活动，有意识地创设一些困难情境，并提供一些克服困难的条件，使学生在行动中积极主动地克服困难。同时，要对他们的行为提出严格的要求，并根据不同情况予以强化。

3. 引导学生形成自我约束机制

在学生道德意志的培养中，形成自我约束机制是非常重要的。因此，教师要引导学生对自己的道德意志行为进行自我评价，主动克服缺点，发扬优点；引导学生进行自我监督，学会在没有外部监督时也能保持良好的行为；引导学生形成自我控制能力，学会排除各种干扰，坚持进行道德意志行动。

4. 针对不同特点采取培养措施

学生的意志存在不同特点，这就要求教师因材施教，有针对性地采取培养措施。对于软弱、易受暗示的学生，应着重培养他们道德意志的自觉性和目的性；对于畏缩、优柔寡断的学生，要培养他们道德意志的果断性；对于冒失、固执轻率的学生，则须锻炼他们的耐心，沉着的品质；对于缺乏毅力、韧性的学生则要不断激发他们奋发向上和坚韧不拔的精神。

（四）道德行为习惯的养成

训练道德行为，仅仅靠诱发动机和行为方式指导是不够的，还必须通过实践活动的不断强化，使道德行为变成一种习惯。道德行为习惯是指稳定的、经常的、在一定条件下自动化了的道德行为方式。它是一个人由不经常的道德行为转化为某种道德品质的关键因素。

据调查材料表明，60％的学生的道德行为习惯是在初中三年级以前形成的，20％的学生在高中阶段形成道德行为习惯，只有20％的学生在高中毕业时还未形成道德行为习惯。可见中学阶段是学生形成道德行为习惯的重要时期。因此，教师要在中学时期抓紧养成学生道德行为方面的好习惯克服不良习惯。

良好的道德行为习惯是在无数次重复，有组织地练习和训练，以及不断与坏习惯作斗争的过程中形成的。良好道德行为习惯的养成，一般可以通过以下途径和方法：

1. 重复道德行为。创设道德情境和良好条件，使学生已有的道德行为得到多次重复的机会。

2. 运用榜样示范。为学生提供良好的榜样，使他们积极模仿榜样的道德行为。

3. 进行有意练习。通过开展各种有益活动，有目的的让学生进行道德行为的练习。在练习中，使学生明确练习的目的和要求，了解练习的结果，并分析成功和失败的原因，促使他们道德行为习惯的养成。

4. 纠正不良习惯。要注意防止不良习气的影响，以免学生养成不良行为习惯。对已形成的不良行为习惯，要让学生了解其危害，帮助他们树立克服不良习惯的信心，及时矫正自己的行为方式。

5. 合理进行奖惩。要正确使用表扬和批评的武器来培养学生的良好行为习惯。表扬或批评不恰当，都会影响道德行为习惯的养成。一般说来，过多的表扬容易使学生滋长自满情绪，听不进反面意见；而频繁的批评又会使学生自卑、胆怯，产生逆反心理。

总之，品德的形成过程是学生在内外因交互作用下，使道德认识、道德情感、道德行为由不平衡逐渐达到平衡的循环往复的过程，也是教育者晓之以理、动之以情、导之以行、持之以恒，使学生知、情、意、行都得到协调发展的过程。

第三节　学生品德不良的成因与矫正

一、学生品德不良及类型

学生品德不良是指学生经常违反道德要求或犯有比较严重的道德过错的现象。品德不良行为虽然还没有达到违法犯罪的程度，但有些严重行为已接近违法犯罪的边缘，如果不及时加以矫正，这些行为就会不断恶化，甚至出现违法犯罪行为。因此根据学生品德不良的程度又可以将其分为轻度品德不良型和重度品德不良型。

1. 轻度品德不良型

轻度品德不良行为又叫品德过错行为。这类学生大错误不犯，小错误不断，品德处于中等或中下等水平。过错行为在学生中较为普遍，根据有关调查，过错行为在品德问题行为中的比例是：童年期占87.1%，少年期占62%，青年期占51.6%。

过错行为一般表现为起哄、恶作剧、打架、骂人、欺侮弱小同学、说谎、考试作弊、破坏公物等，较多表现为迟到、旷课、不按时交作业、上课时做小动作等不遵守纪律的行为，以及对老师不礼貌、与同学不团结、抽烟、小偷小摸等违反行为规范方面的行为。

这类学生的品德行为总体具有不同水平的良好道德认识和道德行为习惯，而过错行为是其中的消极方面。行为总体中的积极方面是矫正和改善过错行为的内部条件，在一般情况下，只要经过正确的教育和引导，学生行为中的过失和错误是比较容易矫正的。尤其是那些不遵守纪律、扰乱集体，以及是非不辨的行为，会随着学生道德认识的提高和控制能力的增强而逐渐减少。但由于过错行为对集体具有扰乱性，这类学生经常会受到成人的批评和指责，遭到同学的歧视和排斥。这种孤立和冷漠会使他们难以忍受，因而自行设法寻找同情、欢乐和归属。一旦他们与品德不良的学生交上朋友，会使过错由小变大、由少变多，过错的性质也会越来越严重。当消极因素在行为体系中占主导地位时，就会转向品德不良型。

2. 重度品德不良型

学生中出现的偷窃、逃学、流氓习性、打架斗殴、惹事生非等，都是属于重度品德不良行为。重度品德不良行为和品德过错行为之间虽然没有明确的界限，但重度品德不良行为明显地具有下列特点：

（1）行为受不良认识和错误思想所支配，行为是有意的，目的是明确的，对不良的行为后果无自责和悔恨。

（2）不良行为出现的频率高、次数多，具有相对的稳定性。

（3）行为后果损害他人和集体的利益，并有较严重的扰乱性和破坏性，在一定程度上造成学校和社会的不安宁。

这类学生与轻度品德不良型相比，行为后果更为严重，且有错误的道德认识和不良行为习惯。这种类型的学生在学校中的数量虽然不多，但行为的破坏性强，对集体的扰乱面广。这类学生在品德行为上的矫正和改变也比较困难。

这类学生固然有比较严重的缺点、错误或越轨行为，且这些消极方面在行为总体中起着一定的支配作用，但他们也存在着积极因素，尽管这些积极因素不占主导地位，却是行为总体中的"闪光点"。这些"闪光点"只要调动起来，将是克服消极因素的内部动力。实践证明，教育者通过多种途径和方法，深入了解他们的心理需要和那些能引起他们忧伤、焦虑或愉快、激动的人物、事件和情境，从中捕捉他们身上的闪光点，是教育和转化他们的关键。在正确的教育和热情的关怀下，这类学生也能够狠下决心、痛改前非，向良性方向转化。虽然转化的过程比轻度品德不良型学生要长，反复性要大，但转化的实现是有可能的。反之，忽视对这类学生的教育工作，对他们持冷漠、置之不理或仇视的态度，或采取责备、惩罚等简单粗暴的教育方法，在某种意义上说，只能导致他们自暴自弃、破罐子破摔等消极状态，致使出现过错的数量更多，性质更严重，距离社会道德的要求更远，在一定的诱因影响下，走上人生邪路，滑入犯罪的泥坑。

二、学生品德不良的原因

（一）客观原因

1. 家庭的不良影响

如果学生的不良行为主要原因来自家庭的话，那么家庭环境中的不良因素的消极影响大致有以下两个方面。

（1）家庭结构不良因素的消极影响

在我国的社会生活中，家庭结构的不良因素大致包括家庭自然结构的破坏；家庭关系结构的破坏；家庭意识的不良和家长的不良性格等方面。①家庭自然结构的破坏。由于家庭中缺父少母以及父母离异等情况的存在，孩子在家庭生活中得不到应有的教育和关爱而产生不良行为。一项调查表明，54.7％的犯罪少年来自这种家庭。②家庭关系结构的破坏。家庭成员存在着生理、社会、心理三层关系，其中一层关系的损害往往导致其他两层的裂痕。家庭关系的破裂或冷淡对子女将会产生不良影响。据有关对少年犯的调查表明，由于家庭关系破裂的缘故向外找"友谊"、"温暖"而走上犯罪道路的少年占很大一部分。③家庭意识不良。有的家长思想观点不正确，整天在家中发牢骚、说怪话，散布对社会的不满情绪，孩子在家中耳闻目睹家庭成员的错误言论和恶习，因而受其不良影响而产生不良行为。④家长不良性格的影响。如有的家长修养差，行为粗鲁、满口脏话；有的家风不正，酗酒、赌博、吸毒、偷窃、腐化；有的家长思想迷信，搬神弄鬼；有的家长极端自私，损公肥私等，孩子受其不良影响而产生不良行为。

（2）家庭教育功能不良的消极影响

家庭教育功能不良主要表现为：①家庭教育条件与水平较差。如有的家长文化教育程度不高，对子女教育不重视，或教育子女的时间不多，有的家长甚至从不过问子女情况等。②错误的家教态度与方式。如有的家长过分溺爱孩子、庇护孩子，认为孩子长大了就会自然"懂事"，他们持一种"任其发展"、养而不教或重养轻教的态度。这种家长只重视满足于子女的物质需要而忽视其思想品德的教育甚至连基本的生活技能也不教。③有的家长重智轻德，忽视子女的身心健康。他们整天忙于检查子女的作业，聘请家庭教师帮助子女学习，致使部分孩子视学习为苦差，千方百计地想逃离家门，躲避学习的沉重负担。④家教态度不一致，要求不一致，致使孩子无所适从。这种现象往往表现为祖辈和父辈的意见不一致，有时也表现为家庭中的父亲和母亲的教育态度不一致。这种家庭教育态度的不一致可能会导致孩子对道德准则的认识感到困惑，或是见风使舵，以求庇护自己的一方。⑤有的家长对子女宽严失度，方法不当。时而管教不严，错把庇护当爱护；时而管教过严，错把粗暴当严教。这是一种最值得重视的情况。有的家长最初溺爱、祖护孩子，等孩子问题成堆后则又采取极端粗暴的压制，轻则咒骂，重则毒打，没完没了。子女从对错误观念的"合理感"未经任何思想上的转化突然变成了"犯罪"，成为大众谴责的对象，随即引起了心理上剧烈的矛盾及冲突，产生了对抗心理和逆反心理，从而越陷越深，甚至走上犯罪道路。

2. 学校教育的某些缺陷的不良影响

（1）某些教师缺乏正确的教育思想，对学生不能一视同仁。为了片面追求升学率，集中精力"保"优等生过高考关或中考关。而对那些差生或自己不喜欢的学生往往进行体罚或变相体罚，讽刺挖苦或刁难他们，以致使差生失足的机率提高。

（2）学校教育与家庭教育脱节，互不沟通，互不配合，各行其是，削弱了教育的力量，甚至相互抵消。

（3）有少数教师本身缺乏师德，或者品德不良，给学生带来了直接的不良影响。

（4）学校的各种压力，如升学压力、考试压力、名目繁多的竞赛和评比的压力等，常会引起学生过度的焦虑和挫折，从而产生不良行为。

（5）有些教师对学生或家长的要求过高、过严、过急，而忽视他们的年龄特征和个性差异，忽视他们的心理需要和人格尊严，无节制地加大他们的精神压力，以致造成他们的对抗心理而产生不良行为。

3. 社会环境中的不良影响

社会环境中消极因素的不良影响，主要包括：①社会上各种错误的思想、不良风气、社会文化生活（如文学艺术作品、影视、网络等）中不健康的因素的影响；②社会上具有各种恶习的人的影响，尤其是坏人的教唆；③学生群体亚文化与小伙伴的不良影响。

（二）主观原因

前面已经讲过，品德的心理结构是多种内存的心理因素交互作用的结果，从这个意义上分析，品德心理结构中的某个因素受到障碍或得不到发展，都可能成为学生品德不良的内部原因。

1. 缺乏正确的道德认识，行动盲目

大多数品德不良的学生缺乏正确的道德认识，是非观念模糊，道德评价能力差，不善于分析行为的真假、善恶，行动盲目或行为被低级的欲望和需要所支配，高尚的道德动机不占优势。

2. 缺乏道德情感，情绪消极多变

品德不良学生往往爱憎颠倒，荣辱不分，缺乏集体主义情感、学习的责任感和义务感。他们有自尊心，希望能得到别人的尊重，但由于自己的落后表现，致使自尊心长期受到压抑，从而产生自卑感。自尊的需要和自卑的体验交织在一起，使得这类学生的情感出现反常性。

3. 道德意志薄弱，自控能力差

这类学生由于道德意志薄弱，在行为抉择时动机斗争的自觉性低，不能以正确的道德动机战胜错误的道德动机，而屈从于个人的欲望和情绪冲动，产生不道德的行为。他们的自控能力差，虽然知道道德行为准则，却不能约束自己的行为，不能抵制外界环境的诱惑。此外，当他们经过教育，对错误有所认识，并有改悔之意时，仍由于缺乏意志和毅力，不能控制内心冲突和行为，因而时改时犯，反复不断。

4. 不良的行为习惯

品德不良学生都有不少坏的行为习惯。一般来说，品德不良行为在开始只是偶然发生，或只是一些过错行为，由于未及时引导和教育，使他们以不良行为来满足个人欲望而获得了成功，经由多次反复，形成不良的行为习惯。不良的行为习惯一经形成，教育和矫正都比较困难。

三、学生品德不良的矫正

对学生不良品德的矫正是一项艰苦、细致而复杂的工作，需要学校、家庭和社会各界互相配合，形成合力，才能收效。由于品德不良的学生具有一些特殊的心理特点，因此，对他们的教育应该采取以下措施。

（一）了解不良行为产生的需要和动机

道德行为是学生品德的主要标志之一，而需要和动机则是学生不良道德行为的内在原因。因此，认真了解他们的需要和动机，是教师有针对性地矫正学生不良行为习惯的首要条件。驱使学生做出不道德的行为动机，常常比较隐晦复杂。而且，同样一种不道德的动机，在不同学生身上也可能是由不同的需要引起的。这就要求教师通过谈话、家访、观察等多种途径和方法进行深入地了解，以发现他们真正的需要和动机。

（二）消除对立情绪，改善人际关系

品德不良的学生一般认为别人轻视自己，厌弃自己，因而对周围的人存有"戒心"或"敌意"，产生了对立情绪，并常常以沉默、回避或粗暴无礼的态度对待老师或同学。在这种情况下，训斥和说服都无济于事。为了消除这种心理沟通的障碍，教师和班干部必须满腔热情地从多方面关心他们，主动和他们交知心朋友，使他们体察到教师的诚意，感觉到集体的温暖，增加对周围人们的信任感。只有这样，才能拨动他们的心弦，启发他们的觉悟，使他们乐于接近教师，真正接受指导，主动参加集体活动，并从中受到教益，逐步抛弃不良的道德品质。

（三）保护自尊心，培养集体荣誉感

学生的自尊心是一种个人需求受到社会、集体和他人尊重的情感。它是学生积极向上、努力克服缺点的内部动力之一。品德不良学生的自暴自弃，自尊心丧失的缺点主要是由于受到过多的指责、惩罚、嘲讽与歧视造成的。因此，教师要善于在他们身上发现"闪光点"和细微进步，及时给予肯定、鼓励、赞扬，或者委派他们做一些为全班服务的工作以示信任，这样来保护或重新点燃他们的自尊心之火，唤起克服缺点的勇气和自信。

在矫正不良品德的过程中，过分强调保护自尊心可能会使学生只顾个人虚荣，而不考虑集体的利益。为此，把品德不良学生的自尊心引向集体荣誉感是教师的又一个任务。要通过各种活动使学生意识到个人与班级、学校的关系，体验到自己行为的结果及社会评价给集体带来的荣辱，使那些因个人错误为集体荣誉带来损失的学生感到内疚，培养辨别是非的能力。

（四）提高认识，培养辨别是非的能力

道德认识水平低下，是非观念缺乏是品德不良学生的心理特征之一。因此，提高道德认识水平，培养辨别是非能力，乃是矫正学生不良品德的重要一环。要达到这一目的，可以对他们进行说理教育，组织舆论，积极开展批评与自我批评。也可以采用树立榜样、正面引导、并提出严格要求的方式。同时，要坚持以奖为主，奖罚分明，反复强化的原则，使他们深刻认识自己的错误，并主动矫正自己的行为。

（五）抓住转变时机，促进品德转化

品德不良学生的转化是一个由量变到质变的渐进过程，是旧质不断更新，新质逐渐积累的过程。这一过程一般经历醒悟、转变、反复、稳定四个阶段。醒悟是指品德不良学生意识到继续坚持错误的危险性，开始产生了改正错误愿望，醒悟是品德转化的前提；转变是指这些学生开始在行动上有了改正错误的表现；反复是指学生转变后又重犯错误的现象；稳定是指学生的行为不再出现反复。教师根据具体情况，抓住醒悟、转变等关键时机，及时采取合理的教育措施，促进品德不良学生的转化，最终使其形成优良品德。

（六）培养意志，巩固新的行为习惯

品德不良学生的错误行为，一般是在某些外部诱因的作用下，受到内部错误观念的支配而形成的。因此，在矫正不良行为的初期，切断这些诱因（如让学生更换学习环境或暂时避开不良刺激）是必要的。但长期完全避开诱因是不可能的，即使避开旧的诱因，在新的诱因作用下，他们还可能重犯错误。根本的办法是创设情境，使他们得到考验和锻炼的机会，从而培养他们在各种环境中独立地与诱因作斗争的意志力，使他们自觉地抵制不良的诱惑，巩固新的道德行为习惯。

（七）针对个别差异，采取灵活多样的教育措施

学生的个性不同，矫正的方法也应不同。有的学生流氓习气严重，有恃无恐，在对待上就要分析。如果他怕集体，有些行为就可以通过集体帮助的方式来解决，当然使用这种方法要十分谨慎。如果学生自尊心特别强，教师可以先容忍一下，等事过之后再作个别谈心，促进其思想转化；而对有的学生则需要给以冷淡，不予理睬，让他自己进行思想斗争；有的需要采取迂回的方法；有的则要用正面引导。

阅读材料：

道德发展理论简介

1. 皮亚杰道德认识发展论

皮亚杰是第一个系统地追踪研究儿童道德认识（确切地说是道德判断）发展的心理学家，他出版的《儿童道德判断》一书是心理学研究儿童道德发展的里程碑。皮亚杰认为，道德是由种种规则体系构成的，道德的实质包括两方面的内容，一是对社会规则的理解和认识；二是对人类关系中平等、互惠的关心，这是道德的基础。于是，他通过研究儿童对这两方面的认识，揭示了儿童道德认知发展的阶段及其影响因素。

皮亚杰在研究中采用了他独创的临床研究法（谈话法），在观察和实验过程中向儿童提出一些事先设计好的问题，然后分析儿童的回答，尤其是回答中的错误，从中找出规律性的东西。他设计了许多包含道德价值内容的对偶故事。例如，在研究儿童对过失行为的判断时，他向儿童叙述了下面一则故事，要求儿童对主人公的行为作评价，说出评价所依据的理由。

A. 一个小男孩约翰，听到有人叫他吃饭，就过去开饭厅的门，他不知道门外有一把椅子，椅子放着一支盘子，盘内有 15 只茶杯，结果撞翻了盘子，打碎了 15 只杯子。

B. 一个小男孩亨利，一天趁妈妈外出，想吃厨柜里的果酱，他爬上椅子伸手去拿，由于果酱放得太高，手够不着，结果碰翻了一支杯子，杯子掉在地上碎了。

皮亚杰认知发展的观点考察和分析了儿童对这些问题的回答，概括出了儿童认识发展的三个阶段。

（1）前道德阶段

皮亚杰认为，5 岁幼儿以"自我中心"来考虑问题，对引起事情的原因只有朦胧的了解，其行为直接受行为结果的支配，因此，这一阶段的儿童即不是道德的，也不是非道德的，随着年龄的增长才能对行为做出一定的判断。

（2）他律（heteronomous）阶段

皮亚杰认为，5～8 岁的儿童对道德的行为判断多半是要根据别人设定的外在标准，处于他律道德阶段。这一阶段的道德认知具有以下几个特点：①儿童认为规则是不变的，不理解规则是由人造成的；②评定是非时，总是抱极端的态度，非好即坏，非善即恶；③判断行为好坏的根据是后果的严重性，而不看主观动机，例如，6～7 岁儿童认为，在上面的故事中，约翰比亨利坏，因为约翰打碎了 15 只杯子，而亨利只打碎了 1 只杯子，这说明，这一阶段的儿童根据行为的客观后果即客观责任来判断是非善恶；④把惩罚看成是天意的报应，认为惩罚的目的是使过失者经受跟他所犯的错误相一致的遭遇，而不是把惩罚看做是改变人的行为的一种手段。一般来说，这一阶段的儿童所提议的惩罚比较严厉。

（3）自律（autonomous）阶段

皮亚杰认为，9～11 岁的儿童进入自律阶段，主要依据自己认可的内在标准进行道德判断。这一阶段的道德认知具有以下几个特点：①儿童认为规则是由人们相互协商而创造的，因而可以依照人们的愿望加以改变；②根据行为的意图和后果来判断行为，例如，10、11、12 岁的儿童认为，亨利比约翰坏，因为，约翰是无意中打碎了杯子，而亨利是趁妈妈外出偷东西吃时打碎杯子的，这说明，这时的儿童已经注意到了行为的意图和动机，即从行为的主观责任来作判断；③所提议的惩罚与所犯的错误更加相称。

总的来说，皮亚杰认为，儿童的道德认知发展是人他律道德向自律道德转化的过程。他律道德是根据外在的道德法则而作判断，只注意行为的外在结果，而不考虑行为的动机，是非标准取决于是否服从成人的命令或规定，这是一种受自身之外的价值标准支配的道德判断；自律道德则从主观动机出发，用平等不平等、公道不公道等标准来判断是非，这是一种受儿童自己所具有的主观价值支配的道德判断。皮亚杰认为，儿童只有达到这个水平，才算有了真正的道德。

皮亚杰认为，同伴交往是使儿童从自我中心和实在论解放出来的最重要途径。在同伴交往中，儿童才能比较自己和他人的观点，对别人的观点提出质疑和修改；才能认识到他人会以不同的方式理解同样的行为，从而导致不同的结果；才能开始摆脱权威的束缚，互相尊重，共同发展，发展公正感。同时，成人尤其是父母必须改变传统的所谓权威地位，与儿童平等相处，促进儿童的道德认知的发展。

2. 柯尔伯格道德发展论

柯尔伯格（L. Kohlberg）继承并发展了皮亚杰的理论。柯尔伯格与皮亚杰一样，承认道德发展有一个固定不变的顺序，都是从特殊到一般，从自我中心和关心直接的事物到基于一般原则关心他人的利益，他们两人都肯定道德判断以一般的认知发展为基础，都强调社会交往在道德发展中的作用。在 60 年代，柯尔伯格采用道德两难的故事，让儿童在两难推理中做出选择，并说明理由。例如，海因兹偷药的故事：

有个妇人患了癌症，生命垂危。医生认为只有本城一家药店的一种药才能救她。药店老板制造这种药花 200 元，而他要价高达 2000 元。病妇的丈夫海因兹四处向熟人借钱，一共借得 1000 元，只够药费的一半。海因兹不得已，只好告诉老板，他妻子快要死了，请求便宜一点卖给他，或者允许赊账。老板不干，海因兹走投无路，撬开了商店的门，为妻子偷来了药。

讲完这个故事，研究者向儿童提出一系列问题，如海因兹是否应当这样做？为什么？是否该判他刑？为什么？等等。柯尔伯格跟皮亚杰一样，真正关心的不是儿童对问题回答是或否，而是回答中的理由和推理。

柯尔伯格采用道德两难的故事法，测试了大量的来自欧亚 10 多个国家的儿童，他发现，尽管种族、文化以及社会规范等各方面不同，但道德判断能力随年龄发展趋势却是一致的。他将儿童的道德发展划分为 3 种水平 6 个阶段。

（1）前习俗水平（preconventional level）

大约出现在学前幼儿园及小学低中年级阶段，该时期的特征是，儿童遵守规范，但尚未形成自己的主见，着眼于人物行为的具体结果与对自身的利害关系。这时期又分为两个阶段：

第一阶段：惩罚和服从定向阶段

儿童缺乏是非善恶观念，只是因为恐惧惩罚而要避免它，因而服从规范，认为免受处罚的行为都是对的、好的，遭到批评指责的事都是错的、坏的。

第二阶段：工具性的相对主义定向阶段

行为的好坏按行为的后果来确定，对自己有利就好，对自己不利就是不好，没有主观的是非标准。这是一种具体的个人主义观念。

（2）习俗的水平（conventional level）

这是在小学中年级以上出现的，一直到青年、成年，这时期的特征是，个人由于认识到团体的行为规范，进而接受并付之实践。这时期又可分为两段：

第三阶段：人际协调的定向阶段

顺从传统要求，附和大众意见，期望得到别人的赞许，从而按照人们所说的"好孩子"的标准来约束自己的行为。

第四阶段：维护权威或秩序的定向阶段

服从团体规范，严守公共秩序，尊重法律权威，这时判断是非已有了法制观念，但把规范看成是固定不变的。

（3）后习俗水平（postconventional level）

这个阶段已经超越了现实道德规范的约束，达到了完全自律的境界。年龄上至少是青年期人格成熟之后，才能达到这种境界。这个水平是理想的境界。成人也只有少数达到。这一时期也分为两个阶段：

第五阶段：社会契约定向阶段

有强烈的责任心与义务感，尊重法制但不囿于法律条款，相信它是人订的，不适于社会时理应修正。

第六阶段：普通道德原则的定向阶段

有其个人的人生哲学，对是非善恶有其独立的价值标准。对事有所为有所不为，不受现实规范的限制。

皮亚杰和柯尔伯格从认知发展的角度，揭示了儿童的道德认知发展的基本历程，许多跨文化研究已证实了皮亚杰关于儿童道德认知从效果论到动机论，从客观责任到主观责任，从受外部权威控制到受内部道德原则支配，从他律到自律，从道德实在论到道德主观主义的发展阶段具有一定的普遍意义。

综合练习：

一、概念解释

1. 品德　2. 道德　3. 道德认识　4. 道德情感　5. 道德意志　6. 道德行为
7. 学生品德不良

二、填空

1. 品德包含_____、_____、_____、_____四种基本心理成分。

2. 道德情感的表现形式有_____、_____、_____三种。

3. 学生道德评价能力的发展具有下列趋势：_____、_____、_____、

_____。

4. 依据在学生品德行为总体中占主导地位的行为，我们大致可以划分成_____和_____两种类型。

5. 根据学生品德不良的程度又可以将其分为＿＿＿＿＿＿和＿＿＿＿＿＿。

三、选择

1. 当道德认识和道德情感成为经常推动一个人产生道德行为的内部动力时，就成为　　　　　　　　　　　　　　　　　　　　　　　　　　（　　）

A. 道德信念　　　　　B. 道德需要
C. 道德动机　　　　　D. 道德判断

2. 学生理解道德要求，也理解执行要求的意义，就是不能付之行动，甚至对教育要求还有对立情绪或拒绝接受，这种现象称之为　　　　　　　（　　）

A. 言行不一致　　　　B. 道德意志薄弱
C. 意义障碍　　　　　D. 品德问题行为

四、判断

1. 经常违犯道德准则或犯有较严重的道德过错的学生是品德不良的学生。
　　　　　　　　　　　　　　　　　　　　　　　　　　　　　　（　　）

2. 儿童与少年对别人的道德评价往往落后于对自己的道德评价。　（　　）

3. 品德的培养只能从提高道德认识开始。　　　　　　　　　　　（　　）

五、问答

1. 品德与道德有什么区别与联系？

2. 分析学生不良品德形成的原因。

3. 如何矫正学生不良品德？

第十四章　青少年期学生的心理发展与教育

第一节　儿童心理发展概述

一、心理发展的概念

从辩证唯物主义的观点看，世界上万事万物，都处在不断的运动变化之中，表现出由低级到高级、由简单到复杂、由量变到质变的发展特点和规律。人类个体从出生时的软弱无能、无知无识，在环境和教育的影响下，通过个体的实践，迅速成长为具有一定思想观点、知识经验和道德品质的独立社会成员，其心理发展同样经历了一个曲折复杂的变化过程。

发展是一种变化，但并非任何一种心理变化都可以称为发展。例如，疲劳、疾病、酗酒都可能引起个体心理发生某些改变，但这种变化是暂时或消极的，不能称之为心理发展。所谓心理发展，主要是指随着年龄的增长，个体心理所发生的积极的、持久的变化。

"发展"与"发育"的概念有联系，但并不完全等同。"发育"一般是指个体组织、器官、系统等生理方面的生长成熟，它是个体心理发展的生物基础；而"发展"的含义更为广泛，它主要被用来描述个体心理的成长变化，同时，也泛指有机体生理的生长成熟。在许多情况下，人们习惯于把个体身体与心理的成长变化，统称为"身心发展"。

二、儿童心理发展的阶段与年龄特征

心理学上把一个人从出生到成熟这段时期，称为儿童期。根据儿童各个年龄时期心理发展的特殊矛盾与质的特点，人们将儿童心理发展分为六个年龄阶段。即：乳儿期（0～1岁）、婴儿期（1～3）岁、幼

儿期（又称学前期，3～6、7 岁）、童年期（又称学龄初期，6、7～11、12）、少年期（又称学龄中期，11、12～14、15 岁）、青年初期（又称学龄晚期，14、15～17、18 岁）。

　　儿童心理发展的年龄特征是指在心理发展的各年龄阶段　儿童所表现出来的一般的、典型的、本质的心理特征，它标志着儿童心理发展的水平。儿童心理发展的年龄特征是从许多个别的儿童心理发展事实中概括出来的，它代表了这一年龄阶段大多数儿童心理发展的典型特征和一般趋势。它应以儿童经常出现而不是偶然的表现为依据，不能把这个阶段中个别儿童在特殊条件下出现的特点作为年龄特征。了解儿童心理发展的年龄特征，对于教育工作具有重要意义。它是教育工作的一个出发点，是合理安排教学内容、选择教学方法、引导儿童心理健康发展的重要依据。

三、儿童心理发展的一般特点

　　儿童心理发展的一般特点，主要表现在下列几个方面。

（一）心理发展的顺序性

　　在正常的条件下，儿童身心的发展是有一定方向和顺序的。这种顺序是不可逆的，也不可超越，总是呈现由简单到复杂、由低级到高级的发展变化。例如，儿童的身体和动作的发展是按照两条法则进行的：一是自上而下（头尾法则：即身体和动作的发展必须从头部延伸到身体下半部）；一是自中心向边缘（远近法则：身体和动作的发展从身体的中部开始，然后延伸到边缘部分）；思维的发展遵循直觉动作思维——具体形象思维——抽象逻辑思维的路线进行。心理发展的速度可以加速或延缓，但发展的顺序一般不能改变。这也正是教育上的循序渐进原则的心理依据之一。

（二）心理发展的阶段性

　　儿童心理的发展，是一个不断的对立统一、量变到质变的变化过程。当某些代表新质要素的心理现象积累到一定程度取代了旧质要素而占据主导地位时，就由量变发生质的飞跃，使心理发展由一个阶段上升到另一个新的阶段，表现出发展的阶段性。这种发展是连续不断和相互衔接的，前一个阶段往往孕育着后一个阶段的一些年龄特征，并为后一个阶段的发展做准备；后一个阶段之初还保存着上一阶段发展的残余特点，它是前一个阶段发展的必然趋势和延伸。教育工作者在教育中，既要照顾儿童心理发展的现有阶段水平，不拔苗助长，同时又要创造条件，积极促使儿童心理向新的"最近发展区"过渡。

（三）心理发展的系统性

儿童心理发展过程中，各种心理现象是相互联系、相互制约、系统变化的，并非个别心理过程或个性特征的孤立改变，而是个体整个心理面貌的有规律的更替发展。例如，儿童感知的发展是记忆发展的前提，而记忆的发展又反过来使感知更加精确和深入；感知为思维提供具体直观的材料，而思维的发展使人们的感知得到改造完善，使人们的感知更加全面和概括。各种心理现象的关系都是如此，教师在工作中应贯彻全面发展的原则，促使学生心理品质的整体提高和完善。

（四）心理发展的稳定性与可变性

所谓稳定性，是指在一般情况下，儿童心理发展的顺序、变化速度和主要年龄特征是大体稳定和共同的。因为儿童大脑的结构和机能的成熟具有相对稳定的程序，人类知识经验本身有一定的顺序性，儿童掌握知识经验和心理机能的发展也具有一定的顺序和阶段。因此，儿童心理发展的年龄特征和规律不是瞬息万变的，在一定的社会教育条件下，某一年龄阶段的儿童表现出基本相似的心理发展特点和水平。

所谓可变性，是指在一定的社会历史条件和教育影响下，儿童心理发展的某些年龄特征，可以在一定范围或程度上发生或多或少的变化。教育工作者应该全面地、辩证地理解稳定性与可变性的相互关系。如果过分强调儿童心理发展年龄特征稳定性的一面，就容易忽视社会和教育条件的作用；如果过分强调儿童心理发展年龄特征可变性的一面，就容易把社会和教育的功能夸大到不适当的地步。

（五）心理发展的个别差异性

尽管儿童心理发展都要按照基本的方向和程序进行，都要经历共同的发展路线，表现出大致类似的年龄特征，但由于遗传素质的差异，社会环境和教育影响的不同，以及个体主观努力的悬殊，同一年龄阶段的儿童，在心理面貌上（发展速度、水平、优势领域等）必然表现出明显的个别差异。这种差异是客观存在的，教师要正视这种差异，在教学中对学生既有统一要求，又要因材施教，以便使每一个学生都能发挥自己的潜力，在心理上得到最大限度的发展。

四、儿童心理发展的内部动力

世界上任何事物都包含有矛盾。矛盾无处不在，无时不有，事物内部矛盾的对立统一运动，推动着事物向前发展。儿童心理发展的内部动力是什么呢？

儿童心理发展的内部矛盾是儿童心理发展的内部动力，即儿童在活动过程中，社会和教育向儿童提出的要求所引起的个体的新需要和个体已有心理发展水平之间的矛盾斗争，推动着儿童心理不断向前发展。在实践活动中，社会和教育不断向儿童提出一定的要求，这种要求如果被儿童接受，转变为个体的需要，儿童就要积极从事相应的活动。在活动过程中，儿童原有的心理结构和心理水平已经无法解决面临的新课题，无法满足日益增长的新需要的发展。为了解决这些矛盾，儿童在不断的活动探索中，在社会和教育的帮助下，通过不懈的反复努力，使自己原有的心理结构不断改组，已有的心理品质不断完善，以解决面临的新课题，使新的需要得以实现。例如，儿童入小学后，新的学习环境和老师向他们提出了许多新的要求，儿童意识到自己不再是"小朋友"了，产生了做一个优秀小学生的强烈愿望。但是他们身上还保留着许多幼儿期的心理痕迹，如注意不稳定、情绪多变、自我约束力低、凭兴趣学习等，这些旧的行为习惯与学校生活的要求发生冲突，也阻碍着小学生新的愿望、需要的实现。于是，他们就在教师的指导下，严格要求自己，增强自我控制能力，不断地和自己原有的行为习惯作斗争。在这个积极的活动过程中，儿童原有心理结构和行为模式不断被改造，心理活动的有意性不断增强，新的心理品质逐渐形成发展，最终使自己的心理发展产生了一次质的飞跃，达到了一个新的水平和阶段。

在儿童心理发展的整个过程中，这种新需要与原有的心理水平之间的矛盾冲突贯串于始终。社会和教育对发展着的年轻一代的要求是不断变化的，个体的心理需要也是经常变化的，原有的矛盾解决了，新的矛盾又会产生,新需要与已有心理水平之间的矛盾斗争周而复始、连绵不断，二者的矛盾统一运动，推动着儿童心理不断向前发展。

第二节　少年期学生心理的发展

少年期又叫学龄中期（11、12～14、15 岁），相当于初中阶段，是由童年期向青年期的过渡时期，也是个体心理发展历程中一个非常重要的转折期。少年期的学生在童年期心理发展的基础上，随着生理发育的成熟、社会地位的变化和教育条件的影响，表现出半幼稚、半成熟、半儿童、半成人的状态，充满着独立性与依赖性、成熟性和幼稚性错综复杂的矛盾。了解少年期学生身心发展的特点和年龄特征，对于我们从学生身心发展的规律出发，因势利导、做好教育工作具有重要意义。

一、少年期学生生理的发育

少年期学生心理的发展，是与其生理发育的变化密切相连的。其生理发育的特点主要表现在以下三个方面。

（一）身体发育的第二次"高峰期"

个体从出生到成熟，有两次生长发育的高峰期。第一次发育高峰在乳儿期，一年内儿童身高增长 50%，体重约增加 2 倍。第二次高峰期在少年期，儿童进入身高、体重的突增期。如少年期前，个体平均身高年增长约 3～5 厘米，进入少年期，平均每年增加 6～8 厘米，体重每年增加 5～6 千克。其中，女子生长发育的突增期为 10～12 岁；男子生长发育的突增期为 12～14 岁。女子的发育比男子早 1～2 年，所以 10～14 岁之间，女子身高体重超过男子，男子在 14 岁以后，身高体重又超过女子，表现出两次交叉现象（见图 14-1）。少年期身体各个系统和器官的生长发育很不平衡。骨骼的增长比肌肉增长快，四肢的增长又比躯干快。因此，少年学生在体形上显得瘦高而不丰满，出现腿长、胳膊长、颈长的"三长"现象。由于心脏的发育落后于其它器官系统，故少年易引起头晕、心跳、易疲劳等现象。神经系统对运动的调节机能相对滞后，少年学生动作显得笨拙和不那么协调。

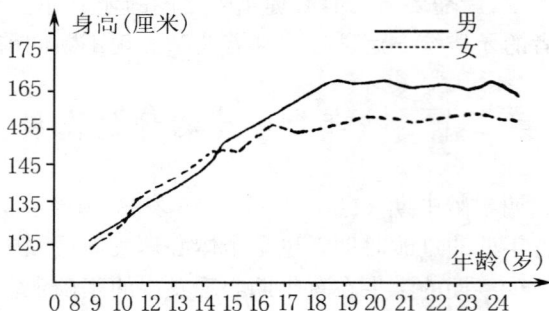

图 14-1　身高的增长与年龄的关系

（二）性成熟的开始

性成熟的开始是少年期学生生理变化的重要特征。性成熟期即性腺机能开始发生作用的时期，由于性激素分泌活跃和急剧增加，少年的第一性征（即主性征：睾丸、卵巢、阴茎、子宫等生殖器官）增大，并且出现第二性征这种体态上的新变化。如男性的喉结突起，声音变粗和低沉（男性一般 13 岁左右进入变声期），出现胡须、粉刺、阴毛和腋毛，15～16 岁前列腺发育迅速，开始有遗精现象。女性声音变尖，乳房隆起，骨盆增宽、臀部变大、皮下脂肪增多，体形曲线显现，阴毛、腋毛出现，开始月经初潮（12～14 岁左右）。

初中男女学生的性成熟存在性别差异和个别差异。一般说，女生的性成熟期比男生早 1～2 年，在我国，女生从 11～13 岁开始，男生从 12～14 岁开始相继进入性成熟期；但同性别之间个别差异很明显，有时可能相差 3～4 年。从世界各国的研究结果看，现代社会少年在生理成熟上比 50 年代早 1～2 年，表现出一种提前趋向。性的成熟既影响体态的变化，也给少年的心理带来一定的震荡。

（三）神经系统接近成熟

脑和神经系统的发育，是心理发展的直接前提和物质基础。从脑重和脑容量看，新生儿为 390 克，脑容量占成人的 63％；12 岁的少年脑重达 1400 克，接近和相当于成人，脑容量也接近成人水平。以枕叶—颞叶—顶叶—额叶为顺序发育的大脑皮层基本成熟；神经纤维的髓鞘化已经完结，大脑各部分的神经联络纤维数量大大增加，脑的功能日益复杂化和成熟。但是，脑和神经系统的真正成熟要到20～25岁以后。少年由于性激素分泌影响了脑垂体功能，使原来较为平衡的神经过程变得不平衡，兴奋过程强于抑制过程。因此，少年一方面表现为精力高涨，另一方面则表现为对致病因子高度敏感。智力活动的高度紧张、身体的过度活动与情绪的过分强烈，都会引起少年的内分泌障碍（月经不正常、甲状腺机能亢进）和神经系统机能紊乱（易兴奋激动、失眠、疲劳等）。

二、少年期学生心理发展的主要特点

（一）认识过程发展的特点

1. 感知的发展　与小学生相比，初中生的各种感觉发展日趋完善，研究表明：15岁左右的少年，视觉和听觉的敏锐度甚至可以超过成人。此外，观察的自觉性、目的性、精确性、稳定性都有了很大提高。少年不仅善于感知事物的外部特征，而且能抓住事物的本质特征，全面深入地去进行概括。同时，空间知觉、时间知觉能力的提高，为他们学习几何、物理、地理、历史等学科打下良好基础。

2. 注意的发展　初中生的有意注意有了明显增强，在学习生活中起着更重要的作用。由于学习目的性日益明确，他们更能自觉地、独立地调节和控制自己的注意，不为外来刺激干扰。同时，注意的稳定性有较大发展，在良好的教学条件下，注意能集中保持在40分钟左右。注意的分配、转移能力得以发展，听课的同时记笔记的能力比小学时期有长足的进步。注意的外部表现不如小学生明显，自控能力增强。兴趣在少年学生的注意发展中仍占据着较重要的作用。

3. 记忆的发展　在教学的条件下，初中生的有意识记进一步加强，意义识记逐渐占优势，成为识记的主要形式，机械识记的成分逐渐减少。从识记的内容看，对词语的抽象材料的识记能力有较快发展，但仍需要具体直观材料的支持，教学的直观性在初中阶段仍需加以重视。

4. 思维的发展　小学时期的儿童，思维还处于具体形象思维向抽象逻辑思维过渡的阶段。进入中学后，学科门类的增多分化，学科内容的加深，学科概念的抽象化与符号化，势必要求他们有更高的抽象概括能力，以便更加自觉、独立和批判性地进行学习活动，这就导致初中生的思维出现了两个质的飞跃变化。

首先，少年的抽象逻辑思维已开始占主导地位。这主要表现在他们已能掌握一些基本的抽象概念和概念系统，能根据事物的内在联系和本质特征，进行较正确的演绎和归纳，把握事物的复杂关系和内部规律。不过，少年的抽象逻辑思维很大程度上还属于一种经验型的思维，思维活动在许多情况下仍需要直观、具体的感性经验的支持，理论思维还不成熟。据研究，从初中二年级开始，少年的抽象逻辑思维开始由经验型向理论型转化，这种转化到高中二年级才能初步完成。只有在高中生那里，才开始出现真正的理论型思维和辩证逻辑思维。

其次，少年思维的独立性和批判性显著增强。随着年龄增长，生活阅历日益丰富，他们已经初步掌握了比较系统的科学知识，在自我意识发展的影响下，少年已不再像小学生那样轻信和满足于教科书或权威的解释，而是力求独立地探讨事物，喜欢追根求源，用批判的眼光对待周围的事物，进入一个喜欢怀疑、挑剔、争论、辩驳的时期，表现出较强的思维的独立性和批判性。但是，他们思维的独立性和批判性还很不成熟，容易产生主观、片面、偏激和简单化的缺陷。如抓住一点而不及其余，武断地肯定一切或否定一切，不能一分为二地辩证分析问题。因此，教师既要鼓励学生独立思考能力的发展，肯定他们积极的批判、怀疑精神，又要因势利导，使他们养成全面、辩证的分析问题的习惯。

（二）情感、意志发展的特点

1. 情感的发展　升入中学后，随着生活条件的变化和教育的要求，初中生的情感发展出现了新的特点；青春期生理的变化，更给少年的情感增添了新的色彩。

（1）易激动性和两极性明显。少年由于性腺激素分泌的影响，神经系统表现出兴奋性的亢进，调节能力较低，因此对外界刺激表现出高度的易感性，容易激动和出现激情状态。此外，由于少年学生神经过程的兴奋和抑制发展不平衡，导致情绪表现的两极性十分明显，情绪容易从一个极端走向另一个极端，相反情绪的转换剧烈。例如，取得成绩时欢喜若狂，手舞足蹈，甚至目空一切；遇到挫折或失败时，又灰心丧气，极端苦恼，悲观和自卑。有些心理学家认为，12～14岁是情感发展最困难、最令人操心的年龄阶段。

（2）开放性与文饰性相交织。童年期的学生情感比较开放外露，内心体验和外部表情动作较为一致。少年学生充满热情，富有朝气，活泼而坦率，情感的外部表现非常鲜明生动，表现出开放性的特点。但由于自控能力的提高，情感的外露性逐渐减少，内隐、文饰性增强、内心体验开始深沉，有时出现与外部表情不一致的现象。如明明对某位异性好感，但在相处时表面上显得很冷漠。他们开始通过写日记倾吐内心的秘密与苦恼，而不再毫无保留地向外人诉说。有人调查6000多不同省市的初中生："当心中有苦恼和烦恼，你最想和谁谈？"选择比例最高的是自我倾吐、写入日记或留在心中。这说明初中生的心理有了一定闭锁性，并且与开放性交织并存。

（3）社会性情感日益丰富。少年期学生是非常富于集体主义情感的，在集体的交往中，他们的集体观念增强，集体感越来越深厚；他们渴望得到社会、集体、他人的尊重和承认，自尊心越来越强烈。少年期是友谊感比较丰富的时期，他们乐于选择兴趣、爱好、性格、信念相契合的人做朋友。此外，他们的义务感、责任感、爱国主义情感，以及理智感、美感也都在童年期的基础上有了新的提高。

2. 意志的发展　与小学生相比，初中生的意志品质获得了显著发展，意志力有所增强。但正如少年期整个身心处于半成熟、半幼稚的矛盾状态一样，他们的意志发展也明显体现着这种特点。例如，他们的自觉性有了明显提高，但有时又很盲目固执、任性，容易受暗示，喜欢从众与模仿；他们的果断性与草率行事并存；他们克服困难的毅力在增强，但又时常动摇和见异思迁；他们自制力初步形成，注重自我教育，但抗诱惑的能力还不高，容易受外界不良风气影响，对不良情绪的控制力较弱。

（三）自我意识发展的特点

自我意识是个体对自己以及人我关系的认识和态度。它包括自我观念、自我知觉、自我评价、自我体验、自尊心、自我监督、自我控制、自我调节等多种表现方式。自我意识是人的意识的主要内容和最高形式，在个性形成中起着极为重要的核心作用，人的兴趣、需要、动机、性格、道德品质和世界观的发展，无不受自我意识的调控制约。"自我"的成熟，标志着个性的成熟。

到了少年期，初中生在生理发育成熟的基础上，在新的生活条件和教育影响下，使自我意识发生了分化，开始关心自我，认识自我，发现自我，使自我意识有了巨大的发展，并产生一次质的飞跃。美国心理学家西蒙斯（R. Siminons）研究认为，少年期（12～14 岁）是个体自我意识发展的关键阶段。少年自我意识主要有以下几个特点。

1. "成人感"出现　　"成人感"是少年个性发展中一个核心和独特的新成分，是个体自我意识发展中的一次质变。随着身体的迅速增长，性腺机能的成熟，以及在学校、家庭中地位的变化和社会活动的参与程度增加，他们对自己的成熟产生了较为强烈的自我体验，感到自己已不再是儿童，已经进入成人世界。同时，他们这种自我体验外化，希望得到社会的承认，渴望加入成人行列，担任成人的角色，享受成人的地位和特权，要和包括父母、老师在内的成人建立一种新型的平等关系。在"成人感"驱使下，他们时常以成人自居，从说话、举止、衣着等外部特征方面模仿成人，表现出成人的风度，力图在各种场合显示自己的成熟和老练，力争参加成人的各种工作和实际活动，希望像成人那样干出一番事业，并极力表现出成人的作风和气魄。在某些情况下，他们能表现出不畏风险、敢想敢干、见义勇为的品质。无论在学校和家庭，他们已经对老师和家长们那种忽视他们的成长，事无巨细、过多包办、婆婆妈妈的过分关怀照顾产生反感，甚至会用各种形式抵制反抗。

实际上，少年期的学生无论生理上、心理上的成熟程度都远未达到成人的水平，他们的许多举动还是显得相当的幼稚可笑。这种主观体验与客观现实之间的矛盾冲突，贯穿于少年心理发展的整个历程，对他们各种心理品质的形成、变化有重要的影响。

2. 独立性增强　　独立性是人宝贵的心理品质之一，它和依赖性相互矛盾，影响着人的个性的发展。小学时期的儿童在学校、社会、家庭的各种活动中，对教师的指导帮助和父母的照顾依赖性还是较大的。进入少年期，初中生的独立性日益增强。例如，他们要求独立生活，喜欢有自己的床、桌子和独立支配的空间；有些心里话也不再像儿时那样毫无保留地向父母倾诉，对父母翻看他们的日记极为反感；他们开始按照自己的意愿行事，对许多问题开始有了和成人不一致的看法，甚至直言长辈的不足之处，在心理上与父母长辈拉开了距离。有些心理学家把这一时期称为"心理断乳期"，即渴望离开成人的保护以求个人独立自主的时期。所以有的家长反映，过去本来是非常听话的孩子，可是一上初中，却变得顶嘴、不听话了。他们这种反抗性，固然和少年学生认识的片面、偏激和社会经验缺乏有关，但从另一角度看，它是少年个性发展的必经历程，体现了少年人格的独立和主体意识的增强。如果成人看不到少年独立性增强的发展趋势，无视他们自尊和独立的需要，一味用"听话"的道德规范要求他们，这些错误的教育观念、教养态度和方法，必然导致成人与少年之间激烈、持久的冲突，不利于少年身心的健康成长。

3. 评价能力的提高　评价能力特别是自我评价能力是少年自我意识发展的主要标志。少年评价别人和自我评价的能力都发生了质的变化。

（1）评价标准　无论是对他人评价或自我评价，小学生大多以父母或教师等权威的评价为标准，并且着重于行为的效果和外部表现的评价。初中生由于分析批判能力提高和独立性增强，开始有了自己独立的评价标准，出现了"他律"到"自律"的转化，而且能够透过现象看本质，注重对人的行为的动机和社会意义的评价。初中生对人的内部世界，内心品质发生兴趣，开始从人的内心世界和个性品质等角度开展对他人和自己的认知评价。

（2）评价别人　少年对别人已能进行比较客观与深刻的评价，已经能分清问题的主次，从实际出发，考虑到行为的时间、地点和条件，灵活运用一定的道德准则进行分析，有时甚至还能一分为二地评价别人。研究表明，初中生评价别人的能力优于自我评价能力，评价时有更大的独立性，内容也更丰富具体。但是，由于发展水平的制约，他们对人的评价还带有一定的主观片面性以及绝对化、简单化的倾向。

（3）自我评价　　自我评价是个体对自己能力和行为的评价，它是个体自我调节的重要机制。少年自我评价能力是在集体评价和评价别人的基础上发展起来的，他们从评价别人开始，逐渐过渡到评价自己，学会了自觉以别人为镜子来和自己进行比较。在多数情况下，初中生自我评价的能力落后于评价别人的能力。出现"明于知人，黯于知己"，"严于责人，宽于律己"现象。而且，少年的自我评价不够稳定，常受环境、意愿、心境等因素的左右。如顺利时，在集体的赞扬声中会过分夸大自己的能力；受到挫折和指责时，自卑、沮丧、出现低估自己的倾向。少年自我评价的水平，影响着他们学习和参加集体活动的积极性，影响着人际交往的性质。教师要教育他们善于评价自己，正确认识自己在集体中的地位，逐步引导他们能够正确的、客观的、全面的评价别人和自己，提高他们自我意识的整体水平。

（四）社会性发展

从心理发展的角度看，个性的形成过程也就是个体逐步实现社会化的过程，即个体学习所属社会的文化知识、行为习惯和价值体系的过程。由于现代社会强调减少与社会的冲突，增加个体的社会适应性，因此比较重视对儿童社会性发展（社会化过程、性别化、交往关系等）方面的研究。

1. 性别角色认同和异性吸引　　随着少年性腺机能的成熟，男女在生理发育上的分化已经十分明显。同时，少年的性意识开始觉醒，具体表现在性别角色认同和异性吸引方面。在幼年期和童年期，儿童虽然很早就意识到两性的差别，开始了性别角色的认同过程，但他们彼此毫无戒心，青梅竹马，两小无猜，对两性差异并没有太多关注。少年进入性成熟期后，生理上的剧变强有力地冲击着少年原有的心理结构，不仅使他们更强烈地产生了性别角色的认同，意识到两性之间的巨大差别，而且敏锐感受到异性的身心变化，对异性产生一定的好奇心与神秘感，有了特殊的心理体验。他们对待异性的态度发生了变化，男女之间界限分明，不再像小学生那样天真单纯的相处。如排队时不愿站在一起，不愿同桌，对个别偶尔交往密切的男女学生讥笑起哄等。与此同时，他们对自己在异性中的形象十分关注。如在体态上，注意自己的外表仪容，注重修饰；担心自己发胖或长不高，对脸上的粉刺或胡须十分不安；他们在行为举止上，有意无意与社会认可的性别角色模式和规范保持同一性。如男孩在女性面前表现出男子气、责任感、勇气、自尊与潇洒大度，粗鲁行为收敛，忌讳他人在女生面前贬责自己。而女生在男生面前流露出温柔、腼腆、羞怯、文雅与安静，比较留心男生对自己的评价。这说明此时的少年男女彼此已经产生了一种无形的吸引力，都很关注自己在异性心目中的形象。但他们彼此间疏于接触，显得很拘谨，呈现出一种表面回避而内心憧憬的悖反现象。这种现象只是男女间的相互吸引与好奇，不能一概而论为恋爱。我国心理学家林崇德认为，绝大多数的初中生对两性恋爱还非常朦胧，觉得是一个"谜"，往往只是有种种糊涂念头一闪而过，在学校、社会、家庭的教育影响和各种压力下，仍然把主要精力放在学习上，只有极少数的初中生从向往到付诸行动，出现早恋现象。这部分学生有的是出自好奇和神秘，采取写"情书"、"递条子"等幼稚行为表露心迹；有的受传媒及读物的影响，不自觉地盲目去模仿；有的则是缺乏自身品德修养，在社会不良性刺激的熏陶下，出现极个别的性犯罪行为。

少年早恋现象虽然为数很少，但负面影响较大，不利于初中生身心的健康成长和集体良好风气的形成。作为教育者，一要区分情况，正确对待；二要注意方法，耐心引导；三要及时对他们进行生理卫生和青春期的性教育，引导他们养成良好的生活、学习习惯；四要开展健康、丰富充实的集体活动，指导男女之间正常交往，让道德成熟走在性成熟前面，促使少年学生把注意力转移到正确的活动中去。

2. 少年期学生的交往　　在社会活动中，人们运用语言或非语言符号系统，相互之间交流信息、沟通情感的过程就是交往。人际交往不仅是维护和发展人与人之间关系的纽带，而且也是个体心理正常发展、形成集体舆论和良好风气的基础与前提。随着少年心理的发展，在新的生活环境与教育影响下，初中生的人际交往开始增多，师生之间、同学之间的相互交往关系有了新的变化，其主要特点表现为：

（1）与成人交往减少，与同龄人交往占主导。小学时期，父母是家庭的核心，教师是班集体的核心，儿童的交往、特别是对他们各方面产生重要影响的交往，主要是与教师和家长的交往，他们与家长、教师的关系比同学之间的关系密切，同学之间多半是一种"游戏伙伴"关系，比较松散而且不稳定。

少年"成人感"的产生引起了少年与成人关系的变化。进入青春期的少年，往往主观上感到自己在和成人交往中处于一种不平等、被保护的地位，这与他们强烈的独立意向产生冲突。他们觉得不被成人理解，和成人无法交流，感到孤独、烦恼，于是出现对成人的离心现象。疏远成人的同时，他们与同龄人，主要是同学、伙伴的交往增多，开始居主导地位。一来需求、兴趣、面临的问题相近，志同道合；二来关系平等，感情相通，可以在交往中使个体的需要得以满足。据朱智贤教授主持的一项调查，初中生在各生活领域（如课余时间娱乐、遇到有趣的事快乐分享、学习困难时求助对象的选择等方面），对人际交往对象的选择，均将同龄人列为首位，而且比例随年龄递增，而对父母、教师选择的比例则随年龄升高而递减，这和国外对初中生的研究结果基本一致。因此，与同龄人的交往，是少年期交往活动中的主导需要。

（2）交往范围扩大，交往群体增多。中学期间，由于活动的复杂及少年能力的提高，他们的交往范围扩大，不再像小学生那样局限于家庭、学校、邻里之间狭窄的交往空间。他们交往的群体主要有三种：一类是班集体、校集体、团队等校内正式群体；一类是校外有组织的社会群体，如业余学校、少年宫、各种社团组织等；第三类是非正式的、自发形成的校内外群体。

少年向往的一般是校内外有组织、有领导的正式群体。少年是非常富于集体感的年龄阶段，这些群体对形成学生的集体荣誉感、同志感、责任感和义务感起着十分重要的作用，同时，有利于他们陶冶良好的情操，发展能力和品德，满足交往的需要。那些自发形成的非正式群体。情况比较复杂。有的可能与集体的目标一致，作为正式群体的补充，对于少年之间的相互理解交流有积极作用；有的则可能是班集体的对立团伙，在"孩子王"式的头头的带领下，寻衅闹事，破坏纪律和集体的团结；更有极少数自发的团伙成为初中生品德不良和违法犯罪的土壤，尤其是由有劣迹的头头和不法分子所组成的反社会的"街头团伙"，对少年的成长危害腐蚀更大。据有关部门调查，违法犯罪青少年第一次犯罪的高峰年龄集中在 13～15 岁，相当大部分是被反社会团伙利用少年喜欢结伙的心理特点，在团伙中拉拢他们学坏下水的。教育工作者要注意建立强有力的集体组织，让每一个少年学生感受到集体的温暖与吸引力，避免一些落后学生滑向反社会团伙的悲剧发生。

(3) 对友谊的强烈依恋。好交往，重友谊，是少年学生突出的特点。少年的友谊不仅是根据双方的外部特点和情境建立的（如邻居、同班、共同玩耍等），而且依赖于双方的心理品质（志趣相投、相互信任、说话投机、坦诚相见等）来建立和发展。这种友谊一旦建立，远比小学时期深刻而巩固，但也存在性别差异。有人认为，女生之间友谊的稳定性和持久性低于男生。少年朋友之间的友谊常表现这样一些特点：绝对忠诚、坦白、保守秘密、憎恨出卖行为，遵守无形的"伙伴关系准则"，甚至把朋友关系的重要性置于父母、师生关系之上，有时为了义气和友情而袒护包庇伙伴的错误。我们要关心少年与哪些人交友，以及交往的思想情感的方向性，提高他们的道德观念。努力使少年建立健康、高尚的友谊，这是教育工作者应该引起重视的工作。

第三节　青年初期学生心理的发展

一、青年初期学生生理发育的主要特点

青年初期一般是指 14、15～17、18 岁之间的高中阶段时期。这一时期是人的身体发育基本成熟时期，各项生理指标已接近成人水平，生长发育速度已较少年期减缓。如骨骼骨化过程已基本完成，身高增长缓慢。韧带和肌肉力量增强已能从事较繁重的体力和脑力劳动，但性别差异明显。如女性的臀肌静止耐力仅为男性的 1/3，下肢爆发力为男性的 3/4，速度耐力相当于男性的 4/5。神经系统发育基本完成，兴奋

和抑制过程趋于相对平衡；性机能发育已基本成熟，生殖器官逐步完备，体型的性别差异十分明显。如男性肩膀变宽，肌肉发达，显得健壮；女性骨盆变宽，脂肪沉积增多，显得柔美。由于性激素的分泌比较旺盛，使他们对性的体验更加敏感和丰富，对异性的兴趣进一步增强，部分学生产生对异性的爱情心理。

二、青年初期学生智力发展的主要特点

　　青年初期学生的智力已接近成人水平，他们的感知比少年更加丰富、敏锐，观察也更富有目的性和系统性。青年是记忆发展的黄金时代。有人研究指出，在相同的时间内，高中一、二年级的学生对学习内容的记忆比初中一、二年级的学生多一倍，比小学一、二年级的学生多四倍，突出的特点是理解记忆的效果大大提高。[①] 思维的发展是青年智力发展的核心。其主要特点为：

　　（一）高中学生的思维具有更高的抽象概括性，并且开始形成辩证逻辑思维

　　初中学生的抽象逻辑思维已有相当的发展，但基本上还属于经验型，理论思维发展尚差。高中二年级学生的抽象思维已基本完成由经验型向理论型的转化，他们力求对各种经验材料做出理论的、规律性的说明，并利用理论把各种材料贯穿起来，用理论作指导来进一步扩展知识领域。高中二、三年级的学生在遇到较为复杂的问题时，一般都能要求自己努力地从理论上进行分析和概括。用理论去解释社会上存在的各种现象和矛盾，能从老师讲的具体材料中寻求理论上的论证。他们对问题喜欢追根问底，提出自己的见解，并从理论上进行探讨。在从特殊到一般的概括能力和从一般到特殊的具体化能力方面，高中学生有了显著的发展。由于高中学生已经学习了一些辩证唯物主义的基本知识，高中生开始能够领会哲学概念以及基本原理。他们能逐渐地分析各种事物和现象之间的相互联系、相互制约和对立统一的关系，透过现象揭示事物的本质，并且能够运用辩证思维去认识事物发展的规律，这标志着青年初期的辩证思维已经开始初步形成。

---

　　① 张德：《心理学》东北师大出版社 1987 年 3 月，第 369 页。

（二）高中生思维的创造性有了进一步发展

随着知识的增长与独立思考能力的提高,高中生在解决问题时,常常提出一些不同于一般的解决问题的新方法，在思维中表现出更多的创新成分。从高中学生的作文比赛、数学物理竞赛以及其他课外活动成果来看，高中学生解决问题的创造性在发展，求异思维、直觉思维的成分在增加。一般来说，少年学生的作文模仿多于创造，而青年初期的学生作文却是创造成分多于模仿。另外他们在思考问题和作品中已表现出灵感的萌芽，如有的高中学生在解决疑难课题时，由于意识的高度清晰敏锐，思维活动的积极活跃，创造想象的鲜明生动，有时灵感会在解题或创作构思的过程中突然出现。不过，高中生的创造性思维水平还不是很高，比其他思维能力的发展要晚，只是处于萌发阶段。

三、青年初期学生情感发展的特点

（一）情绪体验强烈但不太稳定

青年对生活和活动充满着热情和激情，朝气蓬勃，情绪、情感体验比较强烈。如高兴时欢呼跳跃，不满时义愤填膺。他们对符合自己的信念、观点的行为会产生肯定的情绪反应；对不符合自己的信念、观点的行为，则产生否定的情绪反应。情绪的发生常常带有疾风暴雨的性质。他们有时可能表现出为真理和正义献身的热忱，做出惊人的壮烈行动；也可能出现盲目狂热而不计后果的冲动，做出某些蠢事。情绪的两极性和不稳定性还是比较明显的。这一方面与青年的认识水平和意志发展水平有关，另一方面是由于性激素的分泌增加了下丘脑情绪定位部分的兴奋性，而大脑皮层对于处在兴奋状态的神经过程有效抑制暂时较差，因而使青年的情绪常带有很大的冲动性和爆发性。

（二）情感、情绪的时间延续性更长

青年初期的学生已经具有一定程度的集体感和自尊心，凡是与集体观念或自我观念相联系的情感体验都会有较长的延续性，从而形成持续时间较长的心境，有时还常常出现"爱屋及乌"或"迁怒他人"之类的移情现象。如果由于挫折或失败引起的不良心境延续下去、既会影响人际关系，也会有损于青年的身心健康，因此，教师对一些青年形成的"意结"、"情结"，应予以充分关注和及时疏导。

　　(三) 情感具有文饰性、闭锁性和曲折性

　　青年由于自我控制、自我调节能力的增强，自尊心和思维独立性的发展，有时情感的外部表现与内心的体验并不完全一致，且对情感的掩饰性有所提高。如比赛失利，心中非常难受，但却表现出无所谓的样子；对自己羡慕、喜欢并且很想接近的人，在行为上反而表现出冷淡和疏远，显得不像少年那样直率。青年在情感上的这种闭锁性是与其理智控制力和心理发展水平的提高分不开的，教育者不能仅从青年情绪的外部表现便对他们的内心状态进行简单推测或下断语，而应当多方面观察和了解，通过全面的分析，得出正确的结论。

　　(四) 情绪和情感内容丰富而深刻

　　青年随着社会生活范围的扩大，知识经验的丰富，在正确的教育下，他们逐渐形成种种高尚的情操，如爱国主义情感、集体主义情感、责任感、义务感、道德感、坚持与追求真理的热忱等。对于青年来说，他们能更深刻地体验到取得优异成绩、振兴中华、为国争光的高尚情感。此外，高中生好交往，重友谊，情感真挚而单纯，友谊需要强烈而稳定，高中时期建立的友谊往往是终生难忘的。

　　青年初期由于生理机能的成熟和学校生活中男女情谊的影响，使一些青年男女萌发出对异性的爱慕之情，出现相互之间的初恋或单恋。青年性意识的产生和对异性的好感是高中时期可能出现的现象，也是教育实践中很难回避的客观现实。对高中生出现的爱情问题，不能用简单粗暴的压制或行政命令的手法去处理，要从爱护学生的角度进行正面教育和引导。可以一方面利用升华机制，教育他们为实现远大理想而奋发向上，正确处理理想与爱情的关系；另一方面运用文艺、体育等集体活动在调节性需要方面所起的替代作用，使他们的性意识在一定程度上得到减弱或转化。对于性意识很强、情趣低下的青年，则应当加强性道德观念的教育和道德意志力的培养。

四、青年初期学生自我意识发展的主要特点

　　(一) 要求深入地了解和关心自己的成长

　　青年初期的学生接触社会较为广泛，科学文化知识相对丰富，在

家庭、学校中的地位也有了明显的变化，周围的人们开始把他们当作
成人看待。他们在生活、学习中遇到的矛盾日益增多，还面临着对未
来生活、升学和职业的选择。这些都引起他们长时间的反思，他们开
始对人生意义进行探讨，思考自己在社会上将要成为一个什么样的人，
自己的一生应该怎样度过。他们对于这些问题的思考常常在日记、作
文或对朋友的交谈、信件中表露出来。他们要求了解自己的性格和品
德上的优缺点，敏感地关注别人对自己的评价和态度，关心自己才能、
性格和品德的成长，并经常从书刊上和名人传记中选择一些警句和格
言来剖析和督促自己，认识自我、完善自我的愿望非常强烈。

（二）自我评价日趋成熟

少年期学生对别人和自己的评价带有很大程度的片面性和主观
性，青年的自我评价比起少年来则更现实、更客观、更全面。他们能
意识到自己的过去、现在和将来，把自我发展的现状和将来发展远景
结合起来，从而主动地评定自己的优缺点；他们能对自己的整体心理
面貌进行评价，既评价自己的知识水平、智力特点，也评价自己的意
志、性格特点，而且能从政治立场上对自己进行剖析；他们的自我分
析与评价不都是因为受到外力的推动，更多的是因为想使自己成为理
想完美的人，或者是因为受到挫折后主动自觉地展开的，这实质上是
某种形式的自我教育。

（三）自尊心的发展

自尊心是在群体生活中发展起来的一种促人向上的积极个性品
质，是个人在社会群体中希望受到别人的尊重、并取得相应地位与承
认的心理特性。绝大多数青年都期望自己在集体中处于应有的地位，获
得较高的评价，受到人们的重视。当青年意识到自己学习成绩良好，为
集体和社会赢得荣誉，从而引起人们对自己的肯定评价时，就会更加
深刻体会到人的尊严感，自尊心就会提高到一个更自觉的水平。自尊
心是与活动的成败相适应的，个体经常取得成功，他的自尊心、自信
心和成就感就会不断增强。但是如果自尊心过于强烈，以至于出现过
分敏感、妄自尊大的不良心态，在遭受挫折的情况下，很容易转化为
自卑和沮丧。

五、青年初期理想和世界观的初步形成

（一）理想发展的特点

青年初期是理想初步形成的重要时期。对未来充满幻想，敢说、敢干，力争通过努力实现自己的理想，是高中生心理发展的显著特点。青年的理想是随着世界观的确立，在一定认识活动的基础上形成的，是社会与时代需要在头脑中的反映。我国的一项研究表明，青年初期学生之中，具有远大理想以及受教师、家长或英雄人物的影响，表现出对未来向往的，占总人数的 67%，这反映出青年初期学生理想的主要趋势是积极的。但也有相当一部分学生的理想水平并不高，认识比较肤浅、模糊甚至错误。高中时期学生理想发展具有如下特点。

1. 理想更加概括。少年期学生的理想大多比较具体形象，如往往模仿某个英雄、科学家，而且更注意模仿其外部特点。高中生的理想更加概括，更关注理想人物所代表的一类形象的本质特点和社会意义，注意培养自己具有理想人物的思想品质和个性特征。

2. 与现实和个人前途联系密切。少年期学生的理想比较朦胧、虚幻，与现实联系不紧密。而高中生的理想则与自己的现实生活尤其是日常学习、升学、就业密切结合，他们不仅幻想未来，而且更重视通过自己的努力和奋斗，把美好的理想变为现实。

3. 相对稳定性。少年期的学生理想不稳定，容易受外界的影响，如一次谈话、一部小说或电影，就可能引起他们理想的改变。而高中生往往结合社会的需求和个人的能力、爱好确立个人理想，一旦形成则相对稳定。

（二）世界观的初步形成

高中阶段是个体世界观初步形成的关键时期。世界观的形成是青年心理成熟的重要标志，是个体心理发展史上的一个重要里程碑。世界观在心理结构中处于最高层次，它是在个人的大量认识和行为经验基础上产生的、指导个人行为的最高调节器。首先，青年初期学生世界观的形成与他们对世界的全面而深刻的认识是分不开的。高中时期学习的各科知识是他们世界观形成的基础之一，掌握丰富的科学知识是高中生科学世界观形成的必不可少前提。其次，世界观的形成与人

的立场、观点和生活态度密切相关，世界观的中心问题是要解决人生生活意义和价值的问题。青年人即将走向社会，面临着在事业、理想、生活、处世等多方面的抉择。他们经常思考"人生活着到底是为了什么?""怎样生活才能使人生更有价值?"这样一些严肃的问题，他们想要弄清社会发展的规律，确定自己的生活目的和意义。影响青年初期世界观和人生观形成的因素是复杂的，它既受到年龄及心理发展水平的制约，又要受到社会环境、价值观念以及家庭、教育等因素的影响。青年初期只是世界观初步形成的时期，中学生的世界观还很不成熟和稳定，教育者必须有意识地将历[①] 史唯物主义的内容渗透在全部教学与教育活动中，使学生懂得社会发展规律，懂得个人在社会生活中的地位和担负的历史责任，树立正确的世界观和人生观。

此外，青年初期是个体憧憬未来、独立走向社会生活的准备时期，这个时期的学生即将走向生活，面临升学和就业的选择。随着我国高等教育大众化战略的实施，将会有更多的高中生进入高校接受良好的教育，同时，也有一部分学生即将进入就业市场。如何根据社会的需求以及个人的各种条件，选择升学与就业，是每一个学生都将面临的抉择。教育工作者应该加强对高中生职业选择的教育，指导学生正确处理国家与个人、理想与现实、社会需要与个人兴趣的矛盾，交好走向社会和人生的第一份答卷。

阅读材料：

青少年心理发展的性别差异

近一个世纪以来，性别差异心理学已逐渐形成为—— 一门独立的学科，如果从 1911 年德国心理学家斯腾（w. Stern）出版的《差异心理学》算起，至今已有 90 多年历史。

一、性别差异形成的理论

1. 角色自居说。源于精神分析心理学，强调情感和模仿的作用。认为儿童和

---

① 林崇德．《中学生心理学》北京：北京出版社，1983 年 1 月，第 194 页。

青少年性别特点的形成是由于他们无形中模仿和自己同性的成年人，特别是模仿父母行为的结果。

2. 社会学习理论。源于行为主义心理学。认为儿童是通过对别人的观察学习、模仿，以及奖励和惩罚，形成性别定型化的行为。强化是性别差异形成的决定因素，如父母和成人鼓励男孩照男人特点行事，女孩照女人特点行事。如果他们的行为不符合传统的性别行为模式，就会遭到成人的批评指责。

3. 自我归类说。它以发生认识论为基础，强调性别特点形成的认识因素，即儿童逐渐识别性别特点。建立性别认同和性别守恒的概念，把自己归于"男孩"或"女孩"之列，然后有意识地主动寻找和构建与性别有关的规范与行为特征，使自己的行为符合认可的性别模式。

前苏联心理学家在解释心理发展的性别差异成因时。既承认性别差异的生物性原因，更强调社会性因素、后天活动、人的群体尤其是同龄人群体的作用。

二、青少年心理发展的性别差异

1. 智力发展上的性别差异。男女青少年的智力发展，从总体水平上看无明显的性别差异。无论从什么角度考察，还不能证明男性智力必定比女性智力优异，或者女性智力必定比男性智力优异。但从智力的发展态势、智力结构的品质看，表现出一定的性别差异。

从发展态势看，男子智商分布的离散趋势比女性大，女性的智商分布比较均衡和集中。即男生中智力处于最高相最低等级的人数比例都大于女性，而女性中的中等水平者比例高于男性。从智力结构的品质方面看，一般认为：男性在数学推理、空间知觉、机械操作方面比女性占有一定优势；女性在语言能力、知觉速度、图形识别、艺术欣赏方面比男性略占上风。

在思维能力上，男孩多偏于逻辑思维类型，女孩多偏于形象思维类型。因此，在事业成就上，男性在数、理、化等自然学科和工程技术领域中崭露头角的比例较高，而女性在文学、艺术、教育、外语、医学等领域中人才辈出。从中学的各科学习看，男生对理科的兴趣略大于女生，女生对文科的兴趣略大于男生，男生对时事政治的兴趣和关心程度略高于女生。造成这种差异的原因虽然有生理因素的影响，但更多的是由社会文化影响、父母对儿童不同的期望和教养方式、以及个体实践活动的差异造成的。我们讨论男女智力的差异是就群体比较而言的，对于个体来说，无论智力的哪一方面，男女均可能达到很高的水平和成就。

2. 其它心理品质的性别差异。在情感方面，就总体而言，女青少年的情感表现相对比较细腻、温柔、敏感和内在含蓄；而男青少年相对比较奔放、热烈和粗犷；男性较富于冒险精神，女性更重视稳妥持重；男孩的攻击性行为比女孩多，女孩更倾向于合作性活动；男孩的攻击行为形式多为身体碰撞，而女孩主要表现为谩骂；在交往方面，女孩参加社交方面的活动比男孩多，似乎对人际关系更感兴趣，而男孩对物体方面的知识更感兴趣；在交往方式上，女孩交往圈子小，情感色彩浓，移情能力突出，喜交密友；男孩交往圈子大，情感色彩淡，喜交帮友。人们研究了影响性别行为发展的因素，除了生物学因素外，社会环境对性别角色行为有重大影响。（见表 14-1）

表 14-1　社会化过程中男孩、女孩被鼓励强化的行为特质
鼓励男女孩发展方向有差别的社会百分比[①]

行为特质	女孩被鼓励者	男孩被鼓励者	对男女孩都不特别鼓励者
抚养性行为（操持家务、照顾幼儿）	82%	%	18%
服从	15%	3%	62%
负责任	61%	11%	28%
成就	3%	87%	10%
自立、靠自己	%	85%	15%

三、性别发展的双性化理论

传统的性别心理研究中，人们重视研究的是两性心理和行为的差异，认为男女不但在生理上，而且在心理上存在着巨大的鸿沟，研究的重点在于搜集和验证两性之间心理和行为的异质性，并由此形成心理学中的各种性别差异理论和性别类（定）型理论。20 世纪 70 年代以来，以美国心理学家贝姆（Sandra Bem）为代表的一批学者批评传统的性别类型理论，过分孤立地界定性别角色标准，夸大两性之间的差异，忽略男女之间的同质性，不利于人们对性别角色心理的深入理解。他们宣称要打破传统的性别角色刻板印象，把个体从文化强加的男性或女性的桎梏中解放出来。在大量研究论证的基础上，他们提出心理"双性化"的概念，认为人类个体在心理上既具有男性特征，又具有女性特征，从心理的角度讲，人可以是双性化的。

贝姆利用编制的性别角色量表对大学生进行了调查。调查发现，大约有 33%的学生人格是典型的性别类型化的，27%～32%的学生是双性化的，其余的是未分化或与性别相反的（具有男性特征的女子或具有女性特征的男子）。贝姆认为，

① 李美枝：《社会心理学》，大洋出版社，1970 年版。

从心理的角度看，双性化个体优于类型化个体，因为他们不受性别角色刻板模式的束缚，能够更灵活、更有效地对各种情境做出反应。双性化的青少年与类型化的同伴自我评价更高，更受同伴欢迎，心理更健康，社会适应力更好。双性化的女性比类型化的女性相比，往往把成功归因于能力，失败时很少表现出沮丧心理，显示出更加富于自信。

双性化与创造力关系的研究是人们最感兴趣的领域。美国心理学家韦尔什对创造性个体中的双性化现象进行了深入研究，他对 1000 多名青少年思维能力和独创能力的调查结果进行了分析，认为创造力是男性气质和女性气质的融合。对于高创造性的男孩而言，除具有典型的男性特征外，还具有一定的女性气质特征；而高创造性的女孩，除具有典型的女性特征外，还具有一定的男性气质特征，即创造型个体表现为更多的男女兼性特征。心理学家赫尔森研究了具有创造性艺术想象力的女大学生的个性，发现她们与一般的女大学生不同：不看重人际关系的重要性、冲动性和叛逆性较强，内心压力很大，喜欢我行我素。而创造性高的女数学家独立性强，容易自我陶醉，自我表现欲强烈，具有更多的自信、独立、专注等所谓传统男性化个性特征。为什么创造性高的个体具有突出的双性化特征？精神分析学家提出了抑制理论。他们认为，一般人会在无意识中压抑或拒绝自己身上异性素质的发展，使自己保持原初的性别角色心理模式，从而使思维过程受到束缚。而创造性高的男性和女性都是勇于向传统的性别类型理念挑战并且不受其约束的人。学者认为，创造性个体并非比其他个体有更多的异性气质特征，更重要的是他们善于将异性气质特征与自己的性别气质特征成功地融和，并能够灵活的用于创造性的符号分析或象征性分析，因而具有性别类型化个体难以具备的创造潜能。

少年期学生心理发展的矛盾与教育

少年期是由儿童向成人过渡的时期。这个时期，少年学生既保留有儿童的某些心理特点，又具有成人的一些新的心理品质，这些新旧不同的特征，在少年期学生心理发展过程中交叉重叠出现，构成了少年期学生心理发展错综复杂的多种矛盾。这些矛盾的相互冲突斗争，影响和制约着少年心理发展的性质和内容。

一、独立性与依赖性的矛盾

少年期是独立性发展的关键时期。随着活动能力提高，活动范围扩大，在自我意识日益成熟的催化下，初中生独立自主的要求相当强烈。他们常常过高估价自己的独立生活能力，想挣脱父母与教师的保护而独闯天下，干出一番轰轰烈烈的事业。如有些初中生瞒着父母和学校，离家出走，只身或结伴到社会中闯荡，经历了各种挫折、凶险和磨难。我国心理学家调查表明，尽管初中生在交往中以同龄伙伴为主，与父母的交往日渐减少，但是当他们遇到自己难以摆脱的困境时，他们首先选择的求助对象不是同龄伙伴，而是自己的双亲。这充分证明，少年学生处于一种独立性与依赖性相互矛盾交织的地位。事实上，少年期学生尽管独立的愿望强烈，但他们无论在思想、生活、学习以及经济上，对成人都还有很大的依附性。因此，我们在教育上，一方面要尊重他们的独立性和主动性，在各项活动中不包办代替，不事无巨细，处处干预，要给予他们一定的自治权利，使他们有显示自己创造性的机会，培养他们的独立工作能力。同时，要勇于接纳少年学生的某些合理建议，不要把他们正常的直言相谏斥之为"犯上"。另一方面，又不能放任自流，过高估计他们的自主能力，必须给予积极的监督、帮助和引导。

二、强烈的活动需要与能力发展不同步的矛盾

少年期学生身体发育接近成人，体质增强，神经过程兴奋活动占优势，因此显得活泼好动，精力充沛，参加社会活动的需要急剧增强。但他们对自己的能力估计往往超出自己的实际水平，一些理想、规划、目标脱离实际，期望值过高。如幻想单枪匹马去南极探险，做飞檐走壁的武林高手，一夜之间成为一鸣惊人的作家等。这样，强烈的活动需要与实际能力水平不相适应，很容易使他们在活动中热情很高，但行为盲目，难以实现预期目标，从而产生失败感和挫折感，导致情绪焦虑和心理失衡。教师应在工作中，帮助他们正确估价自己的能力，学会调节自己的需要和期望值，合理确定切合实际的活动目标，保护他们的工作热情，并创造条件，促使他们的各种能力顺利形成。

三、旺盛的求知欲与识别能力较低的矛盾

求知欲是一种渴求获得知识的心理状态。少年学生非常富于好奇心，有强烈的求知欲望。由于他们交往和活动范围扩大，自然现象和社会生活的各个方面充分地展现在他们面前，对他们具有很大的吸引力。他们贪婪地汲取陌生的知识，热烈地追求探索新事物，不但对所学科目比较重视，而且开始对国内外政治、经济事件、以及文化、社会生活都产生了浓厚兴趣。而这些是小学儿童不大关心的领域。他们的学习开始产生偏科和分化，明显表现出对某些学科的特殊爱好。他们喜欢阅读文艺作品，积极参加航空、航海模型制作，采集生物标本，进行物理、化学实验，进行小制作、小发明，组织文学社团，参加多种类型的文体活动等，这些都是他们强烈求知欲的具体表现。这些求知欲望具有巨大的动力作用，推动少年去追求知识、创造未来。但是，少年学生由于心理发展尚不成熟，社会阅历比较单纯，对纷纭复杂的社会现象识别能力较低，因而他们往往会出于好奇心，不加分析鉴别地去阅读各种图书报刊，很容易受格调低下的出版物的诱惑毒害；他

们喜欢模仿，良好积极的榜样能促使他们学英雄、树新风；不良的消极榜样也可能被他们出于好奇而仿效，潜移默化之中导致品德不良；他们还可能出于寻求刺激和探奇的动机，干出一些不计后果的冒险举动。因此，家长和教师既要保护少年的好奇心和求知欲，激发他们的创造动机，引导他们正确阅读，从事种种丰富的课外小组活动，又要提高他们的鉴别能力、抗诱惑力以及是非观念，促使他们的求知欲健康发展。

综合练习：

一、概念解释

1. 心理发展　2. 自我意识　3. 儿童心理发展的年龄特征　4. 儿童心理发展的内部动力

二、填空

1. 儿童心理发展主要分为＿＿＿＿、＿＿＿＿、＿＿＿＿、＿＿＿＿、＿＿＿＿、和＿＿＿＿六个时期。

2. 儿童心理发展的一般特点表现为：＿＿＿＿、＿＿＿＿、＿＿＿＿、＿＿＿＿和＿＿＿＿。

3. 少年期学生生理的发育主要表现在＿＿＿＿、＿＿＿＿、＿＿＿＿三方面。

4. 少年思维发展的二个特点是＿＿＿＿、＿＿＿＿。辩证思维的真正出现是在＿＿＿＿时期。

5. 高中生理想发展的特点是＿＿＿＿＿＿、＿＿＿＿＿＿、＿＿＿＿＿＿。

三、判断

1. 性成熟是从青年初期开始的。

2. "成人感"是少年个性发展中一个核心和独特的新成分。

3. 少年期学生与同伴的交往增多，与成人的交往减少。

4. 少年期是世界观初步形成的时期。

5. 青年初期学生的情感具有开放性的特点。

四、选择

1. 直觉动作思维发生在

A. 婴儿期　　　B. 幼儿期　　　C. 童年期　　　D. 少年期

2. 身体发育的第二次高峰期出现在

A. 乳儿期　　　B. 童年期　　　C. 少年期　　　D. 青年初期

3. 抽象逻辑思维开始占主导地位的年龄阶段是

A. 青年初期　　B. 少年期　　　C. 童年期　　　D. 幼儿期

五、问答

1. 试述少年自我意识发展的特点。
2. 谈谈你对儿童心理发展一般特点的理解。
3. 论少年心理发展的矛盾与教育。
4. 如何正确认识和处理高中生的恋爱问题？

第十五章　学校与班级的社会心理

第一节　学校中的群体心理

学校是一个社会群体，学生在学校中，从学习知识、掌握技能、形成良好的个性品质，到获得社会性行为动机和社会适应能力的发展，无不受社会心理因素的影响。因此，研究学校中的社会心理现象，找出其中的规律，对学校的教育、教学和管理工作有着十分重要的意义。

一、群体和集体

（一）群体

群体是社会协作的产物，是一种极为普遍的社会现象。它不是个体的简单集合，几个人在剧院偶然相遇，坐在邻近的座位上，几十个人同在一处海滨浴场游泳，都不能称为群体。群体是指在共同的目标基础上，由两个以上的人所组成的相互依存、相互作用的有机组合体。群体成员彼此在心理上能意识到对方的存在与影响，在行动上相互作用，有一种"我们同属一群"的团体意识。

一般来说，群体的构成应该具备五个特征：

1. 群体成员具有共同的目标和利益，群体的这一特点，也是群体建立和维持的基本条件。

2. 群体成员间有能够密切配合和协作的组织特征。

3. 群体能够满足各成员的心理归属。

4. 群体成员间有工作、信息和思想上的交流。

5. 群体成员之间有感情的交流。

（二）集体

1. 集体的概述集体是群体发展的高级阶段。集体成员的活动不仅对每个参加者有意义，而且有着更为广泛的社会意义，表现出一定的社会价值。正是这种价值观把每个人紧密地联系在一起。所以，集体是为了实现社会目标而组织起来的有约束力和凝聚力的群体。集体具有三大特征：第一，集体是人们为了达到社会赞许的某个目标而形成的联合体。第二，集体总是作为有组织，有职能分工，有一定领导和管理机构的某种活动体系而表现出来的。第三，集体是成员间相互关系的一种特殊方式。这种形式保证个性的发展遵循一定的原则，即随着集体的发展而发展。在集体中，成员之间不仅有共同的活动目标和利益，而且彼此之间密切联系，具有鲜明的组织性和心理相容性，集体成员不仅认识到群体活动对个人和本群体的利益，还要认识到对整个社会的利益。当个人、集体利益与国家利益发生矛盾时，能做到个人、集体利益服从国家利益。此外，集体能保证个人精神需要的满足和才能的全面发展，即个体的个性发展与集体的发展是一致的。

2. **集体的形成过程** 一般来说，一个集体的形成，要经历四个阶段：

（1）**探索期** 几个人、几十个人初次聚集在一起，虽然形式上属于一个群体，但彼此间还不了解，对新的环境和集体生活也需要有一个适应过程。因此相互间的交往就带有某种相互探索的性质，不会很快地坦露真实的心理。对于集体活动，其成员一般会表现出较高的兴趣，希望通过更多地接触来加深相互的认识和了解，但集体的活动缺乏一种明确一致的认识与相应的主动行为。

（2）**同化期** 经过一段时间的接触与了解，对周围的人有了初步的认识，相互间有了较密切的交往和一些共同的语言。在这个过程中，如果给予适当的指导和组织丰富的集体活动，人们的价值观念和习惯就会在相互影响下很快趋向一致，这就是同化的过程。

（3）**形核期** 形核期是集体形成的重要时期。在同化的基础上，一些有才干的人开始崭露头角，在各自的岗位上施展自己的才能，并取得大多数人的信任与拥护，成为集体的"核心层"，他们对集体活动的内容和方向有着很大的影响。

（4）**发展期** 集体的核心形成之后，将使集体进入一个新的发展阶段。集体的凝聚力开始形成，集体荣誉感普遍增强，逐步形成关心集体、互相帮助、团结友爱的风尚。在各种活动中以团结一致、朝气蓬勃的集体面貌出现，并能完成集体任务，创造出较高的社会价值。

二、学校中的群体类型

依据不同的标准，学校中的群体有以下几种分类方法：

（一）正式群体和非正式群体

按照构成群体的原则和方式的不同，可将群体划分为正式群体和非正式群体。正式群体是指由上级正式文件规定的群体。群体中有固定的成员编制，有规定的权利和义务，有明确的职责分工。为了保证组织目标的实现，有统一的规章制度、组织纪律和行为准则。学校的班级、教研室、党、团和行政组织等都属于正式群体。

非正式群体是指那些未经上级明文规定而自发形成的群体。它是人们在共同的活动中，以共同的利益、爱好以及友谊、地缘等为基础而自然形成的群体。它没有明文的规定，也没有规定各个成员的职责，活动的目的是为了使每一个成员的社会需求得到满足。它的"领袖"人物是自然产生的，成员的行为受群体的不成文的"规范"来调节，例如，"球友"、"同乡会"、兴趣活动小组等。

非正式群体一般都存在于正式群体之中。事实表明，当非正式群体的组织、目标与正式群体一致时，它会促进正式群体的存在和发展。但是，当非正式群体的组织、目标和正式群体不一致，或正式群体的领导人失去在非正式群体中的威信时，非正式群体就会妨碍正式群体的正常活动，甚至产生破坏的作用。

（二）参照群体与非参照群体

按照成员对群体规范的态度，可将群体划分为参照群体和非参照群体。参照群体也称标准群体或榜样群体。参照群体的规范和目标能成为人们的行动准则和指南，个人会将自己的行动与之对照，如果不符合则会自觉改正，即这种群体对别的群体具有"参照性"。非参照群体则不具备这种参照性。

研究参照群体很重要，在学校中，要树立先进集体，如先进团支部、先进班级等。这些先进集体能不能发挥榜样的作用，关键是能不能成为参照群体。

（三）松散群体、联合群体和集体

按群体发展的水平，可以将群体划分为松散群体，联合群体和集体三个层次。其中集体是群体发展的最高水平。

松散群体是指人们仅在空间和时间上结成的群体，其成员之间并没有活动的共同内容和目的。如同一个病房里的病人，一个车厢里的乘客以及刚刚建立的班级等都可以看作是松散群体。

松散群体进一步发展，便可能成为联合群体。联合群体的特点在于参加这种群体的成员有共同的活动目的和内容，但活动结果的个人意义较多，群体活动的成功或失败都直接与个人利益密切相关。如工厂中每个人的工资和奖金，依赖于共同努力的生产班组；一个篮球队员技术的充分发挥要依靠队友的密切配合等。

在学校中，松散群体和集体是少数，多数班级停留在联合群体的水平上。

三、学校群体对学生心理的影响和作用

在学校中，每一个教学班都是一个群体，学生在班级群体中相互作用、相互影响，就产生一定的群体心理，如群体需要、群体价值、群体情感等。群体心理的存在对个体的社会化、个体自我的形成，有着十分重要的意义。研究表明，班级群体对学生心理的影响和作用，主要表现在以下几方面。

（一）群体归属感

群体归属感是个体自觉地归属于所参加群体的一种情感。有了这种情感，个体就会按这个群体的准则，进行活动、认知和评价，自觉维护这个群体的利益，并与群体内的其他成员在情感上发生共鸣，表现出相同的情感、一致的行为以及所属群体的特点和准则。如一个学生在社会上表明自己身份时，总会说我是某某学校的，到了学校，则强调自己是某个班的，这就是归属感的具体表现。一般情况下，群体的内聚力越高，取得的成绩越大，其成员的归属感也就越强烈，并以自己是这个群体的成员而自豪。所以，先进群体成员的归属感比落后群体成员的归属感要强烈。

（二）社会助长作用

社会助长是指个人在与其他人一起学习、工作时，由于彼此间的相互影响而提高效率的现象。有的学生认为在教室里学习的效果比一个人在寝室里学习的效果要好得多，其原因就是在教室里学习时，周围的同学学习的气氛有一种无形的感染力，使人的注意力集中在书籍之中，进入最佳的学习状态。早在 1897 年，心理学家特里普利特曾对社会助长作用进行了实验研究，发现被试的 40 多名儿童在一起做事时比单独做事时速度要快。后来，阿尔波特等心理学家也发现，在有别人在场的竞赛情境中，共同完成简单任务时，往往是既增量又增质。因为他人在场，竞赛本身是一种刺激，这种刺激能激起争胜心和维护自尊的需要，驱使参与集体活动者相互支持，采取最有效的行为方式，最大限度地发挥个体的能动性，社会心理学称之为"观众效应"。在班级教学活动中，充分利用社会助长作用，可以提高教学质量。

（三）从众行为

从众行为是指在群体作用下，个人放弃自己的意见而采取与大多数人相一致的行为。类似于我们平常所说的"随大流"。

从众行为是日常生活中常见的社会心理现象。例如，多数同学都参加义务劳动，某个学生也跟着去，他的行为就是一种从众行为。再如，班级里组织春游活动，有的同学想去公园划船，但大多数同学赞同去郊外踏青、野餐，少数人见此情况，也改变了主意，这也是一种从众行为。从众行为的实质是通过群体规范、群体舆论等的压力来影响和改变个人的观念和行为。社会心理学家指出，个体在群体中常常会不知不觉地受到群体的压力，而在知觉、判断、信仰以及行为上，表现出与群体中多数人一致的现象。因此，在教学上，如果把一个后进生安排到一个先进的寝室或班级生活、学习，在群体心理作用下，该生就可能朝先进方面发展。

当然，从众行为发生与否以及发生的程度如何，要受到许多因素的影响，其中主要是群体的特点（群体人数、吸引力、个人在群体中的地位等）和个人因素（情绪状态、意志力、性格等）。如果群体压力大，个人自信心和意志力又差，那么就很容易产生从众行为。一般来说，班级的内聚力强，领导者的影响力大，多数骨干成员的意见一致，其成员的从众行为会多，反之则少；在人格方面，研究表明，智力发展水平低、判断能力差、经验少的人比智力水平高、判断力强、经验多的人容易从众；具有明确而坚定的人生观、世界观和价值观的人比无明确而坚定的人生观、世界观和价值观的人容易从众；屡遭挫折，焦虑、顺从，怕别人误会的人，比一帆风顺、自信，被别人理解的人容易从众。在教育教学活动中，学生的从众行为既可能在实现集体目标中起到积极作用，保证教学任务的顺利完成，也可能导致学生一团和气，随波逐流，盲目顺从，甚至压制创见，阻碍师生的独立思考。

（四）模仿与流行

模仿是对他人言行举止的效仿。它是模仿者的一种自觉的或无意识的行为。模仿是中学生常见的社会心理现象。如时装、发型、字体、学习方法、交际风度等等，都是学生喜欢模仿的对象。

虽然模仿是再现榜样的外部特征和行为方式，但是通过模仿，结合自己内心的体验，会相应地形成一种思想、信念、倾向性与行为风格。因此，模仿优秀的榜样能使学生在潜移默化之中培养积极向上的心理定势，并且完成与榜样的同化；而模仿不良的行为或对象，会使学生染上种种不良行为或坏习惯。

模仿同时也是一种学习过程。只要社会上或校园里有某种新奇的或为大家所喜欢的、适合他们潜在需要的事物或行为，许多人就会竞相模仿，从而形成一种连锁性感染。如果相当多的人在短时间内模仿某种行为或事物，从而形成一种风尚时，就是流行。流行也是一种群体心理现象，其表现为爆发性地扩展和蔓延，然后又在短时间内消失。如近几年来在学校里的集邮热、上网热、跳舞（蹦迪）热、流行歌曲热、旅游热等都是在相互模仿的基础上形成的一种流行。

对于模仿和流行，只要加以正确引导往往能收到良好的教育效果。但不良的模仿和流行，如中学生抽烟、喝酒、暴力等，必须给予教育和禁止。

（五）暗示效应

暗示是指人们为了实现某种目的，用含蓄的、间接的方式对别人的心理或行为加以影响的过程。暗示是双向的，一方面暗示者运用语言或行为制造某种气氛，使对方发生自己所期望的行为；另一方面被暗示者通过接受刺激而发生社会或班集体所要求的行为。学生在集体中无时无刻不在接受别人的暗示，同时也在暗示别人，从而实现群体成员之间的相互影响和相互作用。

暗示可分为直接暗示和间接暗示。直接暗示是有意识地向他人发出信息，使受暗示者意识到是在接受暗示。如在课堂教学中，教师向个别不注意听讲的学生以眼神、言语或手势加以启示，就是直接暗示。间接暗示是通过委婉、含蓄的方式表达的。例如，某一班级中有些学生语言粗鄙，行为粗鲁，教师希望他们改掉这一毛病，于是用嫌恶的语调议论其他人的类似表现，以诙谐的语言对这类表现加以讽刺和嘲笑，但并不流露对这部分学生的反感。过些时间后，这些学生就会检点并改正自身的这些缺点。

构成暗示的条件来自两个方面，一方面是暗示者的条件，包括暗示者的信心、地位、权力、年龄、知识等。一般说来，暗示者的地位高、知识丰富、年龄大，暗示的效果往往越好。一位德高望重的老教师的暗示力可能远远胜于一个刚毕业的年轻教师。另一方面，对受暗示者而言，其受暗示的程度也同样与本人条件有关。如性格懦弱、缺乏主见的人比自主性强的人易受暗示，地位低下的人比地位高的人易受暗示等。

第二节　学校中的人际关系

人际关系是社会心理学研究的重要课题。人际关系影响着学校群体组织的整体性与活动的效率，促进或干扰着学校教育质量的提高，也直接影响学校教职工个体的心理和行为，影响着学生个体社会化的进度。因此，研究并且建立和谐的学校人际关系，是每个教职工的重要职责。

一、什么是人际关系

人生活在社会上，必然与他人相互作用，建立起复杂的社会关系，通过这种关系来维系生活，进行生产，发展自己。人们在一定的社会群体中，通过交往形成的并伴随有情感上的满意或不满意状态的人与人之间比较稳定的心理关系，就是人际关系。从个人的家庭关系、师生关系、同学关系、朋友关系到更大范围的群体关系和社会关系，都属于人际关系的范围。人际关系反映着人与人之间心理上的距离。

人际关系的好坏，取决于人们在相互交往中物质和精神的需要满足与否。如果交往双方的社会心理需要都能获得满足，那么，人们之间就保持一种亲近的关系，反之，就疏远或厌恶。例如，甲乙两个同学相互尊敬，就满足了各自的被尊重需要。在双方都比较满意，都认为对己有益的情况下，就容易产生亲密关系；如果一方对另一方因某种原因表示不友好，不尊重了，另一方就会产生疑虑和不安，就会增大心理距离，使原来的亲密关系变得疏远，甚至可能发展成敌对关系。

人际关系的变化和发展是与人的情感相联系的。不同性质的人际关系可引起不同情感体验。亲密、融洽的关系引起人们愉快的情感体验，使人精神轻松、心情舒畅；疏远的或冷漠的关系，引起人们不愉快的体验，使人精神紧张、不安和烦恼；敌对的关系引起憎恶，甚至仇恨的情感体验，并有可能导致攻击性行为，有损于人的身心健康。

二、学校中人际关系的种类

（一）学校中人际关系的意义

学校中的人际关系是学校各个组织部门之间、领导者与被领导者之间、教师与教师之间、师生之间、学生之间的社会关系在心理上的反映，包括学校中人与人之间的工作关系、学习关系和其他交往关系。

在学校中建立良好的人际关系有重要的意义。

1. 人际关系影响着学校集体的巩固和组织效能的发挥。社会主义的学校是一个以共同目标和良好的同志关系为标志的集体。良好的人际关系，使成员之间感情融洽、精神愉快，各项工作协调进行；有助于教师集体、职工集体、学生集体的形成与巩固，提高学校组织的职能。

2. 人际关系影响教职工自身的发展和完善。马克思认为，人的发展取决于直接或间接进行交往的其他一切人的发展。良好的人际关系能增强教职工的行为模仿和相互竞争的动机，使老教师严于律己，新教师加速成熟，促进了教职工的自我发展和自我完善。

3. 人际关系直接影响教育质量。学生在学习知识的同时，也在学习适应社会。师生之间、学生之间良好的人际关系，本身就是教育的内容之一。因此，人际关系的好坏直接影响着人才培养的质量。

4. 良好的人际关系是精神文明建设的重要组成部分。对于学校组织而言，建立良好的人际关系，使各成员之间感情融洽，互相友爱，彼此理解，互相支持，这些都是精神文明建设不可缺少的内容。

学校正常的人际关系同庸俗的"关系学"有着本质的区别。"关系学"利用虚伪的友好和不正当的手段影响他人的心理和行为，进行损公肥私、利己害人甚至违法犯罪的活动，同我们所讲的良好的人际关系是格格不入的，也是我们应该坚决摒弃的。

（二）学校人际关系的种类

学校人际关系主要分为学校领导者和教职工的关系，教职工之间的关系及师生之间的关系。各种人际关系及特点分述如下。

1. 学校领导者与教职工的关系。在学校组织中，领导者处于核心地位。负责提出和制定组织目标，执行上级指令，并对组织活动进行管理和调控。领导者自身的行为对组织成员也有很大影响。我国普通中学管理层次不多，管理者与一般教职工职位悬殊不大。而且许多学校的领导产生于教职工中，共事多年，彼此经历相似，感情相通，加上管理途径多是直接交往，等级不明显，干群关系平等。领导者与教职工常常互为教育者，互为支持者，互为朋友和同志。

2. 教职工之间的关系。无论教师之间、教师与职工之间，都是为教育事业而合作的同志关系。教师与职工虽然在工作性质上有所不同，在活动特点上有一定差别，但在教育和管理学生上都需要相互支持、相互合作，这就形成了教职工之间团结协作的相互关系。

3. 教师与学生的关系。在学校中，教师与学生之间的人际关系，是民主、合作、平等的关系。良好的师生关系表现在两个方面：一方面是教师对学生的关怀和热爱；另一方面是学生对教师的尊重和信赖。教师热爱学生，主要受教师本人的理想、信念、教育观、职业道德和事业心的支配，更富于理智特征；而学生的尊师，则是对教师爱生的反应，往往是根据个人的主观判断和情绪体验来决定的，更富于情绪色彩，有一定的不稳定性。

师生关系具有多重角色的意义。师生之间不仅是教育者与被教育者的角色关系，同时也是指导者与被指导者、组织者与被组织者等角色关系。当前，我国正在进行基础教育课程改革，这种多重角色的关系要求教师在教育教学中，不再是单一的知识传授者，而是学生活动的指导者、组织者、参与者、协调者、领导者，师生之间必须强调充分地互动，才有利于塑造民主、合作、平等的师生关系。

三、学校人际关系形成的条件

要想在学校里形成和发展良好的人际关系，就必须研究良好人际关系形成的条件。研究表明：思想一致、一定的交往水平、个性相似与相容，需要相近或相辅等，都是建立和发展良好人际关系的基本条件。

（一）保持思想一致

思想一致，不仅构成人际关系的认知基础，也直接影响人际关系的情感成分和行为成分。思想一致，首先指组织成员有共同的理想、信念和世界观。以共产主义思想为基础建立的人际关系，是最高尚、最纯洁的人际关系，也是对学校各项工作最有利的人际关系。虽然现实中教职工的思想水平不一，但只要以此为方向、为指导，调节同志关系和师生关系，处理人际间发生的分歧和冲突，就能建立良好健康的人际关系。

（二）提高交往水平

交往是人际关系建立和发展的手段。交往水平指人们互相联系的紧密程度，它由交往频率和交往深度两方面来表示。有人就居住远近、接触次数等对人际关系的影响进行研究后指出，居住和工作在一起，接触频繁，可以自然地增加彼此了解，认识和态度容易趋向一致。可见，交往频繁是建立人际关系的一个条件。除此之外，人们之间的交往，是表面寒暄还是推心置腹，是礼节性往来还是志同道合等，属于交往深度的问题，它对人际关系有更大的吸引力。交往频率和交往深度既有联系，又有区别。交往深度加大，人际关系发展，交往频率也就增加。所以在学校里，不仅要注意增加教职员工以及师生之间的交往频率，更要注意交往深度，使人际关系更加和谐。

（三）个性相似与相容

人们的个性特点如气质、能力、兴趣、性格等相似，个性倾向性如理想、态度、抱负水平等相似，便会自然产生喜欢和亲切感，牜相互吸引，结成亲密关系；如果相反，就容易相互排斥，彼此反感，从而导致关系紧张。但也有另外情形，即个性特点虽然不同，但个性倾向性却相同，这样也能友好相处，甚至成为朋友。这就是个性相容。如脾气暴躁与脾气随和的人结合；独断专行与优柔寡断的人结合；活泼健谈与沉默寡言的人结合等，都是在观点、态度、兴趣相同的情况下，个性特征相互弥补，取长补短的结果。

（四）需要相近或相辅

交往是一种需要，凡是通过交往而能够彼此获得满足的一切需要，都会影响人际关系。有两种情形：一是彼此需要相近，并在交往共事中获得了满足，因此相互吸引，关系密切。例如，由于教师都有提高教育质量，提高教学艺术，实现工作目标的成就需要，因而大家能合作共事，人际关系就好。如果各有所图，人际关系就会貌合神离；二是彼此需要相辅，即需要虽不一致，但通过交往和良好的人际关系，也能满足彼此的需要。例如，在课堂教学中，师生的需要并不一致，一个是要教好，一个是要学好，但都是要通过课堂交往和良好的人际关系，才能得到最大的满足。教好与学好互为条件，这就是需求相辅。

四、学校人际交往的原则和方式

（一）学校人际交往的原则

交往原则是人们在社会交往中应该遵守的基本规则和要求。学校人际交往的原则主要有平等原则、互惠互利原则、真诚与信任原则、教书育人原则等。

1. 平等原则　　平等，是人与人之间建立情感的基础。要建立和保持良好的人际关系，平等待人是达到最佳效果的诀窍之一。

在学校中，每一个人都有友爱和尊重的需要，都需要得到别人的平等对待。与人交往必须以尊重对方为前提，以平等的姿态出现，不盛气凌人，不高人一等，才能形成人与人之间的心理相容和和谐的人际关系，交往也才能进一步深入。

2. 互惠互利原则　互惠互利原则就是要求人们在人际交往中考虑双方的共同价值和利益，满足共同的心理需要，使彼此都能从交往中得到实惠。

但是互惠互利是有前提的，那就是不能损害集体的利益和他人的利益，那些损公肥私、拉帮结派的"互惠互利"是我们必须反对的。

学校交往过程中的互惠互利主要是指以下三个方面：

（1）精神互利　交往双方互相尊重，互相关心，互相安慰等，能使交往双方得到精神的满足。调查发现，小学生择友标准主要以学习成绩、纪律为主要因素，而中学生更加重视爱好、兴趣、性格等个性因素，即更多地倾向于交往双方的精神满足。

（2）物质互利　即在交往过程中既为自己带来经济效益，也要为对方带来方便与实惠。

（3）时间互利　在现代社会中，每个人的时间都是非常宝贵的。在交往中占用别人的时间，必须考虑给对方带来什么好处或如何予以补偿的问题。如果不注意这一点，只凭自己兴趣，一泡就半天，交往就容易失败或中断。

3. 真诚与信任的原则　真诚与信任也是交往中非常重要的原则。真诚就是真实、诚恳，没有虚伪。它体现了交往的理智感和道德感，是良好人际关系的主要条件之一。信任，就是对他人的语言、文字或其他交流信息所产生的依赖性期望。师生之间建立良好的信任关系，双方就会做出合作的反应，获得交往的最佳效果。相互缺乏信任，师生在交往中就难以友好相处，甚至造成紧张的局面。

4. 教书育人原则　学校人际交往和其他交往的不同之处就是要遵循教书育人原则。即交往要有利于教育、教学工作，有利于人才的培养。交往双方互相帮助，互相提高，真诚合作，就能提高工作效率，圆满完成教育、教学任务。那些具有良好教育动机的人往往容易形成良好的人际关系。

（二）学校人际交往的方式

由于每个人的个性特点不同，业务能力和社会角色不同，使学校中人际交往方式比较多，其中主要有以下几种。

1. 积极和消极的交往方式　所谓积极的交往，是指一个人采用积极、主动的方式去与他人交往。通过这种交往，可以开阔自己的视野、扩大知识面；可以自觉地吸取别人的长处、补充自己的不足，使自己的人格得到完善。

消极的交往不是为了从交往的双方寻找所需要的东西，而是为了通过对方倾泄自己的烦恼、苦闷，从对方的态度中得到心理上的安慰，被称为"卸包袱"交往。这种交往的意义虽不能与积极的交往相比，但也起着不可低估的作用。它可使人在交往中消除心中的郁闷，驱除心理上的压抑，净化心灵，去掉不健康的心理。

2. 单向交往、双向交往与多向交往方式　这主要指师生间的交往模式（见图 15-1）

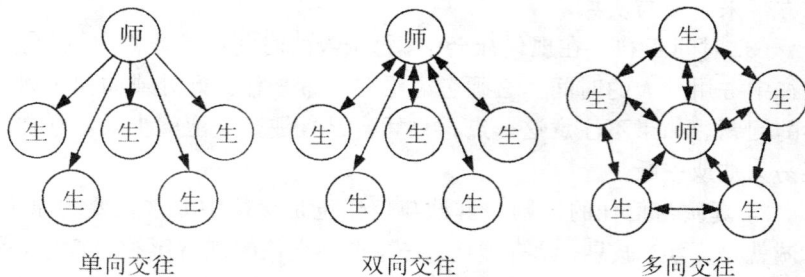

单向交往　　　　　　双向交往　　　　　　多向交往

图 15-1　师生交往模式

单向交往指教师只管使用教学语言、体态表情等交往手段向学生讲述问题、灌输思想，而不顾学生对教学的反应或要求。这种交往传递的信息量大，速度快，我国大多数学校仍然采用。由于这种交往缺乏学生的反馈，教师不容易判断学生的心理状况，易产生教师权威主义的不平等的师生关系。双向交往是指师生双边进行信息交流，在教学中师生相互问答，反馈及时，易于了解学生的态度、感想以及对问题的理解程度。这种交往所获得的信息准确，在增进师生相互了解和改善人际关系方面，优于单向交往，有助于师生民主、合作关系的建立。多向交往是指师生之间的交往是双向的，同学之间的交往也是双向的，是一种师生交往与同学交往相结合而形成的沟通网络。既能体现教师的参与性和主导作用，又能体现学生的互动性和主体作用。所以，多向交往是班级中效率较高、成员易形成交往技能，并能提高教育教学质量的一种较为理想的交往模式。

3. 一般交往和深入交往方式　一般交往，就是指双方进行的交往只是出于礼节或工作的需要，也可称之为"应酬型"交往。而深入交往则不同，它不仅是出于礼节或工作的需要，还因双方的心理活动在一个水平线上，在对事物的认识上、对人的评价上，都有相同或相似的看法，他们能够相互理解，感情极易沟通，往往结成朋友或挚友的关系。

第三节　班集体中的社会心理

学校中的班集体是学校教育教学活动的基层组织。学校的各项教育决策、教学计划的实施，都必须通过班集体来实现。一个班从最初的学生群体到建立成一个坚强的班集体，需要教师按照群体的社会心理规律去做大量的工作。影响班集体形成的社会心理因素很多，具体说应当注意以下几个方面。

一、班集体的目标

班集体和目标既是全班学生的活动的出发点，又是学生活动的归宿。班集体的目标是全班学生通过共同奋斗所要得到的结果。在班级成立的初期，学生大都处于松散状态，因此，确立共同的奋斗目标对班集体的形成起着重大作用。

1. 动机功能

班集体的目标一旦确定并被学生接纳后，就会使全班学生产生实现目标的精神需求，进而会变成推动学生活动的动力。没有目标，学生就不可能进行实现目标的活动，目标对全班学生的活动起着促进的作用。

2. 导向功能

学生的行为被引发后,班集体的目标还要通过对学生认识活动、情感活动、意志行为等全方位的调节与控制,使活动维持在既定的方向上,以服从目标实现的需要。

3. 激励功能

目标作为学生所追求的行为结果,时时激励着学生去行动。当学生遇到困难时,目标的吸引会给人克服困难的勇气和力量;当学生的努力一步步接近目标时,目标会给人更大的信心与热情;当学生的目标实现后,目标会给人以新的力量,从而激发学生树立更远大的目标。

4. 聚合功能

班集体行为是由个体行为构成的。在班级管理中,将学生个体行为聚合起来的因素很多,但奋斗目标的根本一致是一个至关重要的条件。在班集体的目标的形成过程中,学生目标的一致会使个体目标形成一个强大的目标束,目标束既对个体的行为起制约作用,又会成为目标实现中的强大动力。

班集体目标的形成既离不开班主任的指导,又离不开学生的参与、接纳、认可和同化。班集体目标一般都是由班主任或班委首先提出来,在此基础上经过全班学生的讨论,从而统一思想,形成共识。班集体目标既要符合党的教育方针、路线,又要符合学生的年龄特征、知识水平、思想实际,尤其要与学生的要求相符合。这样,整个集体成员便会齐心协力的去为实现目标,集体活动会因为同学们热情支持而搞得生动活泼,学生个体也会在追求集体目标实现的同时不断获得进步。二者是相辅相成的关系。

班集体的目标应当远近结合,形成一个目标系列。远景目标是班集体最终要实现的目标,它能给学生指出奋斗的方向,具有更大的价值,但它的实现是一个长期的、复杂的、困难的过程,对行为的激励作用往往不够强。十米高台,需要步而上。因此在确立长远目标的同时应当为学生确立近景目标。远景目标主要是班主任制定的,而近景目标则要让学生亲自参与,制定出一些看得见、摸得着、操作性强的目标。如学习竞赛、获得好成绩或举办联欢会等。但这些近景目标必须由易到难、循序渐进，这样，学生在目标实现的过程中既能积极参加，有高度的责任感，同时也能在活动中看到合作的重要性和团结的力量；不仅感到今天的快乐，而且看到明天的美好。总之，没有班集体的奋斗目标，就不可能有良好的班集体。

二、班集体的舆论与规范

任何群体都必须有正确的舆论与规范。集体舆论是在集体中占优势的，为多数人赞同的言论或意见。它常常以褒贬、议论等形式肯定或否定集体成员的动向或言行，对成员的言行起着制约和调节的作用，它是影响人的心理、行为的重要手段。班集体成员既是舆论的主体，又是舆论的客体，因此，集体舆论既是学生自我教育的手段，也是制约学生行为的力量。正确的舆论是促进集体形成和健康发展的重要因素，它能够团结集体，鼓舞集体，阻止不正确的言行发生。在一个具有正确舆论的班集体中，学生能够明辨是非，提倡和支持正确的东西，批评和抵制不正确的东西，学生之间能够互相监督，互相鼓励，使班集体沿着正确的方向不断发展。有无正确舆论，是衡量班集体形成的主要指标之一。

班集体规范是指班集体形成以后，为了保证班集体目标的实现和活动方向的一致，集体成员之间制订的用来统一信念、价值观和行为的带有约束性的准则。班集体的规范有正式规范和非正式规范。正式规范是由正式文件明文规定的，如学校和班集体的规章制度和学生守则等，学生违背了这一规范就会受到批评或制裁。它强制学生明白该做什么，不该做什么，对学生的行为起定向、约束作用。非正式规范是班集体自发形成的或学生之间约定俗成的规范，如校风、班风等。这些规范虽然是自发形成的，但却有一种无形的制约力量。学生违背它，将会受到舆论的谴责，给人造成一种心理上的压力，迫使学生顺从和遵守。班集体的规范对班集体作用很大，它既可以统一班级学生的意见和看法，调节、规范他们的言行，也可以使全体成员形成共同的认知，即使个别人持不同的意见，也会在规范的压力下与规范保持一致。

在班集体中形成良好的规范，首先要靠教师的正面引导和教育。教师要为学生讲清学校有哪些规章制度以及遵守规范的重要性；其次，让学生牢记规范，并把这些规范内化成为学生自觉的言行；其三，要善于利用集体中出现的违纪事件教育学生，使学生引以为戒。对于集体中出现的一些不合集体规范的行为，可以在适当的时机，让全体学生自己去考察、分析、讨论这类不良行为的社会效果，认识到这种现象的危害性，从而达到纠正不良行为的目的。

三、班集体的心理气氛和凝聚力

班集体的心理气氛是指在班集体中占优势的某些态度与情感的综合表现。不同的班级有不同的心理气氛，它既可能是和谐的、欢快的，也可能是紧张而有序的，有时还可能是相互猜疑、对立或懈怠的气氛。心理气氛不仅使各个班级各具特色，而且也使班集体中的每个学生受到熏陶、感染。

心理气氛的好坏，受到许多因素的影响。首先，班集体的心理气氛受班主任或班干部的领导方式的影响。在具有民主作风的班集体里，由于事事都是在大家共同商讨的基础上形成决议并解决问题的，学生的参与性、自主性强，因此容易形成和谐、欢乐的气氛；相反在专制型领导的班集体中，由于活动大都具有强制性，学生自主性少，同学们的意见、想法无法表达出来，因此可能苦恼、烦闷，甚至充满敌意。特别是受到挫折时，同学间更可能彼此埋怨或推卸责任。班集体心理气氛还与全班学生对班集体目标与任务是否认同、对班干部领导能力是否心悦诚服、对班集体工作开展现状是否满意、同学之间关系是否友好等有关。此外，任课教师与学生之间的关系也影响班集体的心理气氛，这种心理气氛又称课堂心理气氛。不同的科任教师由于管理方式、教学技艺、个人风格不同会出现不同的课堂心理气氛。有的教师上课学生可能期盼已久，有的教师一进教室学生就可能烦躁不安，这说明心理气氛对教学效果的影响作用。可见，教师要想对个别学生施加影响，与其把主要精力用在面对面的个别工作方面，不如去创设一个具有良好心理气氛的集体。

班集体的凝聚力是指班集体对每个成员的吸引力以及班集体成员间相互依存、相互协调，相互团结的程度。班集体的凝聚力是衡量一个班集体是否有战斗力，是否成功的标志。班集体的凝聚力主要通过学生的团结、向心力、荣誉感、责任心、友谊等表现出来。我们经常看到有的班学生间关系融洽，意见一致，工作互相配合，相互协作，能顺利完成班集体的总体目标；而有的班学生间关系紧张，相互摩擦、戒备，如一盘散沙，难于完成任务。一般说来，班级凝聚力强，其成员相互有吸引力，交往频繁，努力去实现共同的目标，班集体活动的效率就高；相反，集体就会显得松散无力、离心离德，活动的效率就低。

一个凝聚力强的班集体有以下几个特征：一是大家相互之间了解、和谐，意见沟通快，信息交流多，班级气氛祥和；二是班集体自身具有强大的吸引力和向心力，学生响应号召、一呼百应，自愿参加集体活动；三是学生间相互关心，对班级有高度的责任感、荣辱感，事事关心班集体，愿意承担集体的任务；四是全班学生在集体中会有一种尊严感、安全感和归属感。

由此看来，高凝聚力班集体的特征就是优秀班集体的特征。那么哪些因素影响班集体凝聚力的形成呢？研究表明，主要有以下几种因素：（1）成员心向的相似性。即全班学生的需要、动机、信念、兴趣是否一致。若学生这方面的一致性高，学生态度就易于一致，活动的配合也就默契，班级的凝聚力也就越高；反之则低。（2）教师的领导方式。教师的领导方式不同，班集体的心理气氛不同，凝聚力也就不同。从民主、专制和放任三种领导方式对比看，民主型领导方式更有利于凝聚力的形成（见阅读材料）。（3）与班主任的正确引导、合理奖赏以及班集体外部的竞争压力等有关。班主任和其他教师要善于从以上几方面入手，使班级成为一个高凝聚力的班集体。

但也应该看到，集体的凝聚力有时也会产生副作用，主要表现在以下两个方面：一是集体为了维护一致的与亲密的关系，在问题的争论与讨论中，容易出现压抑异议的现象，从而使正确的意见不能充分地得到发表，以致会产生决策的错误。二是集体的凝聚力容易滋生狭隘的小团体主义，使成员忽视大局利益，甚至对邻近的集体产生嫉妒、歧视、敌对的态度。因此，采取相应的教育措施，帮助学生扩大集体的观念，形成大局意识和与人合作的态度，在当今社会尤其显得必要。

阅读材料：

阿希的从众行为实验

　　20世纪50年代初，美国社会心理学家阿希（S. Asch）做了著名的从众实验。阿希做了18套卡片，如图15-2所示，每一对卡片为一组。让被试判断比较线段中的哪一条与标准线段相等。实验对象是7个男大学生，其中有6个是实验者的合作者，真被试安排在第6个回答问题。实验开始后，前面的5个假被试依次说出自己的判断，真被试和最后一位假被试也做出了与前者一样的判断。前6次假被试都做了正确的回答，真被试自然与大家一样。但是到了第7次，假被试一致做了错误的回答，真被试者选择了自己认为正确的判断，他对别人的判断感到惊讶。在以后的实验中，他越来越感到迷惑，渐渐服从于群体的压力，做出了和大家一样的错误的回答，这个实验就是让被试思考下面的三个问题：

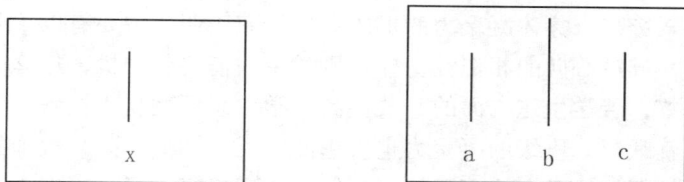

图 15-2　从众实验的卡片

　　第一，是自己的眼睛有问题，还是其他人的眼睛有问题。

　　第二，是相信自己的判断，还是相信别人的判断。

　　第三，当认为多数人做了错误的判断时能否坚持自己的意见，抵制错误的意见。

　　在50年代，阿希多次做了这个实验，所得的结果颇为一致。

　　（1）大约有1/4到1/3的被试保持了独立，每次选择都没有发生从众行为。

　　（2）约有15％的被试平均做了总数3/4的从众行为，即平均12次中有9次。

　　（3）所有被试平均做了总数1/3的从众反应，即12次中有4次。

　　实验结束后，实验者个别访问被试，寻找他们发生错误的原因，这些原因归结起来大约有三种：

　　（1）被试确定认为多数人的判断是正确的，以别人的判断为参照点。当比较的线条差异十分明显时，这种错误很少发生。这属于知觉歪曲。

（2）被试知道自己看到的不同于别人，但却认为错的是自己，多数人总会比自己正确，对自己的判断缺乏信心，做了错误的回答。在这种实验中，这样的从众形式最普遍，这属于判断歪曲。

（3）被试确定错误的是多数人，而不是自己，但迫于多数人的压力，不愿与大家不一致，表面上采取了和大家一样的判断，这属于行为的歪曲。

后来，许多学者重复了阿希的实验，获得了同阿希相近的结果。

——远自孔令智：《社会心理学概论》，天津人民出版社1988年版，第366页。

人际关系测量

人际关系测量是心理学家莫瑞诺（J. L. Moreno）在20世纪30年代创立的一种测量人际关系的方法。这种方法是用问卷的形式确定群体中人们之间是接受、友好还是拒绝、冷淡的关系，从而用图表或数学公式表现出这种关系。下面介绍人际关系图测量方法。

人际关系图，就是在群体中，把成员彼此之间喜欢和不喜欢的关系用图形的方式表示出来，人际关系图可以使人十分清楚地看出每个成员在群体中所占有的地位。莫瑞诺曾在一个拥有八个人的群体里做了如下的实验，他根据各个彼此之间的好恶情况，提出了以下两个问题。

（1）你愿意和谁一起工作、学习和研究问题？假如你剩余了一点做家具的木料，你打算让给谁？

（2）你最不愿意和谁一起工作？你最不愿意和谁进行交往？

根据回答，他将群体成员的关系按照"吸引"、"排斥"和"漠不关心"分为三类，并据此绘出群体成员的人际关系图（图15-3），从而来说明八个成员之间关系的全面情况。

从图中可以看出，A、B、C是这八个人群体中的非正式群体，B是这八个人群体的实际领袖，因为A、C、D、G都倾向他，E、F虽相互接近，但其他成员并不喜欢他们，H是这个群体中最孤立的，E和D、F和D彼此互不关心。

莫瑞诺的这种人际关系图，不仅在短时间内了解到个体在群体中的社会地位、影响力、适应性以及成员彼此间的吸引或排斥，同时对于了解群体中的各种特性，诸如群体的构造，次群体的分化，群体的领导作用，凝聚性以及对外部压力的抵抗等，都能一目了然。

——选自赵国祥等：《管理心理学原理与应用》，河南大学出版社1989年版，第359页。

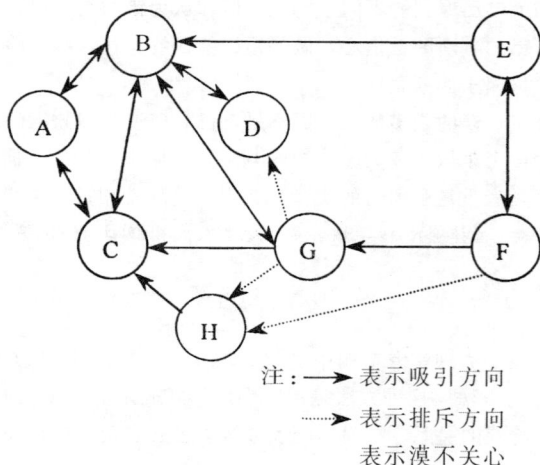

注：—▶ 表示吸引方向
‑‑‑▶ 表示排斥方向
表示漠不关心

图 15-3　群体人际关系图

领 导 与 团 体 生 活 实 验

1939 年，社会心理学家勒温（K. Lewin）等曾经进行过"领导与团体生活的实验"。他们将 11 岁的男孩分成三组，由三位成人分别采取不同的领导方式（专制、放任、民主）去领导他们参加俱乐部的活动，每周举行一次聚会，观察并记录各组的行为表现。结果发现：第一，各组出现不同心理气氛：在专制型团体中，成员的攻击性言行相当多，在第五周达到了（与民主型团体的合计）总次数的78%，而且始终是高比例的；对领导驯服，但牢骚满腹；"我"字使用率高，故意引人注目的行为多；遇到实验性挫折时彼此推卸责任或互相埋怨；领导不在场，工作动机弱、积极性不高。在民主型团体中，攻击性行为少，在第五周仅占两组总数的 22%；彼此友好，以工作为中心的接触多；"我"字使用率低，有"我们"的感情；遇到挫折时团结一致试图解决问题；领导不在仍能主动继续工作。放任型团体的情况介于上述两团体之间，学生跟领导的关系虽不尖锐，但对领导无多大好感。第二，当更换个别成员，使他们处于另一个团体的社会风气中，其言行也会发生显著的变化。如萨拉（一个孩子的名字）在专制型团体中，其攻击性行为最高时达到其行为的 90%，而第 9 周调到民主型团体中很快就降到 20%。另一个孩子修尔先在民主型团体中，其攻击性行为最高时期仅占其行为总量的 30%，而第 9 周更换到专制型团体中很快就上升到 90%，这表明，团体的心理气氛主要是由领导者的方式造成，因为领导向被领导者提供了行为界限的暗示，而且不断通过鼓励、默许、禁止、惩罚等去促使团体的态度、情绪与行为向特定的（有时是他意想不到的）方向发展；其次，当心理气氛成为风气之后，它对个别新成员的心理与行为的变化具有相当大的影响力。可见，教师要想对个别学生施加压力影响，与其把主要精力用在面对面的个别工作中，不如大力地去创设一个具有良好气氛的集体；而这种气氛不是自然生成的，它与教师本身工作方式有着极其密切的关联。

　　——选自章志光：《心理学》，人民教育出版社 1984 年版，第 375 页。

综合练习：

一、概念解释

1. 群体和集体　2. 社会助长作用　3. 人际关系　4. 集体规范　5. 凝聚力
6. 心理气氛

二、填空

1. 按群体的发展水平，可将群体划分为_____、_____和_____三个层次。

2. 一个集体的形成，一般要经历_____、_____、_____和_____四个阶段。

3. 在学校中，人际关系的种类主要有_____关系，_____的关系以及_____关系等。

4. 在我国的学校中，教师与学生的关系是新型的民主与平等的关系，这种关系主要表现在两个方面：一方面是教师对学生的_____；另一方面是学生对教师的_____。

5. 班集体目标的功能主要是_____、_____和_____作用。

6. 教师的自然性影响要受几个因素的制约，一是_____因素，二是_____因素，三是_____因素。

三、选择

1. 住在同一寝室里的几个同学组成了_____。

A. 正式群体　　　B. 松散群体　　　C. 联合群体　　　D. 集体

2. 学校明令禁止中学生抽烟，但一些学生仍偷偷地吸烟，并认为这样才有"派头"，才"潇洒"，这主要是_____的作用。

A. 社会助长　　　B. 模仿　　　C. 暗示　　　D. 从众行为

3. 一个活泼开朗、爱说爱笑的学生却有一个性格内向、沉默寡言的好朋友，这是_____的人际关系。

A. 需要一致　　　B. 需求相辅　　　C. 个性相似　　　D. 个性相容

4. 在一个班级里，同学做了好事总能受到同学们的夸奖和表扬，做了坏事就要受到大家的指责和批评，表明这个班集体有良好的_____。

A. 舆论　　　　　B. 规范　　　　　C. 目标　　　　　D. 心理气氛

四、判断

1. 学校中师生之间的关系是单纯的教育者与被教育者和角色关系。（　）

2. 在人际交往中，只要大家都有好处，就能形成良好的人际关系。（　）

3. 学校里面的集邮协会是正式集体。（　）

4. 班集体的目标都是老师制定的。（　）

五、问答

1. 集体具有的特征是什么？

2. 群体心理对学生有哪些影响？你认为作用最大的是哪一种？为什么？

3. 学校人际交往的原则和方式有哪些？

4. 什么是教师的期望？有什么作用？

第十六章　心理健康

第一节　心理健康概述

一、心理健康的涵义

（一）什么是健康

健康是人类的基本需求之一，是每个人所渴望的。但长期以来，人们却一直认为"无病即健康"。后来，有人把健康定义为人体各器官系统发育良好、功能正常、体格健壮、精力充沛并具备良好劳动效能的状态。这个定义虽然正确指出了健康的若干特征，但却不够全面，因为人除了身体之外，还有与之密切联系的心理。现代医学研究表明：心理的、社会的和文化的因素同生物因素一样，与人的健康、疾病有非常密切的关系。因此，1948 年，联合国世界卫生组织（WHO）成立时，在其宪章中指出："健康不仅是身体没有缺陷和疾病，还要有完整的生理、心理状态和社会适应能力。"由此可见，健康应包括生理、心理和社会适应等几方面的内容。一个健康的人，既要有健康的身体，还应有健康的心理和行为。

（二）什么是心理健康

有关心理健康的涵义，目前尚无定论。有人认为，心理健康是指人们对环境能高效而快乐地适应。有人认为，心理健康应是一种积极、丰富而持续的心理状态，在这种状态下适应良好，具有生命活力，能充分发展其身心潜能。还有人认为，心理健康表现为积极性、创造性和人格的统一，有行动热情和良好的社会适应力。目前，较为普遍的观点认为：心理健康是能够充分发挥个人的最大潜能，以及妥善处理和适应人与人之间、人与社会环境之间的相互关系。具体地说，它包括两层含义：一是与绝大多数人相比，其心理功能是正常的，无心理疾病；二是能积极调节自己的心理状态，顺应环境并有效地、富有建设性地发展和完善个人生活。基于以上观点，我们认为：心理健康是指个体在适应环境的过程中，生理、心理和社会性方面达到协调一致，保持一种良好的心理功能状态。

二、心理健康与心理卫生

"心理卫生"一词产生于 20 世纪初的美国。当时，有位名叫 C. W. 比尔斯的耶鲁大学毕业生，因害怕哥哥患的癫痫症具有遗传性而整日忧心忡忡，终致心理失常，被送往精神病院治疗。治愈出院后，他将在精神病院的切身经历和体验写在一本书——《一个灵魂发现了自己》，揭露了他住院期间所受到的残酷虐待。1908 年 3 月出版后，引起了社会各界的关注，虽然其中有人将此视为"疯话"，但大多数人仍给于同情和支持，纷纷要求改变对精神病患者的这种不合理、不人道的做法。美国精神病学家 A. 梅易尔和心理学家 W. 詹姆士积极声援了比尔斯，提出了"心理卫生"这一概念，并于 1908 年 5 月首先在美国建立了世界上第一个心理卫生机构，在国际上产生了广泛的影响。几十年来，许多国家相继建立了心理卫生组织，心理卫生工作有了很大的发展，我国也于 1936 年成立了心理卫生协会。

关于什么是心理卫生，国内外学者从不同角度提出了各种看法，但却没有一个公认的定义。综合各家之言，一般认为：心理卫生是指维护与增进心理健康的方法或手段。它是一种保护和促进心理健康，保持和改善对环境的良好适应，预防心理障碍的综合学问和实践技术。它既有普及心理卫生知识、培养健全人格、保障人们良好适应生活、积极预防心理疾病和行为障碍方面的任务，也有消除已经产生的不良适应行为，进行心理治疗及治疗后的维持等任务。

心理卫生与心理健康关系密切。心理卫生是心理健康的方法和手段，心理健康是心理卫生的目的和归宿。二者既有差异，又有密切的联系。

三、心理健康的意义

随着社会的进步，医药卫生事业的发展以及医疗卫生水平的提高，身体疾病对人类健康的威胁已相对变小，而心理适应不良乃至失常者却逐渐增多，心理健康状态已成为影响人类健康和人们日常生活、工作和学习的重要问题。

（一）心理健康是生理健康的重要条件

心理上的不健康状态，是导致生理异常或病变的重要因素。早在两千多年前我们的祖先就已经认识到"七情"可以引起阴阳失衡、气血不和、经络阻塞、脏腑功能失常。他们认为"大怒伤肝，暴喜伤心，思虑伤脾，悲忧伤肺，惊恐伤肾。"[①] 说明了心理因素与生理健康的密切关系。并因此提出："恬淡虚无，真气从之，精神内守，病安从来。"[②] 即：只要没有过分的企求和过度的情绪波动，精神饱满、气机调畅，那么疾病就难以发生。于是他们主张"修身"必须"养性"，强调"调心神、和情性，节嗜欲，庶事清净。"以心理健康去增强对疾病的抵抗力。

现代医学也证明，心理障碍可以导致某些身体疾病，即通常所说的："心因性疾病。"心因性疾病的共同特征是：因长期的不良情绪作用，而导致器官功能的失常或组织的损伤。例如，人在愤怒情绪作用下，血压就会升高，长此下去就有可能引发血压调节机制的失常而形成功能性的高血压症。此外像胃、十二指肠溃疡出血、心肌梗塞、脑溢血等，都可以由情绪过度紧张而促发。至于神经官能症这一类疾病，也主要是由于心理因素而造成。常见的失眠、头痛、焦虑等症状，都可以找到心理方面的原因。只有当心理状况得到改善，病情才能有所减轻或治愈。因此，心理健康对生理健康具有重要的影响作用，心理健康是生理健康的重要条件。

（二）心理健康是强化智力活动，促进智力发展、提高社会适应能力和工作效率的保障

心理健康的人具有轻松、愉快、乐观的良好情绪，这种情绪不仅能使人的记忆力增强，而且能活跃思维、充分发挥心理潜力，使人精力充沛地去学习，并在此基础上有所发现、有所创造，获得智力的高度发展。另外，在社会活动中，具有健康的心理，容易使人顺利交往，

---

① 《黄帝内经》。

② 引自《素问·上古天真论》。

适应多变的环境，融洽人际关系，保持心理平衡，达到智力活动正常进行，提高工作效率的目的。

而心理不健康者所拥有的焦虑不安、悲观失望、忧郁苦闷、激愤恼怒等不良症状，则会使人心烦意乱、精力涣散、注意不集中、思维呆滞，从而阻碍智能的发挥，并造成人们的社会适应能力减弱，出现人际关系紧张、社会交往受阻，心理平衡遭到破坏，使工作效率下降。因此，消除不良情绪，保持健康的心理状态，是进行创造性学习，提高工作效率，促进智力和良好社会适应能力发展的保障。

（三）心理健康是优良思想品德形成的基础

性格在个性中具有核心意义，它是一个人对现实的稳定态度和习惯化的行为方式的心理特征。许多性格特征实质上反映了一个人的思想品德，如热爱集体、助人为乐、富有同情心、正义感、公正无私等。性格特征和人的思想品德紧密联系，没有健康的性格不利于形成优良的思想品德。因此，要培养学生良好的思想品德，就必须使他们具备健康的心理；健康的心理是优良思想品德形成的基础。

四、心理健康的标准

（一）确定心理健康水平的规范

其实，心理健康不是一种虚无缥缈的空洞的概念，它有自己明确的范围和标准。但是人们在确定某人的心理健康水平时，往往又遵循着某一种衡量的规范。至少我们可以知道以下几种规范：

（1）统计学规范，也可以称为平均规范的标准　它是以统计学正态分布理论为基础，以接近平均值为正常，偏离平均值为变态。正常与不正常之间为一连续的曲线，该曲线的广大中间地带是正常的，而两端则是偏离正常的。

（2）生理学规范，即病因症状的检验标准　此观点认为，正常人不应该存在变态的症状行为，所以心理行为变态都是某些精神疾病影响的结果，都可以在患者身上找到生理、生化、神经、遗传等器质性原因。此标准较为客观，准确可靠，但是适应范围较小。现实中多数心理障碍和心因性精神疾病查不出生理上的器质性病变。

（3）价值观规范　该观点认为，在平均规范幅度之下的人不一定都正常，而偏离平均规范者也不一定都异常，这要取决于一定的价值观。如在严重的自然灾害面前，大多数人表现出焦虑或抑郁反应，但仍有少数人处于泰然自若的状态。又如，在癔病集群发作者当中总有个别人由于意念坚定而不受感应，对这种人则不能视为异常。这种观点认为，一个人的心理健康与否主要取决于他的行为与价值观的一致性。

（4）社会规范　它根据个人的心理行为是否符合社会道德、法律、风俗等规范来划分心理的常态和变态。由于社会规范受文化传统、地区、地域、历史变化等因素的影响，因此社会规范标准有社会历史的制约性，它只能适应某一地区、某一国家、某一历史阶段。另外有些心理疾病者、心理变态者仍能遵守社会规范，所以很难将违反社会规范与心理异常划上等号。

（5）机能水平规范　这种观点认为健康时的心理机能是能够充分发挥的，水准也高，而病态时的心理机能偏低。因此，灵活行使其自身所具有的全部机能时则为健康，机能水平发挥越高，价值越大。当然在评价个别或部分机能时，应把它置于整体机能中去考虑，关键是发挥其整体机能作用。有些神经症患者，他的仪态、行为可以说与常人无异，但他的学习、工作效率很低，整体机能不足，故其心理是不健康的。

（二）心理健康标准的探讨

关于心理健康的具体标准问题，每一位心理学家、精神卫生专家都可能提出一套标准。下面我们来了解一下具有代表性的几位专家的观点。

（1）美国心理学家奥尔波特（Allport）提出关于心理健康的6条标准：①力争自我成长；②能客观地看待自己；③人生观的统一；④具有与别人建立亲睦关系的能力；⑤人生所需的能力、知识和技能的获得；⑥具有同情心和对一切有生命的事物的爱。

（2）美国心理学家马斯洛和米特尔曼（Maslow，Mittelman）提出心理健康的10条标准：①有足够的自我安全感；②能充分了解自己，并能对自己的能力做出适度的估计；③生活的理想切合实际；④不脱离周围的客观环境；⑤能保持人格的完整与和谐；⑥善于从经验中学习；⑦能保持良好的人际关系；⑧能适度地发泄情绪和控制情绪；⑨在符合集体要求的前提下，能有限度地发挥个性；⑩在不违背社会规范的前提下，能恰当地满足个人的基本需要。

（3）我国学者严和骎（1987）提出心理健康的 6 条标准：①积极向上，有面对现实和适应环境的能力；②能避免由于过度紧张和焦虑而产生病态症状；③与人相处时，能保持发展融洽互助的能力；④有将其精力转化为创造性和建设性活动的能力；⑤有能力进行工作；⑥能正常进行恋爱。

（4）天津精神卫生中心的陈钟舜（1989）对青年学生提出心理健康的 10 条标准：①能正常地学习、工作和生活，并保持在一定的能力水平上；②能与他人保持良好的人际关系，与人为善，团结互助；③情绪基本稳定，对事物反应敏捷，心境持久地保持轻松和愉快状态；④行为符合社会群体要求，与学生的角色身份相称；⑤人格完整，能客观地评价个人及外界，意志坚强，言行一致；⑥与大多数人的心理意向一致，热爱集体，有浓厚的社会交往欲望；⑦有良好的适应能力及对紧急事件的应变能力；⑧有一定的安全感、信心和自主感，而不是逆反状态；⑨心理符合其年龄水平，自居及定向能力强，个人理想与现实的可能性之间的距离是可望可及的；⑩能适应快节奏的时代变化，高效率的学习质量，精力充沛，自我感觉良好。

（三）心理健康的标准

关于心理健康的标准，中外学者、专家提出众多的观点，至今尚无完全一致的标准。综观各种标准，我们认为，提出我国自己的心理健康标准时，应考虑三个主要依据。第一，依据心理健康的根本内涵，突出其积极的、富有建设性的一面；第二，依据个体心理发展的年龄特征。因为，一个人心理是否健康，其判断标准的参照系只能是同年龄组的人，超越这条界线将失去标准的意义；第三，依据心理活动的系统性特点，尽可能从心理活动的各主要方面来考察个人的心理健康状况。据此，综合各家之言，我们认为心理健康的标准主要有以下七个方面：

1. 能正视现实和自我

心理健康的人，能有效地处理与周围环境的关系，与现实保持良好的接触，对现实社会有良好的处世态度，对周围的事物有清醒的、客观的认识，既有高于现实的理想，又不沉迷于空洞的幻想。对社会的进步、文化的发展、经济的变革以及生活中遇到的各种问题、困难和挫折，都以积极的态度去对待，以豁达的心胸去包涵，并采取切实有效的方法去处理，从不悲观厌世或逃避现实。

对于自己，心理健康者具有自知之明，既能客观地认识和评价自己，也能坦然地承认和接受自己。既不自卑，也不自负，善于根据自己的特点，在适应现实和改造现实的过程中，扬长避短，做出正确的抉择，并积极创设事业成功和生活美满的机会，使自己的学识、品德向高水平方向发展。

2. 智力正常

智力正常是人们掌握知识、获得技能、技巧，从事一切实践活动的基本条件。人的智力发展水平分为超常、中常、低常三个等级。超常（智商130以上）与中常（智商100左右）都属于智力正常。低常（智商在70以下，如白痴、先天愚等）属于智力不正常，低常者缺乏正常人应有的心理机能。因此，智力正常是心理健康的重要条件。

3. 人际关系和谐

人际关系是人们通过交往而建立的人与人之间心理上的关系，它贯串于社会生活的各个方面，是社会与个人直接联系的媒介，也是人们进行交往、参加社会活动必不可少的心理条件。人们的心理健康状况也正是在交往中得到表现。心理健康的人，常常乐于交往，在交往中，既能向别人传授感情，也能欣赏并接受别人的感情，能同大多数人建立友好、和谐的关系。他们与人相处时，肯定的态度（如：尊敬、信任、友爱等）总是多于否定的态度（如：仇恨、怀疑、嫉妒等）。

4. 情绪乐观

心理健康的人能经常地保持轻松、愉快、开朗、乐观、自信、满足等良好心境，对生活充满希望，并善于从中寻找乐趣，遇到挫折和烦恼也能自行解脱；一般情况下，他们都能保持积极稳定的情绪和健康的情操。

5. 意志坚定、行为协调

心理健康者的行为具有自觉的目的性，受意识的高度支配。在具体的实践活动中，能果断地采取决定并适时地执行决定，从不优柔寡断或草率行事；遇到挫折和困难，不灰心气馁，而是按照既定目标，采取灵活有效的方法，顽强地坚持下去，直到目的的实现，并表现出行为的统一性、持续性和协调性。在集体活动中，能自觉遵守纪律，不断克服与集体不相容的个人欲望、动机和行为。

6. 反应适度

反应适度是心理健康的又一标志。心理健康者对刺激的反应常常恰如其分，强度适当。该激动时激动，该冷静时冷静，既有适度的情绪表现，又不为消极的情绪所驱使而导致行为失常，并能与外部环境基本保持一致，获得心理平衡。

7. 心理、行为特点与年龄特征相符合

心理、行为特点符合自己的年龄特征是心理健康的表现。如果一个人的心理行为严重偏离其年龄特征，则是心理不健康的表现。例如：天真烂漫、活泼爱动、好吵好闹、喜怒易变是童年期学生的心理、行为特点。如果成年人也出现上述行为表现，那么他的心理就可以考虑为不健康。

以上所谈到的几方面是互相联系，相辅相成的。只要一个人的心理行为表现，在各个指标上都保持在正常范围内，那么，他就是一个心理健康者。如果在一个或几个方面明显表现出严重偏离常态的现象，那就可能意味着个体出现了一定的心理障碍。

第二节　中学生的心理障碍

一、什么是心理障碍

心理障碍是指影响个体正常行为和活动效能的异常心理。也可以认为是心理活动中出现的轻度创伤。

心理障碍具有惯常性特点。例如，"猜疑"是心理障碍的一种表现。

具有这种心理异常的人，常常怀疑一切。尽管猜疑的内容不符合客观实际，甚至是荒诞滑稽的，但是，他们对此不仅不能做出正确的判断，反而坚信是真实的。即使别人通过充分的说理和有力的论证，也难于动摇他们这种病理性信念。又如，在体育运动活动中发生的，特别是发生在比赛或训练现场的临场情绪过敏性紧张、情绪淡漠、感觉反应迟钝、健忘以及临场心理生理异常（如尿频、出虚汗、低烧）等，如果习惯性的反复出现，就可能属于心理障碍。因此，在人们的日常生活和实践过程中，暂时和偶然出现的心理"不正常"现象不属于心理障碍。心理障碍是指长期困扰和影响人们正常生活、学习和工作，以及社会适应方面的轻微精神疾患和心理生理异常等现象。

二、中学生心理障碍的一般表现

中学生的心理障碍和成人既有共同之处，又有独特的地方。这是由于他们的生理、心理特点和社会实验与成人不同的决定的。中学生心理障碍一般表现在以下几方面。

（一）怯懦与自卑

主要表现为：在活动中非常胆怯和懦弱，对自己完全失去自信，总怕自己的行为出现差错而遭到别人的讥笑，因而特别害怕在公共场合说话、做事，总觉得自己不如别人。遇到困难和挫折，常常懊悔内疚，自责心理严重，对生活与前途感到渺茫。

（二）神经官能症

神经官能症是一种心因性疾病，其神经系统并没有器质性病变，而仅仅是功能的降低或失调，它是临床上最常见的心理疾病之一。开始多发生在少年期，主要有神经衰弱、神经性抑郁、恐怖症、强迫症、癔病等。

1. 神经衰弱。神经衰弱是指精神容易兴奋、大脑容易疲劳，并伴有情绪烦恼和一些心理、生理症状的精神障碍。初中生神经衰弱的一般表现是：身体疲乏无力、头痛头晕、性情烦躁、易怒、好冲动，上课注意力不集中、记忆力差、学习成绩下降，睡眠时入睡困难、多梦易醒，白天害怕声音和强光，听到响声常发生心悸心慌等。此症女生多于男生。

2. 神经性抑郁。神经性抑郁是一种以情感抑郁作为突出表现，同时又具有神经性症状的心理疾患。主要表现为：心胸狭窄，对人对事斤斤计较，常为一些小事而烦恼苦闷，耿耿于怀不能自拔。整天愁眉苦脸、唉声叹气、情绪低沉，对外界一切事物（哪怕是以前极感兴趣的）都兴趣索然，无动于衷，视同学、亲友如路人，不愿招呼，表现冷漠；更不愿参加任何集体活动。对自己常自怜自哀、自我贬值、自我蔑视，认为自己是天下最不幸的人。

3. 恐怖症。恐怖症是指对某些特殊环境、物体或与人交往时产生异乎寻常的、强烈的恐怖或紧张不安的内心体验。表现为众人不怕之事他独怕，众人稍怕之事他特怕。这种情绪患者明知其荒谬、不合理，但在相同的场合，仍反复出现、难以自控。初中生常见的恐怖症有：（1）社交恐怖：即对人际交往感到紧张和恐惧。社交恐怖使社交活动受到极大限制。（2）广场恐怖：即对公共场所的恐怖，包括对商店、餐厅、剧场、公共汽车、甚至教室等的恐怖。（3）学习恐怖：即怕上课、怕到学校、怕见老师、怕考试等。

4. 强迫症。强迫症是以重复出现明知不合理，却又无法摆脱的观念、意向和行为为特征的心理障碍。患者常为此感到莫名其妙的压抑和痛苦。主要表现为：（1）强迫观念：常为一些毫无意义的想法所纠缠，患者自己明知不对，却难以摆脱。如"为啥人的鼻孔是朝下而不是朝上？"使自己陷入穷思极虑之中。（2）强迫意向：脑中常被某种与正常心理相反的意向所困扰。如自己不想死，可总想去撞汽车；站在楼顶上，不想自杀，可总想往下跳。但只是想想而已，并不付诸行动。（3）强迫行为：又叫强迫动作，是为满足强迫观念的需要而继发的一种患者自知没有必要却又无法克制的行为。如有的学生怀疑自己不洁而一天到晚不停地洗手、洗脸；离家时怀疑灯未关、门未锁而多次往返检查等。

5. 癔病。癔病是由明显的精神因素（如重大的生活事件、强烈或持续的内心冲突、暗示或自我暗示）所导致的精神障碍。患者多为女性。此病呈阵发性，发病时意识模糊、情绪反常。有的还伴有激烈的外部表现。如：胡言乱语、哭笑无常，时而打人打自己，时而摔东西毁物品，手舞足蹈、又吵又闹，动作夸张，表情做作。有的甚至浑身抽搐痉挛、昏迷不醒，所以此病又称为"歇斯底里"。还有的则表现为某器官功能障碍、肢体的感觉和运动障碍。如失明、失听，下肢麻木、瘫痪等。病因解除后，障碍自然消失，或经暗示等精神治疗后，便可痊愈。

（三）性意识过敏

表现为：过分热衷于感官刺激，情绪易冲动，经常被原始情欲所控制，整天沉缅于性幻想之中；对异性穿戴或使用的物品有特殊的兴趣癖好。有的学生甚至发生性犯罪行为。

（四）青春期分裂症

青春期分裂症主要是以精神活动的紊乱和不协调为特征。患者起病缓慢，早期常伴有失眠、头痛、头昏、注意力涣散、精神萎靡、全身不适等症状，类似神经衰弱。发病后情感障碍明显，情绪波动极大，时哭时笑，变化无常，言语表达杂乱无章，思维荒谬离奇，并伴有妄想和幻觉，很难与其深入交谈。在行为上，患者常常做出一些令人难以理解的手势、姿态或鬼脸，显得幼稚、愚蠢。患此病的学生自制力显然很差，但意识清醒，智力正常。

三、中学生心理障碍形成的原因

研究表明，心理障碍形成的原因比较复杂，既有外部环境因素（自然的、社会的）的作用，也有个体自身因素（遗传素质、个性特点等）的影响，是多种因素相互作用的结果。导致中学生心理障碍产生的原因主要有：

（一）学习心理负担过重

目前，虽然从中央到地方一再强调要加大力度实施素质教育，减轻学生的学习负担，但由于受到"应试教育"等因素的影响，学生的学习负担有增无减，心理压力越来越大。特别是随着知识经济的到来，人们的竞争意识的进一步增强，许多家长对孩子的期望值不断升高，望子成龙心切。除学校作业外，他们常以个人的主观愿望去要求孩子，而对孩子的需要、兴趣、爱好、能力等全然不顾，不惜一切代价给孩子请家教，找人专门辅导等，使学生在学校之外又增加了许多学习任务。

这种情况不仅容易使学生和家长之间产生矛盾与冲突，也容易使学生对学习疲于应付，心理极度紧张，导致学生用脑过度，皮层活动机能降低，智力活动受到限制，从而影响学习效率，使其学习成绩下降，进而造成较大的学习心理压力以及对学习失去兴趣和信心，或产生学习焦虑、恐惧、苦闷、压抑等不良心境。久而久之，其中一些人便不同程度地产生心理障碍。

（二）家庭环境不良因素的影响

家庭是社会的细胞，是个体成长的摇篮。现代心理学的研究证明，家庭环境对人的一生发展会产生重大的影响，特别是早年形成的人格结构会在以后的心理发展中打下深深的烙印。家庭环境包括家庭人际关系、父母教育方式、父母人格特征等。研究表明：如果家庭人际关系紧张，家庭成员间互不信任或敌对、父母人格特征异常，特别是父母家庭教育方式不科学，对子女过于保护、娇宠或过于严厉、粗暴、专制，都容易使中学生"成人感"受挫，"自尊心"受损、"独立性"受到压抑。加上彼此间生活态度、价值观念、行为方式等方面的客观差异，很容易使父子或母子之间关系紧张、隔阂剧增，使儿童形成反抗、冲动、疑惧、胆怯、依赖或自我中心等消极心理品质，为诱发中学生的变态行为和异常心理埋下祸根。国外学者对恐怖症、强迫症、焦虑症和抑郁症四种神经症患者的早期经历与家庭关系的调查表明，这四种神经症患者的父母与正常个体的父母相比，表现出较少的情感温暖，较多的拒绝态度或者较多的过分保护等。说明家庭环境不良也是导致中学生产生心理障碍的重要因素。

（三）自我评价不客观

中学生由于自我意识的发展，评价能力有了进一步提高。但是，自我评价能力却常常落后于对他人的评价。对自己的评价也常受个人的意愿、心境等因素的制约。如果自己的行为受到别人的赞扬，便沾沾自喜、自我炫耀，过高地估价自己。稍遇挫折或受到别人的批评，便愤世嫉俗、情绪不安或悲观失望、自我贬低，认为自己一无是处、毫无价值。这种不能客观地评价自己的结果，容易导致中学生自我认识紊乱，加剧不良的内心体验，出现心理的矛盾与冲突。

（四）性生理成熟与心理相对不成熟的冲突

中学生由于性机能的成熟以及性意识的觉醒，使之很自然地产生对性知识的探索以及对异性的兴趣和向往。如何适应社会文化和道德要求，合理控制与处理性成熟带来的心理冲击，以及怎样认识和对待青春期的性心理体验，培养高尚的性道德观念，是中学生面临的重要课题。由于有的中学生缺乏正确的道德观念，心理发展又相对不成熟，加上对性的好奇与神秘感，在不良社会环境作用下，就容易过分追求性刺激，造成性意识过敏，严重影响身心健康。

（五）人际关系不良，人际交往受挫

集体中人际关系的好坏，对个体心理健康有极大的影响作用。中学生接触到的人际关系主要是班集体中的同学关系和同龄人中的伙伴关系。重友谊、好交往是中学生的特点，所以他们乐于过集体生活，很重视同学间的友情。但由于缺乏与人交往的经验和方法，所以常在与同学相处时受到挫折，或者失去朋友或集体对自己的信任，或者受到团体或者他人的压制与排斥，他们就会感到痛苦与烦恼，内心极度压抑和焦虑，个别人会变得敏感、多疑和自卑。于是有些人就转向害怕与人交往，并认为与人交往是件困难的事。这是导致中学生形成对人焦虑、产生怯懦与自卑的主要原因。

（六）社会适应不良

中学生由于"成人感"、"独立性"增强，特别希望加入成人的行列，担任成人的角色，享受成人的"特权"，因此，社会责任感和参与意识明显增强。对于周围社会环境的变化非常敏感，特别关心社会现实生活。对未来充满美好的希望。但由于他们知识经验不足、社会阅历浮浅，对社会发展过程中出现的某些问题不能充分认识，缺乏应有的心理准备；对某些丑恶的社会现象不能正确看待，加上本身又具有"半儿童、半成人"的特点，心理结构极不平衡。因此，在纷繁复杂、扑朔迷离的社会生活面前，特别是在社会发生急剧的变革或者价值观念突变时，内心既敏感又脆弱，往往茫然不知所措，感到苦闷和徬徨、焦虑和悲观。

第三节　心理咨询的理论和方法

一、什么是心理咨询

(一) 心理咨询的概念

"咨询"一词，英文是"counseling"，意为洽商与顾问、指导，在汉语中，就是找人商量和询问。咨询的实质是一种职业性的帮助，即由受过专门训练的人员向来访者提供帮助。目前这一职业已在社会生活的各个领域得到迅速的发展，如法律咨询、就业咨询、技术咨询等。

心理咨询指的是运用心理学的理论和方法，通过咨询人员与来访者的交谈、协商与指导，帮助来访者解除心理问题，维护和增进心理健康的活动过程。

心理咨询可以帮助人们从不同的角度重新审视自己的生活。对于那些心理行为正常的人，咨询所提供的经验可以促进他们更好地适应社会，发掘自己的潜能，发展自我；对于那些有心理障碍和适应困难的人，咨询可以帮助他们克服心理障碍，矫正行为问题，掌握新的适应环境的方式。

另外，心理咨询又是一种专业性很强的工作，在咨询过程中，咨询员除了要掌握必要的专业建设知识、技能、技巧外，还必须遵循心理咨询的基本原则，按照一定的步骤进行，才能达到预期的目的。

(二) 心理咨询的基本原则

1. 理解支持原则　来访者一般对心理咨询抱有很高的期望，但同时也有很多顾虑，担心咨询员不能理解他们的苦衷。因此，咨询员应热情诚恳地接待来访者，对他们心里的苦闷表示理解，并给予精神的支持。这样，可以使来访者获得自我成长的勇气和力量。

2. 保密性原则　保密性原则是鼓励来访者畅所欲言的基础，也是对来访者人格及隐私权的最大尊重。以此为基础，来访者才会袒露自己的内心世界，这是真正心理咨询工作的开始。心理咨询的保密范围包括对来访者的谈话内容保密、不公开来访者的姓名等。

3. 耐心倾听和细致咨询原则　心理咨询主要是咨询员启发来访

者自己讲述和整理问题。只有认真耐心地倾听，才能了解对方存在的心理问题，才能帮助来访者解除心理重负，放松其紧张情绪。当然，在耐心倾听的同时，咨询员也需要有适当的应答，以澄清问题，把握来访者心理实质。

4. 疏导抚慰和启发教育原则

心理咨询过程中应对来访者在情绪上进行疏导和适当的抚慰与鼓励，使他们感受到温暖并看到自己的长处，逐渐摆脱消沉的情绪进而精神振作起来。同时，应重视正面的启发和教育，应在耐心听取他们倾诉内心苦闷的基础上，与他们共同分析问题，帮助他们调整看问题的角度和方法，学会正确对待自己和他人，从而提高环境的适应能力。

5. 促进成长的非指导性原则 心理咨询以咨询双方的真诚关系为基础，这种关系不是一种外部指导或灌输的关系，而是一种启发和促进成长的关系。因为人有理解自己、不断趋向成熟、产生积极的建设性变化的巨大潜能，因此心理咨询的任务在于启发潜能的发挥并促进其成长，而不是包办代替地进行解释和指导。

6. 咨询、治疗和预防相结合的原则 心理咨询和心理治疗密不可分。来访者向咨询员倾诉压抑的情绪，咨询员帮助来访者寻求心理障碍产生的根源，就有心理治疗的作用。咨询员帮助来访者克服焦虑、恐惧等种种心理障碍的过程，也是在进行心理治疗。同时，对于在咨询过程中发现的一些潜在问题，也应该加以开导，及早预防。

（三）心理咨询的基本步骤

1. 建立关系。热情接待，讲明性质与原则，建立初步信任关系。当来访者初次来询时，咨询员应该热情自然地对他们表示欢迎，请他们入座，并扼要介绍心理咨询的性质与原则，尤其应着重介绍保密性原则，使他们能够畅所欲言，建立初步的信任关系。

2. 了解问题。掌握求助者的意图和所存在的心理问题。在建立初步信任关系后，咨询员应在了解来访者的基本情况的基础上，了解来访者所存在的心理问题及其严重程度、持续时间、问题成因等，并弄清来访者本人有无明确的意识、有无强烈的求助愿望等。

3. 分析诊断。认识求助者的问题类型、性质和严重程度，以便选择帮助方法。分析诊断和了解问题是结合在一起进行的。首先必须弄清来访者问题的类型，是学习问题，是人际关系问题，还是青春期的问题。从程度上看，是情绪不安、心理失衡，还是人格障碍、神经症等。然后在此基础上，对来访者的问题进行评估和诊断，进而考虑给予何种方式的指导和帮助。

4. 帮助指导。与求助者共商对策，以求解决问题并促进发展。在对心理问题进行明确诊断之后，重要的工作就是帮助来访者分析他们的心理障碍，提供指导意见。但最后问题的解决要靠来访者自己的努力，通过改变他们的认识结构和行为方式来恢复心理平衡。咨询员不能为来访者硬性规定方案，越俎代庖。

5. 结束咨询。讨论下一步的安排，并在可能的情况下，进行追踪了解。经过多次的心理咨询后，如果比较成功，咨询活动可暂告结束。咨询员可说一些期盼和祝福的话，并欢迎他们有问题时再来。如有可能，应进行追踪研究，观察咨询的长远效果，以不断总结经验。

二、心理咨询的理论

当代心理咨询的理论多种多样，其中最有代表性的理论主要有精神分析理论、行为主义理论、认知主义理论和人本主义理论，在此简介如下。

（一）精神分析理论的基本观点

精神分析理论的创始人弗洛伊德在医学实践中发现精神创伤是引起精神疾病的主要原因。他主张用精神分析方法来挖掘心理不健康人的被压抑到潜意识（unconsciousness）的心理矛盾，以此来治疗人的心理疾病，改善人的心理健康状况。

1. 潜意识决定论

弗洛伊德认为，人的心理好似漂浮在大海上的一座冰山，人们所能觉察到的意识活动只不过是露出海面的一小部分，潜藏在海平面下的那一大部分则是人的潜意识。发生在很久以前曾引起过情感强烈波动的一些生活事件，表面上似乎被遗忘了，实际上并未从记忆中消失，只不过被压抑到潜意识中。与这些事件相伴随被压抑的情感并未善罢甘休，而是蠢蠢欲动，造成各种心理冲动，影响人的行为和心理健康，成为心理疾病的原因。这就是精神分析理论提出的"潜意识决定论"。弗洛伊德认为,潜意识不仅是人的正常活动的内驱力,而且也是人的一切心理问题、心理疾病产生的深层原因。正是病人意识不到的潜在的心理动力影响着他的外部行为,所以强迫症、恐惧症等神经症患者的表面荒谬不可理解的行为,实际上都有其"隐意",只是自己觉察不到而已。通过心理医生与患者的自由交谈,找出他们潜意识中的"症结",使之意识化。这就像一个久猜不中的谜语,经心理医生的点化,患者得到领悟,症状随之消除,心理疾病也就好了。

(2) 幼年情结决定论

弗洛伊德认为,心理不健康者是被压抑在潜意识中的幼年精神创伤、痛苦体验造成的。在弗洛伊德看来,幼儿也有某些非理性的生物冲动、本能欲望。这种非理性的念头、行为不为大人所允许,于是就把这种欲望压抑到潜意识中去形成情结。情结(complex)是指在潜意识层中挟有情感力量的一组观念。例如,弗洛伊德提出的"恋母仇父(Oedipus complex)"、"恋父仇母(Electra complex)"情结。

弗洛伊德采用自由联想、释梦等方法来改善和治疗由于心理因素致病的人,使其苦闷的情感通过发泄而获得改善。弗洛伊德强调心理因素在个体和环境相互关系中的作用,认为心理因素是导致人躯体失调和心理疾病的原因。但是,由于精神分析学派在解释人的心理健康和疾病机制上拿不出有力的科学证据,仅仅依靠逻辑推断,缺乏科学的实验数据,因而,精神分析理论的思辩和经验观点常成为科学实验者攻击的把柄。

(二) 行为主义理论的基本观点

行为主义者从行为主义理论出发,对怎样治疗心理疾病,改善和维护人的心理健康状况提出了自己的观点。

1. 条件反射作用

行为主义者认为,一个人的异常行为或病态人格是个体在其过去的生活中,通过条件反射作用经学习强化过程而固定下来的。例如:华生很早就利用应答性条件作用做过一个实验。他曾使一个本来喜欢动物的11个月的男孩对白鼠产生恐惧的反应。其做法是每当这个男孩伸手去玩弄白鼠时，实验者就在他背后猛击铁棒。经过几次这样的结合之后，每当白鼠出现，这个男孩就会哭闹，出现惧怕的条件反射行为。此后进一步发现这个男孩的恐惧反应又泛化到其他白色有毛的动物上去了。如原来他并不害怕白兔子、白狗、带有白毛的玩具等，现在看到后也发生了恐惧或消极的反应。另外，巴甫洛夫也曾观察到如果使狗学会看见椭圆形流唾液，而看到圆时不流唾液，以后把椭圆逐渐变圆，使椭圆越来越接近正圆形，狗就发生辨认困难，此时狗竟会精神紊乱，出现狂吠、哀鸣、撕咬仪器等行为。巴甫洛夫认为，这是狗发生了"神经症"症状。

由于早期的行为主义过分强调了人的行为习得以及行为异常的原因是条件反射，是被动学习的结果，因此新行为主义学者斯金纳提出了操作条件反射的原理（参见第一章第二节）。斯金纳认为，一些心理异常者及病态行为、精神疾病都是通过操作性条件作用获得的，都是强化的结果。在心理不健康者中，包括强迫症、疑病症和癔病症等许多补偿性症状都是通过想象（即某种心理上的满足）来获得的例子。在斯金纳看来，不良的强化作用往往是各种不良行为、异常行为发生的根源。因而，积极的良好的强化作用就可以成为改变各种不良行为的有效的心理治疗技术。

2. 社会模仿

20 世纪 60 年代，美国心理学家班杜拉通过大量的实验研究指出，人们大量的行为都是通过模仿而习得的，因此提出了社会学习的理论。他认为人的不良行为、心理疾病也常常是通过这一方式形成。如儿童看到成人或电视中的攻击行为，自己就会变得富有攻击性；疑病症的儿童多来自特别关注疾病的家庭等。即模仿能够有助于人们学会很多重要的行为，但也可能会在习得变态行为中起作用。例如反社会行为（杀人、吸毒、盗窃、酗酒、吸烟等）往往是大脑高级神经的自觉或不自觉的学习的结果。

总之，行为主义理论认为，行为是通过后天的学习获得的，是通过各种强化过程固定下来的。不健康的心理行为是在不良的环境条件影响下某种不适当的学习的结果.通过发现和改变不利的环境条件,采取一定的教育、强化、训练等心理辅导和咨询的措施，即经过有目的、有系统的训练和学习，就可以改变、矫正或治疗人的不良行为。与此理论有关的改变不健康心理的技术有系统脱敏法、行为塑造法、示范疗法、厌恶疗法、生物反馈法、松弛疗法等。

（三）人本主义理论的基本观点

人本主义的代表人物罗杰斯认为，一个人出生后就具有许多发展潜能，只要环境适宜，这些潜能就会发展出来；反之，这些自我实现的趋势、潜能得不到发展或向歪曲的方面发展，就会产生心理障碍、人格异常等。心理失去平衡的人，往往是由于自我实现和自我完善的趋势受到冲击和压制，使自我发展受到阻碍，从而产生一种心理上的危机感。例如，一位男性大学生，22岁，情绪低落、自卑，对生活失去信心。一年前，该患者因不适应大学紧张的学习和生活，逐渐产生抑郁情绪，伴有失眠、头痛和记忆力下降。后因学习成绩下降而产生明显的自卑感。平时易心烦、焦虑，人际关系紧张，对学习缺乏信心、产生绝望，曾有强烈的自杀念头……通过详细询问，了解到患者从小生活在农村，但自小学到高中一直是学校中的尖子学生。这样便产生了矛盾心理，一方面很高傲，觉得自己能力超群，没有什么事情做不到；而另一方面，又因为出生于农民家庭有一种自卑感。自从考上重点大学后，发现实际情况并非像自己所想象的那样，自己在全班的学习成绩很一般，没有人羡慕他，反而因为他的出身和农村口音受到别人的歧视。这些状况导致该学生产生了心理疾病。显然是自我实现的趋势受到环境的影响的抑制，导致适应上的不良，最终产生了心理健康上的严重问题。通过使用人本主义的以来访者为中心的治疗方法，终于使该生改变了自我认识，能够主动去适应环境了。

人本主义心理学还认为，人的最高理想的实现倾向就是自我实现，这是自我与自我概念完全一致的情况。自我概念乃是一个人对自己的认识和知觉。这个自我概念是通过与环境，特别是与其他人对自己的评价相互作用后逐步建立起来的。自我概念特别刻板的人，在适应新环境方面容易遇到困难。以来访者为中心的治疗过程是通过建立良好的咨询关系，减轻来访者的内心压力，使其不至于歪曲或拒绝与自我概念不一致的体验。

（四）认知理论的基本观点

认知理论流派对心理健康问题卓有研究的心理学家，首推贝克（Back）和艾利斯（Ellis）。贝克认为：心理问题不一定都是由神秘的、不可抗拒的力量所产生，相反，它可以从平常的事件中产生，例如错误的学习，依据片面的或不正确的信息做出错误的推论，以及像不能妥善地区分现实与理想之间的差别等。他提出，每个人的情感和行为在很大程度上是由其自身认识世界、处事的方法决定的。

认知理论认为心理不健康的关键在于人的非理性观念。认知观念上的错误导致人的心理问题、心理疾病。贝克论证说，抑郁症病人往往由于做出逻辑判断上的错误而变得抑郁；歪曲事情原有含义而自我谴责；一件在通常情况下很小的事情（比如，饮料溅出）会被他看成生活完全绝望的表现。

认知理论认为，导致心理问题产生的非理性观念有下列三个特征。

1. 要求的绝对化（demandingness）　这是非理性观念中最常见的一个特征，是指从自己的主观愿望出发，认为某一件事必定会发生或不会发生，常常使用"必须"或"应该"的字眼，然而客观事物的发生往往不依个人的主观意志所转移，常出乎个人的意料。因此，怀有这种看法或观念的人极易陷入心理上的困惑。

2. 过分概括化（overgeneralization）　即对事件的评价以偏概全，常凭一件事的结果好坏来评价自己的价值，其结果常导致自暴自弃、自责自罪，认为自己一无是处，一钱不值而产生焦虑抑郁情绪。对别人也是非理性评价，别人稍有差错，就认为他很坏，一无是处，其结果导致一味责备他人，并产生敌意和愤怒情绪。

3. 糟糕透顶（awfulizing）　认为事件的发生会导致非常可怕或灾难性的后果。这种非理性观念常使个体陷入羞愧、焦虑、抑郁、悲观、绝望、不安、极端痛苦的情绪体验中而不能自拔。这种糟糕透顶的想法常常是与个体对己、对人、对周围环境事物的要求绝对化相联系的。

上述三个非理性观念的特征造成了人的心理问题、心理疾病的产生。因此，认知理论的心理治疗技术重点是，以理性治疗非理性，帮助患者改变其认知；用理性思维的方式来替代非理性思维方式，最大限度地减少由非理性观念带来的心理问题、心理障碍及心理疾病。认知理论的主要咨询方法有贝克的认知指导法和艾利斯的合理情绪疗法。

三、矫正学生心理与行为障碍常用的方法

矫正学生心理与行为障碍常用的方法有：疏泄疗法、领悟疗法、暗示疗法、系统脱敏疗法、支持疗法等。

1. 疏泄疗法是指通过咨询员的启发引导，让求询者将心中积郁的苦闷和内心矛盾冲突倾诉出来，从而恢复心理平衡的治疗方法。其目的在于通过诉说和宣泄，使求询者内心的郁闷得到释放，从而减轻其心理压力和负担，防止躯体或精神发生疾病。此法可在咨询与治疗过程中运用，也可指导求询者在生活中运用，做到自我疏泄。如找朋友倾诉、参加大运动量的体育活动或体力劳动等。

2. 领悟疗法是指利用阐述、解释的方法来说明行为、情感和心理活动原因的心理治疗方法。其特点在于通过分析求询者内心冲突的潜在原因，经过回忆、联想、发现而领悟病因与症结，从而找到病因，消除病症、治愈心理疾病。由于领悟疗法是通过患者对症状原因的领悟而奏效的，因而对于初中低年级领悟力、自知力较差的学生来说不适用。

3. 暗示疗法　暗示疗法是指通过语言、动作、表情等的暗示作用，解除患者的疑虑，增强患者康复的信念，增进和改善患者不良的心理和行为，从而达到矫正心理障碍的目的的方法。暗示分自暗示和他暗示两种。自暗示是指自己用某种观念暗示自己，提高情绪和意志的调节作用。他暗示是指别人通过语言、动作、表情等，将某种观念暗示给被暗示者，从而达到矫正的目的。暗示效果取决于患者对暗示者的信任程度以及受暗示者的特点。一般地说，暗示易感性和顺从性强的人容易接受暗示治疗。

4. 系统脱敏疗法　系统脱敏疗法是指通过强化的手段，使患者由弱到强逐步摆脱引起敏感反应的刺激或情境，降低或消除紧张、恐惧、焦虑的情绪反应，使心理逐步恢复正常的方法。治疗过程一般分三个

步骤，首先训练患者松弛肌肉，然后建立焦虑层次，接着让患者在肌肉松弛的情况下，从最低层次开始想象或体验产生焦虑的情境，如果仍能保持松弛，就可进一步想象或体验较高的焦虑层次，如此循序渐进，逐步增强直到完全消除恐惧与焦虑。这一原理可以运用于一切过敏性反应，如恐怖症、焦虑症，以及各种神经质行为等。

5. 支持疗法　　支持疗法是以提供支持为心理咨询与治疗内容的方法。根据目的尽可能激发患者的自尊和自信，使他看到自己的优点和长处，鼓起战胜困难的勇气，提高适应能力和社交技能，以便消除心理障碍、度过心理危机。支持疗法的主要方式有悉听倾诉、支持鼓励、分析提示、调整行为。治疗者通过支持和鼓励，使面临困难而无所适从的人看到光明、恢复自信；通过悉心倾诉，使积压在内心的痛苦、怨恨得以宣泄，以减少心理负担；通过解释、分析指导，使因缺乏知识或受不正确观念影响而产生烦恼、忧虑者调整原有的认知结构与观念，培养合理的适应方式。

上述方法各有其特点，在使用时，要根据学生的心理实际选择适宜的方法或某几种方法综合起来运用。

阅读材料：

中医中的情志相胜疗法及应用

情志相胜疗法是古代中医较为系统、典型，具有浓厚东方传统文化特色的一种心理治疗方法。《内经》提出了悲胜怒、怒胜思、思胜恐、恐胜喜、喜胜忧等五种方法，既系统而又具有理论特色。朱丹溪提出："怒伤以忧胜之，以怒解之；忧伤以恐胜之，以怒解之；忧伤以喜胜之，以怒解之；恐伤以思胜之，以忧解之，惊伤以忧胜之，以恐解之"。它们可归结为喜疗、怒疗、恐疗、悲疗、思疗五种疗法。有的利用相克，有的利用相生，而往往是两者兼用。

一、怒疗

所谓怒胜思是指医者设法让病人发怒以治病或克制另一种病态情绪。《名医类案》中载有一案例：一女结婚后，夫经商在外二年不归，故不食，困卧如痴，丹溪诊之曰：此乃思则气结也，药难独治，得喜可解，不然令其怒。于是当病人面诬称她与另一男人私通，患者闻后大怒，号泣许久，后向其解释，当即息怒而进食。丹溪又说：病虽好转，得喜方不复结，遂又告知其夫有信，很快可归，不久此妇病愈。这是利用以怒胜思，以喜解之的生动案例。《三国志·魏书·方技略》记载名医华佗为一郡守治病见奇效的案例，也是对病人进行嘲讽促其发怒，之后病人呕出瘀血而病愈。如笔者在心理咨询中治疗一例单相思的女学生。她在军训中熟悉了一位排长，军训结束后经常给对方去信，却未有回音。此后即出现头痛、失眠、对学习不感兴趣等症状。在咨询中她坦率地谈出对排长的爱慕之情，她说从微妙的直觉中看到对方对她也有情意。而事实上对方却把她的去信邮给了该系的领导，起初有关领导不愿把此事如实告诉该生，怕伤她自尊心，在咨询时告诉了她实情，激起了她对他的忿怒，此后再也不去想他了。这个例子生动说明心理治疗要讲究艺术、技巧，要精心设计，古人有许多实例考虑得多而深，很值得我们去借鉴。

　　二、思疗

　　思胜恐，是一种引导病人对有关事物进行思考，以解脱和对抗另一种病态情绪的疗法。思则气结，所以思可以收敛涣散、逆乱之气。即通过理智的思考，提高认识，掌握事物的客观规律，逐步产生自我控制力，以达到解除病态情绪。如《续名医类案》记载卢不远治沈某的恐死病：沈某终日畏死，到处找巫医占卜和叩拜名医治疗。卢给予开导解释、进万言，使明其理，沈略觉放松，但次日又恐死而再找巫医占卜，告之十日内要死，卢便留沈居家中以壮其胆，之后又介绍至菁山求谷禅师传授佛学生死观，故逐渐觉安全而不为生死所惑。此案即说明治疗恐怖病要使其明白恐怖是不必要的，也是不符合自然规律的。但当恐怖至极，单纯解释无效时，医生应给予保证、支持，使之有安全感。

　　三、恐疗

　　恐胜喜，是指医者用恐怕之事或言语的手段以控制病态情绪。古人借"恐则气下"的思想治疗过喜之情。《续名医类案》中记载有李大谏世为农民，考中举人，其父甚喜而多笑，翌年又中进士，更大笑不止，历四年不愈。请某太医治疗，太医遣仆人告其父："你子罹患而死。"其父闻之痛哭欲死，持续十天，不再大笑。后又告诉其子被救而生，李父即不再悲伤。又如一例40岁男患者，因同志间纠纷出现不自主发笑，用奋乃静无效，后告诉病人：再服药三日还不能控制就必须送精神病院作电休克治疗了。患者听后顿觉惊惧，以后发作次数渐少。这就是利用患者对电休克及住院的恐惧心理来制喜，与范进中举高兴得发狂发疯而被老丈人一巴掌打去而愈的案例相仿。

　　四、喜疗

　　喜胜悲，即医生以言行、事物使病人喜悦、笑逐颜开以治疗悲伤之情。金、元时期是我国心理治疗的一个成果辉煌的时代，涌现了不少心理医家，留下了比较完整的心理治疗医案。如张子和善施言语疗法，他在《儒门事亲》中说："喜可以治悲，以欢乐喜谑之言娱之。"即以开玩笑、浪漫、幽默、轻松之语使之高兴，甚至哈哈大笑。如该书中载有：息城司候闻父死于贼，乃大悲，哭罢便觉心痛成块，痛不已，诸药无效。张子和到时，适有巫者在旁，乃学巫者，并说一些狂言，以逗笑病人，病人大笑1～2日心下结块皆散。清代有一位巡抚抑郁寡欢，家人特邀名医诊治。医生问其病由，按脉良久，诊为"月经不调"，巡抚嗤之以鼻，大笑不已，其后心境开朗，抑郁消失。一女营业员因发错了货而被扣奖金和责令赔偿，致使在经济上、心灵上受到打击，后寡言少语，不与人来往，暗自流泪，认为自己无能、无为、无用了。医生与单位商议，此病得喜可解，由家属配合谎告知她错发的货已追回，退回了罚款、补发了奖金，不久患者情绪逐渐好转。喜胜悲的这种心理现象在实际上表现很多，对于心理治疗的设计很有启发。

五、悲疗

悲胜怒，是指使病人发生悲哀，借以遏制怒或另一种病态情感。因悲则气下，怒则气上，悲胜怒是从相反方向进行调节。有位18岁男性患者，整天发脾气，骂人砸东西，把父母的镜子、半导体全摔坏，向父母要钱买时装，乱挥霍，但在同学中相处甚好，诊断为青春期危象（情绪障碍），后来父亲因气极昏厥，患脑出血住院，在医院抢救一个月，生命幸存但终身瘫痪。患者感到十分悲痛，并非常恐惧，以后情绪就稳定了。这就是怒则气上、悲则气消、以情制情。上述医案的治疗过程是自然发生的，我们当然不能人为地去制造悲剧，但它说明了这两情之间的内在联系。我们可以应用现实生活中的实例及与病人利益密切有关的结局，以凄怆苦楚之言感之，使患者懂得自己不加控制会造成终身遗憾的悲剧，也能收到良好效果。

上面列举的以情胜情医案只是少数事例，但从此可知祖国医学的心理治疗除疏导以外，还非常重视情绪因素在致病和治病中的作用。它比单纯的说理和行为治疗别具风格，值得今人借鉴和发扬。

——选自车文博主编：《心理治疗指南》，吉林人民出版社出版，第835页～839页。题目和文字有改动。

偏执性格及其改变

在日常生活中，常有这样的人，他们在与同伴讨论问题时，总是强词夺理，明明理亏却从不认输，喜欢钻牛角尖，看问题偏激，对人攻其一点不顾其余。这种人容易与同伴发生口角，很难与人友好相处。这就是我们说的"偏执性格"。

偏执性格有三个方面的特点：一是自负，过于自尊，自我评价过高，常常固执己见，独断专行，欢喜挑别人的"刺"，对人苛刻不宽容；二是多疑，总怀疑别人的动机，用怀疑的眼光看别人的正常行为，从而引起别人的讨厌，对之"敬鬼神而远之"；三是容易激动。由于认知的片面性，平时就不能感知和反映事物的真实性，所以一受到别人的反驳就激动不已，指责别人，甚至对人采取报复行动。前几年，上海某医科院校里，几位等待毕业分配的同窗同学在一起打牌，规定谁输了给谁留个猪头，某位同学被同学画猪头时，多画了一条尾巴，感到自尊心受到了污辱，结果用利刃将同窗 6 年的同学刺死。近年来，由于性格偏执，为一张车票，一句话而导致伤害他人的事屡见不鲜。可见，克服偏执性格非常重要，对青年人尤其如此。

偏执性格的形成，与早期的家庭环境有极大的关系。一些研究发现，性格偏执的人，多生活在感情消极，彼此仇视、嫉妒的家庭环境里。父母的管教方式又十分专制。平时不能畅所欲言，缺少亲子间的爱，家庭成员中争吵咒骂经常发生。或者有一个钟爱与惩罚交替使用的家庭环境，父母中有一方是专横、嫉妒，行为刻薄的人。在这种环境里，儿童得不到人际的爱，故用绝对的观点观察、思考问题，情感极端，总喜欢否定别人的意见，而潜意识地学得控制压制别人。那么，怎样克服偏执性格呢？

心灵交流——淡化猜疑　偏执的人常以灰暗消极的心理去判断别人的行为。猜疑产生的根源是由于对事物缺乏正确的认识和了解，而信息的阻断更容易使猜疑膨胀。因此要多与朋友、同事促膝谈心，建立一条沟通思想情感的"热线"，经常了解别人的心灵感受，了解别人的喜悦与苦楚。

谅解的心境——杜绝怨恨　偏执的人的心境并不平静，而一直是处于不安全的痛苦情绪的支配之下，为了发泄这种心理压力故常常非难亲朋、同事，或抱怨社会，怨天尤人。所以要培养对己宽容、对人宽容的心境。当同事朋友有了病痛、困难时，不妨主动去慰问帮助。这样可以提高人的友爱水准，体会到助人为乐的幸福感，以此增强宽容性格。

情绪自控——防止激动　人生的道路本来就不是一帆风顺的，若一有挫折就箭拔弩张地把愤怒"嫁祸于人"，与别人对着干，这不仅使亲朋同事无辜受过，而自己也得不到安宁。有的人话不投机即恶语相对，甚至做出越轨行为，而后又懊悔不已。比如青年人之间因口角而酿成的伤害悲剧往往就发生在情绪激动的刹那间。每当这种激动情绪暴发前，请你将舌头在口中转上十圈，深呼吸几次，或闭眼深思片刻都能缓解激动，避免不测行为发生。当然，更重要的是要在平时锻炼自己的意志控制力。

认识自己——切莫独断　偏执的人表面上看很有主见，其实那是不自信的鲁莽偏见、盲从，是卑弱的表现。要克服认识上的"自我中心"，就要多与别人协调工作，在参与协调中，知道自己的能力位置，了解群体的力量。不然，盲人瞎马在茫茫人海中横冲直闯，难免坠入失败的深渊。

——选自高鸿鸣、刘金华主编《人生心理指导大全》，上海文艺出版社

综合练习：

一、概念解释

1. 心理卫生　2. 心理健康　3. 心理障碍　4. 暗示疗法　5. 系统脱敏疗法
6. 支持疗法

二、填空

1. 心理卫生是一种_____和_____心理健康，_____和_____对环境的良好适应，预防_____的综合学问和实践技术。

2. 心理健康的标准主要有_____、_____、_____、_____、_____、_____、_____等七个方面。

3. 中学生的心理障碍一般表现为_____、_____、_____、_____。

4. 心理咨询的基本原则主要包括_____、_____、_____、_____等。

三、选择

1. 一个人只有_____，才能鉴定为"健康"人。

A. 生理正常

B. 心理正常

C. 生理与心理都处在正常状态

D. 生理与心理都处在正常状态并对社会有良好的适应能力。

2. 中学生出现的神经官能症主要有_____。

A. 神经衰弱　　　B. 神经性抑郁　　　C. 怯懦与自卑

D. 癔病　　　E. 强迫症　　　F. 性意识过敏

四、判断

1. 常态心理与变态心理只有程度之分，而无严格界限。　　　（　　）

2. 影响个体正常行为和活动效能的心理现象属于心理障碍。　　　（　　）

3. "调心神、和情性、节嗜欲、庶事清净"，说明心理健康能够增强对疾病的抵抗力　　　（　　）

五、问题

1. 心理健康的意义是什么？
2. 试分析中学生心理障碍产生的原因。
3. 心理咨询的基本理论主要有哪些？

第十七章　教师心理

第一节　教师的心理角色

　　角色指个体在特定的社会关系中的身份和地位以及由此所引起的社会职能、行为规范、权利和义务等。那么，处于复杂社会关系中的教师应扮演什么样的角色呢？在学校生活的不同侧面，教师扮演着不同的社会角色，但师生关系是学校里最重要的社会关系。下面我们将讨论在教师的教学活动和师生关系发展中教师的心理角色及其功能。

一、教师的心理角色

（一）知识的传授者

　　这是教师的基本角色。教师应该是某一学科的专家，尤其在中小学，学生们常常把教师看作活的教科书，教师俨然是知识的化身。在某一学科领域内缺乏造诣的教师，则不能很好扮演知识传授者的角色。同样，满足于已有知识、缺乏求知创新精神的教师，也难以胜任知识传授者的角色。真正出色的教师应该热爱教育工作，对自己所教的学科充满热情，善于以某种恰当的方式传授知识，使学生为教师的热情所感染，从而自觉地学习，准确地理解和牢固地掌握教师所传授的知识。

（二）团体的领导者

　　教师是班级的有权威的领导者。在一个班集体形成之后，尽管教师常常把部分职责委托给少数学生干部或积极分子，但教师具有的领导功能仍然是无法替代的。此外，学生中还存在许多文艺的、体育的和各学科的非正式小团体，有高度责任感的教师则会自觉地充当这些团体的领导和顾问。即使是班内一些落后的非正式小团体，教师也有不可推卸的引导职责。

（三）模范公民

教师应当成为学生的表率，他们展示给学生的应该是标准的社会行为模式。教师的道德和学识在学生乃至公民的心目中具有一定的威望。这种威望使教师会自觉地扮演一个模范公民的角色。对于学生来说，一个成功的教师无疑是他们崇拜与模仿的对象。教师作为社会文化价值与道德准则的传递者，极易被学生看作代表和具有这些价值、准则的人。如果他的行为能够与自己的说教相吻合，学生容易受到积极的影响；如果不相吻合或者发生对立，就会产生不良的影响。

（四）纪律的执行者

教师根据教学目标设置学习情境，制定必要的规则和程序，判断学生行为的正确与否，并施以奖励或惩罚。这样做的目的是为了形成良好的课堂秩序，使每一个学生都遵守学校所制定的规章制度，最终能在班级里形成自觉的纪律。自觉的纪律形成之后，教师将不必为课堂纪律而烦恼，他们在课堂里要考虑的主要问题是如何教得更好，而不是千方百计地去贯彻纪律。这样，教师的安全感和胜任感会感染学生，师生关系形成良性互动，使教学取得显著的效果。而不善于处理课堂纪律的教师则常为学生的纪律问题而烦恼，或者通过训斥学生、甚至体罚的方法来"维持"纪律。教师纪律执行者的角色超过了知识传授者的角色时，会使教学成为一种无效的活动。

（五）家长的代理人

教师与其他职业人员的一个重要区别是，他们经常扮演家长代理人的角色。学生对待教师的态度很像对待自己父母的态度，希望教师也能像父母那样对待他们。特别是那些年龄较小的学生，常常把教师看作其父母的化身。在中小学，大多数教师都能自觉地扮演家长代理人的角色，像父母那样充满着热情、期望和关怀。教师工作之所以是一种令人满意的职业，在很大程度上是通过其扮演家长代理人的角色来获得情感体验的。

（六）朋友与知己

教师热爱自己的学生，与他们平等相待、坦诚相见、热情关怀，就有可能扮演朋友与知己的角色。学生非常乐意将自己的困难、忧虑、牢骚、过失和个人问题告诉这样的教师，甚至会倾吐连父母都不愿告诉的内心秘密。然而，教师在扮演学生的朋友和知己这一角色时，应该认识到师生关系不能完全由个人情感所支配。否则，容易使学生的惟一愿望和动机成为博得教师的欢心。同时，教师更不能为了取得学生或学生干部的支持而无原则地迁就学生。也就是说，教师作为学生的朋友和知己，决不能忘记自己的教师身份。

（七）心理"治疗"者

现代社会节奏加快，竞争增强，学生学业负担沉重，青少年学生的心理压力越来越大。众多研究表明，学生中出现不同程度的心理问题的比例渐呈上升之势。尽管学校不是专门的心理治疗所，但教师扮演心理咨询者或心理"治疗"者的角色则是教师义不容辞的责任。教师有责任引导学生从缺乏自信、自卑压抑、紧张焦虑、悲观厌世等心态中摆脱出来，鼓励他们无拘束地表达自己的思想，理解并认可他们提出的不同意见，创造一种谅解和宽容的气氛，使学生通过自我激励、自我约束进行创造性的学习和生活。

二、教师心理角色的作用

（一）设计

教师是教学的"工程师"，他要理清自己的逻辑思路，对于教学目标、教学策略、教学方法、教学反馈手段等进行缜密的设计。而且教师还要针对学生的特点，创设一定的学习环境。对于师生间的相互作用（如提问与反馈引导等）、学生间的相互作用（如合作性问题解决等）、学生与教学内容、媒体、实物之间的相互作用等进行设计。特别是随着教育技术的发展，对教学设计提出了更高的要求。教师要选择合适的教学媒体并进行相应的设计，发挥各种媒体在教学中的不同优势，使学生既能在原有基础上深入理解知识，又能在宽松、合作的环境中发现新知识。最后教师还要设计出一定的测验手段，来检查教学和学习的效果，针对其中的不足做出相应的调整和补救。

（二）指导与帮助

在任何时候教师的指导作用都是不能否定的。必要的讲解、指点，是永远不可缺少的。在学生学习遇到困难时，教师要提供必要的帮助，使学生的学习得以继续和深入，并维持学习和探索的积极性。

教师是学生获取知识的信息源之一。一方面教师会按自己设计的方案主动向学生提供一定的信息，这一过程更多受教师的控制。另一方面学生在对一定的问题情境进行探索时，可能会在已知条件与目标之间进行探索的过程中感到信息的缺乏，主动向教师寻求一定的信息，这一过程中学生具有更大的主动权。随着人们对学习者在教学过程中地位的重视，教师的指导作用在现代教学中显得越来越突出。现代信息传播的途径日益丰富，电视、书刊的大量传播，特别是随着计算机的发展，大容量的百科全书光盘、计算机信息网络等开始在教学中应用，学生可以从更广的途径获得信息。这时，教师指导学生掌握获取信息和知识的线索、方法和途径则显得尤为重要了。

（三）促进

教师在对教学进程做出设计，指导学生进行学习的同时，还要通过促进，来激发学生的学习动机，为学生的学习指明方向和提供动力。

（四）组织管理

尽管不同教师对课堂控制的程度不同，但维持一定的教学秩序是进行教学的前提。教师要激发学习动机，进行班级管理，组织课堂教学，处理教学中的偶发事件等；要组织学生参加体育锻炼、准备考试；要记录学生的表现，并与家长和其他教师进行交流。研究表明，小学教师每天只有20%～30%的时间在与学生进行言语交流，在大部分时间里，他要组织学习小组，引导和指挥学生进行讨论与合作活动，使学习得以深入，通过群体互动来促进个体的发展。

（五）反思与研究

教师要不断对自己的教学法进行反思和评价，发现和分析其中存在的问题。另外，教师可以彼此之间进行相互的观察分析，讨论交流，帮助对方发现问题，共同提高教学的水平。反思是教师教学能力提高的一条重要途径。

传统的教师被称作"教书匠"，而现在的教师则同时要成为教学和学习的研究者。在教学中，教师在不断地做出各种决策：我该如何导入这堂课？如何把这些深奥的道理讲得明白易懂？该怎样吸引那个调皮的学生……教学与学习的基本原理是对一般规律的概括，而没有哪一种理论能告诉我们在某一特定条件下该怎样具体地做。教师必须对自己的教学进行研究，从而灵活地解决教学中不断遇到的各种实际问题。

通过对教师角色及其作用的分析可以看出，现代教师的作用越来越切入教学的核心：引导和促进学生的学习活动。教师作为知识传授者等传统的作用则在很大程度上为各种媒体技术所替代。教师的心理角色将主要不在于他本身作为可以提供给学生的资源，而在于合理调动和组合各种学习资源，发挥它们的优势，达到教学最优化的目的。这就对教师教学中的创造性发挥提出了更高的要求。

第二节　教师的心理品质

心理品质是指一个人在心理过程和个性心理特征两方面所表现出来的本质特征。教师在教育活动中长期扮演的角色，使其逐渐形成特有的心理品质。这些心理品质主要包括教师的认识能力和个性特征。

一、认识能力

有意义学习就是学生将构成某一学科的知识体系融入自己已有的认知结构中去的过程。在这一过程中，教师如何呈现知识，就成为影响教学有效性的一个重要因素。因此，一方面，教师必须熟练地掌握教材，透彻地了解某一学科的结构。另一方面，教师还必须了解和研究学生的认知结构及其动机状态，使呈现的知识内容适合学生已有的认知发展水平及知识的准备状态。也就是说，有成效的教师必须具备适当的认知能力。

（一）智力水平

智力水平是有效教学必不可少的一个因素，智力低下者无法胜任教师工作，这是不言而喻的。但教师的智力水平与教学效果并非完全相关。有研究表明，教师主要来自智力偏上端 25％ 的人群，教师智力对教学效果的影响，多半只是作为一个有限的因素在起作用。教师的智力水平超过了某一个临界点以后，教学效果并不继续随着教师智力水平的提高而增长，其他一些非智力因素却成为影响教学成败的重要原因了。

（二）知识水平

教师掌握的知识是他们长期学习的结果。他们的认知能力无疑地反映在知识水平上。教师能否清晰地表述教学内容，为学生提供简单明了的反馈信息，在很大程度上取决于他对自己所教的一门学科知识是否真正掌握。但要确切地研究教师的知识水平与教学效果的关系相当困难，现有的研究一般是通过教师在校学习时的各学科平均成绩、校长、教导主任、教研组长等人的评定来衡量教师的知识水平的。结果发现，教师的知识水平与学生的学习成绩、学校管理人员对教师教学效果的评估等只有很低的正相关。这一研究结果并不排除研究方法的局限性，但另一方面也可能反映了教师知识水平与教学效果之间的真实联系。在优秀的教师当中，他们在校读书时得高分者所占的比例并不高，似乎也说明了同样的道理。所以，教师的知识水平很可能也像他们的智力水平一样，只有当它低于某一关键值时，才会影响教学的有效进行。一旦教师的知识水平超过某一关键值，教学效果就不再随着教师的知识水平的提高而产生大幅度的上升。教师的知识不仅在于量的多少，更重要的是在质的组织状况。知识是按层次组织的体系，只有当教师把握了所教知识的整个体系以及所教知识在整个知识体系中的地位与意义，才能促进学生形成良好的认知结构。

二、个性特征

教师的主要职责是传授知识、技能和促进学生的个性健康地发展。如果教师的认知能力主要影响传授知识技能的有效性的话，那么，教师的个性特征将在很大程度上决定其能否有效地促进学生个性的健康发展。

（一）自我意识

一个好的教师能够通过自我观察、自我体验和自我评价而获得正确的自我认知，并成功地扮演各种教师角色。他们能在自我认知的基础上，有效地进行自我监督，自觉地根据自己在社会活动中形成的信仰、情感和习惯去提醒、告诫自己，克服与之相背的思想和行为，顺应社会的需要。一个好的教师善于进行自我批评，看到人和事的消极方面时能主动地对照自己，反省自己，并能通过提高自己品格和改进自己行为的方法去消除他人的责难，能对自己的过失自行悔悟并主动弥补损失。一个好的教师自我控制能力强，能自觉抵制各种不利因素的刺激和影响，使自己的情感冲动和行为限定在合理的范围之内，也能通过自我疏导而从矛盾、冲突和窘境中解脱出来。总之，自我意识良好的教师才会使个人的欲望不悖于社会规范，使个人的行为不超越社会的认可，成为学生的表率和楷模。

（二）责任心

责任心是教师从事教学和教育工作的又一个重要的条件。教育和教学需要经过长期的深入细致的工作才会显出成效，这就要求教师把自己的全部精力都花在教育和教学工作上。一个生动活泼、有想象力并热心于自己的学科的教师，其教学工作较为成功并富于建设性，因为他们的工作动机不是为了应付上级的检查、不是出于名利，而是一种对教师工作的责任感。

（三）期望效应

教师期望效应的产生是在教学过程中的一种重要现象。教师能否恰当地对学生使用期望心理以感染学生，引导学生向好的方向发展，也是教师个性特征的重要方面。教师对学生的期望或明或暗地传递给学生，学生就会按照期望的方式来塑造自己的行为。这种现象称为"教师期望效应"，也叫"皮格马利翁效应"（见"阅读材料"）。

在实际的教学情境中，每个学生都希望教师公平地对待自己，盼望得到教师的赏识，讨厌教师的厚此薄彼、偏袒和不公。如果教师能把握每个学生的认知能力和人格特征，形成恰如其分的期望，就可能产生良好的教育效果。否则，教师对部分学生带有偏见，看不到他们的长处和优点，形成低期望，学生也会自暴自弃，并造成恶性循环。

第三节　教师角色技能的形成与培养

教师通过角色扮演达到角色期望，将主要取决于其角色技能。角色技能是个体所拥有的能有效地扮演角色的那些特性，如能力、经验和特定训练等。教师的角色技能是习得的，是通过长期的实际工作，在角色扮演并达到角色期望的过程中，逐渐形成和培养起来的。本节将具体分析影响教师获得角色技能的主要因素。

一、教师威信的形成与维护

威信是指教师所具有的一种使学生感到尊严而亲切的精神感召力量。威信与威严不同，威信使学生亲而近之，威严则使学生敬而远之。威信实质上是通过教师的人格、能力、学识及教育艺术在学生心理上所引起的亲切而又尊敬的态度。

威信是教师成功地扮演角色的一个重要条件。首先，教师的威信是学生接受教诲的基础和前提。古人云："亲其师，信其道"。受到学生敬重和爱戴的教师，学生将深信其教导的真实性和正确性。对于他们所上的课，认真学习；对于他们的教导，言听计从。其次，有威信的教师能唤起学生积极的情感体验，他们的表扬能引起学生的愉快和自豪感，激发进一步努力的愿望。他们的批评能引起学生悔悟、自责和内疚的心情，自觉地改正缺点和错误。第三，有威信的教师能被学生视为榜样和行为的楷模，产生向教师模仿的行为，使教师的示范起到更大的教育作用。

教育行政机关、学校领导和家长对教师威信的形成固然有很大的影响，但教师自身的条件才是威信形成的决定性因素。首先，良好的思想品质和心理品质是教师获得威信的基本条件。教师的思想品质集中表现在热爱教育工作上，有强烈的事业心和责任感，能兢兢业业，不计名利，出色地完成教育和教学工作的教师，就会赢得学生的尊敬。言行一致和以身作则也是教师获得威望一种重要思想品质。要求学生做到的，首先自己要做到；要求学生不做的，教师自己坚决不做。这样的教师才能使学生心悦诚服，享有崇高的威信。其次，教师的仪表、生活作风和习惯对威信的获得也有重要影响。许多研究表明，教师仪表大方、衣着整洁朴素，会引起学生的尊重和好感；生活懒散、不讲卫生和做怪动作等不良习惯，有损于教师的威信。为此，通过严格教学手段，让教师认识到自己上课时的言语、教态、仪容和表情等，使他们为自己的不恰当语言和不雅观的动作而不安，从而有针对性地进行克服和纠正。第三，教师给学生留下的第一印象也会影响教师威信的形成。第一印象好，学生对教师以后的言行常常往好的方面解释；第一印象不良，学生往往会感到大失所望，常从不好的方面解释教师的言行，教师威信就难以形成。第四，教师还要珍惜"自然威信"。"自然威信"是在师生交往的初期，学生对教师自发的信任和尊敬而产生的威信，它建立在教师所具有的教育者身份所赋予的权威、权力和影响力的基础上，也可以说是教师职业本身所带来的一种威信。这种自然威信极不稳定，随着学生对教师的了解程度的变化而变化。如果滥用自然威信，会引起学生反感，最终势必丧失威信。相反，在自然威信的基础上，运用自己的品格、学识和智慧去赢得学生的尊敬和爱戴，就会形成自觉的稳定的威信。

然而，对于不同年龄的学生来说，上述因素对教师威信的影响并不是同等的。许多研究表明，初入学的学生往往把教师看作学校里至高无上的"绝对权威"。八九岁以后，才开始对教师持批判态度，有选择地对待教师，但选择的标准随年龄和教育程度不同而表现出差异。小学生偏重于情感因素，性格爽朗活跃、爱护关心学生和讲课饶有兴趣的老师，容易在小学生中享有威信。中学生则偏重于理智因素，具有高尚品德、渊博学识和高超教育能力的教师，容易在中学生中形成威信。

教师的威信不是一成不变的，它可能得到保持和发展，也可能逐渐下降。所以，教师不仅要注意在学生中形成威信，而且还要注意维护已经形成的威信。

二、教师教育态度的培养

教师的教育态度是指教师对教育工作的认识、情感和行为特征方面的比较持久的倾向。教育态度既影响学生知识的学习，也影响学生个性的发展，它是教师获得角色技能的必要条件。

（一）树立正确的学生观

教师的学生观是指教师对自己的教育对象的基本看法。不管教师是否自觉，他们所持有的学生观会影响教师的教育态度和教育方式，支配教师的行为，制约教师角色技能的获得。一般认为，教师中存在两种不同的学生观。

第一种是评价性的学生观。他们认为自己是排除情感因素的影响而纯客观地评价学生的。在他们看来，学生中调皮捣乱的多，愚笨的多，不可教育的多。持这种学生观的教师看到学生不是胆怯，就是厌烦，经常迁就学生，有时干脆不加管束。或者认为，学生对教师应该言听计从，任教师摆布和驱使。他们惯于指手划脚、发号施令，满足于学生表面上的唯唯诺诺。

第二种是移情性的学生观。持这种学生观的教师认为学生都是可爱的，没有教育不好的学生，教师应该设身处地体验学生的所作所为。他们承认学生都有尊敬教师、乐意接受教师教导的自然倾向，希望得到教师的注意、重视、帮助和鼓励；同时又看到学生是独立的个体，有强烈的自信心和自尊感，不愿任人摆布和驱使，不愿任人摆布和驱使，表现出顽强的独立性。这样的教师对聪明的、笨拙的、听话的或顽皮的学生，都能以同情、真诚、热爱和关怀的态度对待，容易成功地扮演教师角色。

（二）形成良好的教学风格

教学风格是教师执教时所表现出来的独特技能、手段与方法。例如，有些教师的教学充满热情，有些则比较平淡；有些教师讲课条理清楚，有些则比较凌乱；有些教师的课富于激励作用，有些则呆板被动；有些教师的教学只满足于将所有的信息提供给学生，有些教师则鼓励学生通过自己的研究做出推论。总之，教师在使用奖惩的方式、对制定的教学目标所承担的责任以及如何实现这些目标上的差异都属于教学风格。

教师的教学风格与其本人的许多特点有关。某位教师能以某种教学风格取得满意的教学效果，但对另一位教师来说，则未必同样适用。因此，教师的某种教学风格的形成应当同自己的知识结构、认知水平以及人格特征等相适应。同时，良好的教学风格总是与某一时期力求达到的教育目标有关，针对不同的教育目标，教师也有必要灵活地调整自己的教学风格。由于学生在不断地变化，他们的需要、身体、认知反应方式、智力、焦虑水平和学科兴趣都有很大的差别，这也要求教师经常研究学生的情况，根据学生的具体情况而适当改变自己的教学风格，以特定的反应方式满足学生的要求，促进他们的发展。

三、教师心理健康的维持

教师的心理健康是获得角色技能的基本条件，缺乏这个条件，成功扮演教师角色是不可能的。

（一）科学用脑

身心是统一的整体，二者相互联系、交互影响。一旦大脑机能失调，就无法保持心理健康。科学用脑，讲究用脑卫生，是维持教师心理健康的一个基本条件。首先，用脑要适度，避免过度疲劳。用脑过度，不仅工作效率下降，还会损伤大脑细胞及其机能，导致头疼、健忘、失眠等神经衰弱症状的出现。其次，用脑要合理，避免过分单调。单调刻板的学习和工作方式，会使大脑很快由兴奋转入抑制，产生枯燥、厌烦的情绪，活动效率下降。此时要及时转换学习或活动的内容，使原先处于抑制状态的脑细胞重新兴奋起来，提高学习效率。第三，用脑要善于抓住最佳时间。研究表明，一昼夜中的工作效率以凌晨2～4时为最低，以后逐渐上升，上午9～10时达最高峰。午后14～15时下降至一天工作效率的平均线，以后又逐渐上升，19时左右形成第二个高峰，但效率远不及上午的第一个高峰。然后又逐渐下降至2～4时的最低。了解它，对于教师科学地安排工作是有益的。

（二）正确面对心理压力

教师在生活和工作中，时常遇到一些负性事件，从而产生紧张感、焦虑感和挫折感，造成心理压力，对心理健康构成威胁。

教师的心理压力，主要来自以下四个方面：第一，人们对教师的角色期待。人们对教师的角色期待通常是严肃认真、刻苦耐劳、克制私欲、淡泊名利、善尽职守、不好娱乐。然而，这些角色期待并不是每一个教师都能完全达到的。因此，教师强烈压抑正常的需要，严格控制正常的行为，就有可能变得拘谨保守、缺乏自信，内心忧郁和紧张。第二，教师的工作负担沉重。教师除了上课，还要备课、批改作业、指导课外活动，从事科学研究。教师在这些活动中所花费的时间，比上课要多好几倍。如果再加上统考与升学的压力，工作之繁重，几乎超出正常人所能忍受的限度。第三，教学活动。教学活动不能随意和"自由"，教师必须随时检点自己，以免逾越规范，有失师道尊严。第四，学生的逆反心理。有些学生有强烈的逆反心理，视一切"权威"为敌，于是教师就成为他们发泄不满的最佳的"替罪羊"，而教师又绝对不能采取任何报复手段去回报这些学生，这就需要有极大的忍耐力。基于此，每一位教师都应该正确对待生活和工作中可能面临的负性事件，增强适应和调节心理压力的能力。

（三）善于协调人际关系

教师是生活在各种社会关系网络中的社会成员。乐于合群，积极参加学校、教研室或学生班集体活动，与学生、同事、领导和家长友好交往，与亲朋好友和睦相处，建立和保持协调、和谐的人际关系，就会使教师积极乐观、心情舒畅、开朗豪爽、精神振奋，工作效率高。相反，离群索居，同周围关系紧张，容易心情沉闷，抑郁寡欢，冷漠孤僻。所以，只有处理好人际关系，才有可能审时度势，随着情境的变迁，及时地变换角色，采取与角色地位相应的角色行为，保持健康的心态。

阅读材料：

教师人格结构的 PAC 理论

加拿大的柏恩（T. A. Berne）1964 年提出人格结构的 PAC 理论。他认为，个体的人格结构一般由 PAC 三态构成，P 是父母态，A 是成人态，C 是儿童态。但个体之间的人格结构的主导态是有差异的。以父母态为主的教师有明显的优越感和权威感，往往凭主观印象办事、独断专行、滥用权威。在课堂里常使用"你必须……"、"你决不可……"之类命令式的口吻，学生无主动参与教学过程的余地，只是为了记住知识而已。以成人态为主的教师具有客观和理智的特征，善于根据过去的经验，估计各种可能性，然后做出决策。他们喜欢说："我个人的想法是……"。学生的思维不受固定框框的结束，能够在教师指引下得以充分发挥。以儿童态为主的教师则常像儿童那样冲动，表现为服从和任人摆布，讲起话来总是"我猜想……"、"可能是……"；教育学生无甚主见，遇事畏缩，优柔寡断；或者感情用事，激动愤懑。很明显，P 型人格结构和 C 型人格结构的教师都不利于学生能动地介入教学法过程，只有 A 型人格结构的教师才有可能取得理想的教学效果。

教师期望效应

　　教师对学生的期望有着重要的教育意义。教师对学生的期望一旦被学生认识到，不仅能得到学生的报偿，而且会出现意想不到的教育效果。1968 年，心理学家罗森塔尔（R. Rosenthal）、雅各布森（L. F. Jacobson）做的实验证明了这一点。他们先对 1～6 年级的学生进行了"预测未来发展的测验"。而后随机在测验过的各班学生中抽取出 20％的学生并故意地告诉每个教师说："这些学生有很大的发展潜力，将来会很有前途的。"8 个月后对这些学生进行了第二次测验，结果发现，那些被预言有发展潜力的学生比其他学生提高更快，教师对这些学生的评价也比原来更高。这种情况的出现就是教育期望的效果。其原因是双向的：教师受到了实验者的启示，认为这些学生很有前途，在日常的教育中对他们倾注了更多的心血。学生又反过来从教师的关心中感到教师的温暖、鼓励，并严格要求自己，争取各方面的好成绩以不辜负教师的期望。这种信息双向反馈带来的教育效果，罗森塔尔称之为"教师期望效应"（也叫"皮格马利翁效应"，相传皮格马利翁是古代塞浦路斯的一位善于雕刻的国王，由于他把全部热诚与期望都投入到了自己雕刻的美丽少女塑像身上，后来竟使塑像果然活了起来。）

　　"教师期望效应"说明，教师的期望一旦被学生认识到，就能激活学生，产生意想不到的教育效果。因此，在教育教学实践中，我们的教师应对每一个学生都抱有很高的期望，使所有的孩子都得到进步与发展。

综合练习：

一、概念解释
1. 角色　　2. 威信

二、填空
1. 教师的心理角色包括＿＿＿＿、＿＿＿＿、＿＿＿＿、＿＿＿＿、＿＿＿＿、＿＿＿＿、＿＿＿＿。
2. 教师心理角色的作用有＿＿＿＿、＿＿＿＿、＿＿＿＿、＿＿＿＿、＿＿＿＿。
3. 教师保持心理健康应在＿＿＿＿、＿＿＿＿、＿＿＿＿三个方面加强注意。

三、判断
1. 教师的智力水平与其教学效果成完全正比关系。　　　　　（　　）

2. 教师应把班级的领导权全部交给学生干部，以实行民主管理。　　（　　）

3. 教师职业的家长代理人角色意味着教师要像父母那样对学生充满热情、期望和关怀。　　　　　　　　　　　　　　　　　　　　　　　　　　　　　　（　　）

四、问答：

1. 试述教师的心理角色的功能？

2. 如何培养教师的角色技能？